Antonio PASQUARIELLO

COMPENDIO di
DIRITTO INTERNAZIONALE PRIVATO E PROCESSUALE

XII Edizione
2023

Neldiritto Editore

FINITO DI STAMPARE NEL MESE DI FEBBRAIO 2023 DA:
Torgraf
Galatina (LE)

© **NELDIRITTO EDITORE srl, Via del Lillo 2/B - Zona industriale - Molfetta (BA)**
La traduzione, l'adattamento totale o parziale, con qualsiasi mezzo (compresi i microfilm, i film, le fotocopie), nonché la memorizzazione elettronica, sono riservati per tutti i paesi.

ISBN 979-12-5470-263-5

L'elaborazione dei testi, anche se curata con scrupolosa attenzione, non può comportare specifiche responsabilità per eventuali involontari errori o inesattezze.

L'autore e l'editore declinano, pertanto, ogni responsabilità, anche in relazione all'elaborazione dei testi normativi e per eventuali modifiche e/o variazioni degli schemi e delle tabelle allegate.

L'autore, pur garantendo la massima affidabilità dell'opera, non risponde di eventuali danni derivanti dai dati e delle notizie ivi contenute.

L'editore non risponde di eventuali danni causati da involontari errori o refusi di stampa.

I lettori che desiderano essere informati sulle novità di Neldiritto Editore possono visitare il sito **web shop.enneditore.it** o scrivere a **info@neldiritto.it**

PREMESSA

Il volume si inserisce nella collana "**I COMPENDI D'AUTORE**", ideata e strutturata appositamente per tutti coloro che si apprestano alla **preparazione degli esami orali per l'abilitazione alla professione forense** e delle **prove dei principali concorsi pubblici**.
L'opera è frutto di una felice combinazione tra gli aspetti caratteristici, da un lato, della **tradizionale trattazione manualistica**, di cui conserva la struttura e l'essenziale impostazione nozionistica, e, dall'altro, della più moderna **trattazione "per compendio"**, di cui fa proprie la capacità di sintesi e la schematicità nell'analisi degli istituti giuridici. Al contempo, si è avuto cura nell'evitare sia l'eccessivo appesantimento teorico e dogmatico della manualistica classica, controproducente per chi deve comprendere e memorizzare "in fretta", sia l'estrema sintesi dei vecchi modelli di compendio, spesso "nemica" di un'agevole e chiara comprensione delle questioni trattate e quasi sempre causa di lacune nella preparazione.
Ne è derivato un **modello di "terza generazione" di testi per la preparazione alle prove d'esame**, destinato inevitabilmente a prevalere nel futuro scenario della formazione di studi, in cui l'imperativo è possedere **tutte le conoscenze necessarie e sufficienti** per raggiungere brillantemente l'obiettivo finale.
A tal fine, le direttrici lungo cui si è sviluppata la collana sono state **chiarezza nella forma** e **completezza nella sostanza**.
Nella forma, l'opera coniuga, infatti, semplicità ed eleganza espositiva, cercando di soddisfare l'aspirazione di quanti ambiscono a memorizzare velocemente, attraverso l'ausilio di espedienti grafici quali l'utilizzo di **grassetti e corsivi per i concetti-chiave** di ogni singolo istituto o ancora tramite l'**esposizione "per punti"** delle principali tesi emerse in dottrina e in giurisprudenza sulle questioni più problematiche.
Nella sostanza, la chiara comprensione degli istituti è agevolata da una **trattazione esaustiva, ma allo stesso tempo sintetica**, delle nozioni giuridiche di base e degli aspetti più "sensibili" in prospettiva concorsuale.
I problemi giuridici sono stati inquadrati equilibrandoli tra la loro profondità storica (tramite un contenuto richiamo ai principali **orientamenti dottrinari**) e la loro attualità concreta (tramite un'attenta selezione delle decisioni della **giurisprudenza**, segnalate in appositi **"Focus" giurisprudenziali**).
Infine, non sembra inutile ricordare, a chi si appresta ad affrontare le prove

d'esame, che sempre *homo faber fortunae suae*, perché la fortuna, oltre a dipendere dalle favorevoli "stelle" del destino, risiede anche e soprattutto nel munirsi degli strumenti giusti per procurarsela. Strumenti che siamo certi di aver fornito – con questa nuova collana di compendi – per aiutare la "fortuna" di molti aspiranti avvocati e di molti concorsisti!

Il volume dedicato al **"Diritto Internazionale privato e processuale"** si compone di quattro parti:
- la **Parte Generale** (Capitolo I), dedicata all'insieme delle questioni interpretative di maggiore rilevanza inerenti la nozione (Sez. I), l'evoluzione storica (Sez. II), le fonti (Sez. III), il funzionamento (Sez. IV), la struttura (Sez. V) e i limiti (Sez. VI) del diritto internazionale privato;
- la **Parte Speciale** (Capitolo II), avente ad oggetto l'esposizione della disciplina normativa predisposta dal legislatore in ordine alle singole categorie di rapporti giuridici a carattere transnazionale oggetto di espressa regolamentazione;
- la **Parte Processuale** (Capitolo III), relativa a quella peculiare branca dell'ordinamento costituita dal diritto processuale civile internazionale (Sez. I), alle caratteristiche della giurisdizione internazionale del giudice italiano (Sez. II), alla disciplina del processo che presenti elementi di estraneità (Sez. III), e all'efficacia delle decisioni e degli atti stranieri (Sez. IV);
- l'**Appendice Legislativa**, riportante i principali testi normativi di riferimento in materia di diritto internazionale privato.

Ciascuna delle ripartizioni suindicate è completata da una serie di **Schemi Riassuntivi** che espongono *in chiave grafico-consequenziale* l'insieme delle problematiche trattate nella sezione di riferimento, al fine di consentirne una più facile memorizzazione e comprensione.

La presente edizione, ancora una volta rivista ed aggiornata, continua a seguire le linee evolutive che da tempo modificano incessantemente la fisionomia della materia.
Con riferimento al **diritto privato internazionale c.d. comunitario**, si è fatta espressa menzione del **Regolamento (UE) 2021/2260**, **recante la modifica del Regolamento (UE) 2015/848**, relativo alle *procedure di insolvenza*, allo scopo di sostituirne gli allegati A e B, nonché al **Regolamento (UE) n. 2019/1111 (c.d. Regolamento Europeo della Famiglia o Bruxelles II ter)**, relativo alla *competenza, al riconoscimento e all'esecuzione delle decisioni in materia ma-*

trimoniale e in materia di responsabilità genitoriale e alla sottrazione internazionale di minori, destinato a sostituire, **a partire dal primo agosto 2022, il Regolamento n. 2201/2003 in tutti i Paesi membri dell'Unione**, eccezion fatta per la Danimarca.

Nell'ambito del **diritto internazionale privato c.d. convenzionale**, invece, oltre ad approfondire i caratteri delle varie Convenzioni rilevanti in materia, si è altresì ribadito l'accento sui principi elaborati dalla giurisprudenza, che ha di recente (**Sez. L, 10 maggio 2021, n. 12344**) affermato la *contrarietà all'ordine pubblico italiano di una normativa (quale quella in vigore in Algeria), che non reca alcuna tutela del lavoratore nel caso di licenziamenti individuali disposti per ragioni organizzative, né garantisce il rispetto del principio fondamentale di una retribuzione proporzionata e sufficiente (art. 36 Cost.)*, con la conseguente applicabilità dei criteri di cui all'art. 4 della Convenzione di Roma del 1980 richiamata dall'art. 57 della l. 218/1995.

Per ciò che concerne il **diritto internazionale privato c.d. statale**, si è innanzitutto dato atto della modifica **dell'art. 31 della l. 218/1995, dettato in tema di** *Scelta della legge applicabile al divorzio e alla separazione personale*, operata dal **d.lgs. 10 ottobre 2022, n. 149**, applicabile, ai sensi della l. n. 192/2022, **ai procedimenti instaurati successivamente al 28 febbraio 2023**, nonché, *per la sua rilevanza anche in ambito internazionalprivatistico*, dell'intervenuta **declaratoria di illegittimità dell'art. 55, della l. 184/1983**, dettato in tema di *Diritto del minore ad una famiglia*, ad opera della **Corte Costituzionale, con sentenza n. 79/2022**. Si è poi intensificato l'approfondimento in punto di **trascrivibilità nei registri italiani degli atti stranieri concernenti figli nati a mezzo di tecniche di c.d. fecondazione artificiale**, avendo la Cassazione, da ultimo, ribadito come nel caso di nascita in Italia tale trascrizione risulti vietata (v. Sez. 1, Sentenze nn. 23320-21 del 2021), restando invece possibile nel caso di nascita all'estero, nonostante l'assenza di un legame biologico con il genitore intenzionale munito della cittadinanza italiana (Sez. 1, Sentenza n. 23319 del 2021), arrivando ad affermare: da un lato, che *deve essere rettificato l'atto di nascita del minore,* **nato in Italia***, che indichi quale madre, oltre alla donna che ha partorito, l'altra componente la coppia quale madre intenzionale* (Sez. 1, Ordinanza 07 marzo 2022, n. 7413); dall'altro che, *non è accoglibile la domanda di rettificazione dell'atto di nascita della minore concepita mediante l'impiego di tecniche di procreazione medicalmente assistita di tipo eterologo* **e nata in Italia** *volta ad ottenere l'indicazione in qualità di madre della bambina, accanto a quella che l'ha partorita* (Sez. 1, Ordinanza 25 febbraio 2022, n. 6383). Sempre in tale ambito, approfonditi cenni sono stati dedicati alla recentissima pronuncia delle **Sezioni Unite, le quali, nel ritenere la *maternità surrogata, quali che siano le modalità della condotta e gli scopi perseguiti, una pratica che offende in modo intollerabile la dignità della donna e mina nel profondo le relazioni umane,* hanno ribadito la non trascrivibilità del *provvedimento giudiziario straniero, e a fortiori dell'originario atto di nascita, che indichi quale genitore del bambino il genitore d'intenzione, che insieme al padre biologico ne ha voluto la nascita ricorrendo alla surrogazione nel Paese estero, sia pure in conformità della* lex loci**, chiarendo tuttavia come *l'ineludibile esigenza di assicurare al* **bambino nato da maternità surrogata gli stessi diritti degli altri bambini nati in condizioni diverse** debba allo stato dell'evoluzione dell'ordinamento essere ***garantita attraverso l'adozione in casi particolari, ai sensi dell'art. 44, co. 1, lett. d), L. 4 maggio 1983, n. 184,*** atteso che *l'adozione rappresenta lo strumento che consente di dare riconoscimento giuridico, con il conseguimento dello* **status di figlio,** *al legame di fatto con il partner del genitore genetico che ha condiviso il disegno procreativo e ha concorso nel prendersi cura del bambino sin dal momento della nascita* (**Sez. Un., 30 dicembre 2022, n. 38162**).

Tra i vari approfondimenti giurisprudenziali, ulteriormente arricchiti nella presente edizione, si segnala, infine, **a riprova della rilevanza anche sistematica ormai assunta dall'istituto dell'unione civile, la decisione con cui la Cassazione**, nella vigenza della disciplina anteriore all'entrata in vigore della l. n. 76 del 2016, **ha escluso il riconoscimento della pensione di reversibilità a favore del superstite già legato da stabile convivenza con persona deceduta dello stesso sesso**, atteso che *la mancata inclusione fra i soggetti beneficiari del trattamento di reversibilità della persona unita ad un'altra dello stesso sesso in una relazione deformalizzata trova giustificazione non irragionevole nell'impossibilità di contrarre il vincolo matrimoniale, trattandosi di una scelta del legislatore che è espressione del margine di apprezzamento riconosciuto agli Stati* (Sez. 1, Ordinanza 14 marzo 2022, n. 8241).

Salerno, febbraio 2023   L'Autore

L'AUTORE

Antonio PASQUARIELLO, Magistrato ordinario.

SOMMARIO

Capitolo I
PARTE GENERALE   1

Sezione I
NOZIONE DI DIRITTO INTERNAZIONALE PRIVATO   1

1. Nozione di diritto internazionale privato.   1
2. Classificazioni interne.   3
3. Distinzione rispetto a figure affini.   6
4. La funzione delle norme di diritto internazionale privato.   8

QUESTIONARIO   11
MAPPA CONCETTUALE   12

Sezione II
EVOLUZIONE STORICA DEL D.I.P.   14

1. Le origini: dal *ius gentium* in epoca romana al *ius commune* in epoca medievale.   14
2. L'elaborazione dottrinale del XX secolo: Story, Savigny, Mancini.   15
3. Il sistema italiano ante legge 218/1995.   16
4. Il sistema italiano post legge 218/1995.   17

QUESTIONARIO   18

Sezione III
FONTI DEL DIRITTO INTERNAZIONALE PRIVATO   19

1. Il sistema delle fonti del d.i.p.   19
2. La dimensione nazionale.   19
3. La dimensione sovranazionale.   23
4. La *lex mercatoria*.   28

QUESTIONARIO   31
MAPPA CONCETTUALE   33

Sezione IV
FUNZIONAMENTO DEL DIRITTO
INTERNAZIONALE PRIVATO — 36

1. La regolamentazione dei rapporti con elementi di estraneità. — 36
2. Il fenomeno del rinvio (o richiamo). — 40

QUESTIONARIO — 59
MAPPA CONCETTUALE — 60

Sezione V
STRUTTURA DELLE NORME
DI DIRITTO INTERNAZIONALE PRIVATO — 64

1. Gli elementi strutturali delle norme di d.i.p. — 64
2. Il problema delle qualificazioni. — 66
3. I criteri di collegamento. — 74

QUESTIONARIO — 79
MAPPA CONCETTUALE — 81

Sezione VI
LIMITI ALL'OPERATIVITÀ
DEL DIRITTO INTERNAZIONALE PRIVATO — 84

1. Premessa. — 84
2. Le norme di applicazione necessaria. — 85
3. L'ordine pubblico internazionale. — 94
4. La condizione di reciprocità. — 105
5. La costituzionalità della norma straniera richiamata. — 108

QUESTIONARIO — 112
MAPPA CONCETTUALE — 114

Capitolo II
PARTE SPECIALE — 119

Sezione I
CAPACITÀ E DIRITTI DELLE PERSONE FISICHE — 119

1. La pregressa normativa in materia di "stato delle persone". — 119
2. La disciplina della cittadinanza. — 119
3. La capacità giuridica delle persone fisiche. — 123

4. La disciplina della commorienza e della scomparsa, assenza e morte presunta. **124**
5. La capacità di agire delle persone fisiche. **124**
6. I diritti della personalità. **126**

QUESTIONARIO **126**

SEZIONE II
LE PERSONE GIURIDICHE **128**

1. Lo stato e la capacità delle persone giuridiche. **128**
2. Le società e le procedure di insolvenza. **129**

QUESTIONARIO **135**

SEZIONE III
I RAPPORTI DI FAMIGLIA **136**

Premessa. **136**
1. La disciplina del matrimonio. **136**
2. I rapporti tra i coniugi. **149**
3. Separazione personale e scioglimento del matrimonio. **152**
4. La filiazione. **159**
5. Le obbligazioni alimentari nella famiglia. **170**
6. La famiglia di fatto. **171**
7. Le unioni civili. **172**

QUESTIONARIO **178**

SEZIONE IV
L'ADOZIONE **179**

1. L'adozione. **179**
2. L'adozione internazionale. **181**
3. L'adozione in casi particolari e la *stepchild adoption*. **184**

QUESTIONARIO **189**

SEZIONE V
PROTEZIONE DEGLI INCAPACI **190**

1. La protezione dei minori. **190**
2. La protezione dei maggiori d'età. **190**

QUESTIONARIO **191**

Sezione VI
SUCCESSIONI — 192

1. La successione per causa di morte. — 192
2. La successione testamentaria. — 194
3. Successione dello Stato. — 198
4. Giurisdizione in materia successoria. — 198
5. La disciplina di cui al Regolamento n. 650/2012. — 198

Questionario — 203

Sezione VII
I DIRITTI REALI — 204

1. Il possesso e i diritti reali. — 204
2. I diritti reali su beni in transito. — 206
3. L'usucapione beni mobili. — 206
4. I diritti su beni immateriali. — 207
5. La forma degli atti che incidono su diritti reali. — 208
6. La pubblicità degli atti relativi ai diritti reali. — 208

Questionario — 209

Sezione VIII
DONAZIONI — 210

1. Donazioni. — 210

Questionario — 211

Sezione IX
LE OBBLIGAZIONI CONTRATTUALI — 212

1. Le obbligazioni contrattuali. — 212
2. La disciplina di alcune peculiari figure contrattuali. — 219
3. Il fenomeno dell'e-commerce. — 225
4. La disciplina del trust. — 227

Questionario — 229

Sezione X
LE OBBLIGAZIONI NON CONTRATTUALI 231

1. Le obbligazioni non contrattuali. 231
2. Le promesse unilaterali. 232
3. I titoli di credito. 232
4. La rappresentanza volontaria. 233
5. Le obbligazioni *ex lege*. 234
6. La responsabilità per fatto illecito. 235
7. La responsabilità extracontrattuale per danno da prodotto. 237
8. La disciplina europea in materia di obbligazioni non contrattuali. 238

Questionario 239

Capitolo III
PARTE PROCESSUALE 247

Sezione I
DIRITTO PROCESSUALE CIVILE INTERNAZIONALE 247

1. Nozione di diritto processuale civile internazionale. 247
2. Rapporti con il diritto internazionale privato. 249

Questionario 250

Sezione II
LA GIURISDIZIONE INTERNAZIONALE DEL GIUDICE ITALIANO 251

1. La giurisdizione internazionale del giudice italiano. 251
2. L'ambito della giurisdizione. 252
3. La derogabilità della giurisdizione italiana. 263
4. La litispendenza internazionale. 266
5. Il momento determinante per la giurisdizione. 272
6. L'immunità dalla giurisdizione italiana. 273

Questionario 276

Sezione III
LA DISCIPLINA PROCESSUALE 278

1. La legge regolatrice del processo. 278

2. I mezzi di prova. 283

QUESTIONARIO 285

SEZIONE IV
EFFICACIA DELLE DECISIONI GIUDIZIARIE E DEGLI ATTI STRANIERI 286

1. Il riconoscimento delle sentenze straniere. 286
2. Il riconoscimento degli atti stranieri. 297
3. Il riconoscimento delle sentenze canoniche di nullità del matrimonio concordatario. 300
4. Il riconoscimento delle sentenze arbitrali straniere. 304
5. L'arbitrato internazionale. 305
6. Gli istituti di matrice europea. 307

QUESTIONARIO 313
MAPPA CONCETTUALE 314

APPENDICE LEGISLATIVA 317

L. 31 maggio 1995, n. 218 - Riforma del sistema italiano di diritto internazionale privato. 317

Codice della navigazione - Articoli estratti. 329

L. 20 maggio 2016, n. 76 - Regolamentazione delle unioni civili tra persone dello stesso sesso e disciplina delle convivenze - (estratto). 330

INDICE ANALITICO 336

Capitolo I
Parte generale

SEZIONE I – NOZIONE DI DIRITTO INTERNAZIONALE PRIVATO

SOMMARIO:
1. Nozione di diritto internazionale privato. – **2.** Classificazioni interne. – **3.** Distinzione rispetto a figure affini. – **4.** La funzione delle norme di diritto internazionale privato.

1. Nozione di diritto internazionale privato.

Il diritto internazionale privato (d.i.p.) costituisce quella peculiare branca del diritto interno, che si occupa della regolamentazione dei *rapporti giuridici recanti elementi di estraneità* rispetto all'ordinamento di riferimento. Più nel dettaglio, le fattispecie che ne costituiscono oggetto sono connotate da *uno o più punti di contatto con ordinamenti di altri paesi*, che rendono opportuna la predisposizione di una disciplina ad hoc da parte del legislatore.

Esempio. Si pensi ad un contratto stipulato in Italia avente ad oggetto beni siti in Germania, o ad un matrimonio celebrato in Italia tra cittadini tedeschi. Fattispecie di questo tipo potrebbero rientrare nell'ambito di operatività dell'uno o dell'altro ordinamento (italiano o tedesco), presentando elementi riconducibili ad entrambi.

La funzione delle norme di d.i.p. è quella di individuare la disciplina applicabile a tali fattispecie, stabilendo quale, tra gli ordinamenti in astratto richiamabili, debba prevalere e, conseguentemente, regolare il rapporto preso in considerazione.

Giova sin da ora osservare che l'applicazione del diritto straniero nell'ordinamento nazionale per effetto delle norme di d.i.p. non rappresenta un'ipotesi di *rinuncia del legislatore* alla disciplina di certe fattispecie. Sarebbe scorretto, infatti, ritenere che attraverso le norme di d.i.p. il legislatore si disinteressa della disciplina di alcuni rapporti, rimettendone la regolamentazione esclusivamente alla legge straniera. In realtà – come si dirà nel prosieguo della trattazione (v. Sez. IV) – le norme di d.i.p., nonostante il riferimento alla legge straniera, rappresentano una peculiare modalità di regolamentazione *da parte dello stesso legislatore nazionale* delle fattispecie ricollegabili ad ordinamenti di altri paesi.

■ **A) Inquadramento sistematico.**

Sotto il profilo sistematico, le norme di d.i.p. sono *norme facenti parte dell'ordinamento interno* di ciascuno Stato. Il carattere *transnazionale* dell'oggetto delle stesse (fattispecie che presentano *elementi di estraneità*), infatti, non deve indurre a qualificarle come norme *esterne* o *internazionali*.
In altri termini, ci si trova in presenza di una *semplice branca dell'ordinamento statale* (al pari del diritto civile, penale, ecc.), la cui "vocazione internazionale" dipende esclusivamente dalla natura non completamente interna (*rectius*: transnazionale) dei rapporti oggetto di regolamentazione.

■ **B) Proposte definitorie.**

La dizione "diritto internazionale privato" è stata da sempre considerata *tecnicamente inesatta*, poiché inidonea a porre l'accento sulla natura *intrinsecamente interna* delle norme cui si riferisce. A ben guardare, infatti, *sembra richiamare più una sorta di settore "privato" del diritto internazionale, che una branca "a vocazione internazionale" del diritto interno.*
Tali difficoltà ermeneutiche hanno indotto all'elaborazione di locuzioni alternative. Invero:

> • Alcuni hanno parlato di "*norme di conflitto*", ponendo l'accento sulla *funzione delle norme di d.i.p.*, che è quella di risolvere il conflitto esistente tra la pluralità di norme facenti parte dei diversi ordinamenti in astratto applicabili alla medesima fattispecie a carattere transnazionale.

Rilievi critici: Si è detto, tuttavia, che con le norme di d.i.p. il legislatore nazionale non risolve un conflitto esistente tra diversi ordinamenti, ma detta egli stesso una disciplina per la fattispecie considerata, seppure secondo modalità del tutto peculiari e diverse da quelle ordinarie.

- Altri hanno suggerito l'espressione *"norme di scelta di legge"*, prendendo le mosse dal particolare *modo in cui le stesse operano*. Si tratta, infatti, di norme che non regolano direttamente un rapporto, ma si limitano ad indicare quale legislazione, tra quelle che presentano punti di contatto con la fattispecie considerata, debba provvedere alla sua disciplina.

Rilievi critici: Si è, però, obiettato che in tale prospettiva si finirebbe per sminuire la reale portata delle norme di d.i.p., che, lungi dall'essere mere norme di richiamo della legislazione straniera, costituiscono espressione di scelte discrezionali del legislatore interno in ordine alla disciplina di peculiari rapporti aventi carattere transnazionale.

- Parte della dottrina ritiene maggiormente soddisfacente la dizione *"diritto interno in materia internazionale"*, in quanto idonea a sottolineare: da un lato, la natura intrinsecamente interna delle norme di d.i.p.; dall'altro, il carattere transnazionale delle fattispecie che ne costituiscono oggetto.

Rilievi critici: Anche tale definizione non è, purtroppo, esente da critiche. Essa, infatti, sovrappone due modalità diverse di disciplina di fattispecie a vocazione internazionale da parte del legislatore interno: nel d.i.p., l'ordinamento nazionale consente alla legge straniera di disciplinare fattispecie a carattere interno che presentano elementi di estraneità; nel diritto interno in materia internazionale, invece, fattispecie del medesimo tipo sono disciplinate dal legislatore in via diretta, senza alcun riferimento alla legge straniera (v. infra, par. 3, lett.B).

2. Classificazioni interne.

Nell'ambito del d.i.p. è possibile operare alcune distinzioni, in virtù della provenienza delle soluzioni recepite all'interno delle singole norme di conflitto. Detto altrimenti, le norme di d.i.p. vengono diversamente qualificate in relazione all'origine (statale, convenzionale, comunitaria) del proprio contenuto precettivo.
In tale ottica si suole distinguere tra:

- diritto internazionale privato "*statale*"
- diritto internazionale privato "*convenzionale*"
- diritto internazionale privato "*comunitario*".

A) Il diritto internazionale privato "statale".

Il diritto internazionale privato "statale" coincide con l'insieme delle norme di conflitto il cui contenuto precettivo deriva esclusivamente *dalla discrezionalità del legislatore statale*. Più nel dettaglio, si qualificano come norme di d.i.p. *statale* tutte quelle norme in cui la soluzione al problema dell'individuazione della disciplina applicabile ai rapporti che presentano elementi di estraneità è individuata dal solo legislatore nazionale, in base a proprie valutazioni di opportunità (v. ad es. artt. 20 e ss. della l. n. 218/1995).

B) Il diritto internazionale privato "convenzionale".

Il diritto internazionale privato "convenzionale" è invece costituito da quel complesso di norme, il cui contenuto precettivo rappresenta *il risultato del recepimento da parte del legislatore nazionale di soluzioni prospettate nell'ambito di apposite convenzioni internazionali in materia di d.i.p.* In altri termini, il legislatore non risolve autonomamente il problema della disciplina applicabile ai rapporti con elementi di estraneità, ma recepisce soluzioni elaborate in specifici accordi internazionali, cui sceglie di aderire.

Il fenomeno degli *accordi internazionali in materia di d.i.p.* ha assunto un'importanza fondamentale in epoca moderna, costituendo uno dei principali strumenti di armonizzazione dei diversi ordinamenti statali in punto di disciplina dei rapporti a carattere transnazionale (c.d. **armonizzazione dei sistemi di diritto internazionale privato**).

La natura *prettamente interna* delle norme di d.i.p., infatti, consente a ciascuno Stato di adottare norme di conflitto in via del tutto autonoma e non coordinata con gli altri Stati: ciò porta inevitabilmente all'adozione di regole di risoluzione spesso differenti (se non addirittura contrastanti) da ordinamento ad ordinamento. Diretta conseguenza di tale stato delle cose è il rischio di conflitti giurisdizionali, con compromissione del valore della *certezza del diritto*, la cui salvaguardia è fondamentale anche rispetto ai rapporti privati che si collocano in più ambiti nazionali.

A ridurre tale rischio intervengono apposite *convenzioni* (o accordi) *internazionali*, aventi ad oggetto la predisposizione di soluzioni univoche al problema della disciplina applicabile ai rapporti con elementi di estraneità nell'ambito di specifiche materie. Gli Stati aderenti, in particolare, si vincolano a recepire nei propri ordinamenti le medesime soluzioni, realizzando un'autentica *unificazione a livello convenzionale del d.i.p. dei singoli Stati.*

Pare, infine, opportuno precisare come all'elaborazione delle soluzioni prospettate nell'ambito delle predette convenzioni internazionali provvedano solitamente organizzazioni intergovernative istituite ad hoc. Tra queste, preme menzionare l'***UNIDROIT*** (Istituto Internazionale per l'Unificazione del Diritto Privato), la cui finalità istituzionale è proprio quella di predisporre regole attuali e ampiamente condivisibili di diritto internazionale privato. Analoghe finalità persegue il ***CNUDCI*** istituito in seno all'ONU, così come la ***Conferenza dell'Aja di diritto internazionale privato***, cui si devono la maggior parte delle convenzioni di diritto internazionale privato sottoscritte dall'Italia (si pensi alle convenzioni in materia di adozione, testamento, divorzio, protezione dei minori, adozione internazionale, nonché in materia di *trust*).
Tali organizzazioni, da ultimo, provvedono alla predisposizione anche di *"leggi modello"*, con l'obiettivo di orientare i singoli Stati nella predisposizione delle rispettive legislazioni nazionali di d.i.p.

C) Il diritto internazionale privato "comunitario".

Il diritto internazionale privato "comunitario" (o europeo) coincide con *l'insieme delle disposizioni di d.i.p. aventi matrice comunitaria.* Detto altrimenti, si tratta di norme di conflitto, il cui contenuto precettivo è direttamente determinato dal legislatore comunitario.
Sempre più di frequente, infatti, la legislazione europea si è fatta carico di esigenze tipiche del diritto internazionale privato: in un primo momento, si sono registrati interventi nelle sole materie inerenti la libera circolazione dei beni e dei servizi; successivamente, anche in ambiti diversi e di più ampio respiro.
A tal proposito, assume rilevanza l'attuale *art. 81 del Trattato sul Funzionamento dell'Unione Europea* (a seguito delle modifiche introdotte dal Trattato di Lisbona), che rimette all'Unione il compito, non solo di sviluppare una cooperazione giudiziaria in materia civile fondata sul reciproco riconoscimento delle decisioni giudiziarie ed extragiudiziarie, ma anche di *adottare misure intese a ravvicinare le disposizioni legislative e regolamentari degli Stati membri.*
Per il perseguimento di tali obiettivi di armonizzazione normativa, il legislatore comunitario ha prevalentemente fatto ricorso allo strumento del ***regola-***

mento. Trattasi di atti normativi obbligatori in tutti loro elementi e direttamente applicabili nel territorio degli Stati membri, senza la necessità di alcuna intermediazione (in termini di attuazione o ratifica) da parte dei singoli legislatori nazionali.

In alcuni campi, il legislatore comunitario è intervenuto anche a mezzo di ***direttive***, che richiedono invece specifici interventi di intermediazione da parte dei singoli legislatori nazionali.

Al di là delle modalità di intervento, ciò che preme sottolineare è la qualificazione del d.i.p. come *uno dei principali settori di competenza del legislatore europeo*, che ha indotto a parlare di vera e propria ***comunitarizzazione del d.i.p.***

Giova osservare che, come sottolineato da attenta dottrina (BARIATTI), le problematiche tipiche del diritto internazionale privato assumono caratteristiche del tutto peculiari ogniqualvolta vengano poste in riferimento alla normativa di d.i.p. di matrice comunitaria: il sistema normativo di riferimento in tale caso, infatti, non ha carattere meramente "statale", ma più propriamente "sovrastatuale", coincidendo con quello dell'Unione Europea (organismo pluristatuale).

Si pensi al problema delle *"qualificazioni"* (v. Sez. V): nell'applicazione dei regolamenti di d.i.p. di matrice comunitaria potrebbe porsi l'interrogativo circa il parametro di riferimento da utilizzare per dare significato alle nozioni utilizzate nella descrizione delle fattispecie da parte del legislatore europeo.

Si pensi al problema delle *"norme di applicazione necessaria"* (v. Sez. VI): su cui spesso le singole fonti comunitarie prendono espressa posizione dettando una disciplina ad hoc (v. i Regolamenti Roma I e II, sulle obbligazioni contrattuali ed extracontrattuali).

3. Distinzione rispetto a figure affini.

La corretta comprensione del sistema del d.i.p. impone la distinzione con una serie di discipline giuridiche ad esso affini. In particolare, è necessaria una differenziazione:

- rispetto al *diritto internazionale pubblico*;
- rispetto al *diritto interno in materia internazionale* (o *diritto internazionale privato c.d. materiale*)

SEZIONE I | NOZIONE DI DIRITTO INTERNAZIONALE PRIVATO

A) Rispetto al diritto internazionale pubblico.

Il *diritto internazionale pubblico* è costituito dall'insieme delle norme aventi ad oggetto *la regolamentazione dei rapporti intercorrenti tra gli Stati membri della comunità internazionale*.
Si tratta, in altre parole, di un diritto che opera *"al di sopra"* degli Stati, e non *"all'interno"* di essi.

Il *diritto internazionale privato* racchiude l'insieme delle norme aventi ad oggetto *la disciplina dei rapporti interni a ciascuno Stato ogniqualvolta presentino elementi di estraneità*.
Si tratta, quindi, di un sistema operante *"all'interno"* degli Stati, e non *"al di sopra"* di essi.
Esempio. Dei rapporti intercorrenti tra Italia e Germania a livello sovranazionale si occupa il diritto internazionale pubblico; dei rapporti intercorrenti tra un cittadino italiano e uno tedesco a livello interno si occupa il diritto internazionale privato.

A ben guardare è possibile delineare tra le due discipline un *tratto comune* e uno *differenziale*:
- in entrambi i casi si tratta di normative *a vocazione internazionale*;
- tuttavia, mentre il diritto internazionale pubblico regola fattispecie *a rilevanza esterna* rispetto all'ordinamento statale (rapporti intercorrenti tra gli Stati membri della comunità internazionale), il d.i.p. regola esclusivamente fattispecie *rilevanti all'interno* dell'ordinamento statale (rapporti intercorrenti tra i privati, ogniqualvolta presentino punti di contatto con ordinamenti di altri paesi).

B) Rispetto al diritto interno in materia internazionale.

Il *diritto interno in materia internazionale* costituisce quella peculiare branca dell'ordinamento nazionale avente ad oggetto la regolamentazione *"in via diretta"* di fattispecie che presentano elementi di estraneità.
In sostanza, il legislatore detta direttamente (*rectius*: senza alcun riferimento ad una legge *ulteriore*, sia essa nazionale o straniera) la disciplina dei rapporti che presentano punti di contatto con altri ordinamenti giuridici.
Tale settore dell'ordinamento conosce a sua volta diverse estrinsecazioni a seconda della materia cui ineriscono i rapporti disciplinati. In tale ottica, si suole distinguere nell'ambito del diritto interno in materia internazionale tra:

7

diritto penale internazionale (v. artt. 7, 8, 9, 10 c.p.), *diritto amministrativo internazionale, diritto processuale civile internazionale,* etc.

Il *diritto internazionale privato* costituisce quella peculiare branca dell'ordinamento interno avente ad oggetto la regolamentazione "*in via indiretta*" di fattispecie che presentano elementi di estraneità.
In tali casi, è attraverso il rinvio ad una legge *ulteriore* (nazionale o straniera) che il legislatore provvede alla disciplina dei rapporti a carattere transnazionale.
Risulta evidente che, norme di questo tipo, presentano caratteristiche del tutto peculiari: esse non recano la *disciplina materiale* del rapporto cui si riferiscono, ma consentono solo di individuare la normativa cui dovrà farsi riferimento per la regolamentazione dello stesso. La disciplina materiale del rapporto, quindi, si rinverrà in tale ulteriore normativa, non essendo contenuta nella norma considerata: perciò si parla di regolamentazione *in via indiretta*.
Lo strumento giuridico attraverso cui il legislatore fa riferimento alla legge ulteriore è il c.d. *rinvio o richiamo* (v. Sez. IV), meccanismo che generalmente caratterizza le norme di d.i.p.

In conclusione, tra le due discipline esiste un *tratto comune* e una *differenza*:
- entrambe sono *branche dell'ordinamento interno aventi ad oggetto fattispecie che presentano elementi di estraneità*;
- ma, mentre le norme di d.i.p. disciplinano tali fattispecie mediante il rinvio ad una legge *ulteriore,* quelle di diritto interno in materia internazionale lo fanno *in via diretta.*

4. La funzione delle norme di diritto internazionale privato.

Da sempre dibattuta la questione concernente l'individuazione della *funzione* che le norme di d.i.p. sono chiamate a svolgere nell'ambito dell'ordinamento interno. Il tema interseca l'altrettanto discussa problematica inerente la *portata* del fenomeno del *rinvio* (o richiamo) che caratterizza tali disposizioni (v. Sez. IV).
In sostanza, ci si chiede se le norme di d.i.p.:

- funzionino come *clausole di apertura* dell'ordinamento interno rispetto alla legge straniera (*funzione unilaterale estroversa*)
- abbiano come unica finalità quella di *delimitare l'ambito di appli-*

SEZIONE I | NOZIONE DI DIRITTO INTERNAZIONALE PRIVATO

cazione dell'ordinamento interno in favore della legge straniera (*funzione unilaterale introversa*)
- svolgano contemporaneamente *entrambe le funzioni* menzionate (*funzione bilaterale*).

A) La tesi della funzione unilaterale estroversa.

Secondo una prima impostazione (MORELLI), il sistema del d.i.p. assolve principalmente ad una funzione di *"apertura"* dell'ordinamento nazionale nei confronti della legge straniera.
Detto altrimenti, per effetto del d.i.p. è riconosciuta efficacia nell'ordinamento interno a norme di altri paesi: ogniqualvolta ai rapporti transnazionali presi in considerazione risulti applicabile la legge italiana, infatti, si sarebbe al di fuori dell'ambito di operatività del d.i.p., venendo in considerazione il diverso principio della *naturale effettività dell'ordinamento interno*. In tali casi, dunque, il diritto nazionale trova applicazione per effetto della sua stessa cogenza, non perché ad esso faccia riferimento la norma di d.i.p. considerata.
È questa la tesi della c.d. *funzione unilaterale estroversa* del d.i.p.:
- *unilaterale*, perché operante in un'unica direzione (cioè verso l'esterno)
- *estroversa*, perché operante solo verso la legge straniera

In tale prospettiva, risulta evidente che il meccanismo del *rinvio* (o richiamo) tipico del d.i.p. opererà solo ove porti all'applicazione della legge straniera: in tutti gli altri casi verrà in gioco il principio di *naturale effettività dell'ordinamento interno*, che imporrà l'applicazione della legge italiana.

B) La tesi della funzione unilaterale introversa.

In base ad un diverso approccio (QUADRI), il d.i.p. avrebbe come unica funzione quella di *delimitare l'ambito di operatività dell'ordinamento interno rispetto alla legge straniera*.
In sostanza, le norme di d.i.p. chiarirebbero i casi in cui il diritto interno debba trovare applicazione nonostante la natura transnazionale del rapporto considerato, nulla dicendo circa le ipotesi in cui ad operare sia la legge straniera.
In tale ultima evenienza, il diritto estero troverebbe applicazione per effetto del *principio di generale coordinamento tra gli ordinamenti dei diversi stati* che impone, in base a buona fede, la continuità e l'uniformità della vita giuridica.

È questa la tesi della c.d. *funzione unilaterale introversa* del d.i.p.:
- *unilaterale*, perché operante in un'unica direzione (verso l'interno)
- *introversa*, perché operante solo verso la legge nazionale.

Così ragionando, dunque, il meccanismo del *rinvio* (o richiamo) tipico del d.i.p. opererà solo ove porti all'applicazione della legge italiana: in tutti gli altri casi, troverà applicazione la legge straniera in virtù del diverso *principio di generale coordinamento tra gli ordinamenti dei diversi stati*.
Principale corollario di tale impostazione (QUADRI) è la vincolatività per l'interprete del solo *rinvio* (o richiamo) verso il diritto interno: ove la norma di d.i.p. conduca all'applicazione del diritto straniero, infatti, l'interprete, trattandosi di evenienza estranea al funzionamento della norma che è tenuto ad applicare, non sarebbe vincolato a tale soluzione, dovendo verificare se l'ordinamento estero individuato possa, in base alle disposizioni – anche di d.i.p. – che lo costituiscono, applicarsi alla fattispecie in esame (c.d. *autocollegamento*) o ne rifiuti per converso la disciplina (c.d. rinvio *oltre*, su cui v. *amplius* Sez. IV).

C) La tesi della funzione bilaterale.

La tesi che sembra maggiormente rispecchiare le caratteristiche dei moderni sistemi di d.i.p. è quella della c.d. *funzione bilaterale*, che attribuisce alle relative norme entrambe le funzioni ricordate:
- sia quella di consentire l'operatività di norme straniere nell'ordinamento interno (*funzione unilaterale estroversa*)
- sia quella di delimitare l'ambito di applicazione della legge nazionale (*funzione unilaterale introversa*)

Secondo tale ricostruzione, il d.i.p. non può ritenersi operante solo ove porti all'applicazione del diritto straniero, o solo ove porti all'applicazione del diritto interno: in entrambi i casi, infatti, la normativa applicabile al rapporto transnazionale preso in considerazione sarà in grado di operare esclusivamente per effetto della norma di d.i.p. considerata. Cade, quindi, il riferimento al principio di *generale coordinamento tra gli ordinamenti dei diversi stati* per giustificare l'applicazione del diritto straniero, e il riferimento al principio di *naturale effettività dell'ordinamento interno* per giustificare l'applicazione del diritto interno.
A sostegno della funzione bilaterale del d.i.p. vengono solitamente addotte due argomentazioni:

SEZIONE I | **NOZIONE DI DIRITTO INTERNAZIONALE PRIVATO**

1. *sotto il profilo normativo*: la formulazione tipicamente bilaterale delle norme dei moderni sistemi di d.i.p.
La maggior parte di tali disposizioni ha struttura bilaterale, operando sia verso l'interno che l'esterno: la stessa giurisprudenza tende ad una sorta di bilateralizzazione forzata delle norme unilaterali eventualmente vigenti.
2. *sotto il profilo sistematico*: la natura intrinsecamente parziale delle ricostruzioni c.d. unilaterali.
Si tratta di impostazioni che non tengono conto della natura autenticamente bilaterale del meccanismo del *rinvio* (o richiamo) alla base delle norme di d.i.p.: solo una visione parziale del fenomeno può indurre a ritenerlo operante solo verso l'interno o solo verso l'esterno.

Ne consegue una concezione necessariamente bilaterale anche del fenomeno del *rinvio* (o richiamo), che giocoforza costituirà un meccanismo in grado di operare:
- sia verso l'esterno, determinando l'applicazione di norme di altri Stati
- sia verso l'interno, determinando l'applicazione della legge italiana.

QUESTIONARIO

1. Cosa si intende con l'espressione "diritto internazionale privato"? **1.**
2. Le norme di diritto internazionale privato hanno natura interna o esterna rispetto all'ordinamento statale? **1.A.**
3. Quali problemi ha posto la dizione "diritto internazionale privato"? **1.B.**
4. Perché non è corretta la definizione di "norme di conflitto"? **1.B.**
5. Quali sono le classificazioni interne alla normativa di diritto internazionale privato? **2.**
6. Cosa si intende per armonizzazione dei sistemi di d.i.p.? **2.B.**
7. Cosa si intende per principi UNIDROIT? **2.B.**
8. Quali sono i rapporti con il diritto internazionale pubblico? **3.A.**
9. Quali sono i rapporti con il diritto interno in materia internazionale? **3.B.**
10. Qual è la funzione delle norme di diritto internazionale privato? **4.**
11. Cosa si intende per c.d. autocollegamento? **4.B.**
12. Quali sono gli argomenti a sostegno della tesi della funzione bilaterale del d.i.p.? **4.C.**

MAPPA CONCETTUALE
NOZIONE DI DIRITTO INTERNAZIONALE PRIVATO

Diritto internazionale privato

Nozione
Il diritto internazionale privato (d.i.p.) costituisce quella peculiare branca del diritto interno che si occupa della regolamentazione dei **rapporti giuridici recanti elementi di estraneità** rispetto all'ordinamento di riferimento

Inquadramento sistematico
Le norme di d.i.p. sono **norme facenti parte dell'ordinamento interno** di ciascuno Stato. Il carattere *transnazionale* dell'oggetto delle stesse (fattispecie che presentano *elementi di estraneità*) non deve indurre a qualificarle come norme *esterne* o *internazionali*

Classificazioni interne

Il diritto internazionale privato "statale"
È costituito da quel complesso di norme in cui la soluzione al problema dell'individuazione della disciplina applicabile ai rapporti che presentano elementi di estraneità **è individuata dal solo legislatore nazionale** in base a proprie valutazioni di opportunità.

Il diritto internazionale privato "convenzionale"
È costituito da quel complesso di norme il cui contenuto precettivo rappresenta il risultato del recepimento da parte del legislatore nazionale di **soluzioni prospettate nell'ambito di apposite convenzioni internazionali** in materia di d.i.p.

Il diritto internazionale privato "comunitario"
Coincide con l'insieme delle disposizioni di d.i.p. aventi matrice comunitaria. Detto altrimenti, si tratta di norme di conflitto il cui contenuto precettivo è direttamente **determinato dal legislatore comunitario.**

SEZIONE I | NOZIONE DI DIRITTO INTERNAZIONALE PRIVATO

Distinzione rispetto a figure affini

Rispetto al diritto internazionale pubblico
- Il **diritto internazionale pubblico** è costituito dall'insieme delle norme aventi ad oggetto la regolamentazione dei rapporti intercorrenti tra gli Stati membri della comunità internazionale
- Il **diritto internazionale privato** racchiude l'insieme delle norme aventi ad oggetto la disciplina dei rapporti interni a ciascuno Stato, ogniqualvolta presentino elementi di estraneità

Rispetto al diritto interno in materia internazionale
- Il **diritto interno in materia internazionale** costituisce quella peculiare branca dell'ordinamento nazionale avente ad oggetto la regolamentazione *"in via diretta"* di fattispecie che presentano elementi di estraneità
- Il **diritto internazionale privato** costituisce quella peculiare branca dell'ordinamento interno avente ad oggetto la regolamentazione *"in via indiretta"* di fattispecie che presentano elementi di estraneità

Funzione delle norme di d.i.p.

La tesi della funzione bilaterale
Le norme di d.i.p. assolvono ad una duplice funzione. In particolare:
- **consentono l'operatività di norme straniere nell'ordinamento interno**, poiché per effetto delle stesse è riconosciuta efficacia nell'ordinamento interno a norme di altri Paesi
- **delimitano l'ambito di applicazione della legge nazionale rispetto alla legge straniera**, poiché, individuando i casi in cui il diritto interno deve trovare applicazione nonostante la natura transnazionale del rapporto considerato, stabiliscono anche quando a trovare applicazione possa essere solo il diritto straniero, con la conseguente limitazione dell'ambito di operatività del diritto nazionale

SEZIONE II – EVOLUZIONE STORICA DEL D.I.P.

SOMMARIO:
1. Le origini: dal *ius gentium* in epoca romana al *ius commune* in epoca medievale. – 2. L'elaborazione dottrinale del XX secolo: Story, Savigny, Mancini. – 3. Il sistema italiano ante legge 218/1995. – 4. Il sistema italiano post legge 218/1995.

1. Le origini: dal *ius gentium* in epoca romana al *ius commune* in epoca medievale.

■ **A) Lo *ius gentium* in epoca romana.**

Il problema della individuazione della disciplina applicabile ai rapporti economico-sociali involgenti soggetti, o beni, facenti parte di comunità diverse rispetto a quella di riferimento, era sorto già nell'ambito del diritto romano.

Il continuo accrescersi del volume dei traffici internazionali (e quindi dei punti di contatto tra *civitas* romana e resto del mondo) portò all'istituzione della figura del c.d. *praetor peregrinus*, le cui decisioni concernevano proprio le controversie intercorrenti tra cittadini romani e stranieri, o tra stranieri in ambito commerciale. L'insieme delle regole create mediante tali decisioni costituiva il c.d. *ius gentium*, oggi riconosciuto come origine del diritto internazionale privato.

■ **B) Lo ius commune in epoca medievale.**

Difficoltà analoghe a quelle sorte in epoca romana si svilupparono a seguito delle invasioni germaniche. In tale sistema, ad ognuno veniva applicata la legge della stirpe di provenienza, con i conseguenti problemi di coordinamento ogniqualvolta fossero coinvolti soggetti di diversa origine.

I giuristi di allora tentarono di risolvere la questione della disciplina applicabile attraverso la creazione di un sistema giuridico a carattere universale, sostanzialmente procedendo ad una rielaborazione del diritto romano giustinianeo: nacque allora il c.d. *ius commune*.

Tale complesso normativo tornò utile anche in epoca comunale. La frammentazione politica e il sorgere di diversi statuti a livello locale posero nuove difficoltà di coordinamento, che vennero superate proprio attraverso il ricorso allo *ius commune*. In altri termini, anche i conflitti tra gli statuti comunali furono risolti mediante un'interpretazione libera e creativa del diritto giustinianeo. Maestri di tale "nuova" lettura del *corpus iuris civilis* furono prevalentemente i giuristi italiani, tra cui Carlo Di Tocco, Accursio e Bartolo da Sassoferrato.

2. L'elaborazione dottrinale del XX secolo: Story, Savigny, Mancini.

Soltanto in epoca moderna, superati i sistemi embrionali dello *ius gentium* e dello *ius commune*, il diritto internazionale privato acquista una propria autonomia sotto il profilo dogmatico-scientifico.

Tale definitiva consacrazione avviene per effetto, non solo del fenomeno della codificazione giuridica, ma soprattutto grazie al contributo di alcuni studiosi che si sono occupati della materia come specifico settore del diritto, offrendone diverse ricostruzioni.

A) La posizione di Story.

Secondo *Story* (cui si deve la denominazione *"diritto internazionale privato"*), il d.i.p., quale sistema che consente l'applicazione della legge straniera nell'ordinamento interno, troverebbe il suo fondamento nella c.d. *comity* (trad.: cortesia). In sostanza, ciascuno Stato avrebbe interesse a far rispettare nel suo territorio le leggi di ogni altro Stato, in virtù dei vantaggi che da tale rispetto reciproco ogni nazione può trarre.

Si tratta di una visione esasperatamente pragmatica ed utilitaristica del sistema del d.i.p.

B) La posizione di Savigny.

Secondo *Savigny* (autore dell'opera fondamentale in materia: *"Sistema del diritto romano odierno"*), il d.i.p. deve costituire espressione di una serie di regole a carattere universale, in grado di risolvere ogni problema di coordinamento tra le diverse leggi nazionali. Più nel dettaglio, non si tratta di stabilire quale legge nazionale tra quelle in astratto richiamabili debba applicarsi ad un certo rapporto, ma piuttosto di elaborare un *sistema di criteri* che, in relazione a ciascun tipo di rapporto (contratti, obbligazioni, matrimonio, etc. etc.), consenta di individuare il sistema giuridico cui esso è riconducibile.

È evidente, non solo un radicale rovesciamento di prospettiva rispetto alla visione meramente utilitaristica dello Story, ma anche una visione di più ampio respiro del fenomeno. Non a caso tale concezione rappresenta il fondamento della maggior parte degli attuali sistemi di d.i.p.

C) La posizione di Mancini.

Secondo *Mancini* (padre della scuola italiana di d.i.p.), il problema del fondamento del d.i.p. va affrontato nella medesima prospettiva proposta dal Savigny: si tratta di un complesso di regole che devono consentire di individuare per ciascun tipo di rapporto l'ordinamento applicabile.

Il Mancini si è tuttavia spinto oltre, elaborando alcuni fondamentali criteri di risoluzione dei conflitti:

- *il criterio della nazionalità*, per la disciplina dei rapporti di famiglia, della condizione delle persone e delle successioni;
- *il criterio della libertà*, per la disciplina delle fattispecie in cui manchi un interesse del legislatore a limitare l'esercizio della libertà da parte dello straniero;
- *il criterio della sovranità*, per la disciplina delle fattispecie rientranti nell'ambito di applicazione delle leggi penali, di ordine pubblico e di tutto il diritto pubblico in generale.

3. Il sistema italiano ante legge 218/1995.

Anteriormente all'emanazione della l. 218/1995, le disposizioni qualificabili come norme di d.i.p. nell'ordinamento italiano erano contenute in diverse fonti normative.

Le principali erano gli artt. 17-31 delle disposizioni sulla legge in generale premesse al codice civile. Altre norme erano poi contenute sia nel codice civile che in quello di procedura civile, oltre agli artt. 1-14 del codice della navigazione.

Il sistema era orientato al *principio della parità tra diritto interno e diritto straniero*, tranne alcune eccezioni espressamente previste.

La risoluzione dei conflitti era prevalentemente affidata al *criterio della nazionalità*, in piena conformità con il pensiero del Mancini, che rappresenta l'artefice del sistema italiano di d.i.p.

L'assetto normativo, tuttavia, rivelò presto alcuni limiti.

- *incompatibilità costituzionale*, nella parte in cui agli artt. 18 e 20 delle preleggi riconosceva prevalenza alla legge nazionale del marito, in aperto contrasto con i principi di uguaglianza tra i coniugi e divieto di discriminazione tra gli stessi sanciti dalla Costituzione (Corte Cost. 71 e 477/1987);
- *inadeguatezza della disciplina*, nella parte in cui, orientandosi prevalentemente al criterio della nazionalità, finiva per disciplinare in maniera laconica ed insoddisfacente alcuni settori. Si pensi alla disciplina delle obbligazioni di cui all'art. 25 delle preleggi: privilegiando il criterio della nazionalità delle parti se comune, ovvero quello del luogo di perfezionamento del contratto, non faceva irragionevolmente alcun riferimento al luogo in cui doveva eseguirsi la prestazione.

In un primo momento, l'Italia provvide a colmare tali inefficienze normative mediante l'adesione ad una serie di convenzioni internazionali in materia di d.i.p. Tali convenzioni avevano come principale effetto la sostituzione nei rapporti tra le parti vertenti in specifiche materie delle norme di diritto internazionale privato dei rispettivi ordinamenti giuridici nazionali.

Importanza fondamentale assume a tal proposito la **Convenzione di Roma del 19 giugno del 1980** in materia di obbligazioni contrattuali, che finì per sostituire ed abrogare quasi del tutto l'art. 25 delle preleggi.

4. Il sistema italiano post legge 218/1995.

L'esigenza di una riforma integrale del sistema di d.i.p. italiano portò all'emanazione della **l. 218/1995**, una sorta di codice che racchiude in un unico testo normativo l'insieme delle disposizioni di diritto internazionale privato e processuale vigenti in Italia.

Sulla struttura della legge fondamentale del nuovo diritto internazionale privato italiano ci si soffermerà nella sezione relativa alle fonti (cfr. *infra* Sez. III). In questa sede, giova tuttavia sottolineare come tale risistemazione normativa abbia consentito la soddisfazione di due esigenze di carattere fondamentale:

- *l'organicità della materia*, per effetto della redazione di un unico testo normativo in grado di costituire un sistema chiuso e coordinato di norme. Preme però evidenziare come tale legge non

esaurisca l'insieme delle disposizioni di d.i.p. vigenti in Italia: norme aventi la medesima natura possono infatti rinvenirsi anche in altri testi normativi (si pensi alla legge n. 184/1983 sulle adozioni internazionali, o all'art. 5 del Codice della navigazione);
• *coordinamento con le fonti sovranazionali*, per effetto della clausola contenuta nell'art. 2 che fa salva l'applicazione delle regole (eventualmente diverse) sancite da convenzioni internazionali cui l'Italia aderisce o aderirà.

QUESTIONARIO

1. Quali erano le caratteristiche del *ius gentium* in epoca romana? 1.
2. Quale era la posizione del Mancini sul d.i.p.? 2.
3. Quali sono le criticità che originariamente il sistema italiano di d.i.p. aveva presentato? 3.
4. Quali sono le novità introdotte dalla riforma del d.i.p. rispetto al sistema precedente? 4.

SEZIONE III – FONTI DEL DIRITTO INTERNAZIONALE PRIVATO

SOMMARIO:
1. Il sistema delle fonti del d.i.p. – **2.** La dimensione nazionale. – **3.** La dimensione sovranazionale. – **4.** La *lex mercatoria*.

1. Il sistema delle fonti del d.i.p.

Al pari di ogni altra branca dell'ordinamento interno, il d.i.p. è costituito da un complesso di norme che scaturiscono da un articolato sistema di fonti.
Nell'ambito delle stesse, a seconda della dimensione da cui traggono origine, si è soliti distinguere tra:

- *fonti nazionali* (*la legge* e *la consuetudine*),
  quali fonti che nascono nell'ordinamento interno, e che sono destinate ad operare nell'ambito dello stesso;
- *fonti sovranazionali* (*le convenzioni internazionali* e *il diritto comunitario*),
  quali fonti che nascono al di fuori dell'ordinamento interno (*rectius*: a livello internazionale), ma che producono i propri effetti nell'ambito dello stesso.

2. La dimensione nazionale.

A) La legge.

La legge costituisce la principale fonte del diritto interno.
Nel sistema del d.i.p. assume rilevanza essenziale la **legge 218/1995**, qualificata come *legge fondamentale* del nuovo diritto internazionale privato. Lo studio della stessa va affrontato in una duplice prospettiva: quella dell'*esaustività* e quella della *struttura*.
- Sotto il profilo dell'*esaustività*:
giova osservare come tale legge non esaurisca il novero delle disposizioni di d.i.p. vigenti nell'ordinamento: norme aventi la medesima natura e funzione possono infatti rinvenirsi anche in altri testi normativi (si pensi alla legge n.

184/1983 sulle adozioni internazionali ovvero agli artt. 5-14 codice della navigazione; o agli artt. 115 e 116 codice civile.). La natura essenzialmente residuale di tali ulteriori disposizioni, a fronte della rilevanza centrale della 218/1995, consente di tralasciarne la disamina in questa sede.

- Sotto il profilo della *struttura*:
essa risulta articolata in quattro gruppi funzionali di norme (titoli I-IV), cui si aggiungono le disposizioni transitorie (titolo V), che chiudono il testo.

- Il titolo I (artt. 1-2) contiene le c.d. *disposizioni generali*.
  - In primo luogo (art. 1), individua *l'oggetto della legge*, coincidente con la determinazione dell'ambito della giurisdizione italiana, dei criteri per l'individuazione del diritto applicabile e della disciplina dell'efficacia delle sentenze e degli atti stranieri.
  - In secondo luogo (art. 2), si occupa del *coordinamento delle disposizioni della legge con le convenzioni internazionali* sottoscritte dall'Italia, sostanzialmente sancendo la prevalenza di queste ultime (c.d. **clausola di salvezza**).

- Il titolo II (artt. 3-12) si occupa della *giurisdizione italiana*.

Esso costituisce il nuovo sistema del *diritto processuale civile internazionale*, occupandosi della disciplina del processo ogniqualvolta le persone (attore/convenuto), i beni, o i provvedimenti, che ne costituiscono oggetto, presentino punti di contatto con ordinamenti giuridici diversi da quello in cui si svolge la vicenda processuale (cioè: *elementi di estraneità*).

- Il titolo III (artt. 13-63) indica il *diritto applicabile*.

Esso è suddiviso in diversi Capi (I-XI), che si occupano della individuazione della legge applicabile a ciascuna tipologia di rapporto con elementi di estraneità.
In sostanza, si tratta delle norme di d.i.p. in senso tecnico, che stabiliscono con riferimento ai diversi rapporti a carattere transnazionale presi in considerazione, quale tra gli ordinamenti in astratto richiamabili debba trovare applicazione.

- Il titolo IV (artt. 64-71) concerne l'*efficacia di sentenze ed atti stranieri*.

Si tratta di una serie di disposizioni che fissano i requisiti e disciplinano le procedure necessarie al riconoscimento dell'efficacia anche in Italia di sentenze ed atti stranieri.
Il titolo V (artt. 72-74) contiene le **disposizioni transitorie e finali**.

- l'art. 72 fissa l'operatività nel tempo della nuova legge. La normativa di nuovo conio troverà applicazione *a tutti i giudizi che siano iniziati successivamente alla sua entrata in vigore, anche se riferiti a rapporti giuridici sorti prima di tale epoca.* Fanno eccezione a tale principio, con conseguente applicazione della vecchia normativa, *le situazioni giuridiche qualificabili come "esaurite".* Si tratta dei rapporti già accertati giudizialmente in modo definitivo, o che abbiano già realizzato tutti i loro effetti sotto la vigenza del pregresso assetto normativo. Con riferimento ai giudizi pendenti ci si limita, invece, a fissare la giurisdizione italiana anche ove i fatti, o le norme che la determinano, siano sopravvenuti nel corso del processo. Tali disposizioni vanno poi coordinate con l'art. 74, che a sua volta fissa la data di entrata in vigore della legge.
- l'art. 73 persegue finalità di coordinamento normativo, sancendo l'abrogazione di tutta una serie di norme preesistenti (artt. 17-31 preleggi; artt. 2505 e 2509 c.c.; artt. 2,3,4,37 e 769-805 c.p.c.).

■ **B) La consuetudine.**

Tradizionalmente annoverata tra le fonti *"non scritte"* del diritto, la consuetudine coincide con l'insieme delle condotte uniformemente tenute dai consociati in un dato momento storico, con la convinzione della loro obbligatorietà.
Da sempre dibattuta la possibilità di ricomprendere nel panorama delle fonti del d.i.p. regole di tipo consuetudinario.
Anche in questo caso, la problematica va affrontata in una duplice prospettiva: *in primis*, deve chiarirsi schematicamente quali siano i requisiti necessari affinché un comportamento diffuso nel contesto sociale possa assurgere a fonte del diritto (*rectius*: consuetudine); in secondo luogo, occorre verificare se, ed entro che limiti, il d.i.p. tolleri l'operatività di fonti non scritte.

- I requisiti essenziali della consuetudine
Qualsiasi condotta tenuta dalla generalità dei consociati può qualificarsi come fonte del diritto in presenza di due caratteristiche fondamentali: *diuturnitas* e *opinio iuris ac necessitatis*.

• La *diuturnitas* (elemento oggettivo)
coincide con la pratica costante e uniforme nel tempo della condotta considerata: solo un comportamento diffuso e costantemente tenuto nel contesto sociale può qualificarsi come consuetudine.

- L'*opinio iuris ac necessitatis* (elemento soggettivo) coincide con la convinzione della natura giuridicamente obbligatoria della condotta. Detto altrimenti, i consociati devono essere convinti, nel tenere la condotta considerata, della sua conformità al diritto e, quindi, della sua obbligatorietà.

- La **rilevanza delle fonti non scritte nel sistema del d.i.p.**
La questione concernente l'ammissibilità di fonti non scritte nell'ambito del d.i.p. ha visto contrapporsi due orientamenti.
Giova sin da ora osservare che aderire all'una o all'altra opzione interpretativa può avere risvolti in ordine alla connessa problematica, relativa alla portata della rilevanza nell'ambito del d.i.p. della c.d. *lex mercatoria* (intesa come insieme di regole di matrice *usuale* inerenti il settore dei traffici transnazionali: v. *infra*).

- Secondo un primo orientamento (tesi *restrittiva*),
le fonti non scritte (*rectius*: consuetudine) rilevano nel d.i.p. negli stessi limiti entro cui ne è ammessa l'operatività negli altri settori dell'ordinamento.
Detto altrimenti, il d.i.p. costituirebbe una branca "*ordinaria*" del diritto, sottoposta alle medesime regole e ai medesimi principi. In tale ottica, la consuetudine potrebbe operare solo ove manchi una disciplina posta da altre fonti di rango superiore (*praeter legem*), oppure ove sia da queste espressamente richiamata (*secundum legem*): in nessun caso potrebbe operare in contrasto con esse (*contra legem*).

- Secondo un diverso orientamento (tesi *ampliativa*),
le fonti non scritte rilevano nel d.i.p. entro limiti più ampi rispetto a quelli entro cui ne è consentita l'operatività negli altri settori dell'ordinamento.
In altri termini, il d.i.p. costituirebbe una branca "*sui generis*" del diritto, sottoposta a regole e principi propri. In tale prospettiva, la consuetudine sarebbe destinata ad operare, non soltanto in assenza di legge (*praeter legem*), o in presenza di un richiamo espresso (*secundum legem*), ma anche – e soprattutto – in contrasto con la stessa (*contra legem*), essendo destinata a superarne i limiti.

Non rientra nel novero delle norme di matrice consuetudinaria, pur avendo natura di norme "*non scritte*", quel complesso di regole qualificabili come **principi generali del d.i.p.** Si tratta, più nel dettaglio, di una serie di principi deducibili per via di astrazione e generalizzazione dall'insieme dei sistemi di d.i.p. positivamente vigenti.

Funzione essenziale di tali principi è coadiuvare l'interprete nella risoluzione delle problematiche inerenti l'applicazione del d.i.p. scritto, costituito da norme spesso sintetiche e laconiche a fronte della complessità dei rapporti cui si riferisce.
Per ciò che concerne la loro collocazione nel sistema delle fonti, non devono confondersi con i principi ex art. 12 delle preleggi, inerenti *all'interpretazione della legge*, non avendo alcuna inerenza con il diverso fenomeno dell'analogia.

- Per VITTA, si tratta di *"concretizzazione in formule sintetiche di aspetti caratteristici di singoli sistemi di d.i.p."*, con la precisazione che tali concretizzazioni ineriscono i singoli sistemi nel loro complesso e non aspetti particolari degli stessi.
- Secondo WENGLER, si tratterebbe più semplicemente di una serie di principi generali deducibili dall'insieme delle norme di d.i.p. vigenti, cui il giudice dovrebbe far riferimento nell'adozione delle proprie decisioni.
- Per QUADRI, sarebbe più opportuno far riferimento al concetto di *"criteri del d.i.p."*, trattandosi di principi di portata generale, che consentono ai singoli sistemi di d.i.p. di assolvere alla propria funzione.

3. La dimensione sovranazionale.

A) Le convenzioni internazionali.

Si qualificano come *convenzioni* (o accordi) *internazionali*, quegli accordi che intervengono tra diversi Stati, vincolandoli all'adempimento di specifici obblighi per il perseguimento di obiettivi comuni.
Le *convenzioni internazionali in materia di d.i.p.* sono veri e propri trattati internazionali, aventi lo scopo di unificare in un determinato settore le norme di d.i.p. degli Stati aderenti.
Nell'ambito delle stesse è possibile distinguere tra:

- **convenzioni di diritto internazionale privato**, contenenti vere e proprie norme di conflitto, aventi ad oggetto il rinvio alle norme di altri ordinamenti per la disciplina delle fattispecie transnazionali considerate;
- **convenzioni di diritto processuale civile internazionale**, relative alla sola giurisdizione, o anche al riconoscimento delle

decisioni straniere e/o ad altri aspetti strettamente processuali (c.d. *convenzioni doppie*);
- **convenzioni di diritto materiale uniforme**, recanti norme disciplinanti *direttamente*, senza rinviare al diritto di altri Stati, fattispecie connotate da elementi di estraneità.

Per effetto di tali convenzioni sorge l'obbligo a carico dei partecipanti di rendere operanti nei rispettivi ordinamenti le norme di d.i.p. concordate, con la conseguente uniformazione (*id est*: **armonizzazione**) delle normative di conflitto vigenti a livello nazionale. In tale ottica, le convenzioni internazionali si collocano a pieno titolo nel sistema delle fonti del d.i.p., seppure in una dimensione "sovranazionale".

Le disposizioni di d.i.p. promananti da accordi internazionali sono qualificate come *norme di d.i.p. "convenzionale"*.

In omaggio al principio *"lex specialis derogat generali"*, **esse prevalgono su quelle nazionali eventualmente vigenti. Tale supremazia è ormai sancita** *expressis verbis* dall'art. 2 della l. 218/1995, a mente del quale *le disposizioni di legge esistenti non pregiudicano l'applicazione delle convenzioni internazionali di d.i.p. cui l'Italia ha aderito* (c.d. **clausola di salvezza**).

Tra le principali convenzioni internazionali sottoscritte dall'Italia devono menzionarsi:

- le tre *Convenzioni dell'Aja 12 giugno 1902* concernenti, rispettivamente, i *conflitti di legge in materia di matrimonio,* in materia di *divorzio* e *di separazione personale* ed in materia di *tutela dei minori* (rese *esecutive* con unica legge 7 settembre 1905, n. 523);
- le due *Convenzioni dell'Aja 17 luglio 1905* concernenti, rispettivamente, i conflitti di leggi in materia di *effetti del matrimonio sui diritti* e *doveri dei coniugi nei loro rapporti personali* e *patrimoniali* e l'interdizione e le altre misure di protezione (L. 27 giugno 1909, n. 640);
- la *Convenzione di Ginevra 7 giugno 1930* sui conflitti di legge in materia di *cambiale* e di *vaglia cambiario* (D.L. 25 agosto 1932, n. 1130, convertito in L. 22 dicembre 1932, n. 1946);
- la *Convenzione di Ginevra 19 marzo 1931* sui conflitti di legge in materia *di assegno bancario* (D.L. 24 agosto 1933, n. 1077, convertito nella L. 4 gennaio 1934, n. 1007);
- la *Convenzione dell'Aja 15 giugno 1955* sulla legge applicabile

SEZIONE III | FONTI DEL DIRITTO INTERNAZIONALE PRIVATO

alle *vendite a carattere internazionale di beni mobili* (L. 4 febbraio 1958, n. 50);
- la *Convenzione dell'Aja* 24 *ottobre* 1956 sulla legge applicabile alle *obbligazioni alimentari nei confronti dei minori* (L. 4 agosto 1960, n. 918);
- la *Convenzione dell'Aja* 15 *aprile* 1958 sul *riconoscimento ed esecuzione delle sentenze in materia di obbligazioni alimentari verso i minori* (anch'essa resa *esecutiva* con L. 4 agosto 1960, n. 918);
- la *Convenzione di Roma del* 19 *giugno* 1980 sulle obbligazioni contrattuali, resa *esecutiva* in Italia con la L. n. 875/84;
- la *Convenzione dell'Aja* 1° *luglio* 1985 relativa alla legge sui trust e il loro riconoscimento, ratificata con L. n. 364/89;
- la *Convenzione dell'Aja del* 29 *maggio* 1993 sulla tutela dei minori e l'adozione internazionale di cui alla L. 476/1998;
- la *Convenzione dell'Aja del* 19 *ottobre* 1996 sulla *competenza, la legge applicabile ed il riconoscimento* e *l'esecuzione dei provvedimenti* a *favore dei minori;*
- la *Convenzione dell'Aja del* 13 *gennaio* 2000 sugli *istituti di protezione degli adulti;*
- la *Convenzione dell'Aja del* 23 *novembre* 2007 concernente *la legge applicabile alle obbligazioni alimentari.*

Giova da ultimo precisare come, oltre alla clausola di prevalenza delle convenzioni internazionali in vigore per l'Italia e rese esecutive a mezzo delle rispettive leggi di ratifica (art. 2), la l. 218/1995 contenga diversi rinvii *a specifiche convenzioni internazionali nel loro complesso,* al precipuo fine di assicurarne *in ogni caso* l'operatività, e quindi anche al di là dei rapporti involgenti i soli Stati contraenti (v. ad es. art. 42, in tema di protezione dei minori; art. 45 in tema di obbligazioni alimentari; art. 59, in tema di titoli di credito).

B) Il diritto comunitario.

Il *diritto comunitario* è costituito dall'insieme delle norme poste nell'esercizio della propria attività legislativa da parte degli organi dell'Unione Europea.
A seguito del Trattato di Lisbona, l'UE ha una diretta competenza in materia di diritto internazionale privato, avendo il compito di adottare misure intese ad armonizzare le disposizioni legislative e regolamentari degli Stati membri (art. 81 TFUE). Nel perseguimento di tali obiettivi di **armonizzazione normativa**, il legislatore europeo è intervenuto a più riprese nei singoli sistemi

nazionali di d.i.p., dando luogo alla c.d. *comunitarizzazione del d.i.p.* Lo strumento più spesso utilizzato è quello del *regolamento*, obbligatorio in tutti i suoi elementi e direttamente applicabile negli ordinamenti dei singoli Stati membri, a prescindere da qualsiasi intermediazione da parte dei legislatori nazionali.

Tra i principali regolamenti comunitari di d.i.p. devono ricordarsi:

- CE 1346/2000 in tema di procedure di insolvenza;
- CE 44/2001 sulla giurisdizione e l'esecuzione delle decisioni in materia civile e commerciale (cd. Bruxelles I);
- CE 2201/2003 in materia di competenza, riconoscimento ed esecuzione delle decisioni in materia matrimoniale e di potestà sui figli (cd. Bruxelles II *bis*, che ha abrogato il Reg. CE 1347/2000);
- CE 805/2004 che istituisce il titolo esecutivo europeo per i crediti non contestati;
- CE 1896/2006 istitutivo di un procedimento europeo di ingiunzione di pagamento;
- CE 861/2007 che istituisce un procedimento europeo per le controversie di modesta entità (modificato dal Reg. 2421/2015);
- CE 864/2007 sulla legge applicabile alle obbligazioni extracontrattuali (cd. Roma II);
- CE 1393/2007 relativo alla notificazione e alla comunicazione negli Stati membri degli atti giudiziari ed extragiudiziali in materia civile o commerciale (che ha abrogato il Reg. CE 1348/2000);
- CE 593/2008 sulla legge applicabile alle obbligazioni contrattuali (cd. Roma I);
- CE 4/2009 sull'esecuzione delle decisioni in materia di obbligazioni alimentari (il provvedimento è destinato ad entrare in vigore il 18-6-2011);
- UE 1259/2010 relativo all'attuazione di una cooperazione rafforzata nel settore della legge applicabile al divorzio e alla separazione personale;
- UE 650/2012 concernente competenza, legge applicabile, riconoscimento ed esecuzione delle decisioni e degli atti pubblici in materia di successioni (applicabile ai soli decessi successivi al 17 agosto 2015);
- UE 1215/2012 (c.d. Bruxelles I bis) inerente competenza giurisdizionale, riconoscimento e esecuzione delle decisioni in materia civile e commerciale (in vigore dal 10 gennaio 2015), in sostituzione

del pregresso regolamento CE 44/2001 (c.d. Bruxelles I);
- UE 655/2014, istitutivo di una procedura per l'ordinanza europea di sequestro conservativo su conti bancari al fine di facilitare il recupero transfrontaliero dei crediti in materia civile e commerciale;
- UE 848/2015, relativo alle procedure di insolvenza (applicabile a decorrere dal 26 giugno 2017);
- UE 1104/2016, relativo agli effetti patrimoniali delle unioni registrate (applicabile a decorrere dal 29 gennaio 2019);
- UE 1103/2016, relativo al regime patrimoniale tra coniugi (applicabile a decorrere dal 29 gennaio 2019;
- UE 1783/2020, relativo alla cooperazione fra le autorità giudiziarie degli stati membri nell'assunzione delle prove in materia civile o commerciale, applicabile a decorrere dal 1° luglio 2022;
- UE 1784/2020, relativo alla notificazione e alla comunicazione negli stati membri degli atti giudiziari ed extragiudiziali in materia civile o commerciale, applicabile a decorrere dal 1° luglio 2022.

Non mancano tuttavia *direttive* comunitarie di d.i.p., che vincolano gli Stati destinatari solo al perseguimento di specifici obiettivi, presupponendone la necessaria intermediazione legislativa.

Tra le principali direttive comunitarie di d.i.p. possiamo ricordare:
- la direttiva 2001/124/CE, attuata in Italia con la legge 3-2-2803, n. 14, sulla crisi degli enti creditizi che contiene, insieme ad altre, norme di diritto internazionale processuale intese ad assicurare immediata efficacia in tutti gli Stati membri delle decisioni adottate, per il risanamento e la liquidazione dell'azienda di credito in crisi, dall'autorità giudiziaria dello Stato membro di origine ovvero quello in cui è stata rilasciata la prima autorizzazione all'esercizio del credito
- la direttiva 2008/122/CE del 14 gennaio 2009, recepita dal d.lgs. 79/2011, modificativo del Codice del Consumo, che ha integrato la direttiva 1994/47/CE sulla cd. multiproprietà per regolare nuove figure di godimento di beni e servizi con finalità turistiche quali i contratti di rivendita e di scambio vacanze.

Le norme di d.i.p. contenute nei regolamenti, o derivanti dal recepimento di direttive comunitarie, si qualificano come **diritto internazionale privato "comunitario"**.
Tali norme contengono criteri di risoluzione dei conflitti riferibili alle

sole fattispecie a carattere transnazionale che coinvolgono soggetti appartenenti agli Stati membri dell'Unione: non possono infatti avere effetto rispetto a rapporti che coinvolgono Stati terzi.
Giova tuttavia sottolineare come il recepimento delle soluzioni comunitarie in trattati internazionali, ovvero nei singoli sistemi nazionali di d.i.p., abbia portato ad una sostanziale generalizzazione di alcune di esse, con la conseguente riferibilità delle stesse anche a rapporti involgenti Stati extracomunitari:
- l'art. 32 *quater*, 2° co., l. 218/1995, ad esempio, richiamando il Regolamento n. 1259/2010 in punto di scioglimento dell'unione civile, ne recepisce il contenuto nel nostro sistema nazionale di d.i.p., rendendo applicabile la relativa disciplina anche a fattispecie involgenti Stati extra UE;
- l'art. 31, 1° co., l. 218/1995, cosi come riscritto dall'art. 29, 2° co. del d.lgs. 149/2022, del pari, indicando quale legge applicabile alla separazione e al divorzio quella designata dal Regolamento n. 2010/1259, ne estende l'operatività anche a casi involgenti Stati terzi.

Per ciò che concerne il rapporto tra le norme di d.i.p. comunitario e quelle di d.i.p. statale, il principio di supremazia del diritto comunitario impone la prevalenza di quelle di matrice comunitaria su quelle interne, sia pure con esclusivo riferimento ai rapporti riconducibili agli Stati aderenti all'UE: i rapporti riconducibili a Stati terzi, infatti, sono ordinariamente esclusi dall'ambito di operatività del diritto comunitario, rimanendo assoggettati alle norme di d.i.p. statale e/o convenzionale di volta in volta applicabili.

4. La *lex mercatoria*.

A) Nozione.

Con la dizione *lex mercatoria* si suole far riferimento a tutta una serie di **regole di matrice *usuale*, inerenti il settore dei traffici internazionali**.
Più nel dettaglio, si tratta di norme sorte nella prassi per regolamentare i rapporti economici con elementi di transanzionalità, sviluppatisi nell'ambito di specifici settori commerciali (assicurazioni, credito, etc. etc.).

SEZIONE III | **FONTI DEL DIRITTO INTERNAZIONALE PRIVATO**

■ B) Ambito di operatività.

Tale complesso di regole presenta un ambito di operatività piuttosto limitato, inerendo esclusivamente **i rapporti commerciali a carattere transnazionale, sorti nell'ambito di specifici settori economici** (assicurazioni, credito, etc. etc.).
La ragione sta nella tendenziale inadeguatezza dei singoli sistemi di d.i.p. a regolamentare settori del traffico internazionale, connotati da elevati *standards* qualitativi e quantitativi (si pensi ad es. al trasporto aereo, al *franchising*, al *leasing*, al *factoring*): la specificità e tecnicità di tali branche del mercato, infatti, mal si concilia con l'ampiezza e generalità che normalmente connota le disposizioni di d.i.p.

Alla progressiva diffusione delle regole costituenti la c.d. *lex mercatoria* ha contribuito la crescente opera di codificazione svolta sia dalle associazioni di categoria degli operatori dei settori di riferimento (ad es. IATA per i vettori aerei); che dalle organizzazioni internazionali non statali (si pensi alla Camera di Commercio internazionale).

Tra le raccolte di maggiore importanza assumono rilevanza i c.d. **Incoterms**, che costituiscono una sorta di prontuario delle pratiche inerenti i contratti di vendita; e *le raccolte di regole ed usi uniformi*, predisposte e periodicamente aggiornate dalla Camera di Commercio Internazionale.
Diretta espressione della *lex mercatoria* sono, altresì, alcuni tipi di clausole contrattuali come le **FOB** (relative al trasporto merci, sul rischio di perimento delle stesse durante il trasporto), e le clausole **CIF** (per l'assicurazione del trasporto a carico del venditore).

■ C) Natura giuridica.

La natura giuridica della *lex mercatoria* costituisce tuttora una delle questioni più dibattute del d.i.p.
In particolare, scontato il carattere intrinsecamente *usuale* delle relative disposizioni (scaturenti dal consolidarsi tra gli operatori del commercio internazionale di pratiche inerenti aspetti peculiari dei loro rapporti), si pone il problema della riconducibilità delle stesse alla categoria degli usi c.d. *normativi* (o consuetudine), o a quella degli usi c.d. *negoziali*.
L'adesione all'una o all'altra opzione interpretativa, come meglio si preciserà nel prosieguo (v. par. seguente), presenta notevoli ripercussioni in ordine alla

diversa problematica inerente la portata dei rapporti tra *lex mercatoria* e d.i.p. vigente nel settore di riferimento.

- Secondo un primo approccio ermeneutico (tesi *normativa*), si tratterebbe di veri e propri usi *normativi*, rientranti tra le fonti *"non scritte"* del diritto. Le relative condotte, infatti, presenterebbero il requisito, sia della *diuturnitas*, che dell'*opinio iuris ac necessitatis*.
- Secondo un diverso orientamento (tesi *negoziale*), ci si troverebbe di fronte a meri usi *negoziali*, non riconducibili al novero delle fonti *"non scritte"* del diritto. L'uniformarsi agli stessi ad opera dei consociati, infatti, avrebbe natura autenticamente volontaria, in totale assenza del requisito dell'*opinio iuris*.

D) Rapporti con il d.i.p. vigente.

Altrettanto dibattuta è la questione concernente i rapporti tra la *lex mercatoria* e il d.i.p. vigente nel settore di riferimento.

Più nel dettaglio, ci si è chiesti se tali regole di matrice *usuale* siano destinate a soccombere rispetto a quelle di conflitto eventualmente disciplinanti i medesimi rapporti, o possano addirittura prevalere sulle stesse.

Due le tesi sul tappeto: quella della *prevalenza* e quella della *soccombenza*.

- **La tesi della *prevalenza*.**

Secondo una prima impostazione (CARBONE), la *lex mercatoria* avrebbe natura vincolante per gli operatori del settore di riferimento, *addirittura prevalendo sulla normativa di d.i.p. vigente*.

In altri termini, i rapporti (*rectius*: contratti) cui si riferiscono tali regole sarebbero disciplinati esclusivamente da queste, non potendo assumere alcuna rilevanza la disciplina di d.i.p. esistente.

Tale impostazione sembra basarsi su due argomentazioni di fondo:
- *la natura consuetudinaria della lex mercatoria,*
  le cui disposizioni, originando da condotte dotate dei requisiti, sia delle *diuturnitas*, che dell'*opinio iuris ac necessitatis*, avrebbero le caratteristiche proprie degli usi c.d. *normativi*, autentiche fonti *"non scritte"* del diritto;
- *la natura sui generis del sistema del d.i.p.,*
  in cui le fonti *"non scritte"* rileverebbero entro limiti più ampi rispetto a quelli entro cui ne è consentita l'operatività negli altri settori

dell'ordinamento, ammettendosene la prevalenza anche sulla legge scritta (c.d. *consuetudo contra legem*).

- **La tesi della *soccombenza*.**

In una prospettiva del tutto opposta, si pone chi (BALLARINO) ritiene la *lex mercatoria* non vincolante per gli operatori del settore di riferimento, se non *nei limiti entro cui venga richiamata dagli stessi nell'ambito delle proprie relazioni contrattuali*. In sostanza, si tratterebbe di un complesso di regole a carattere negoziale, operante nei limiti della volontà delle parti.

Alla base di tale orientamento due considerazioni:
- ***la natura negoziale della lex mercatoria***,
  da ricondurre, non alla categoria degli *usi normativi* (o consuetudine), ma alla categoria dei meri *usi negoziali*, trattandosi di condotte uniformemente praticate nell'ambito di alcuni settori commerciali in assenza del requisito dell'*opinio iuris ac necessitatis*. Diretta conseguenza di tale impostazione è l'operatività delle stesse nei limiti in cui le parti vi facciano espresso riferimento, e sempre in conformità alla normativa di d.i.p. vigente, non essendo ammessa (salvo casi espressamente previsti) la deroga della legge da parte dell'autonomia negoziale;
- ***la natura ordinaria del sistema del d.i.p.***,
  in cui le fonti *"non scritte"* rilevano negli stessi limiti entro cui ne è ammessa l'operatività negli altri settori dell'ordinamento. Pur riconducendo la *lex mercatoria* alla categoria degli usi *normativi*, dunque, giammai essa potrebbe prevalere sul d.i.p. vigente: in nessun caso, infatti, l'ordinamento tollera una consuetudine *contra legem*, potendo questa operare solo in assenza di legge o in presenza di un espresso richiamo da parte della stessa.

QUESTIONARIO

1. Quali sono le fonti del diritto internazionale privato? **1.**
2. Esistono norme di d.i.p. al di fuori della legge 218/1995? **2.A.**
3. Cosa si intende per clausola di salvezza? **2.A.**
4. Sono ammesse fonti non scritte (rectius: consuetudine) nell'ambito del d.i.p.? **2.B.**
5. Cosa si intende per diritto internazionale privato "convenzionale"? **3.A.**
6. Cosa si intende per "comunitarizzazione del d.i.p."? **3.B.**
7. Cosa si intende per diritto internazionale privato comunitario? **3.B.**
8. Quale principio regola i rapporti tra d.i.p. comunitario e statale? **3.B.**

9. Cosa si intende per lex mercatoria? **4.A.**
10. In quali settori trova applicazione la lex mercatoria? **4.B.**
11. Qual è la natura giuridica della lex mercatoria? **4.C.**
12. È annoverabile tra le fonti "non scritte" del diritto? **4.C.**
13. In che rapporti si pone rispetto al d.i.p. vigente? **4.D.**
14. La lex mercatoria prevale sul d.i.p. vigente? **4.D.**

MAPPA CONCETTUALE
FONTI DEL DIRITTO INTERNAZIONALE PRIVATO

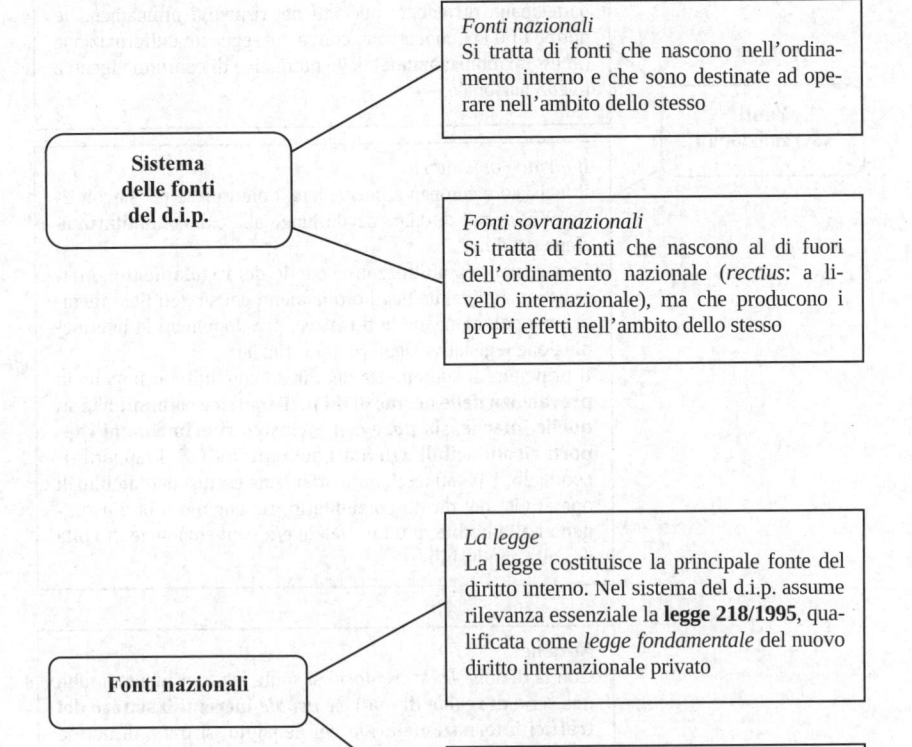

Sistema delle fonti del d.i.p.

- *Fonti nazionali*
  Si tratta di fonti che nascono nell'ordinamento interno e che sono destinate ad operare nell'ambito dello stesso

- *Fonti sovranazionali*
  Si tratta di fonti che nascono al di fuori dell'ordinamento nazionale (*rectius*: a livello internazionale), ma che producono i propri effetti nell'ambito dello stesso

Fonti nazionali

- *La legge*
  La legge costituisce la principale fonte del diritto interno. Nel sistema del d.i.p. assume rilevanza essenziale la **legge 218/1995**, qualificata come *legge fondamentale* del nuovo diritto internazionale privato

- *La consuetudine*
  Tradizionalmente **annoverata tra le fonti "non scritte" del diritto**, la consuetudine coincide con l'insieme delle condotte uniformemente tenute dai consociati in un dato momento storico, con la convinzione della relativa obbligatorietà.

Fonti sovranazionali

Le convenzioni internazionali
Le convenzioni internazionali in materia di d.i.p. sono dei veri e propri **trattati internazionali, aventi lo scopo di unificare in un determinato settore le norme di d.i.p. degli Stati aderenti**. Per effetto di tali convenzioni sorge l'obbligo a carico dei partecipanti di rendere operanti nei rispettivi ordinamenti le norme di d.i.p. concordate, con la conseguente uniformazione (*id est*: **armonizzazione**) delle normative di conflitto vigenti a livello nazionale.

Il diritto comunitario
Il legislatore europeo è intervenuto a più riprese nei singoli sistemi nazionali di d.i.p., dando luogo alla c.d. **comunitarizzazione del d.i.p.**
Lo strumento più utilizzato è quello del **regolamento**, direttamente applicabile negli ordinamenti dei singoli Stati membri, ma non mancano le **direttive**, presupponenti la intermediazione legislativa degli Stati destinatari.
Il principio di supremazia del diritto comunitario impone **la prevalenza delle norme di d.i.p. di matrice comunitaria su quelle interne**, sia pure con esclusivo riferimento ai rapporti riconducibili agli Stati aderenti all'UE, i rapporti riconducibili a Stati terzi, ordinariamente esclusi dall'ambito di operatività del diritto comunitario, rimangono infatti assoggettati alle norme di d.i.p. statale e/o convenzionale di volta in volta applicabili.

La *lex mercatoria*

Nozione
Con la dizione *lex mercatoria* si suole far riferimento a tutta una serie di **regole di matrice *usuale* inerenti il settore dei traffici internazionali**. Più nel dettaglio, si tratta di norme sorte nella prassi per regolamentare i rapporti economici con elementi di transanzionalità sviluppatisi nell'ambito di specifici settori commerciali (assicurazioni, credito, etc. etc.).

Ambito di operatività
Tale complesso di regole presenta un ambito di operatività piuttosto limitato, inerendo esclusivamente **i rapporti commerciali a carattere transnazionale sorti nell'ambito di specifici settori economici**.

SEZIONE III | FONTI DEL DIRITTO INTERNAZIONALE PRIVATO

La *lex mercatoria*

Natura giuridica
- **La tesi *normativa***
si tratterebbe di veri e propri usi *normativi*, rientranti tra le fonti "*non scritte*" del diritto. Le relative condotte, infatti, presenterebbero il requisito sia della *diuturnitas* che dell'*opinio iuris ac necessitatis*.
- **La tesi *negoziale***
ci si troverebbe di fronte a meri usi *negoziali*, non riconducibili al novero delle fonti "*non scritte*" del diritto. L'uniformarsi agli stessi ad opera dei consociati, infatti, avrebbe natura autenticamente volontaria, in totale assenza del requisito dell'*opinio iuris*.

Rapporti col d.i.p. vigente
- **La tesi della *prevalenza***
la *lex mercatoria* avrebbe natura vincolante per gli operatori del settore di riferimento, *addirittura prevalendo sulla normativa di d.i.p. vigente*. In altri termini, i rapporti (*rectius*: contratti) cui si riferiscono tali regole, sarebbero disciplinati esclusivamente da queste, non potendo assumere alcuna rilevanza la disciplina di d.i.p. esistente.
- **La tesi della *soccombenza***
la *lex mercatoria* avrebbe natura non vincolante per gli operatori del settore di riferimento, se non *nei limiti entro cui venga richiamata dagli stessi nell'ambito delle proprie relazioni contrattuali*. In sostanza, si tratterebbe di un complesso di regole a carattere negoziale, inidonea a prevalere sul d.i.p. vigente, non essendo ammessa (salvo casi espressamente previsti) la deroga della legge da parte dell'autonomia negoziale.

SEZIONE IV – FUNZIONAMENTO DEL DIRITTO INTERNAZIONALE PRIVATO

SOMMARIO:
1. La regolamentazione dei rapporti con elementi di estraneità. – 2. Il fenomeno del rinvio (o richiamo).

1. La regolamentazione dei rapporti con elementi di estraneità.

Ogni Stato deve confrontarsi con il problema concernente la regolamentazione dei rapporti che presentano *elementi di estraneità*. Ci si riferisce, in particolare, all'insieme delle fattispecie che presentano uno o più punti di contatto con ordinamenti di altri paesi: il carattere *transnazionale* delle stesse impone la predisposizione di una disciplina *ad hoc* da parte del legislatore.

A ben guardare, ogni fattispecie giuridicamente rilevante è costituita da un insieme di circostanze di fatto che l'ordinamento prende in considerazione. Tali circostanze possono distinguersi in:

- **elementi di collegamento,** che coincidono con tutte le circostanze di fatto aventi natura *"interna"* rispetto all'ordinamento considerato. Detto altrimenti, si tratta delle circostanze che innestano un rapporto di connessione tra la fattispecie presa in considerazione e l'ordinamento statale di riferimento;
- **elementi di estraneità,** che sono tutte le circostanze di fatto aventi natura *"esterna"* (o estranea) rispetto all'ordinamento di riferimento. Si tratta, in sostanza, di quelle circostanze che pongono il rapporto considerato in collegamento con ordinamenti diversi da quello statale di riferimento.

Le fattispecie connotate esclusivamente da elementi *"interni"* costituiscono istituzionalmente oggetto dell'attività normativa del legislatore nazionale. Quelle totalmente *"esterne"* sono solitamente prerogativa dei legislatori stranieri.

Il problema si pone con riferimento alle fattispecie che presentano, accanto

ad elementi di collegamento, anche elementi di estraneità: quale ordinamento dovrà occuparsi della relativa regolamentazione?
Si pensi, a titolo esemplificativo, all'apertura della successione di un cittadino francese nel cui asse ereditario si trovino beni situati in Italia:
- **elemento di collegamento** è la collocazione dei beni nel territorio italiano;
- **elemento di estraneità** è la cittadinanza francese del *de cuius*.

Rispetto a tale rapporto quale sarà la disciplina applicabile: la legge francese o quella italiana?

In presenza di fattispecie di questo tipo l'ordinamento statale può assumere posizioni diverse in funzione della rilevanza attribuita alla natura *"non totalmente interna"* del rapporto considerato.

Sul punto, le soluzioni astrattamente prospettabili sono tre, tutte rimesse alla discrezionalità dei singoli legislatori nazionali:
- quella dell'*assoluta irrilevanza* degli elementi di estraneità;
- quella dell'*assoluta rilevanza* degli elementi di estraneità;
- quella della *rilevanza "speciale"* degli elementi di estraneità.

A) La soluzione dell'assoluta irrilevanza.

Secondo un primo approccio, il legislatore potrebbe *non attribuire alcuna rilevanza al carattere esterno* (in tutto o in parte) *della fattispecie considerata*. Tale impostazione presuppone la competenza dello Stato alla regolamentazione di qualsiasi fattispecie che ritenga opportuno disciplinare, a prescindere dalla natura interna o esterna della stessa. In tale ottica, si finisce per affermare *l'assoluta irrilevanza* degli elementi di estraneità eventualmente caratterizzanti un certo rapporto: il legislatore si comporta come se tali elementi non esistessero, disciplinando la fattispecie al pari di qualsiasi altro fatto a carattere totalmente interno.

- Nell'esempio del paragrafo precedente, la cittadinanza francese del *de cuius* non avrebbe alcuna rilevanza: la fattispecie sarebbe regolata comunque dalla legge italiana.

B) La soluzione dell'assoluta rilevanza.

In una prospettiva del tutto opposta, il legislatore potrebbe considerare l'insieme dei rapporti connotati da elementi di estraneità come materia al di fuori della propria competenza.

Detto altrimenti, lo Stato si occupa della regolamentazione dei soli rapporti totalmente interni al proprio ordinamento: quelli *esterni* (in tutto o in parte) costituiscono prerogativa dei legislatori stranieri.

Ne consegue l'attribuzione di una **rilevanza assoluta** agli elementi di estraneità da parte dell'ordinamento nazionale: la mera presenza degli stessi è tale da escludere la possibilità per il legislatore di occuparsi della regolamentazione del rapporto considerato.

Si è parlato in proposito di carattere *"assorbente o esclusivo"* degli elementi di estraneità: essi *assorbono* la fattispecie cui ineriscono alla competenza del legislatore straniero, o *escludono* rispetto alla stessa la competenza del legislatore nazionale.

- Nell'esempio ricordato, la cittadinanza francese del *de cuius* sarebbe di per sé sufficiente ad escludere l'applicazione del diritto italiano: essa connota la fattispecie di una transnazionalità, che la pone per definizione al di fuori della competenza del legislatore nazionale.

C) La soluzione della rilevanza "speciale".

Una posizione mediana è assunta da quegli ordinamenti che attribuiscono una *rilevanza "speciale"* agli elementi di estraneità eventualmente caratterizzanti una fattispecie.

In quest'ottica, la presenza di tali circostanze non può indurre il legislatore a dettare una disciplina che non tenga conto del carattere transnazionale della fattispecie (*prospettiva dell'assoluta irrilevanza*), né tantomeno portarlo a disinteressarsi totalmente della regolamentazione del rapporto (*prospettiva della assoluta rilevanza*): gli elementi di estraneità devono, invece, *determinare l'ordinamento ad assegnare al fatto* **una disciplina giuridica particolare**, *diversa da quella comune cui sarebbe assoggettato, ove tali elementi non esistessero.*

Tale posizione è quella accolta dalla maggior parte degli ordinamenti odierni (compreso quello italiano), costituendo espressione di un approccio "moderno" al problema della regolamentazione dei rapporti a carattere transnazionale.

Nell'esempio della successione *mortis causa* del cittadino francese i cui beni siano situati in Italia, non dovrebbe trovare applicazione nessuna delle due normative di riferimento. In tale prospettiva sarebbe opportuna l'elaborazione di una disciplina *ad hoc* da parte degli ordinamenti coinvolti, che consenta di attribuire rilevanza al carattere transnazionale del rapporto considerato.

D) Corollari applicativi della soluzione della rilevanza speciale.

Ferma l'esigenza di *assegnare al fatto una disciplina giuridica particolare*, si pone il problema concernente le modalità attraverso cui debba procedersi all'elaborazione della stessa.

Detto altrimenti, ci si chiede in che modo lo Stato possa provvedere alla regolamentazione di rapporti connotati da elementi di estraneità, ove intenda predisporne autonomamente la relativa disciplina.

Sul punto sono prospettabili due soluzioni diverse: quella della regolamentazione *in via diretta* e quella della regolamentazione *in via indiretta*.

- Nella ***regolamentazione in via diretta***
  lo Stato decide di disciplinare *direttamente* le fattispecie a carattere transnazionale, senza alcun rinvio (o richiamo) ad una *legge ulteriore* rispetto alla norma dettata. In altri termini, le norme emanate recheranno la disciplina *materiale* del fatto considerato, che costituirà oggetto di regolamentazione *ex novo*.

Pare opportuno precisare che, in tale ipotesi, il legislatore compie una scelta diversa da quella imposta dalla soluzione della c.d. *irrilevanza assoluta*: non si tratta, infatti, di disciplinare rapporti a carattere transnazionale "*come se fossero del tutto interni*", ma di dettare una disciplina peculiare che tenga conto della loro natura esterna (in tutto o in parte).

Si tratta, a ben guardare, dell'approccio seguito dal legislatore nel dettare le norme che costituiscono il c.d. ***diritto interno in materia internazionale*** (v. Cap. I, Sez. I, par. 3, lett. B): si pensi agli artt. 8, 9, 10 c.p. che regolano il settore dei delitti commessi all'estero.

TI RICORDI CHE...

Il *diritto interno in materia internazionale* costituisce quella peculiare branca dell'ordinamento nazionale, avente ad oggetto la regolamentazione "*in via diretta*" (*rectius*: senza alcun riferimento ad una legge *ulteriore*, sia essa nazionale o straniera) di fattispecie che presentano elementi di estraneità?

- Nella ***regolamentazione in via indiretta***
  lo Stato procede a disciplinare *indirettamente* le fattispecie che

> presentano elementi di estraneità, mediante il rinvio ad una *legge ulteriore* rispetto alla norma dettata. In questo caso, le norme elaborate non recano la disciplina *materiale* della fattispecie, ma consentono di individuare quale sarà la normativa di riferimento per la regolamentazione del rapporto considerato.

Giova osservare che, in tale prospettiva, il legislatore non rinuncia alla disciplina delle fattispecie transazionali come imporrebbe la soluzione della c.d. *rilevanza assoluta*: egli, infatti, riconosce la propria competenza rispetto a tali rapporti, pur procedendo alla regolamentazione degli stessi attraverso **una tecnica peculiare che è quella del** *rinvio* **(o richiamo)**.
Si tratta, in sostanza, dell'approccio seguito dal legislatore nel dettare le norme che costituiscono il c.d. *diritto internazionale privato* (v. Sez. I): si pensi agli artt. 20 - 63 della legge n. 218/1995.

2. Il fenomeno del rinvio (o richiamo).

Il *rinvio (o richiamo)*, in termini generali, costituisce lo strumento attraverso cui un ordinamento attribuisce rilevanza giuridica a norme appartenenti ad un ordinamento diverso, che non avrebbero nel primo alcun valore. Si tratta di un mezzo utilizzato dal legislatore in diverse branche del diritto: oltre al d.i.p., si pensi al diritto internazionale pubblico, o alla regolamentazione dei rapporti tra ordinamento italiano e ordinamento canonico.
Nell'ambito dello stesso, si è soliti distinguere tra *rinvio formale* (o non recettizio) e *rinvio materiale* (o recettizio). Il tratto differenziale tra i due meccanismi sta nella diversa tecnica utilizzata dal legislatore nazionale per attribuire efficacia alle norme straniere.

> - Nel rinvio *formale* (o non recettizio),
>   viene riconosciuta all'ordinamento straniero la competenza ad emanare in via diretta norme giuridiche in peculiari settori dell'ordinamento interno. Tali norme avranno efficacia nel territorio dello Stato richiamante senza necessità di alcuna ulteriore intermediazione da parte del legislatore nazionale. Detto altrimenti, si attribuisce efficacia nell'ordinamento interno a fonti straniere.
>   Si parla, a tal proposito, di natura *dinamica* del rinvio: nell'ordinamento interno si rifletteranno tutte le modificazioni dell'assetto normativo verificatesi nell'ordinamento straniero richiamato.

- Nel rinvio *materiale* (o recettizio),
il legislatore nazionale si preoccupa di recepire nell'ambito di norme interne il contenuto precettivo di norme straniere. È per effetto di tale recepimento che a queste è riconosciuta efficacia nell'ordinamento interno. Ne consegue la totale irrilevanza nel territorio dello Stato richiamante delle fonti straniere: ci si troverà sempre di fronte a norme nazionali, il cui contenuto però sarà mutato da norme facenti parte di ordinamenti diversi.
Risulta evidente la natura intrinsecamente *statica* di tale forma di rinvio: il contenuto precettivo sarà fissato una volta per tutte nella norma nazionale di recepimento, non potendo assumere rilevanza eventuali modifiche dell'assetto normativo straniero di riferimento.

A) La natura del rinvio operato dalle norme di d.i.p.

Il rinvio (o richiamo) costituisce un fenomeno che caratterizza anche le norme di d.i.p.
Nell'ambito di tale settore, tuttavia, esso assume caratteristiche peculiari rispetto al fenomeno del rinvio comunemente inteso (per comodità espositiva: rinvio c.d. *ordinario*).
In particolare, nel d.i.p., il *rinvio* costituisce **strumento di regolamentazione delle fattispecie che presentano elementi di estraneità, ove il legislatore nazionale non intenda dettarne in via diretta la disciplina**. In sostanza, a mezzo del *rinvio*, la legge non fissa la disciplina materiale del rapporto considerato, ma si limita a richiamare una normativa *ulteriore* (nazionale o straniera) cui spetterà la regolamentazione dello stesso.
Da sempre dibattuta la questione concernente la *natura* del rinvio operato dalle norme di diritto internazionale privato. Sul punto sono emerse tre diverse tesi: quella del rinvio *formale*, quella del rinvio *materiale* e quella del rinvio c.d. *di produzione*.

A1) La tesi del rinvio formale.

È sostenuta da chi (ROMANO, FEDOZZI) ritiene le norme di d.i.p. disposizioni attraverso cui si riconosce efficacia diretta nell'ordinamento interno a fonti straniere.

Rilievi critici: Si è però obiettato che il *principio di sovranità e autonomia degli Stati* rende inammissibile qualsiasi meccanismo che consenta a legislatori stranieri di legiferare in via diretta nell'ambito di ordinamenti diversi. Detto altrimenti, se è vero che è consentito attribuire efficacia nell'ordinamento interno a norme straniere, non è ammissibile attribuire al legislatore straniero la legittimazione a legiferare in via diretta nel territorio dello Stato.

A2) La tesi del rinvio materiale.

Si tratta di tesi (CHIOVENDA, ANZILOTTI) che qualifica le norme di d.i.p. come norme *"in bianco"*, che recepirebbero di volta in volta il contenuto precettivo delle disposizioni straniere di riferimento.
Rilievi critici: Tale impostazione non tiene conto della natura intrinsecamente *dinamica* del rinvio operato dalle norme di d.i.p. Si tratta, infatti, di disposizioni il cui contenuto precettivo non è fissato una volta e per sempre, ma segue incessantemente le modificazioni che si avvicendano nell'ambito dell'ordinamento straniero di riferimento. Ove si trattasse di rinvio *materiale* (o recettizio), l'evolversi della legge straniera non potrebbe riflettersi mai nell'ordinamento italiano, neutralizzando la stessa funzione del d.i.p.

A3) La tesi del rinvio di produzione.

Elaborata da alcuni autori (PERASSI, MORELLI, AGO, BALLARINO) pone l'accento sulle peculiarità che connotano il *rinvio* (o richiamo) tipico delle norme di d.i.p. rispetto al rinvio c.d. *ordinario*.
Si tiene conto: *in primis*, della riferibilità di tale forma di rinvio anche al diritto interno, e non solo a quello straniero (per il problema della *portata* del fenomeno del rinvio nel d.i.p. cfr. *infra* par. successivo); in secondo luogo, della particolare natura dei rapporti che attraverso tale meccanismo vengono regolamentati (rapporti che presentano elementi di estraneità).
In tale prospettiva, si qualificano le norme di d.i.p. come vere e proprie **norme sulla produzione giuridica**, espressione di *una peculiare tecnica di normazione*, di cui il legislatore si serve per regolamentare rapporti a carattere non del tutto interno rispetto all'ordinamento.
In altre parole, la natura transnazionale delle fattispecie considerate impedisce al legislatore di utilizzare le tecniche di redazione normativa "ordinarie", costringendolo ad utilizzare un meccanismo particolare (quello del *rinvio* o richiamo) per dettare la relativa disciplina.

Pare opportuno precisare che le norme *sulla produzione* sono quelle che regolano l'attività di formazione delle norme giuridiche, mentre le norme *di produzione*, pongono le norme che da tale attività scaturiscono. Esempi di norme *sulla produzione* sono gli artt. 70 e 77 Cost. o l'art. 3 disp. prel. c.c.; esempi di norme *di produzione* sono la maggior parte delle disposizioni contenute nell'ordinamento.

A4) Osservazioni conclusive.

La tesi del rinvio *di produzione* sembra quella maggiormente aderente alle caratteristiche proprie del *rinvio* che connota le norme di d.i.p.
Risultano, inoltre, difficilmente condivisibili le critiche mosse a tale ricostruzione:

- non convince l'osservazione secondo cui le norme *sulla produzione* devono avere necessariamente rango costituzionale, mentre le disposizioni di d.i.p. hanno rango di mera legge ordinaria.
Facile obiettare che le norme di d.i.p. sono state emanate anteriormente alla Costituzione, peraltro nell'ambito delle preleggi, che contengono diverse norme *sulla produzione* giuridica (v. artt. 1 e 3 disp. prel. c.c.). Lo stesso art. 15 della legge 218/1995 sembra sottendere un rinvio *di produzione*, quando sottolinea che il rinvio alla legge straniera deve intendersi riferito all'ordinamento richiamato nel suo complesso, e non alla singola norma rilevante per la regolamentazione del rapporto considerato.
- non convince l'assunto in base al quale tale ricostruzione non si distinguerebbe da quella che qualifica il rinvio proprio del d.i.p. come mero rinvio *formale* (v. *supra*): a ben guardare, infatti, attraverso le norme di d.i.p. non si farebbe altro che attribuire efficacia diretta nel nostro ordinamento a fonti straniere.
Anche tale osservazione non sembra però condivisibile. Il rinvio che connota le norme di d.i.p., difatti, può operare anche verso il diritto interno, e non solo verso quello straniero (come, invece, il rinvio *ordinario*). Inoltre, qualificare le norme di d.i.p. come espressione di una peculiare tecnica di redazione normativa utilizzata dal legislatore nazionale consente di ricostruirne la natura rispettando in pieno il *principio di sovranità e autonomia degli Stati*, di certo compromesso dalla tesi del mero rinvio *formale*: a mezzo del rinvio di produzione, infatti, non si legittima il legislatore straniero a legiferare nel territorio dello Stato, ma è il legislatore nazionale che nel legiferare nel proprio territorio utilizza una tecnica che coinvolge anche il legislatore straniero.

Deve, tuttavia, darsi atto della progressiva diffusione di strumenti di diritto internazionale privato uniforme (si pensi a quello convenzionale, da un lato; e comunitario, dall'altro), che sta comportando una notevole riduzione dell'impiego del meccanismo del *rinvio* nell'ambito del d.i.p.

■ B) La portata del fenomeno del "rinvio" nel d.i.p.

Altrettanto dibattuta è la questione concernente la *portata* del fenomeno del *rinvio* (o richiamo) che caratterizza le norme d.i.p. Scontata la sua riferibilità non solo alla legge straniera ma anche a quella nazionale (a differenza del rinvio *ordinario*, solitamente riferito alla sola legge straniera), si è posto il problema di capire se esso operi esclusivamente verso il diritto straniero o verso il diritto nazionale, o possa operare nei confronti di entrambi.

In altre parole, ci si chiede se il *rinvio* (o richiamo) tipico del d.i.p. sia destinato a produrre effetti esclusivamente *in un'unica direzione* (**concezione unilaterale**), o anche *in una duplice direzione* (**concezione bilaterale**).

■ B1) La concezione unilaterale.

In base a tale impostazione, il *rinvio* dovrebbe qualificarsi come fenomeno a portata necessariamente *unidirezionale*. Detto altrimenti, si tratterebbe di un meccanismo in grado di operare:

- o esclusivamente verso l'ordinamento interno (*concezione unilaterale introversa*)
- o esclusivamente verso gli ordinamenti stranieri (*concezione unilaterale estroversa*).
  In sostanza, le norme di d.i.p. non potrebbero mai rinviare alternativamente all'una o all'altra legge, dovendo necessariamente far riferimento o esclusivamente all'una o esclusivamente all'altra.

La soluzione al problema della *portata* del fenomeno del rinvio dipende anche dalla posizione che si assume circa la funzione da attribuire alle norme di d.i.p. nell'ambito dell'ordinamento (v. Cap. I, Sez. I, par. 4):

- ove si ritenga che esse funzionino come strumento di delimitazione dell'ambito di applicazione dell'ordinamento interno (*funzione unilaterale introversa*), il rinvio dovrà ritenersi operante solo verso l'interno (*concezione unilaterale introversa*);

- ove si ritenga che esse funzionino come clausole di apertura rispetto alla legge straniera (*funzione unilaterale estroversa*), il rinvio dovrà ritenersi operante solo verso l'esterno (*concezione unilaterale estroversa*).

B2) La concezione bilaterale.

Secondo una diversa prospettiva, il *rinvio* dovrebbe qualificarsi come fenomeno a portata *bidirezionale*. Detto altrimenti, si tratterebbe di un meccanismo in grado di operare alternativamente:

- sia verso l'ordinamento interno,
- che verso gli ordinamenti stranieri.

In sostanza, le norme di d.i.p., nel momento in cui rinviano ad una legge *ulteriore* per la regolamentazione del rapporto che ne costituisce oggetto, possono portare all'applicazione, sia del diritto straniero, che del diritto interno, senza preclusioni di sorta.

Tale impostazione costituisce una diretta conseguenza della tesi che a sua volta riconosce una *funzione bilaterale* al d.i.p. (v. Cap. I, Sez. I, par. 4): le relative disposizioni hanno come obiettivo, non solo la delimitazione dell'ambito di applicazione del diritto interno, ma anche l'apertura dello stesso alla legge straniera.

C) Il funzionamento del meccanismo del rinvio: problemi applicativi.

Il funzionamento del meccanismo del *rinvio* (o richiamo), ogniqualvolta si risolva (o debba risolversi) nell'applicazione del diritto straniero, pone una serie di problemi applicativi.

Più nel dettaglio, si è a più riprese discusso circa:

- l'operatività o meno del principio *iura novit curia* rispetto al diritto straniero;
- la disciplina applicabile in caso di *mancata individuazione* della norma straniera;
- la disciplina applicabile in caso di *ordinamenti plurilegislativi*;
- l'ammissibilità del fenomeno del c.d. *adattamento;*
- i criteri di *interpretazione ed applicazione* del diritto straniero;
- l'ammissibilità del ricorso per cassazione per *errata applicazione* del diritto straniero.

C1) L'operatività o meno del principio *iura novit curia* rispetto al diritto straniero.

Da sempre dibattuta la questione concernente l'operatività o meno del principio *iura novit curia* rispetto al diritto straniero. In particolare, ci si chiede se le norme straniere richiamate costituiscano *elementi di fatto* la cui prova spetterà alle parti, o *norme giuridiche* il cui accertamento spetti come dovere d'ufficio al giudice. Sul punto si sono sviluppati due orientamenti contrapposti.

- La tesi *tradizionale* (negativa)
  ritiene spetti alla parte interessata provare l'esistenza e il contenuto del diritto straniero di cui chiede l'applicazione. Le norme straniere, in quanto estranee all'ordinamento, si qualificano come *elementi di fatto* oggetto di prova da parte dell'interessato. Ne consegue l'inoperatività del principio *iura novit curia* rispetto al diritto straniero.

Tale impostazione appare maggiormente coerente con **il sistema di d.i.p. in vigore anteriormente all'emanazione della l. 218/1995**. Non a caso la Suprema Corte ha, anche da ultimo, affermato che *nei soli giudizi iniziati anteriormente alla entrata in vigore della legge 31 maggio 1995, n. 218, non applicandosi, in virtù dell'art. 72, il principio stabilito dall'art. 14 della medesima legge, gravi sulla parte che chieda l'applicazione di una legge straniera l'onere di indicarla producendo la documentazione relativa*, in mancanza della quale, il giudice, se non sia in grado di avere diretta conoscenza della normativa straniera sulla scorta degli elementi acquisiti agli atti o per propria diretta conoscenza, deve applicare le leggi italiane. (Sez. 3, Sent. n. 8212 del 04/04/2013)

- L'impostazione *prevalente* (positiva)
  ritiene che il giudice debba relazionarsi alle norme straniere da applicare nello stesso modo in cui si relaziona alle norme nazionali. Sarà conseguentemente *dovere d'ufficio* dello stesso procedere all'accertamento dell'esistenza e del contenuto della legge straniera richiamata.
  Tale impostazione è ormai consacrata nel dato normativo: l'*art. 14 della l. 218/1995* sancisce espressamente che "**l'accertamento della legge straniera è compiuto d'ufficio dal giudice**".

SEZIONE IV | FUNZIONAMENTO DEL DIRITTO INTERNAZIONALE PRIVATO

> Le difficoltà che in concreto tale operazione può comportare hanno portato lo stesso legislatore a riconoscere al giudice la facoltà **di rivolgersi ad esperti o istituzioni specializzate, o di acquisire notizie a mezzo degli uffici del Ministero della Giustizia**. In ogni caso, non è proibito alle parti in causa di aver un ruolo ausiliario e di stimolo in tale difficile compito.
> In tale ottica, **risulta evidente l'operatività del principio *iura novit curia* anche rispetto al diritto straniero.**

▶ LA GIURISPRUDENZA PIÙ SIGNIFICATIVA

LA VALORIZZAZIONE DEL RUOLO DELLE PARTI COME STRUMENTO UTILE PER L'ACQUISIZIONE DEL DIRITTO STRANIERO.

Nella prospettiva della valorizzazione del ruolo delle parti nell'acquisizione del diritto straniero sembra orientarsi la più recente giurisprudenza.
Secondo le Sezioni Unite, infatti, *ai fini della conoscenza di tali disposizioni, in applicazione dell'art. 14 della l. 318/95, il giudice italiano può avvalersi, oltre che degli strumenti indicati nelle convenzioni internazionali e delle informazioni acquisite tramite il Ministero della Giustizia, anche di quelle assunte tramite esperti o istituzioni specializzate, potendo ricorrere, onde garantire effettività al diritto straniero applicabile, a qualsiasi mezzo, anche informale, valorizzando il ruolo attivo delle parti come strumento utile per la relativa acquisizione* (Sez. U, Sentenza n. 9189 del 07/06/2012).
Nella medesima prospettiva, è stata sancita l'inoperatività di qualsivoglia preclusione in danno della parte che contesti l'erronea individuazione del diritto straniero da parte del giudice, atteso che tale deduzione non costituisce un'eccezione, *quanto, piuttosto, una sollecitazione al giudice ad avvalersi del dovere di fare applicazione della norma effettivamente destinata a regolare il caso di specie,* ***in attuazione del principio "iura novit curia"*** (Cass. n. 27365/2016).

■ C2) La disciplina applicabile in caso di mancata individuazione della norma straniera.

È possibile che, nonostante gli sforzi profusi, il giudice non riesca a venire a conoscenza del diritto straniero cui la norma di d.i.p. rinvia per la regolamentazione della fattispecie. Si pone conseguentemente il problema della individuazione della disciplina applicabile. Sul punto si sono registrati diversi orientamenti.

- La tesi del ***necessario rigetto della domanda***
  Secondo tale impostazione, l'assenza di una normativa di riferi-

> mento dovrebbe indurre al rigetto della domanda eventualmente proposta (MICHELI, MORELLI). Si tratterebbe di una pretesa non presa in considerazione dall'ordinamento.

Rilievi critici: Ragionando in questi termini, il passaggio in giudicato della sentenza di rigetto dovrebbe comportare la definitiva perdita del diritto fatto in valere in giudizio da parte dell'istante, con un'evidente iniquità del sistema.
Senza contare che far ricadere sulla parte in causa le conseguenze della mancata acquisizione della legge straniera da parte del giudice sembra presupporre una qualificazione delle norme straniere in termini di *elementi di fatto* oggetto di prova ad opera delle parti, e non di *norme giuridiche* oggetto di accertamento d'ufficio da parte del giudice.

> - La tesi *dell'applicazione della lex fori*
>   Secondo altri (VITTA), la mancata individuazione della normativa straniera di riferimento dovrebbe comportare una riespansione della legge italiana. Alla base di tale impostazione, la qualificazione delle norme di d.i.p. come disposizioni di deroga al principio della vigenza nell'ordinamento interno della sola legge nazionale.

Rilievi critici: Sembra difficilmente condivisibile un'impostazione che qualifica le norme di d.i.p. come norme eccezionali, e non come autonoma branca dell'ordinamento interno. Tale visione "residuale" del diritto internazionale privato non è coerente con la centralità che il d.i.p. assume nei moderni ordinamenti giuridici. Si tratta, tuttavia, di tesi condivisa dalla prevalente giurisprudenza anteriforma del 1995.

> - La tesi del *riferimento ai principi generali del d.i.p.*
>   Una parte della dottrina (BALLARINO) afferma che ipotesi di questo tipo dovrebbero trattarsi al pari di qualsiasi altra lacuna ordinamentale. Il riferimento è all'operatività dell'art. 12 delle preleggi, di certo operante anche nell'ambito del d.i.p., che impone all'interprete il ricorso all'*analogia* in caso di vuoti normativi. In tale ottica, salva la possibilità di far riferimento a disposizioni che regolano casi simili o materie analoghe (c.d. *analogia legis*), dovrebbero trovare applicazione i principi generali dell'ordinamento giuridico, e quindi anche del d.i.p. (c.d. *analogia iuris*).

Rilievi critici: Tale impostazione non è condivisibile nella parte in cui assimila ipotesi del tutto distinte. La mancata individuazione della norma straniera non è affatto espressione di una lacuna ordinamentale: in realtà, proprio perché l'ordinamento rispetto a quella fattispecie adotta una certa soluzione (e quindi è assolutamente completo), si pone il problema della individuazione della legge straniera richiamata.

- La soluzione dell'*art. 14, l. 218/1995*
  In sede di riforma del d.i.p. il legislatore è intervenuto espressamente sul punto, dettando una soluzione *ad hoc*: in caso di mancato accertamento da parte del giudice della legge straniera richiamata, dovrà procedersi *all'applicazione di quella indicata dai criteri di collegamento previsti per fattispecie simili da altre norme di diritto internazionale privato. In mancanza si applica la legge italiana.*

Risulta evidente la volontà del legislatore della riforma di non richiamare principi o norme ulteriori dell'ordinamento, ma di elaborare una soluzione "tutta interna" al sistema del d.i.p. **Solo ove tale sforzo interpretativo non porti a risultati adeguati, potrà trovare applicazione la legge italiana.**

▌C3) La disciplina applicabile in caso di ordinamenti plurilegislativi.

Difficoltà possono sorgere anche nel caso in cui l'ordinamento straniero cui la norma di d.i.p. impone di fare riferimento non abbia carattere unitario, ma si qualifichi come *plurilegislativo*.
Si ritengono tali tutti gli ordinamenti costituiti da una pluralità di sottosistemi giuridici.
Possono ricondursi a tale nozione, in primo luogo, gli *Stati federali*. Si tratta degli Stati ad ordinamento plurilegislativo per eccellenza, poiché all'interno dell'unico sistema normativo federale sono ricompresi ed operano anche gli ordinamenti dei singoli Stati membri (USA, Repubblica federale tedesca, etc.).
Anche al di fuori del fenomeno federale, tuttavia, è possibile rinvenire ordinamenti plurilegislativi. Si pensi agli Stati che contemplano sistemi normativi operanti *su base territoriale*: è il caso dell'Italia e degli ordinamenti Regionali. Si pensi, altresì, a quelli in cui trovano applicazione diversi complessi di norme a seconda dell'*appartenenza ad un determinato gruppo sociale o etnico*: è il caso degli ordinamenti vigenti in alcuni paesi islamici.

In tutte queste ipotesi, richiamato l'ordinamento straniero nel suo complesso da parte della norma di d.i.p., si pone il problema della individuazione del sottosistema giuridico cui fare riferimento per la regolamentazione del rapporto considerato.
Diverse e contrapposte le soluzioni prospettate.

- La teoria della *competenza nazionale*
  Secondo una prima impostazione, la soluzione dovrebbe individuarsi in base *alla stessa norma di d.i.p.* che opera il richiamo.
  Si è soliti fare l'esempio dell'art. 51 che, in materia di diritti reali, sancisce l'operatività della legge del paese in cui i beni si trovano: ove si tratti uno Stato ad ordinamento plurilegislativo, in base al luogo di collocazione dei beni potrà individuarsi altresì il sottosistema giuridico che dovrà trovare applicazione.

Rilievi critici: Facile obiettare che non tutti i criteri di collegamento utilizzati nelle norme di d.i.p. consentono di individuare, oltre all'ordinamento straniero nel suo complesso, anche il sottosistema giuridico di riferimento: si pensi alla cittadinanza, in grado di richiamare l'ordinamento del paese di riferimento esclusivamente nella sua totalità, senza alcun riguardo ai complessi normativi che nello stesso operano.

- La teoria della *competenza straniera*
  La soluzione del tutto prevalente è quella che impone di far riferimento alle *regole vigenti nell'ambito dell'ordinamento straniero richiamato*. In altri termini, individuato l'ordinamento straniero nel suo complesso attraverso il richiamo contenuto nella norma di d.i.p., sarà in base allo stesso ordinamento, alle sue disposizioni e ai suoi criteri interpretativi, che dovrà rintracciarsi il sottosistema giuridico operante rispetto al caso concreto.
  Tale impostazione è stata recepita dal legislatore nell'*art. 18 della l. 218/1995*. In tale norma si stabilisce espressamente che in caso di ordinamenti *plurilegislativi*, su base territoriale o personale, **la legge applicabile si determina secondo i criteri utilizzati da quell'ordinamento**. Ove tali criteri non possano essere individuati, opererà il sistema normativo con il quale la fattispecie presenta il collegamento più stretto.

▶ LA GIURISPRUDENZA PIÙ SIGNIFICATIVA

IL DOVERE DEL GIUDICE DI ACCERTARE D'UFFICIO LE NORME DEL SOTTOSISTEMA LEGISLATIVO APPLICABILE IN CASO DI ORDINAMENTI STRANIERI PLURILEGISLATIVI.

In punto di individuazione dei criteri strumentali all'individuazione della legge applicabile in caso di ordinamenti plurilegislativi, la giurisprudenza più recente ha sancito il dovere del giudice italiano *di ricercare d'ufficio le norme dell'ordinamento straniero applicabili e le stesse clausole di quell'ordinamento idonee ad individuare il sottosistema territoriale o personale a cui si riferisce la fattispecie* (Sez. 1, Sentenza n. 11751 del 26/05/2014). In particolare, la Corte ha cassato la sentenza che, in assenza di prove sul sottosistema legislativo applicabile in ipotesi di ordinamento plurilegislativo, come quello canadese, ha ritenuto di applicare la legge italiana in materia di riconoscimento di figlio naturale, nonostante ai sensi dell'art. 33, 1 e 2 comma, della l. n. 218/95, come modificati dal d.lgs. n. 154/13, lo stato di figlio di uno straniero debba essere scrutinato alla luce della legge nazionale del figlio al momento della nascita.

Giova osservare che tale soluzione, anche se recepita a livello legislativo, non ha carattere universale. Non mancano, infatti, convenzioni internazionali in cui è individuato in via diretta il criterio in base al quale deve rintracciarsi il sottosistema giuridico di riferimento, senza passare per le disposizioni dettate *ad hoc* dall'ordinamento plurilegislativo richiamato.

- Si pensi alla Convenzione dell'Aja del 1970 sul riconoscimento dei divorzi e delle separazioni personali. In caso di ordinamenti plurilegislativi è espressamente stabilito che debba trovare applicazione il sottosistema vigente nell'area territoriale cui appartiene l'autorità che ha emesso la pronuncia del cui riconoscimento si tratta.
- Si pensi al Reg. CE n. 593 del 2008 (c.d. Roma I) e al Reg. CE 864 del 2007 (c.d. Roma II). In entrambi i casi, si stabilisce che ciascuna unità territoriale compresa nell'ambito di ordinamenti *plurilegislativi*, deve considerarsi come paese a parte, ai fini della determinazione della legge applicabile.

■ C4) L'ammissibilità del fenomeno del c.d. adattamento.

Problematica del tutto peculiare è quella inerente l'ammissibilità del fenomeno del c.d. *adattamento*.

La questione si pone ogniqualvolta il legislatore, per sua espressa volontà o per difetto di formulazione della norma di richiamo, fa riferimento a norme giuridiche appartenenti a sistemi normativi differenti per la regolamentazione della medesima fattispecie. In tali casi, ci si chiede se l'interprete possa procedere in sede applicativa ad una sorta di coordinamento tra le normative richiamate, anche ove queste siano tra loro eterogenee o addirittura contrapposte.

- *La giurisprudenza* propende per la soluzione positiva.
 Compito dell'interprete è, in ogni caso, l'individuazione della normativa da applicare al caso concreto, anche a costo di un'operazione ermeneutica a carattere intrinsecamente creativo e discrezionale. In sostanza, le incertezze derivanti dai difetti di formulazione delle disposizioni di d.i.p., o dalla volontà dello stesso legislatore, di riferirsi ad una pluralità di sistemi normativi, non possono ricadere sui privati destinatari delle norme.
- *La dottrina* sposa la tesi più rigorosa.
 La natura altamente discrezionale dell'operazione di adattamento cui l'interprete è chiamato risulta del tutto incompatibile con le esigenze di certezza e uniformità delle soluzioni giuridiche, che connotano il sistema del d.i.p. In tali ipotesi, piuttosto che procedere ad un coordinamento (dall'esito altamente incerto) tra le discipline richiamate, l'interprete dovrebbe preferire soluzioni univoche e uniformi: si pensi all'applicazione di una sola delle normative in questione, o all'applicazione della legge italiana (c.d. *lex fori*).

C5) I criteri di interpretazione ed applicazione del diritto straniero.

A valle di tutte queste problematiche che concernono l'individuazione del diritto straniero da applicare, si pone la questione relativa ai criteri cui il giudice dovrà attenersi nell'interpretazione ed applicazione del diritto straniero (una volta individuato).
La questione è stata risolta espressamente dal legislatore della riforma, che all'*art. 15 della l. 218/1995,* **afferma chiaramente che il diritto straniero dovrà essere applicato secondo i "propri" criteri.** Ne consegue il dovere dell'interprete di riferirsi all'ordinamento straniero inteso nel suo complesso, compresi i criteri ermeneutici e operativi in esso operanti.

▶ LA GIURISPRUDENZA PIÙ SIGNIFICATIVA

IL DOVERE DELL'INTERPRETE DI CONOSCERE ANCHE GLI ORIENTAMENTI DOTTRINALI E GIURISPRUDENZIALI STRANIERI.

Sul punto, la Suprema Corte, pur ribadendo la necessaria applicazione della legge straniera secondo i criteri di interpretazione che le sono propri e nella sua dimensione di "diritto vivente", ha tuttavia aderito ad un'opzione restrittiva (v. da ultimo Sent. n. 5708/2014), escludendo *l'obbligo per il giudice di acquisire fonti giurisprudenziali o dottrinarie che corroborino l'una o l'altra delle possibili letture del testo normativo*. Tale soluzione, sicuramente imposta più da ragioni pratiche (si pensi alle difficoltà che potrebbero incontrarsi nell'accertamento di orientamenti dottrinali e giurisprudenziali stranieri) che da esigenze di coerenza sistematica, sembra sminuire notevolmente la portata del dato normativo: non tenere conto nell'applicazione del diritto straniero degli orientamenti in quell'ordinamento operanti, infatti, potrebbe portare ad una regolamentazione del rapporto considerato difforme rispetto a quella voluta dallo stesso legislatore straniero.

■ **C6) L'ammissibilità del ricorso per cassazione per errata applicazione del diritto straniero.**

Strettamente connesso al tema concernente l'applicazione e l'interpretazione del diritto straniero è l'interrogativo circa l'ammissibilità o meno del ricorso per cassazione in caso di errata applicazione della legge estera.

La tesi del tutto prevalente è orientata in senso positivo. Costituisce ormai dato acquisito la qualificazione delle norme straniere richiamate come *norme giuridiche a tutti gli effetti*. Ciò comporta l'ammissibilità di ricorso per cassazione in caso di errata applicazione delle stesse, configurandosi il vizio di violazione o falsa applicazione di norme di legge ex art. 360 c.p.c. (v. da ultimo Cass. n. 21712 del 26/10/2015; nonché n. 2791 del 26/02/2002; Cass. n. 6646 del 14/05/2001)

■ **D) Le ipotesi "speciali" di rinvio: il rinvio oltre e il rinvio indietro.**

Particolare attenzione nell'ambito della trattazione inerente il fenomeno del *rinvio* (o richiamo) meritano le figure del c.d. *rinvio oltre* e del c.d. *rinvio indietro*.

Si tratta, più nel dettaglio, di ipotesi *"speciali"* di rinvio, in quanto estrinsecazioni del tutto peculiari del fenomeno, sulla cui ammissibilità (e conseguente regolamentazione) si è particolarmente discusso.

D1) Le nozioni.

- Il *rinvio oltre* ricomprende l'insieme delle ipotesi in cui l'ordinamento straniero richiamato dalla norma di d.i.p. applicata faccia a sua volta riferimento ad un ulteriore e diverso ordinamento per la regolamentazione della medesima fattispecie concreta.

In tali casi, è come se la norma di d.i.p. non risolvesse *in prima battuta* il problema della disciplina applicabile al rapporto considerato: l'interprete, infatti, "giunto" nell'ordinamento straniero richiamato, dovrebbe rinvenire *altrove* (*rectius*: in un altro ordinamento) la disciplina materiale del fatto sottoposto alla sua attenzione.

Si pensi ad una fattispecie in materia successoria. L'art. 46 della l. 218/1995 impone l'applicazione della legge nazionale del soggetto della cui eredità si tratta: ove il *de cuius* sia cittadino francese opererà l'ordinamento francese. È possibile, tuttavia, che per la regolamentazione della medesima fattispecie la legge francese faccia a sua volta riferimento alla legge del paese in cui i beni si trovano: ove questi siano collocati ad esempio in Germania, opererà l'ordinamento tedesco. Risultano evidenti, a questo punto, gli effetti del fenomeno del c.d. *rinvio oltre*: la disciplina di tale successione passerà dall'Italia alla Francia e, successivamente, dalla Francia alla Germania.

- Il *rinvio indietro* potrebbe qualificarsi come un'ipotesi particolare di *rinvio oltre*. Esso ricomprende l'insieme delle ipotesi in cui l'ordinamento straniero richiamato dalla norma di d.i.p. applicabile faccia a sua volta riferimento, non ad un sistema giuridico diverso ed ulteriore, ma allo stesso ordinamento di provenienza della norma di d.i.p. applicata.

Anche in tali casi è come se la norma di d.i.p. non risolvesse *in prima battuta* il problema della disciplina applicabile. La differenza rispetto al *rinvio oltre* sta nel fatto che l'interprete, "giunto" nell'ordinamento straniero richiamato, dovrà rinvenire la disciplina materiale del rapporto preso in considerazione nel proprio ordinamento nazionale, e non in un ulteriore e diverso sistema giuridico. Ne consegue, quindi, una sorta di ritorno **indietro** nel proprio ordinamento di provenienza rispetto all'ordinamento originariamente richiamato. Rimanendo sulla falsariga dell'esempio precedente, dovrebbe farsi il caso della successione di un cittadino francese, i cui beni siano situati in Italia. Se in virtù dell'art. 46 è chiamata ad operare la legge francese, per effetto della stessa si ritornerebbe nuovamente nell'ordinamento italiano. Questo "ritorno" costituisce il tratto essenziale del fenomeno del c.d. *rinvio indietro*: la disciplina di tale successione, infatti, passerà dall'Italia alla Francia, per poi ritornare dalla Francia di nuovo all'Italia.

D2) Il dibattito sull'ammissibilità.

Da sempre dibattuto il tema concernente l'ammissibilità di tali ipotesi di rinvio. La questione interseca la diversa problematica inerente l'operatività nell'ambito del d.i.p. del c.d. *principio della globalità o integralità del richiamo*. Invero:

- ove si ritenga che il rinvio operato dalle norme di d.i.p. sia *non integrale*, e quindi riferibile alle sole norme materiali dell'ordinamento richiamato, giammai a quelle di d.i.p. in esso vigenti, ne conseguirà la radicale inammissibilità, sia del rinvio *oltre*, che del rinvio *indietro*;
- ove si ritenga il rinvio operato dalle norme di d.i.p. *integrale*, e quindi esteso anche alle norme di d.i.p. vigenti nell'ordinamento richiamato, risulterà inevitabile considerare ammissibili anche le figure del rinvio *oltre* e del rinvio *indietro*.

Il dibattito ha assunto una notevole rilevanza, anche a livello europeo, a seguito di un caso particolare verificatosi in Francia. Il riferimento è al caso della successione Forgo (1874-1882).
Si trattava della successione di un cittadino bavarese (Forgo) residente in Francia, ma non ivi domiciliato. Per il sistema di d.i.p. francese, il caso avrebbe dovuto essere regolato dalla legge del domicilio del *de cuius* (quindi la legge bavarese, non avendo il Forgo domicilio in Francia). Di fatto, la Suprema Corte Francese aderì ad una soluzione del tutto opposta: poiché le norme di d.i.p. bavaresi dichiaravano competente l'ordinamento del luogo di residenza, il caso avrebbe dovuto regolarsi secondo la legge francese (avendo il Forgo domicilio in Francia).
Sullo sfondo dell'intera vicenda, la già ricordata contrapposizione tra la tesi della *non integralità* del rinvio (sostenuta dai parenti del Forgo) e la tesi della *integralità* del rinvio (accolta dalla Suprema Corte Francese).

- La tesi della **non integralità** del rinvio
  esclude che il richiamo ad un ordinamento straniero possa ricom-

prendere anche le norme di d.i.p. in esso vigenti. Principale argomentazione a sostegno di tale tesi è la necessità di evitare la creazione di un circolo vizioso, che impedirebbe la soluzione del caso concreto. Detto altrimenti, ciascun ordinamento potrebbe, a mezzo del proprio sistema di d.i.p., rinviare ad un altro ordinamento che, a mezzo del proprio sistema di d.i.p., potrebbe a sua volta rinviare ad un altro ordinamento, e così via. Ne conseguirebbe l'impossibilità di individuare la normativa da applicare alla fattispecie considerata.

- La tesi dell'*integralità* del rinvio
ritiene che il richiamo ad un ordinamento straniero non possa che ricomprendere anche le norme di d.i.p. in esso vigenti. Diversamente opinando, si finirebbe per applicare alla fattispecie considerata un ordinamento che in realtà "non vuole" essere applicato, ritenendo competente un ulteriore sistema normativo, cui fa espresso riferimento a mezzo del proprio sistema di d.i.p. Il rischio di creazione di un circolo vizioso, secondo tale impostazione, andrebbe evitato mediante la predisposizione di una disciplina normativa *ad hoc*, in grado di arginare il fenomeno.

D3) La posizione del legislatore italiano.

Sul dibattito registratosi, il legislatore italiano ha assunto posizioni differenziate. Si è soliti operare una distinzione tra la disciplina normativa vigente *anteriormente alla riforma* e la disciplina normativa *posteriore alla riforma* del d.i.p.

- La posizione **anteriforma**.
Nel sistema previgente, l'art. 30 delle preleggi stabiliva che, ove il nostro sistema di d.i.p. facesse rinvio ad un ordinamento straniero, non doveva tenersi conto dell'eventuale rinvio fatto da tale ultimo ordinamento ad altra legge. La norma era interpretata nel senso della radicale inammissibilità nell'ordinamento delle figure del c.d. rinvio *oltre* e del c.d. rinvio *indietro*. Alla base di tale impostazione, la tesi della necessaria *non integralità* del rinvio nell'ambito del d.i.p.
- La posizione **post-riforma**
Con la legge 218/1995 si assiste ad una totale inversione di rotta. **L'attuale art. 13, infatti, sancisce espressamente l'ammissi-**

bilità del c.d. rinvio *indietro*, e pone espressi limiti al fenomeno (comunque ammissibile) del c.d. rinvio *oltre*. Sullo sfondo, l'adesione all'impostazione che ritiene *integrale* il rinvio operato dalle norme di d.i.p.

In sostanza, si è preferito considerare l'ordinamento straniero richiamato come un complesso organico e ordinato di norme, nell'ambito del quale non sarebbe possibile operare una distinzione tra norme materiali (sempre richiamabili) e norme di d.i.p. (per definizione non suscettibili di richiamo). Detto altrimenti, ove il nostro legislatore (a mezzo del proprio sistema di d.i.p.) abbia ritenuto un ordinamento straniero competente a regolare una certa fattispecie, non potranno ignorarsi le scelte che quest'ultimo ordinamento avrà fatto rispetto alla medesima fattispecie, pena la vanificazione della volontà del nostro stesso legislatore.

L'attuale normativa tende, tuttavia, a dettare una disciplina differenziata, distinguendo tra rinvio *indietro* e rinvio *oltre*. Invero:

- il *rinvio indietro* (art. 13, 1° comma, lett. b),
  è considerato **pienamente ammissibile**. Alla base di tale scelta legislativa, il *favor* per la legge italiana che permea l'intera riforma del d.i.p.
- il *rinvio oltre* (art. 13, 1° comma, lett. a),
  è considerato **ammissibile solo ove accettato** (o definitivo). In sostanza, il riferimento da parte dell'ordinamento richiamato ad un ulteriore ordinamento sarà ammissibile solo se quest'ultimo ordinamento *accetti* il rinvio, e quindi non richiami a sua volta un ulteriore sistema giuridico. Alla base di tale scelta legislativa, l'esigenza di evitare la creazione di un circolo vizioso che impedisca l'individuazione della disciplina applicabile al rapporto considerato.

Il legislatore non ha, tuttavia, espressamente preso posizione sulle ipotesi di *rinvio oltre non accettato*. La legge, infatti, nulla dice circa la disciplina applicabile ove l'ordinamento ulteriore richiamato non accetti il rinvio (e quindi rinvii a sua volta ad altro sistema giuridico).

L'impostazione del tutto prevalente (PICONE) ritiene che in questo caso debba trovare applicazione *l'ordinamento richiamato per primo dalla nostra normativa di d.i.p.* Tale soluzione sembra giustificarsi in funzione di esigenze di speditezza e semplicità nella regolamentazione dei rapporti.

Del tutto minoritaria la tesi (BALLARINO) che ritiene necessario proseguire nel rinvio *oltre*, fino al reperimento di un ordinamento che accetti di regolamentare la fattispecie considerata. In tale ottica se la legge italiana rinvia all'ordinamento B, che a sua volta rinvia all'ordinamento C, che a sua volta rinvia all'ordinamento D, dovrebbe risalirsi l'intera catena fino ad arrivare ad un sistema giuridico che non rinvii oltre. La tesi sembra tuttavia poco coerente con il dato normativo: l'art. 13, 1° comma, lett. a), infatti, con il termine "tale", impone di considerare, come ordinamento accettante, al massimo quello cui rinvia la legge straniera a sua volta richiamata.

D4) I casi di esclusione dell'operatività.

Pur aderendo alla tesi dell'ammissibilità (in ogni caso) del *rinvio indietro*, e (a determinate condizioni) del *rinvio oltre*, il legislatore individua dei casi nell'ambito dei quali ne è radicalmente esclusa l'operatività. In particolare, l'art. 13 stabilisce che:

1. *rinvio oltre* e *rinvio indietro* non sono in grado di operare nell'***ambito di particolari materie*** (forma degli atti ed obbligazioni extracontrattuali);
2. ne è altresì preclusa l'operatività ove ***il diritto straniero originariamente richiamato sia stato individuato in base alla concorde volontà delle parti***. In tal caso, si presuppone che la scelta delle parti attenga alle norme materiali di quel peculiare ordinamento, con esclusione delle norme di conflitto in esso operanti. Diversamente opinando, attraverso le disposizioni di d.i.p. in quel sistema vigenti si porrebbe nel nulla la volontà delle parti circa la disciplina applicabile alla fattispecie;
3. né tantomeno sono in grado di operare in materia di filiazione, legittimazione e riconoscimento del figlio naturale, ove il ***loro funzionamento determini l'esclusione del rapporto di filiazione*** (c.d. **rinvio in favorem**);
4. da ultimo, pare opportuno precisare che l'intera normativa in tema di *rinvio oltre* ed *indietro* non potrà trovare applicazione in tutte quelle materie per le quali esiste **una convezione internazionale che detta una disciplina ad hoc per la regolamentazione del fenomeno** (art. 13, 4° comma). In sostanza, il legislatore ha sancito ancora una volta la sussidiarietà della normativa interna rispetto alle regole di diritto internazionale privato convenzionale.

SEZIONE IV | **FUNZIONAMENTO DEL DIRITTO INTERNAZIONALE PRIVATO**

QUESTIONARIO

1. Quali sono le possibili soluzioni al problema della regolamentazione dei rapporti che presentano elementi di estraneità? **1.**
2. Cosa si intende per regolamentazione in via diretta e regolamentazione in via indiretta delle fattispecie che presentano elementi di estraneità? **1.D.**
3. Che natura ha il rinvio operato dalle norme di d.i.p.? **2.A.**
4. Quale differenza intercorre tra concezione unilaterale e bilaterale del rinvio nel d.i.p.? **2.B.**
5. Quali sono gli strumenti a disposizione del giudice per l'individuazione del diritto straniero da applicare? **2.C1.**
6. Il principio iura novit curia opera rispetto al diritto straniero? **2.C1.**
7. Cosa accade in caso di mancata individuazione della norma straniera? **2.C2.**
8. Come è regolamentata l'ipotesi degli ordinamenti plurilegislativi? **2.C3.**
9. Come deve interpretarsi ed applicarsi il diritto straniero individuato? **2.C5.**
10. È ammissibile il ricorso per cassazione per errata applicazione del diritto straniero? **2.C6**
11. Cosa si intende per rinvio oltre e rinvio indietro? **2.D1.**
12. Quale posizione ha assunto il legislatore italiano rispetto al rinvio oltre e indietro? **2.D3.**

MAPPA CONCETTUALE
FUNZIONAMENTO DEL DIRITTO INTERNAZIONALE PRIVATO

La regolamentazione dei rapporti con elementi di estraneità

La soluzione della rilevanza "speciale"
La presenza di elementi di estraneità nell'ambito di una fattispecie non può indurre il legislatore a dettare una disciplina del tutto insensibile al carattere transnazionale della stessa (*prospettiva dell'assoluta irrilevanza*), né tantomeno portarlo a disinteressarsi totalmente della regolamentazione del rapporto (*prospettiva della assoluta rilevanza*): gli elementi di estraneità devono, invece, **determinare l'ordinamento ad assegnare al fatto una disciplina giuridica particolare, diversa da quella comune cui sarebbe assoggettato ove tali elementi non esistessero** (*soluzione della rilevanza speciale*).

Le modalità attraverso cui l'ordinamento detta una disciplina giuridica ad hoc
- Nella **regolamentazione in via diretta**, lo Stato decide di disciplinare *direttamente* le fattispecie a carattere transnazionale, senza alcun rinvio (o richiamo) ad una *legge ulteriore* rispetto alla norma dettata. In altri termini, tali norme recheranno la disciplina *materiale* del fatto considerato, che costituirà oggetto di regolamentazione *ex novo*.
- Nella **regolamentazione in via indiretta**, lo Stato procede a disciplinare *indirettamente* le fattispecie che presentano elementi di estraneità, mediante il rinvio ad una *legge ulteriore* rispetto alla norma dettata. In questo caso, le norme elaborate non recano la disciplina materiale della fattispecie, ma consentono di individuare quale sarà la normativa di riferimento per la regolamentazione del rapporto considerato.

SEZIONE IV | FUNZIONAMENTO DEL DIRITTO INTERNAZIONALE PRIVATO

Il fenomeno del rinvio (o richiamo)

Nozione
Il **rinvio (o richiamo)** costituisce lo strumento attraverso cui un ordinamento attribuisce rilevanza giuridica a norme appartenenti ad un ordinamento diverso, che non avrebbero nel primo alcun valore.

Classificazioni
- Nel rinvio **formale** (o non recettizio) viene riconosciuta all'ordinamento straniero la competenza ad emanare norme giuridiche in via diretta in peculiari settori dell'ordinamento interno.
- Nel rinvio **materiale** (o recettizio) il legislatore nazionale si preoccupa di recepire nell'ambito di norme interne il contenuto precettivo di norme straniere.

La natura del rinvio operato dalle norme di d.i.p.
Si qualifica come **rinvio di produzione**, essendo le norme di d.i.p. vere e proprie *norme sulla produzione giuridica*, espressione di una peculiare tecnica di normazione, di cui il legislatore si serve per regolamentare rapporti a carattere *non del tutto interno* rispetto all'ordinamento. In altre parole, la natura transnazionale delle fattispecie considerate impedisce al legislatore di utilizzare le tecniche di redazione normativa "ordinarie", costringendolo ad utilizzare un meccanismo particolare (quello del rinvio o richiamo) per dettare la relativa disciplina.

La portata del fenomeno del "rinvio" nel d.i.p.
Secondo la concezione bilaterale il *rinvio* dovrebbe qualificarsi come fenomeno a portata *bidirezionale*. Detto altrimenti, si tratterebbe di un meccanismo in grado di operare alternativamente: sia verso l'ordinamento interno, che verso gli ordinamenti stranieri. In sostanza, le norme di d.i.p., nel momento in cui rinviano ad una legge *ulteriore* per la regolamentazione del rapporto che ne costituisce oggetto, possono portare all'applicazione, sia del diritto straniero, che del diritto interno, senza preclusioni di sorta.

CAPITOLO I | PARTE GENERALE

Il funzionamento del meccanismo del rinvio: problemi applicativi

- *L'operatività o meno del principio iura novit curia rispetto al diritto straniero*
  La tesi positiva è sposata dall'**art. 14 della l. 218/1995** che sancisce espressamente che "l'accertamento della legge straniera è compiuto d'ufficio dal giudice", anche rivolgendosi ad esperti o istituzioni specializzate, o acquisendo notizie a mezzo degli uffici del Ministero della Giustizia.

- *La disciplina applicabile in caso di mancata individuazione della norma straniera*
  Ai sensi dell'**art. 14 della l. 218/1995**, in caso di mancato accertamento da parte del giudice della legge straniera richiamata dovrà procedersi **all'applicazione di quella indicata dai criteri di collegamento previsti per fattispecie simili da altre norme di diritto internazionale privato**.

- *La disciplina applicabile in caso di ordinamenti plurilegislativi*
  Ai sensi dell'**art. 18 della l. 218/1995** in caso di ordinamenti *plurilegislativi*, su base territoriale o personale, la legge applicabile si determina secondo i criteri utilizzati da quell'ordinamento. Ove tali criteri non possano essere individuati, opererà il sistema normativo con il quale la fattispecie presenta il collegamento più stretto.

- *L'ammissibilità del fenomeno del c.d. adattamento*
  La giurisprudenza sposa la tesi positiva, ammettendo **la possibilità per l'interprete di procedere ad una sorta di coordinamento tra le normative straniere richiamate dal d.i.p. in relazione alla medesima fattispecie**, anche ove queste siano tra loro eterogenee o addirittura contrapposte.

- *I criteri di interpretazione ed applicazione del diritto straniero*
  Ai sensi dell'**art. 15 della l. 218/1995**, il diritto straniero dovrà essere applicato secondo i "propri" criteri. Ne consegue il dovere dell'interprete di riferirsi all'ordinamento straniero inteso nel suo complesso, compresi i criteri ermeneutici e operativi in esso operanti.

- *Il ricorso per cassazione per errata applicazione del diritto straniero*
  La tesi del tutto prevalente è orientata in senso positivo: le norme straniere richiamate sono *norme giuridiche a tutti gli effetti*, quindi l'errata applicazione delle stesse dà luogo al vizio di violazione o falsa applicazione di norme di legge ex art. 360 c.p.c.

SEZIONE IV | FUNZIONAMENTO DEL DIRITTO INTERNAZIONALE PRIVATO

Le ipotesi speciali di rinvio: il rinvio oltre e il rinvio indietro

Le nozioni
- Il **rinvio oltre** ricomprende l'insieme delle ipotesi in cui l'ordinamento straniero richiamato dalla norma di d.i.p. applicata faccia a sua volta riferimento ad un ulteriore e diverso ordinamento per la regolamentazione della medesima fattispecie concreta.
- Il **rinvio indietro** potrebbe qualificarsi come un'ipotesi particolare di *rinvio oltre*. Esso ricomprende l'insieme delle ipotesi in cui l'ordinamento straniero richiamato dalla norma di d.i.p. applicabile faccia a sua volta riferimento, non ad un sistema giuridico diverso ed ulteriore, ma allo stesso ordinamento di provenienza della norma di d.i.p. applicata.

La disciplina normativa
- Ai sensi dell'**art. 13, 1° comma, lett. a)** il **rinvio oltre** è considerato **ammissibile solo ove accettato** (o definitivo).
- Ai sensi dell'**art. 13, 1° comma, lett. b)** il **rinvio indietro** è considerato **pienamente ammissibile**.

I casi di esclusione dell'operatività di rinvio oltre e indietro
- non sono in grado di operare nell'**ambito di particolari materie** (forma degli atti ed obbligazioni extracontrattuali)
- ove **il diritto straniero originariamente richiamato sia stato individuato in base alla concorde volontà delle parti**.
- in materia di filiazione, legittimazione e riconoscimento del figlio naturale, ove il **loro funzionamento determini l'esclusione del rapporto di filiazione**
- in tutte quelle materie per le quali esiste **una convenzione internazionale che detta una disciplina** *ad hoc* **per la regolamentazione del fenomeno** (art. 13, 4° comma).

63

SEZIONE V – STRUTTURA DELLE NORME DI DIRITTO INTERNAZIONALE PRIVATO

SOMMARIO:
1. Gli elementi strutturali delle norme di d.i.p. – 2. Il problema delle qualificazioni. – 3. I criteri di collegamento.

1. Gli elementi strutturali delle norme di d.i.p.

Chiarite le caratteristiche del *funzionamento* delle norme di d.i.p. (v. *supra* Sez. IV), deve ora affrontarsi il tema concernente la *struttura* delle stesse. In particolare, si tratta di chiarire quali siano gli elementi strutturali delle norme di d.i.p. e quali problematiche interpretative essi pongano.

Ciascuna norma di d.i.p., solitamente, presenta due distinti elementi strutturali:

A. *la descrizione dei fatti che intende disciplinare,*
B. *l'indicazione delle circostanze che conferiscono carattere transnazionale ai fatti considerati.*

Entrambi gli elementi sono indispensabili al funzionamento della norma: la mancata descrizione dei fatti da disciplinare, o il difetto di indicazione delle circostanze che conferiscono carattere transnazionale alla fattispecie, infatti, impedirebbero al d.i.p. di assolvere alla propria funzione di regolamentazione dei rapporti che presentano elementi di estraneità.

Pare opportuno, tuttavia, procedere ad una trattazione differenziata dei due requisiti, al fine di delinearne la portata e le connesse problematiche applicative.

■ A) La descrizione dei fatti da disciplinare.

La descrizione dei fatti da disciplinare costituisce il primo elemento strutturale. Essa consente di delimitare l'*ambito di applicazione* di ciascuna norma. Ogni disposizione di d.i.p. ha per oggetto la regolamentazione di una certa tipologia di rapporti a carattere transnazionale, che il legislatore provvede ad individuare mediante il riferimento a *categorie tecnico-giuridiche astratte*.

Si pensi all'art. 46 della l. 218/1995 che regola la materia delle "successioni per causa di morte", o all'art. 56 che individua nelle "donazioni" le fattispecie che intende regolare.
Tale tecnica di redazione normativa pone inevitabilmente quello che la dottrina internazional-privatistica indica come *"il problema delle qualificazioni"* (v. *infra*). In sostanza, ci si chiede alla luce di quale sistema ordinamentale debbano "leggersi" le *categorie tecnico-giuridiche astratte* (successioni, donazioni, etc.), cui il legislatore fa riferimento nella posizione delle norme di d.i.p. Detto altrimenti, si pone il problema concernente l'individuazione dell'ordinamento alla luce del quale attribuire significato alle descrizioni operate dal legislatore nella delimitazione dell'ambito di operatività delle singole norme di d.i.p. (v. *funditus* par. 2).

B) L'indicazione delle circostanze che conferiscono carattere transnazionale ai fatti considerati.

L'indicazione delle circostanze che conferiscono carattere transnazionale ai fatti considerati costituisce il secondo elemento strutturale. Essa consente di individuare *a quali elementi di estraneità*, tra quelli che connotano la fattispecie, *il legislatore intende attribuire rilevanza ai fini della individuazione della disciplina applicabile*. Ogni rapporto preso in considerazione dal d.i.p., infatti, presenta uno o più punti di contatto con ordinamenti stranieri (*rectius*: elementi di estraneità), ma solo alcuni di questi, considerati prevalenti rispetto agli altri da parte del legislatore, valgono a stabilire quale diritto debba applicarsi alla fattispecie.
Tali peculiari elementi di estraneità vengono definiti **criteri di collegamento**, poiché, per effetto della rilevanza attribuitagli dalla legge, consentono di "collegare" la fattispecie che li contiene all'ordinamento straniero di riferimento, almeno sotto il profilo della normativa applicabile.

Esempio. Si pensi alla disciplina in tema di diritti reali di cui all'art. 51. Il legislatore qualifica come criterio di collegamento l'elemento della *collocazione dei beni*. Nessuna rilevanza assumerà, ai fini della individuazione del diritto applicabile alla fattispecie, l'eventuale cittadinanza straniera del titolare degli stessi, che si qualificherà come *mero elemento di estraneità*.

Anche la categoria dei **criteri di collegamento** pone tutta una serie di problematiche applicative. Oltre a quella inerente la *distinzione* tra gli stessi e i *meri elementi di estraneità* cui si è appena fatto cenno, importanza di carattere essenziale assumono la *classificazione* dei criteri di collegamento, le diverse tipologie di *concorso tra i criteri* e la disciplina del tutto peculiare che inerisce il *criterio della cittadinanza* (su tutte queste problematiche, v. *infra*).

2. Il problema delle qualificazioni.

A) I termini del problema.

Ciascuna norma di d.i.p. ha per oggetto la regolamentazione di una certa tipologia di rapporti a carattere transnazionale, che il legislatore descrive a mezzo dell'utilizzo di *categorie tecnico-giuridiche astratte* (successioni, donazioni, etc.). Il problema che si pone concerne l'individuazione dell'ordinamento alla luce del quale attribuire significato a tali categorie. Detto altrimenti, ci si chiede alla luce di quale sistema ordinamentale debbano "leggersi" le descrizioni che il legislatore fa nella delimitazione dell'ambito di applicazione delle norme di d.i.p.

Tale questione è definita *"problema delle qualificazioni"*, perché impone di capire in base a quale sistema giuridico debbano *qualificarsi* i rapporti oggetto di disciplina da parte della norma di d.i.p. considerata.

Esempio. Si pensi ad una fattispecie concernente la successione testamentaria di un cittadino straniero. Ai fini dell'individuazione della disciplina applicabile dovrà richiamarsi la norma di d.i.p. di riferimento, che è quella inerente le successioni *mortis causa*, di cui all'art. 46, l. 218/1995.

Il problema sorge nel momento in cui la portata delle categorie tecnico-giuridiche di riferimento (nel nostro caso *le successioni mortis causa*) non coincidano tra ordinamenti considerati. Il legislatore italiano, ad esempio, ricomprende nella materia delle successioni anche i diritti spettanti al coniuge del defunto sui beni ereditari. In altri ordinamenti, invece, la medesima questione potrebbe avere una diversa collocazione sistematica. Nell'ordinamento tedesco, ad esempio, essa si inquadra nell'ambito della diversa materia dei rapporti di famiglia. Risulta, dunque, evidente come "qualificare" il rapporto alla luce dell'uno, o dell'altro sistema ordinamentale, sia di fondamentale importanza ai fini della regolamentazione della fattispecie, costituendo presupposto della stessa individuazione della norma di d.i.p. di riferimento (che potrebbe, nell'esempio fatto, passare da quella sulle successioni a quella sui rapporti di famiglia).

B) Le soluzioni prospettate.

Le soluzioni in astratto prospettabili sono diverse e sono state tutte autorevolmente sostenute in dottrina. Tratto differenziale tra le stesse è la prospettiva in cui ciascuna affronta il problema delle qualificazioni. A seconda che si attribuisca prevalenza all'ordinamento interno, a quello straniero richiamato, a nessuno dei due, o addirittura ad entrambi, è possibile distinguere tra:

1. la teoria della *lex fori* (prevalenza all'ordinamento interno),
2. la teoria della *lex causae* (prevalenza all'ordinamento straniero richiamato),
3. la teoria *comparatistica* (prevalenza a nessuno dei due ordinamenti),
4. la teoria della *doppia qualificazione* (prevalenza ad entrambi).

B1) La teoria della *lex fori*.

Autorevolmente sostenuta (VITTA, MORELLI), costituisce l'impostazione prevalente a livello internazionale. Secondo tale teoria, il significato e la comprensività delle categorie tecnico-giuridiche astratte utilizzate dal legislatore nella posizione delle norme di d.i.p. devono essere individuati *alla luce dell'ordinamento interno* (c.d. *lex fori*). A tale impostazione aderisce da molto tempo anche la giurisprudenza. Già negli anni '60 (Cass. 690/1961; Cass. 3966/1965) si precisava come la nozione di *forma*, di cui al non più vigente art. 26 delle disp. prel. al c.c., dovesse interpretarsi alla luce della legge italiana e non di quella straniera di rinvio.

Diversi gli argomenti a sostegno della tesi:

- *la natura intrinsecamente interna delle norme di d.i.p.*
  Si tratta, infatti, di norme facenti parte dell'ordinamento dello Stato. Ne consegue che dovranno essere lette ed interpretate alla luce dei criteri interpretativi propri di tale ordinamento e non degli ordinamenti stranieri cui rinviano.
- *la natura intrinsecamente interna del procedimento di formazione delle norme di d.i.p.*
  È il legislatore nazionale a porre le singole disposizioni di d.i.p. Sembra logico supporre che, al momento dell'emanazione delle stesse, questi faccia riferimento al significato che le singole categorie giuridiche considerate assumono nel sistema ordinamentale nazionale e non in quelli stranieri di riferimento.

Rilievi critici: Nonostante l'ampio consenso riscosso in dottrina e in giurisprudenza, la teoria della *lex fori* non è del tutto esente da critiche. Due le obiezioni principali sollevate nei confronti di tale impostazione:

- **il rischio di condurre a risultati pratici inaccettabili**
  La qualificazione alla luce della *lex fori* dei rapporti a carattere transnazionale potrebbe, in caso di eterogeneità o incompatibilità tra la sistematica dell'ordinamento nazionale e quella dell'ordinamento straniero, portare a soluzioni del tutto incongrue in sede applicativa.
  Si pensi, a titolo esemplificativo, alle conseguenze patrimoniali della filiazione naturale. Nel nostro ordinamento si tratta di fattispecie da inquadrare nell'ambito della materia dei rapporti familiari, per la quale il legislatore fissa il criterio della nazionalità ai fini dell'individuazione della disciplina applicabile (artt. 36-37 l. 218/1995). In altri ordinamenti potrebbe, tuttavia, non aversi la medesima collocazione sistematica: nell'ordinamento tedesco, ad esempio, si è trattato per lungo tempo di fattispecie da inquadrare nell'ambito dei rapporti obbligatori. Ove si dovesse individuare la legge applicabile alle conseguenze patrimoniali di una filiazione naturale di un cittadino tedesco alla luce della teoria della *lex fori*, si giungerebbe al seguente paradosso applicativo: l'interprete italiano, dovendo rispettare la qualificazione del proprio ordinamento nazionale, finirebbe per ricercare invano nel diritto di famiglia tedesco la disciplina inerente le conseguenze patrimoniali della filiazione naturale, con le correlate incongruenze applicative.
- ***l'inutilità rispetto ad istituti sconosciuti nell'ordinamento nazionale***
  La qualificazione alla luce della *lex fori* non sarebbe, infatti, possibile ove ci si trovi di fronte a fattispecie del tutto sconosciute nell'ordinamento nazionale di riferimento. Si pensi al problema dell'individuazione della disciplina applicabile ad un *trust* (istituto di matrice anglosassone) o ad un caso di *bigamia* (istituto tipico del diritto islamico). In entrambi i casi, nessuna categoria giuridica dell'ordinamento interno potrebbe ricomprendere le fattispecie considerate, se non a prezzo di inevitabili forzature interpretative.

B2) La teoria della *lex causae*.

In una prospettiva del tutto opposta, si pone chi (PACCHIONI) ritiene il problema delle qualificazioni risolvibile alla luce dell'ordinamento straniero che la stessa norma di d.i.p. indica come competente a disciplinare la fattispecie (c.d. *lex causae*). Detto altrimenti, l'individuazione del significato delle categorie tecnico-giuridiche astratte utilizzate dal legislatore nella posizione delle norme di d.i.p. dovrebbe avvenire in base ai criteri propri della legge straniera, cui queste di volta in volta rinviano.

Principale argomento a sostegno di tale impostazione è la necessità di qualificare la fattispecie alla luce dell'ordinamento cui essa stessa appartiene: se un rapporto deve essere regolato dalla legge straniera, è logico pensare che in base a tale sistema ordinamentale dovrà procedersi alla relativa qualificazione.

Rilievi critici: Facile obiettare che tale impostazione crea una sorta **circolo vizioso**, che rende impossibile lo stesso funzionamento delle norme di d.i.p. L'applicazione di una norma di d.i.p. ad una certa fattispecie presuppone, infatti., che quest'ultima rientri nell'ambito di operatività della norma stessa. Tale verifica coincide, in sostanza, con la *qualificazione* della fattispecie considerata. Non si vede come sia possibile procedere a tale operazione ermeneutica in base ai criteri di un ordinamento (quello straniero), che potrà essere individuato solo a seguito dell'applicazione della norma di d.i.p. di riferimento. Detto altrimenti, l'individuazione dell'ordinamento straniero competente alla regolamentazione della fattispecie *non precede* l'applicazione della norma di d.i.p., ma *ne costituisce il risultato*: se non si qualifica la fattispecie, non può applicarsi la norma di d.i.p., e se non può applicarsi la norma di d.i.p., non può individuarsi l'ordinamento straniero competente.

B3) La teoria comparatistica.

Secondo un diverso approccio ermeneutico (MERIGGI), tenere conto dei criteri propri del solo ordinamento interno, o del solo ordinamento straniero richiamato, significherebbe porre del tutto in non cale la vocazione intrinsecamente internazionalistica del d.i.p. In tale prospettiva, il significato delle categorie tecnico-giuridiche utilizzate dal legislatore nazionale nella posizione delle norme di d.i.p. dovrebbe ricostruirsi in base ad un'*analisi comparativa* tra tutti gli ordinamenti dei paesi civili, che consenta di elaborare concetti di portata generale, in grado di operare nell'ambito di ciascuno di tali ordinamenti.

Rilievi critici: Anche tale impostazione è stata oggetto di ampie critiche. La principale obiezione attiene al totale *sacrificio delle esigenze di certezza e uniformità delle soluzioni giuridiche* che deriverebbe dalla sua operatività. L'operazione di sintesi richiesta all'interprete dalla teoria comparativa, ponendo a confronto sistemi ordinamentali estremamente eterogenei, avrebbe carattere altamente discrezionale, con le inevitabili incertezze che ne derivano in sede applicativa. Non sembra possibile accettare tale tasso di incertezza nell'ambito di una disciplina come il d.i.p., che ha come principale obiettivo la individuazione in via definitiva del diritto applicabile a fattispecie con elementi di estraneità.

B4) La teoria della doppia qualificazione.

La necessità di superare l'insieme degli inconvenienti che ciascuna delle soluzioni prospettate presenta ha indotto parte della dottrina ad aderire ad un'opzione mediana, definibile come *teoria della doppia qualificazione*. In particolare, tale impostazione ritiene che il problema delle qualificazioni debba risolversi attraverso due passaggi logici successivi, così riassumibili:

- una *prima qualificazione*,
  che deve avvenire in base all'ordinamento interno (c.d. *lex fori*), cui le norme di d.i.p. appartengono. Tale operazione, però, dovrà condursi con una certa larghezza ed elasticità, tenendo conto del fatto che le norme di d.i.p. nel fare riferimento a determinate categorie tecnico-giuridiche (obbligazioni, successioni, donazioni, etc.), non richiamano tali istituti così come sono disciplinati nell'ordinamento interno, ma come meri *concetti di carattere generale*, riferibili ad una pluralità di sistemi normativi.
- una *seconda qualificazione*,
  che deve avvenire in base all'ordinamento straniero richiamato (c.d. *lex causae*), cui appartiene la disciplina in concreto applicabile alla fattispecie considerata.
  È, infatti, lo stesso legislatore nazionale attraverso le norme di d.i.p. a indicare come competente alla regolamentazione del rapporto l'ordinamento straniero. Sembra logico, quindi, supporre che l'inquadramento sistematico della fattispecie debba avvenire alla luce del sistema ordinamentale straniero, nel cui ambito di applicazione essa si colloca: trasportare forzatamente in quell'ordinamento le categorie proprie del diritto interno significherebbe, infatti, neutralizzare la stessa volontà del legislatore nazionale.

Si tratta di impostazione che ha ricevuto l'avallo da parte dello stesso legislatore della riforma. *L'art. 15 della l. 218/1995*, **nella parte in cui stabilisce che la legge straniera richiamata deve trovare applicazione secondo** *i propri criteri interpretativi e di successione nel tempo*, **non fa altro che confermare la necessità di una** *doppia qualificazione* **della fattispecie da disciplinare:**

- la prima alla luce dell'ordinamento interno, per dare applicazione alla norma di d.i.p. di riferimento;
- la seconda alla luce dell'ordinamento straniero richiamato, per rendere effettiva la scelta del legislatore nazionale in ordine al sistema ordinamentale competente a regolare il rapporto.

Esempio. Si pensi alle conseguenze patrimoniali della filiazione naturale di un cittadino tedesco (v. anche par. 2.2.1.). Secondo la *teoria della doppia qualificazione*, l'individuazione della normativa applicabile alla fattispecie passerà necessariamente attraverso i seguenti due passaggi:

- in base ad una *prima qualificazione* (da condurre alla luce dell'ordinamento interno), troverà applicazione la norma di d.i.p. in tema di rapporti familiari (artt. 36-37) che, facendo riferimento al criterio della nazionalità, richiamerà l'ordinamento tedesco;
- in base ad una *seconda qualificazione* (da condurre alla luce dell'ordinamento straniero richiamato), troverà applicazione la normativa in materia di rapporti obbligatori, cui la fattispecie è riconducibile nel sistema normativo tedesco.

▶ LA GIURISPRUDENZA PIÙ SIGNIFICATIVA

IL PROBLEMA DELLE QUALIFICAZIONI IN MATERIA SUCCESSORIA.

Nonostante la prospettata lettura dell'art. 15 della l. n. 218/1995, il problema delle qualificazioni non appare definitivamente risolto, poiché le Sezioni Unite sono state da ultimo chiamate a chiarire **se, in materia successoria, alla stregua del combinato disposto degli articoli 13 e 46 della legge n. 218/95, la qualificazione degli istituti per l'individuazione delle norme sostanziali applicabili debba essere effettuata in base all'ordinamento straniero o in base alla** *lex fori*, **e se l'operatività dell'articolo 13 vada esclusa ove la legge straniera richiamata sia in contrasto con il principio di universalità e di unitarietà della successione recepito nell'articolo 46 della legge n. 218/95** (ordinanza n. 18 del 3 gennaio 2020).
La vicenda riguardava la successione di un cittadino inglese che, avendo lasciato

per testamento ai figli il suo intero patrimonio immobiliare, era poi deceduto in Italia, dopo due mesi dal matrimonio con la moglie, cui aveva attribuito esclusivamente un legato in contanti.
Mentre quest'ultima, facendo leva sull'art. 46 della l. n. 218/1995, sosteneva l'applicabilità alla vicenda della legge inglese (implicante, tra l'altro, la revoca del testamento per sopravvenuto matrimonio), i figli propugnavano per converso l'operatività della legge italiana, determinante la conservazione delle disposizioni testamentarie.

I dubbi, sollevati nell'ordinanza richiamata, concernevano essenzialmente due questioni: **la prima, relativa al tema delle c.d. qualificazioni**, derivante dal fatto che la legge inglese considera la revoca del testamento (istituto tipicamente successorio secondo l'ordinamento italiano) come inerente ai rapporti tra coniugi, creando notevoli difficoltà circa l'individuazione della norma di conflitto (familiare o successoria) effettivamente applicabile; **la seconda, involgente il principio della c.d. universalità della successione**, derivante dall'applicabilità (apparentemente esclusa dall'ordinamento italiano) di una diversa legge alla stessa vicenda ereditaria, l'ordinamento inglese assoggettando i beni mobili a quella del domicilio del testatore (nel caso in esame domiciliato in Inghilterra), e quelli immobili (nel caso di specie tutti in Italia) alla legge del relativo luogo di collocazione.

Ad entrambi gli interrogativi **le Sezioni Unite (v. Sentenza n. 2867 del 05/02/2021)** hanno da ultimo fornito risposta, chiarendo: da un lato, che *in tema di successione transazionale, per l'individuazione della norma di conflitto operante, ed in particolare per la qualificazione preliminare della questione come rientrante nello statuto successorio, e perciò da regolare alla stregua dell'art. 46 della legge 31 maggio 1995, n. 218, il giudice deve adoperare i canoni propri dell'ordinamento italiano, cui tale norma appartiene*, con la conseguente irrilevanza della riconducibilità ai rapporti coniugali (e non successori) dell'istituto della revoca del testamento secondo l'ordinamento inglese; dall'altro, che *qualora la legge nazionale del defunto che regola la successione, come individuata ai sensi dell'art. 46 l. n. 218 del 1995, sottoponga i beni relitti alla legge del domicilio dello stesso se mobili e alla legge italiana se immobili, secondo la regola del rinvio indietro ex art. 13, comma 1, lett. b), l. n. 218 del 1995, si verifica l'apertura di due successioni e la formazione di due masse, ciascuna delle quali soggetta a differenti regole, senza che emerga alcun contrasto con l'ordine pubblico internazionale ex art. 16 della legge n. 218*, atteso che l'effetto della cosiddetta "scissione" tra i beni immobili e i beni mobili del defunto costituisce conseguenza dell'operatività delle stesse norme di conflitto, di cui agli artt. 13 e 46 della legge n. 218 del 1995, le quali individuano preliminarmente la *lex successionis* nella legge inglese, che a sua volta trattiene la regolamentazione dei beni mobili e rinvia indietro alla *lex rei sitae* la disciplina dei beni immobili.

■ C) Il problema delle qualificazioni nel d.i.p. convenzionale.

In una prospettiva del tutto peculiare è affrontato il problema delle qualificazioni nell'ambito del d.i.p. *convenzionale* (v. Sez. III). Si tratta dell'insieme

delle disposizioni di d.i.p. contenute nell'ambito di accordi internazionali e recepite negli ordinamenti dei singoli Stati aderenti.
In tale settore, infatti, trova applicazione il fondamentale criterio interpretativo posto dall'*art. 33 della Convenzione di Vienna sul diritto dei Trattati del 23 maggio 1969.* In base alla norma suddetta, ove tra il significato da attribuire alla luce dell'ordinamento interno alla categoria tecnico-giuridica di riferimento e quello preso in considerazione dalla convenzione internazionale da recepire sussistano differenze non eliminabili in via interpretativa, *dovrà prevalere il significato che*, alla luce dell'oggetto e dello scopo del trattato, *permette di conciliare meglio i testi in questione*. Ne conseguirà, quindi, un'operazione di sintesi tra le due prospettive (nazionale e sovranazionale), che potrebbe portare all'enucleazione di un significato del tutto originale, non riscontrabile negli ordinamenti degli altri Stati contraenti.

D) Il problema delle qualificazioni nel d.i.p. comunitario.

Come accennato in precedenza (v. Sez. III), l'affermazione a livello comunitario di una vera e propria competenza del legislatore europeo in materia di d.i.p. (art. 81 TFUE) ha portato all'elaborazione di un vero e proprio diritto internazionale privato *comunitario*. Anche rispetto a tali norme si pone il problema delle qualificazioni che, tuttavia, assume connotazioni del tutto singolari.
Le disposizioni di matrice europea, infatti, fanno parte dell'ordinamento comunitario, pur esplicando i propri effetti nell'ambito degli ordinamenti dei singoli Stati membri. Diretta conseguenza di tale considerazione è **la necessità di *procedere all'interpretazione ed applicazione delle stesse secondo i criteri dell'ordinamento di cui fanno parte (cioè quello comunitario)*. In tale ottica, il significato delle categorie tecnico-giuridiche astratte cui fa riferimento il legislatore europeo nella posizione delle norme comunitarie di d.i.p. dovrà individuarsi alla stregua dei canoni interpretativi che risultano nei Trattati dell'UE e nelle applicazioni giurisprudenziali della Corte di Giustizia, giammai alla luce degli ordinamenti dei singoli Stati membri in cui tali norme si inseriscono** (a tale impostazione ha aderito da tempo la Corte di Giustizia, già nel caso *Peters*, con sent. 22 marzo 1983, causa 34/82).
Del resto, si aggiunge, ove si proceda ad un'interpretazione differenziata a seconda dell'ordinamento statale di riferimento, le **esigenze di armonizzazione e uniformità** che stanno a fondamento della stessa competenza dell'UE in materia di d.i.p. risulterebbero del tutto vanificate.

3. I criteri di collegamento.

A) La nozione di criteri di collegamento.

I *criteri di collegamento* possono definirsi come *quegli aspetti del rapporto preso in considerazione, cui il legislatore attribuisce rilevanza ai fini dell'individuazione dell'ordinamento straniero competente a disciplinare la fattispecie.*
Tale definizione consente di percepire con immediatezza la funzione di tali elementi, che è quella di *"collegare"*, sotto il profilo della disciplina applicabile, la fattispecie che li contiene con l'ordinamento straniero di riferimento.

Pare opportuno precisare che tali aspetti non sono nient'altro che le *circostanze che conferiscono carattere transnazionale ai fatti considerati* di cui si è detto nella trattazione inerente la struttura delle norme di d.i.p. (v. *supra* par. 1.B).

Più nel dettaglio, ciascun rapporto preso in considerazione dal d.i.p. presenta uno o più punti di contatto (c.d. *elementi di estraneità*) con ordinamenti diversi da quello nazionale di riferimento. Tuttavia, solo alcuni di questi vengono considerati dal legislatore determinanti ai fini dell'individuazione della legge applicabile alla fattispecie e, conseguentemente, inseriti nella struttura delle singole norme di d.i.p. e indicati come *circostanze che conferiscono carattere transnazionale al rapporto considerato*. Tali peculiari circostanze saranno qualificabili come *criteri di collegamento* o, secondo una diversa terminologia, *elementi di estraneità prevalenti*.

In conclusione, potrebbe dirsi che gli elementi strutturali di ciascuna norma di d.i.p. sono:

- la descrizione dei fatti che intende disciplinare (con il conseguente problema delle qualificazioni);
- la indicazione dei criteri di collegamento operanti per la fattispecie (intesi come circostanze che conferiscono carattere transnazionale – anche a livello di fattispecie astratta – al rapporto considerato).

Tra i principali criteri di collegamento chiamati ad operare nell'ambito del nostro sistema di d.i.p. vanno menzionati:

- il criterio della *cittadinanza* (su cui v. *infra* par. 3.D2), che costituisce di certo il criterio di maggiore rilevanza pratica dell'intero sistema per la notevole quantità di norme che vi fanno riferimento (artt. 23, 33, 43, 46, 56, l. 218/1995).

- quello del *luogo di collocazione dei beni*, che rappresenta il criterio di riferimento per la materia dei diritti reali (art. 51, l. 218/1995).
- quello del *luogo in cui è avvenuto il fatto*, che è destinato ad operare in materia di fatti illeciti (art. 62, l. 218/1995).
- quello della *volontà manifestata dalle parti*, che costituisce il criterio di collegamento principale per la disciplina delle obbligazioni contrattuali (attualmente regolate dalla Convezione di Roma del 1980, espressamente richiamata dall'art. 57, l. 218/1995).

B) La distinzione rispetto agli elementi di estraneità.

Importanza di carattere essenziale assume la distinzione tra *criteri di collegamento* e meri *elementi di estraneità* (v. *supra* par. 1B). A ben guardare, tra le due categorie è possibile rinvenire un tratto comune ed uno differenziale:

- **condividono la medesima natura.**
  In entrambi i casi, infatti, si tratta di circostanze che connotano la fattispecie che li contiene in termini di transnazionalità, mettendola in contatto con ordinamenti diversi da quello nazionale di riferimento.
- *si distinguono per la funzione attribuita agli uni rispetto agli altri.*
  In particolare, mentre *i criteri di collegamento* sono elementi di estraneità cui il legislatore attribuisce rilevanza ai fini dell'individuazione dell'ordinamento competente a disciplinare la fattispecie che li contiene; *gli elementi di estraneità* sono meri punti di contatto che la fattispecie considerata presenta con ordinamenti diversi da quello nazionale, che non assumono rilevanza per la determinazione della disciplina applicabile alla stessa.

In conclusione, potrebbe dirsi che *ciascun elemento di estraneità, ove considerato rilevante ai fini dell'individuazione dell'ordinamento straniero da richiamare per la regolamentazione della fattispecie che lo contiene, si qualificherà come criterio di collegamento.*

Per riprendere un esempio già fatto in precedenza, si pensi alla disciplina in materia di diritti reali di cui all'art. 51 della l. 218/1995. Il legislatore qualifica come criterio di collegamento l'elemento della *collocazione dei beni*. Nessuna rilevanza assumerà, ai fini della individuazione del diritto applicabile alla fattispecie, l'eventuale cittadinanza straniera del titolare degli stessi, che si qualificherà come *mero elemento di estraneità*.

C) Le classificazioni dei criteri di collegamento.

I criteri di collegamento operanti nel sistema del d.i.p. sono suscettibili di diverse classificazioni. In dottrina si è soliti distinguere tra:

1. criteri *giuridici* o *di fatto*;
2. criteri *oggettivi* o *soggettivi*;
3. criteri *fissi* o *variabili*.

C1) La dicotomia criteri giuridici/di fatto.

Un criterio di collegamento si definisce *giuridico*, ove faccia riferimento a concetti a connotazioni intrinsecamente giuridiche per la individuazione della legge applicabile alla fattispecie (cittadinanza, domicilio, etc.).
Si qualificano *di fatto* i criteri di collegamento che, invece, coincidono con circostanze a carattere meramente fattuale (luogo di collocazione dei beni, luogo di commissione dell'illecito, etc.).

C2) La dicotomia criteri oggettivi/soggettivi.

Sono *oggettivi* tutti i criteri di collegamento che attengono ad aspetti oggettivi del rapporto cui ineriscono (luogo di collocazione dei beni, luogo di commissione dell'illecito, etc.).
Hanno natura *soggettiva* i criteri che prendono in considerazione qualità soggettive delle parti coinvolte (ad es. cittadinanza).

C3) La dicotomia criteri fissi/variabili.

Hanno carattere *fisso* (o costante) i criteri aventi ad oggetto circostanze insuscettibili di mutare nel corso del tempo (si pensi al luogo di collocazione di un immobile).
Si qualificano come *variabili* tutti i criteri riferibili a elementi che possono variare nel tempo (si pensi al domicilio di una persona).

D) I problemi applicativi.

La pluralità dei criteri di collegamento in grado di operare nell'ambito del sistema del d.i.p. ha posto una serie di problemi applicativi di non facile risoluzione.

- In primo luogo, ci si è chiesti quali siano le soluzioni prospettabili ogniqualvolta, nell'ambito della medesima norma di d.i.p., vengano indicati più criteri di collegamento. È il problema della disciplina del *concorso tra criteri*.
- In secondo luogo, si è tentato di dare risposta alle problematiche che in sede applicativa pone il *criterio della cittadinanza*, stante la sua rilevanza prevalente nell'ambito dell'intero sistema di d.i.p. In particolare, dubbi sono sorti in relazione ai casi di *doppia cittadinanza* e *apolidia*.

D1) Il concorso tra criteri.

È possibile che nell'ambito della medesima norma di d.i.p. vengano indicati più criteri di collegamento per la individuazione della legge applicabile alla fattispecie (v. artt. 25, 35, 46, 62, l. 218/1995). In tutti questi casi si pone il problema di chiarire in che termini tali diversi criteri siano destinati ad operare.

Di fatto è lo stesso legislatore a risolvere la questione, indicando espressamente la portata della relazione intercorrente tra i criteri richiamati. A tal proposito si suole distinguere tra:

- concorso *alternativo*
  ove nella norma di d.i.p. considerata non venga indicato un rigoroso ordine di preferenza tra i criteri menzionati, ma si lasci la possibilità all'interprete di utilizzare quello che, secondo proprie valutazioni discrezionali, ritiene più opportuno o conveniente (artt. 46 e 48 l. 218/1995);
- concorso *successivo*
  quando tra i diversi criteri destinati ad operare il legislatore instauri una relazione di sussidiarietà. In tale caso, nell'ambito della norma sarà possibile distinguere tra un criterio *principale*, destinato ad operare con precedenza rispetto agli altri, e uno – o più – criteri *sussidiari*, cui potrà ricorrersi solo ove il primo non possa essere utilizzato, o dia risultati insoddisfacenti.

Si pensi ad un'ipotesi in cui sia fissato come criterio principale quello della cittadinanza *comune* delle parti (art. 26, l. 218/1995 sulla promessa di matrimonio). Esso non sarà in grado di operare rispetto a rapporti che coinvolgono soggetti di diversa nazionalità o apolidi, con la conseguente applicazione dell'eventuale criterio sussidiario (per la promessa di matrimonio, la legge italiana: art. 26 seconda parte).

- concorso *misto*
  ogniqualvolta ci si trovi in presenza di una pluralità di criteri, tra cui sussista un'ipotesi di concorso *successivo* (principale-sussidiari) e, contemporaneamente, un'ipotesi di concorso *alternativo* (discrezionalità dell'interprete) fra quelli sussidiari. In tali casi dovrà darsi applicazione: in primo luogo, al criterio indicato come principale che prevarrà sui sussidiari (concorso *successivo*); e, solo ove questo non possa essere utilizzato, dovrà operare taluno dei criteri sussidiari, la cui individuazione è rimessa alla discrezionalità dell'interprete (concorso *alternativo*).

È ciò che accade nell'ipotesi disciplinata dall'art. 62 in materia di responsabilità per fatto illecito: il criterio principale è quello di cui al comma 2° della norma (la legge dello Stato di cui i soggetti coinvolti sono cittadini e contestualmente risiedono); criteri sussidiari alternativi sono quelli di cui al 1° comma (legge dello Stato in cui si è verificato l'evento o, a scelta dell'interessato, quella dello Stato in cui si è verificato il fatto che ha causato il danno).

- concorso *cumulativo*
  nelle ipotesi in cui, pur essendo il criterio di collegamento formalmente unico, esso finisce per richiamare due o più ordinamenti diversi. In tali casi si impone all'interprete l'applicazione contestuale di più leggi.

Esempio. Si pensi a quei rapporti familiari rispetto ai quali viene utilizzato il criterio di collegamento della cittadinanza. Ove i soggetti coinvolti siano di diversa nazionalità, il medesimo criterio finirà per richiamare una pluralità di ordinamenti, con le conseguenti difficoltà di coordinamento in caso di normative eterogenee o incompatibili. Il legislatore della riforma, con riferimento alle condizioni soggettive per la celebrazione del matrimonio (art. 27), ha espressamente previsto l'applicazione disgiunta delle leggi nazionali dei nubendi, proprio al fine di evitare tali inconvenienti.

D2) Il criterio della cittadinanza.

Il *criterio della cittadinanza* costituisce il criterio di collegamento di maggiore rilevanza pratica della quasi totalità dei sistemi di d.i.p. moderni.

Diverse le fattispecie rispetto alle quali trova applicazione nel nostro ordinamento: stato e capacità delle persone (art. 23, l. 218/1995), rapporti di filiazione (art. 33, l. 218/1995), successioni *mortis causa* (art. 46, l. 218/1995), donazioni (art. 56, l. 218/1995), tutela e protezione degli incapaci (artt. 43 e ss., l. 218/1995).

La disciplina in tema di modalità di acquisto, perdita e riconoscimento della cittadinanza italiana, è stata oggetto di una risistemazione organica ad opera della legge n. 91/1992 (v. Capitolo II. Sez. I, par. 2).

I problemi che tale criterio pone nello specifico settore del d.i.p. attengono prevalentemente alle ipotesi della *doppia cittadinanza* e dell'*apolidia*.

- Con riferimento alla **doppia cittadinanza**,
  ci si chiede quale sia la disciplina applicabile alle fattispecie rispetto alle quali rileva la nazionalità dei soggetti coinvolti, ove taluno di essi sia contemporaneamente cittadino di più Stati.
  La soluzione è fornita *espressis verbis* dal legislatore all'*art. 19, 2° comma, l. 218/1995*: se la persona ha due o più cittadinanze, prevale quella italiana, se posseduta. In caso contrario, si applica la legge di quello tra gli Stati di appartenenza con il quale la persona presenta il collegamento più stretto.
- Per ciò che concerne l'*apolidia*,
  ci si è chiesti in che termini possa operare il criterio della cittadinanza rispetto a soggetti che ne sono per definizione sprovvisti (appunto gli apolidi).
  Anche in questo caso è intervenuto il legislatore con una norma *ad hoc*. L'*art. 19, 1° comma, l. 218/1995* stabilisce espressamente che in tali casi, in luogo della legge nazionale, debba trovare applicazione quella dello Stato del domicilio, o, in mancanza, la legge dello Stato di residenza.

QUESTIONARIO

1. Quali sono gli *elementi strutturali* delle norme di d.i.p.? **1.**
2. Cosa si intende per problema delle qualificazioni? **2.A.**
3. Quali sono le soluzioni prospettate al problema delle qualificazioni? **2.B.**
4. Come si risolve il problema delle qualificazioni rispetto al d.i.p. comunitario? **2.D.**
5. Cosa si intende per criteri di collegamento? **3.A.**
6. Qual è la differenza tra criteri di collegamento ed elementi di estraneità? **3.B.**

7. Come si risolve il problema del concorso tra diversi criteri di collegamento? **3.D1.**
8. Come opera il criterio della cittadinanza in caso di doppia cittadinanza e apolidia? **3.D2.**

SEZIONE V | STRUTTURA DELLE NORME DI DIRITTO INTERNAZIONALE PRIVATO

MAPPA CONCETTUALE
STRUTTURA DELLE NORME DI DIRITTO INTERNAZIONALE PRIVATO

La struttura delle norme di d.i.p.

- *La descrizione dei fatti da disciplinare*
  Coincide con l'**indicazione della tipologia di rapporti** (a carattere transnazionale) **che la norma di d.i.p. considerata intende disciplinare**. Il legislatore provvede a tale descrizione mediante il riferimento a categorie tecnico-giuridiche astratte.

- *L'indicazione delle circostanze che conferiscono carattere transnazionale a tali fatti*
  Coincide con l'**individuazione degli elementi di estraneità** (tra quelli che connotano la fattispecie) **cui il legislatore intende attribuire rilevanza ai fini della individuazione della disciplina applicabile** (c.d. criteri di collegamento).

CAPITOLO I | PARTE GENERALE

Il problema delle c.d. qualificazioni

I termini del problema
Ciascuna norma di d.i.p. ha per oggetto la regolamentazione di una certa tipologia di rapporti a carattere transnazionale, che il legislatore descrive a mezzo dell'utilizzo di categorie tecnico-giuridiche astratte (successioni, donazioni, etc.). Il problema che si pone concerne **l'individuazione dell'ordinamento alla luce del quale attribuire significato a tali categorie**.

Le soluzioni prospettate
- La **teoria della *lex fori***, secondo cui il significato e la comprensività delle categorie tecnico-giuridiche astratte utilizzate dal legislatore nella posizione delle norme di d.i.p. devono essere individuati *alla luce dell'ordinamento interno* (c.d. *lex fori*).
- La **teoria della *lex causae***, secondo cui il problema delle qualificazioni è risolvibile alla luce dell'ordinamento straniero che la stessa norma di d.i.p. indica come competente a disciplinare la fattispecie (c.d. *lex causae*).
- La **teoria *comparatistica***, secondo cui il significato delle categorie tecnico-giuridiche utilizzate dal legislatore nazionale nella posizione delle norme di d.i.p. dovrebbe ricostruirsi in base ad un'*analisi comparativa* tra tutti gli ordinamenti dei paesi civili, che consenta di elaborare concetti di portata generale in grado di operare nell'ambito di ciascuno di tali ordinamenti.
- La **teoria della *doppia qualificazione***, secondo cui il problema delle qualificazioni deve risolversi attraverso due passaggi logici successivi così riassumibili: una **prima qualificazione**, che deve avvenire in base all'ordinamento interno (c.d. *lex fori*) cui le norme di d.i.p. appartengono; una **seconda qualificazione**, che deve avvenire in base all'ordinamento straniero richiamato (c.d. *lex causae*), cui appartiene la disciplina in concreto applicabile alla fattispecie considerata. Si tratta di impostazione che ha ricevuto l'avallo da parte dello stesso legislatore della riforma. nell'**art. 15 della l. 218/1995**.

Il problema delle qualificazioni nel d.i.p. convenzionale
In tale settore trova applicazione il fondamentale criterio interpretativo posto dall'**art. 33 della Convenzione di Vienna sul diritto dei Trattati del 23 maggio 1969** la quale stabilisce che ove tra il significato da attribuire alla luce dell'ordinamento interno alla categoria tecnico-giuridica di riferimento, e quello preso in considerazione dalla convenzione internazionale da recepire sussistano differenze non eliminabili in via interpretativa, *dovrà prevalere il significato che*, alla luce dell'oggetto e dello scopo del trattato, *permette di conciliare meglio i testi in questione*.

Il problema delle qualificazioni nel d.i.p. comunitario
Le disposizioni di matrice europea fanno parte dell'ordinamento comunitario per cui deve **procedersi all'interpretazione ed applicazione delle stesse secondo i criteri dell'ordinamento di cui fanno parte (cioè quello comunitario)**.

I criteri di collegamento

La nozione di criteri di collegamento
Coincidono con gli aspetti del rapporto preso in considerazione cui il legislatore attribuisce rilevanza ai fini dell'individuazione dell'ordinamento straniero competente a disciplinare la fattispecie.

SEZIONE V | STRUTTURA DELLE NORME DI DIRITTO INTERNAZIONALE PRIVATO

I problemi applicativi in materia di criteri di collegamento

La distinzione criteri di collegamento - elementi di estraneità
- da un lato, **condividono la medesima natura**.
  In entrambi i casi, infatti, si tratta di circostanze che connotano la fattispecie che li contiene in termini di transnazionalità, mettendola in contatto con ordinamenti diversi da quello nazionale di riferimento.
- dall'altro, **si distinguono per la funzione attribuita agli uni rispetto agli altri**.
  In particolare, mentre *i criteri di collegamento* sono elementi di estraneità cui il legislatore attribuisce rilevanza ai fini dell'individuazione dell'ordinamento competente a disciplinare la fattispecie che li contiene; *gli elementi di estraneità* sono meri punti di contatto che la fattispecie considerata presenta con ordinamenti diversi da quello nazionale, che non assumono rilevanza per la determinazione della disciplina applicabile alla stessa.

Il concorso tra criteri
- si ha concorso **alternativo**, ove nella norma di d.i.p. considerata non venga indicato un rigoroso ordine di preferenza tra i criteri menzionati, ma si lasci la possibilità all'interprete di utilizzare quello che, secondo proprie valutazioni discrezionali, ritiene più opportuno o conveniente (artt. 46 e 48 l. 218/1995);
- si ha concorso **successivo**, quando tra i diversi criteri destinati ad operare, il legislatore instauri una relazione di sussidiarietà. In tale caso, nell'ambito della norma sarà possibile distinguere tra un criterio *principale*, destinato ad operare con precedenza rispetto agli altri, e uno o più criteri *sussidiari*, cui potrà ricorrersi solo ove il primo non possa essere utilizzato o dia risultati insoddisfacenti.
- si ha concorso **misto**, ogniqualvolta ci si trovi in presenza di una pluralità di criteri, tra cui sussista un'ipotesi di concorso *successivo* (principale-sussidiari), e, contemporaneamente, un'ipotesi di concorso *alternativo* (discrezionalità dell'interprete) fra quelli sussidiari. In tali casi, dovrà darsi applicazione in primo luogo al criterio indicato come principale che prevarrà sui sussidiari (concorso *successivo*), e, solo ove questo non possa essere utilizzato, dovrà operare taluno dei criteri sussidiari, la cui individuazione è rimessa alla discrezionalità dell'interprete (concorso *alternativo*).
- si ha concorso **cumulativo**, nelle ipotesi in cui, pur essendo il criterio di collegamento formalmente unico, esso finisce per richiamare due o più ordinamenti diversi. In tali casi, si impone all'interprete l'applicazione contestuale di più leggi.

Il criterio della cittadinanza
- Con riferimento alla **doppia cittadinanza**, ci si chiede quale sia la disciplina applicabile alle fattispecie rispetto alle quali rileva la nazionalità dei soggetti coinvolti, ove taluno di essi sia contemporaneamente cittadino di più Stati. La soluzione è fornita *espressis verbis* dal legislatore all'**art. 19, 2° comma, l. 218/1995**: se la persona ha due o più cittadinanze, prevale quella italiana, se posseduta. In caso contrario, si applica la legge di quello tra gli Stati di appartenenza con il quale la persona presenta il collegamento più stretto.
- Per ciò che concerne l'**apolidia**, ci si è chiesti in che termini possa operare il criterio della cittadinanza rispetto a soggetti che ne sono per definizione sprovvisti (appunto gli apolidi). L'**art. 19, 1° comma, l. 218/1995** stabilisce espressamente che in tali casi, in luogo della legge nazionale, debba trovare applicazione quella dello Stato del domicilio, o, in mancanza, la legge dello Stato di residenza.

SEZIONE VI – LIMITI ALL'OPERATIVITÀ DEL DIRITTO INTERNAZIONALE PRIVATO

SOMMARIO:
1. Premessa. – 2. Le norme di applicazione necessaria. – 3. L'ordine pubblico internazionale. – 4. La condizione di reciprocità. – 5. La costituzionalità della norma straniera richiamata.

1. Premessa.

L'operatività del d.i.p. non ha carattere incondizionato. Diversi sono i limiti posti al normale funzionamento delle relative norme. Tra questi, importanza di carattere essenziale assumono:

1. *le norme di applicazione necessaria*;
2. *l'ordine pubblico internazionale*;
3. *la condizione di reciprocità*;
4. *la costituzionalità della norma straniera richiamata*.

Per ragioni di completezza pare opportuno precisare che, in alcune trattazioni, nella tematica inerente i limiti all'operatività del diritto internazionale privato vengono ricompresi anche:

- la *lex mercatoria* (su cui v. Sez. III, sulle fonti del d.i.p.);
- il *rinvio oltre* e *indietro* (su cui v. Sez. IV, sul funzionamento del d.i.p.).

Alla base di tale ultima collocazione sistematica, due idee di fondo:
- *la lex mercatoria*,
viene considerata come strumento per superare le inadeguatezze che inevitabilmente presentano le norme di d.i.p. rispetto ad alcuni settori commerciali. In tale ottica, essa è destinata a prevalere sulle stesse e, quindi, a precluderne l'operatività. Ne consegue il suo inquadramento nell'ambito dei limiti del d.i.p.
- *il rinvio oltre e il rinvio indietro*,

sono considerati come ipotesi in cui il meccanismo su cui le norme di d.i.p. si fondano (il c.d. rinvio) subisce una serie di limitazioni per espressa previsione da parte del legislatore. In tale prospettiva, si tratta di casi in cui il d.i.p. non è in grado di funzionare normalmente, con la conseguente collocazione nell'ambito della categoria dei limiti del d.i.p.

In questa sede si è preferito restringere la trattazione alle sole ipotesi che, con maggiore evidenza, agiscono come *limiti in senso tecnico* al normale funzionamento del d.i.p.

TI RICORDI CHE...

Con la dizione *lex mercatoria* si suole far riferimento a tutta una serie di norme, sorte nella prassi, per regolamentare i rapporti economici con elementi di transanzionalità, sviluppatisi nell'ambito di specifici settori commerciali? (v. Cap. I, Sez. III, par. 4)

2. Le norme di applicazione necessaria.

A) La nozione di norme di applicazione necessaria.

Si definiscono **norme di applicazione necessaria** tutte *le disposizioni facenti parte dell'ordinamento interno, che devono applicarsi alle fattispecie cui si riferiscono "in ogni caso"*, anche a prescindere da quanto stabilito dalle norme di d.i.p. competenti. In sostanza, si tratta di norme che **bloccano il funzionamento del d.i.p.**, impedendo l'operatività di qualsiasi diversa normativa rispetto alle fattispecie che disciplinano.

Si pensi all'*art. 116 c.c.* in materia matrimoniale. Si tratta di una tipica norma di applicazione necessaria, in quanto impone l'operatività dei divieti di cui agli artt. 86-89 c.c. anche rispetto al matrimonio del cittadino straniero, la cui regolamentazione in base alle norme di d.i.p. di riferimento spetterebbe alla sola legge nazionale dei nubendi.

La *ratio* della previsione di tale categoria di disposizioni sta nella *necessità di assicurare che determinate materie siano disciplinate secondo i principi*

propri del diritto nazionale, anche ove le norme di d.i.p. di riferimento impongano l'applicazione del diritto straniero.
In virtù di tale operatività incondizionata, si è parlato anche di **norme internazionalmente imperative**, al fine di sottolinearne l'analogia con le norme imperative del diritto privato.

Pare opportuno precisare che possono qualificarsi come *norme di applicazione necessaria* le sole disposizioni che attengono *a materie privatistiche*. Tutte le norme di matrice pubblicistica (leggi penali, di pubblica sicurezza, etc.), pur dovendo trovare applicazione "in ogni caso" in virtù del proprio carattere intrinsecamente imperativo, non rientrano nella categoria *de qua*. In altri termini, le norme di applicazione necessaria costituiscono un limite all'operatività del d.i.p., che è un peculiare settore del *diritto privato*. Ne consegue che norme di diritto pubblico non potrebbero mai limitare il funzionamento del d.i.p., poiché destinate ad incidere su materie (quelle pubblicistiche) che le disposizioni di d.i.p. non sono idonee a regolare.

Per ciò che concerne i rapporti con il d.i.p., si è soliti definire le norme di applicazione necessaria come un limite **preventivo** e **positivo** al funzionamento del d.i.p. In particolare:

- si tratta di un limite **preventivo**,
  poiché tali disposizioni neutralizzano *in via del tutto preliminare* il funzionamento delle norme di d.i.p. eventualmente competenti. In altri termini, le norme di applicazione necessaria pongono del tutto in non cale le disposizioni di d.i.p. applicabili ai rapporti che ne costituiscono oggetto: tali rapporti, anche ove presentino elementi di estraneità idonei a giustificare l'applicazione del diritto straniero in base al d.i.p. vigente, rimarranno comunque assoggettati alla legge italiana.
- si tratta di un limite **positivo**,
  poiché le norme di applicazione necessaria *si sostituiscono integralmente* alle disposizioni di d.i.p. nella regolamentazione dei rapporti cui si riferiscono. Detto altrimenti, l'operatività delle stesse colma "in positivo" la lacuna creatasi per effetto del mancato funzionamento del d.i.p. di riferimento, non risolvendosi in una mera neutralizzazione delle norme di conflitto applicabili.

La categoria delle norme di applicazione necessaria, inizialmente mera creazione giurisprudenziale e dottrinale, ha ricevuto un riconoscimento espresso a livello legislativo. L'*art. 17, l. 218/1995*, rubricato *"norme di applicazione necessaria"*, sancisce la prevalenza delle norme italiane che, in considerazione del loro oggetto e del loro scopo, debbono essere applicate nonostante il richiamo alla legge straniera. Con tale norma, la categoria può dirsi definitivamente positivizzata.

B) L'individuazione delle norme di applicazione necessaria.

Da sempre dibattuto il tema concernente l'individuazione delle norme che possano qualificarsi *di applicazione necessaria*. In particolare, ci si chiede a quali disposizioni dell'ordinamento possa riconoscersi la cogenza tipica di tale categoria di norme.

Il problema si è posto per l'assenza di dati normativi univoci. Lo stesso legislatore della riforma all'art. 17, pur facendo riferimento alla categoria, non ne fornisce un'elencazione, rimettendone l'individuazione all'interprete.

Il dibattito ha riguardato soprattutto l'elaborazione dei criteri cui possa farsi riferimento nell'individuazione di tali disposizioni. Sul punto, autorevole dottrina (BALLARINO) è arrivata all'elaborazione di tre distinti criteri: quello *formale*, quello *tecnico* e quello *finalistico*.

- Il criterio *formale*,
 fa leva sulla *formulazione della norma considerata*. In base a tale criterio, possono qualificarsi "norme di applicazione necessaria" le sole disposizioni che contengono un'espressa definizione del proprio ambito di applicazione, anche in deroga al d.i.p. vigente (v. art. 116 c.c., che espressamente opera a prescindere da quanto stabilito dalle norme di d.i.p. applicabili).

Rilievi critici: Tale criterio finisce per avere scarsa rilevanza pratica. Sono, infatti, molto poche le disposizioni che contengono tale espressa indicazione già a livello di formulazione astratta. Inoltre, si tratta delle norme che pongono meno problemi in sede interpretativa, proprio perché espressamente qualificate come in grado di operare anche in deroga al d.i.p. vigente.

- Il criterio *tecnico*,
 fa riferimento al *complesso normativo in cui sono inserite le disposizioni prese in considerazione*. In particolare, tale criterio

> consente di qualificare come "di applicazione necessaria" anche quelle norme che, pur non presentando una precisa definizione del proprio ambito di operatività, anche in deroga al d.i.p., sono inserite in un contesto normativo a cogenza assoluta (si pensi alle disposizioni in materia di assicurazione contro gli infortuni sul lavoro).

Rilievi critici: La principale obiezione mossa a tale criterio è quella della sua incertezza in sede applicativa. In sostanza, si è ritenuto del tutto arbitrario dedurre la natura di una disposizione dalle caratteristiche del complesso normativo in cui essa è chiamata ad operare. Nel medesimo complesso normativo, infatti, è possibile rinvenire norme di natura diversa, per cui non si vede come le peculiarità di alcune possano riferirsi in ogni caso a tutte le altre.

> - Il criterio *finalistico*,
>   impone di tenere conto *dell'oggetto e dello scopo della norma considerata*. In tale prospettiva, dovranno considerarsi "di applicazione necessaria" le sole disposizioni che, in relazione alla *ratio* che ne costituisce il fondamento, sono destinate ad operare anche in deroga alle norme di d.i.p. vigenti. Tale criterio è l'unico che ha ricevuto un espresso riconoscimento a livello normativo.

L'*art. 17 della l. 218/1995*, infatti, impone all'interprete di tenere conto dell'*oggetto* e dello *scopo* delle singole norme, al fine di stabilire se possano qualificarsi o meno come "di applicazione necessaria".

C) La casistica in materia di norme di applicazione necessaria.

Nonostante l'espressa indicazione da parte del legislatore dei criteri cui fare riferimento nell'individuazione delle norme di applicazione necessaria, la casistica in materia presenta confini alquanto incerti e dibattuti. La ragione sta nella natura inevitabilmente discrezionale delle valutazioni che il criterio finalistico impone all'interprete.
Il rischio di un'eccessiva espansione della categoria è, tuttavia, neutralizzato dal carattere del tutto *eccezionale* delle norme di applicazione necessaria. Si tratta, infatti, di disposizioni idonee a derogare al sistema ordinario del d.i.p., con la conseguente necessità di un'applicazione prudente e rigorosa dei criteri ex art. 17.
Fatte queste premesse, sono da considerarsi norme di applicazione necessaria:

SEZIONE VI | LIMITI ALL'OPERATIVITÀ DEL DIRITTO INTERNAZIONALE PRIVATO

- l'*art. 116 c.c.* in materia matrimoniale.
  Si tratta di disposizione che impone l'operatività dei divieti ex artt. 86-89 c.c. anche nei confronti dello straniero che contrae matrimonio in Italia. Le norme di d.i.p. di riferimento imporrebbero l'applicazione della sola legge nazionale dei nubendi: il legislatore, tuttavia, legittima l'operatività di tali divieti anche nei confronti di chi, in base al normale funzionamento delle norme di conflitto, avrebbe dovuto essere assoggettato ad un sistema giuridico diverso da quello italiano.

Pare opportuno precisare che **la giurisprudenza del tutto prevalente ritiene che le predette norme di applicazione necessaria** *non sostituiscano* **quelle straniere di riferimento, ma** *si aggiungano ad esse* **nella determinazione dei requisiti necessari alla legittimità del matrimonio** (v. *funditus* Cap. II, Sez. III, par. 1).

- alcune *norme del codice civile in tema di vincoli all'autonomia negoziale*.
  Si pensi all'**art. 1384 c.c.** in materia di riduzione della penale ove manifestamente onerosa, ovvero all'**art. 1346** in tema di requisiti dell'oggetto del contratto.

▶ LA GIURISPRUDENZA PIÙ SIGNIFICATIVA

IL DIVIETO DEL PATTO COMMISSORIO DI CUI ALL'ART. 2744 C.C. NON COSTITUISCE NORMA DI APPLICAZIONE NECESSARIA.

La giurisprudenza ha invece, di recente, escluso la riconducibilità al novero delle norme di applicazione necessaria dell'art. 2744 c.c. disciplinante il divieto di patto commissorio. Le Sezioni Unite, infatti, hanno espressamente affermato che la citata disposizione *non costituisce norma di applicazione necessaria, tali essendo quelle spazialmente condizionate e funzionalmente autolimitate – e, perciò solo, destinate ad applicarsi, nonostante il richiamo alla legge straniera – quali, tra le altre, le leggi fiscali, valutarie, giuslavoristiche, ambientali* (Sez. U, Sentenza n. 14650 del 05/07/2011).

- **le norme** *che sanciscono l'unicità dello stato di figlio*.
  Ai sensi dell'**art. 33, 4° comma**, l. 218/1995, **così come riscritto dal d.lgs. 28 dicembre 2013, n. 154**, infatti, sono di applicazione necessaria tutte le norme del diritto italiano che sanciscono

l'unicità dello stato di figlio. La disposizione, introdotta in attuazione della l. 10 dicembre 2012, n. 219, recante la c.d. *riforma della filiazione*, traspone anche in ambito internazional-privatistico il *principio della uguaglianza tra i figli*, non più distinguibili in legittimi e naturali. Risulta tuttavia evidente il carattere "aperto" della disposizione, che lascia di fatto all'interprete il compito di individuare le norme cui di volta in volta si riferisce.

Non altrettanto certa la natura di norme di applicazione necessaria delle disposizioni di cui all'**art. 36-*bis***, l. 218/1995, **introdotto *ex novo* dal d.lgs. 28 dicembre 2013, n. 154**: alcuna indicazione espressa, infatti, viene in proposito fornita dal legislatore, con il conseguente insorgere di diversi dubbi in sede interpretativa (sul punto v. par. successivo).

- le norme inserite in *leggi che fissano vincoli in peculiari settori dell'economia per motivi sociali*.
  Tali disposizioni sono espressione di finalità di garanzia e tutela che il legislatore nazionale persegue nell'ambito di specifici settori economici (si pensi alla normativa fortemente vincolata in materia di locazioni degli immobili). La *ratio* che ne costituisce il fondamento ne impone l'operatività anche in deroga alle norme di d.i.p. vigenti.
- le norme in materia di *lavoro e previdenza sociale*.
  Anche in questo caso, le finalità di garanzia e tutela che costituiscono il fondamento delle relative disposizioni impongono l'operatività delle stesse in ogni caso, anche ove le norme di conflitto competenti legittimino il riferimento a sistemi giuridici diversi.

Si pensi all'intera normativa posta a tutela dei diritti fondamentali dei lavoratori, che si applica a tutte le prestazioni lavorative rese sul territorio dello Stato a prescindere dalla nazionalità del datore di lavoro o del lavoratore. A conferma della cogenza assoluta di tali disposizioni, il nostro sistema di d.i.p. ne ha sancito l'operatività anche *"verso l'esterno"*: per effetto del richiamo alla Convenzione di Roma sulle obbligazioni contrattuali (oggi sostituita dal Reg. 593/2008), infatti, esse troveranno applicazione anche all'estero, nei confronti dei lavoratori italiani che ivi prestano temporaneamente la propria attività.

- le norme in materia di *adozione dei minori di cui alla l. 184/83 modificata dalla l. 476/98*.

La natura particolarmente rilevante degli interessi tutelati giustifica l'operatività di tali disposizioni a prescindere da quanto stabilito dalle norme di conflitto di riferimento.

C1) L'art. 36 bis, l. 218/1995: i dubbi interpretativi posti dalla novella in tema di filiazione (d.lgs. n. 154/2013).

Scontata la natura di *norme di applicazione necessaria* delle disposizioni richiamate dal novellato art. 33, 4° comma, si pone il problema della qualificazione delle disposizioni contenute nell'**art. 36 *bis* della l. 218/1995**, introdotto *ex novo* dal medesimo d.lgs. 154/2013 in tema di filiazione. In particolare, ci si chiede se tali norme siano qualificabili come *di applicazione necessaria* o debbano, per converso, attrarsi all'area del diverso limite dell'*ordine pubblico internazionale* (su cui v. *infra*).

Due le tesi in astratto prospettabili.

- Secondo una prima opzione interpretativa, a tali disposizioni dovrebbe riconoscersi natura di norme di autentico **ordine pubblico internazionale**. Invero:
  - *da un punto di vista letterale*, l'art. 36-*bis* (a differenza dell'art. 33, 4° comma, introdotto con la medesima novella) non contiene alcuna indicazione espressa al riguardo. Alquanto singolare, dunque, sembrerebbe il silenzio del legislatore, ove avesse voluto attribuire la medesima valenza alle disposizioni in esame.
  - *da un punto di vista sistematico*, l'applicabilità di tali norme "*nonostante il richiamo ad altra legge*" risulta difficilmente compatibile con il modo di operare *preventivo e positivo*, tipico delle norme di applicazione necessaria (v. par. 1.A). Il meccanismo descritto dal legislatore, infatti, sembra presupporre l'avvenuta individuazione della legge straniera di riferimento, precludendone solo successivamente l'operatività in favore delle indicate disposizioni. Risulta evidente, pertanto, la sovrapponibilità con il funzionamento dell'ordine pubblico internazionale, limite a carattere *successivo e negativo* all'operatività del d.i.p. (v. par. 2.D).

- Secondo un diverso approccio ermeneutico, si tratterebbe senza dubbio di **norme di applicazione necessaria**. In particolare:
  - *da un punto di vista letterale*, l'espressione "*si applicano in ogni caso*" è da sempre utilizzata dal legislatore nella posizione di norme di tal

fatta. In quest'ottica, dunque, l'indicazione espressa ci sarebbe, seppure a mezzo dell'utilizzo di una diversa dizione.
- *da un punto di vista sistematico*, l'apertura *"nonostante il richiamo ad altra legge"*, ove letta in combinazione con l'espressione *"si applicano in ogni caso"*, sembrerebbe palesare l'intenzione del legislatore di porre del tutto in non cale il richiamo operato dalle norme di d.i.p. competenti, da ritenersi pertanto *tamquam non esset*. Risulterebbe evidente, dunque, l'operatività in termini *preventivi e positivi* delle disposizioni in esame. L'ordine pubblico internazionale, del resto, costituisce un concetto *relativo e indeterminato* (v. par. 2.C), per definizione incompatibile con la rigida e analitica elencazione di norme contenuta nell'articolo in esame.

D) Norme di applicazione necessaria e diritto comunitario.

Una problematica del tutto peculiare è quella attinente i rapporti tra norme di applicazione necessaria e diritto comunitario. Più nel dettaglio, le possibili interferenze tra le due tipologie di norme impongono di affrontare la questione in una duplice prospettiva:
1. quella del possibile *contrasto tra norme comunitarie e norme interne di applicazione necessaria*;
2. quella della possibile *qualificazione di norme comunitarie come norme di applicazione necessaria*.

Il primo interrogativo è facilmente risolvibile alla luce del *principio della supremazia del diritto comunitario sul diritto interno*. Le norme nazionali, anche se qualificabili come "di applicazione necessaria", sono destinate a soccombere rispetto al diritto comunitario, ove con esso in contrasto. Deroga a tale principio potrebbe aversi solo nel caso in cui le suddette norme nazionali siano espressione di precetti costituzionali, considerati *fondamentali* per l'ordinamento interno.

La seconda questione è stata da taluni (BONOMI) risolta in termini positivi. Secondo tale impostazione, *esistono alcune norme di matrice comunitaria* (si pensi alla normativa in tema di protezione dei consumatori di cui alla direttiva CEE 93/13) *che devono trovare applicazione "in ogni caso", a prescindere da quale sia la legge regolatrice del rapporto*. In tale ottica, finiscono per operare come vere e proprie norme di applicazione necessaria.

E) Norme di applicazione necessaria e norme di diritto internazionale privato "materiale o uniforme".

Forti affinità con le norme di applicazione necessaria presentano le c.d. **norme di diritto internazionale privato "materiale o uniforme"**, coincidenti (BALLARINO) con l'insieme delle norme di d.i.p. che:
1. o stabiliscono una disciplina specifica per le fattispecie con elementi di estraneità prese in considerazione, rinunciando, in tutto o in parte, al metodo della scelta di legge (si pensi alla c.d. *lex mercatoria*, su cui v. Sez. III, par. 4);
2. o individuano, tra varie leggi astrattamente competenti, quella che favorisce un certo risultato, ovvero l'applicazione di una determinata legge (si pensi alle norme sulla forma degli atti giuridici che, nel prevedere diversi criteri di collegamento alternativi, impongono la prevalenza di quello che ne riconosca la validità).

L'analogia con le norme di applicazione necessaria starebbe nell'esigenza, alla base di entrambe le categorie di norme, di assicurare, dettandola direttamente (categoria sub 1), o richiamando la legge più idonea a tal fine (categoria sub 2), una certa regolamentazione della fattispecie considerata (BALLARINO).

La differenza, nel fatto che, mentre le norme di d.i.p. "materiale o uniforme" non escludono il rinvio ad ordinamenti stranieri, quelle "di applicazione necessaria" ne precludono per definizione l'operatività (NOVELLI).

Mentre secondo alcuni (NOVELLI) non potrebbero individuarsi norme di tal fatta nel nostro ordinamento, da altri (BALLARINO) sono considerate tali:
- **l'art. 31, comma 2° della l. 218/1995, nella sua vecchia formulazione**, secondo cui "*la separazione personale e lo scioglimento del matrimonio, qualora non siano previsti dalla legge straniera applicabile, sono regolati dalla legge italiana*", dettato per favorire il risultato costituito dalla possibilità di ottenere il divorzio o la separazione (categoria sub 2);
- **l'art. 33, comma 3° della l. 218/1995**, secondo cui "*lo stato di figlio, acquisito in base alla legge nazionale di uno dei genitori, non può essere contestato che alla stregua di tale legge*", dettato per favorire l'applicazione della legge che ha consentito l'acquisizione dello status (categoria sub 2).

In ogni caso, deve precisarsi come generalmente si parli di norme di diritto internazionale privato "uniforme" con riferimento alle norme di d.i.p. introdotte a seguito dell'adesione dello Stato ad apposite convenzioni internazionali, finalizzate ad assicurare – tra gli Stati aderenti – la medesima regolamentazione delle fattispecie con elementi di estraneità prese in considerazione.

3. L'ordine pubblico internazionale.

A) La nozione di ordine pubblico internazionale.

Per *ordine pubblico internazionale* si intende *il complesso dei principi che, avendo carattere fondamentale per l'ordinamento interno, impediscono l'operatività di qualsiasi normativa straniera richiamata dal d.i.p., che con essi si ponga in contrasto.*
Al concetto fa espresso riferimento l'*art. 16 della l. 218/1995*, nella parte in cui stabilisce che *la legge straniera* richiamata dalle norme di d.i.p. competenti *non potrà trovare applicazione ove i suoi effetti si pongano in contrasto con l'ordine pubblico.* Il principio, prima della riforma sancito dall'art. 31 delle preleggi al codice civile, è attualmente ripreso anche dagli artt. 64 e 65 della l. 218/1995 in relazione al riconoscimento di sentenze ed atti stranieri.
In sostanza, l'ordine pubblico internazionale costituisce una sorta di *meccanismo di protezione* di interessi essenziali dello Stato, strumentale ad impedire l'ingresso nell'ordinamento interno di valori giuridici stranieri, che possano minarne l'effettività o la coerenza. Da ultimo, la Suprema Corte ha evidenziato come la tutela dell'ordine pubblico sia posta *a presidio della sovranità dello Stato, quale affermata nell'art. 1 Cost., comma 2, principio supremo dell'ordinamento costituzionale* (Sez. Un. 17 luglio 2014, n. 16379 e n. 16380).

B) La distinzione rispetto all'ordine pubblico interno.

Fondamentale importanza assume la distinzione tra i concetti di ordine pubblico *interno* e ordine pubblico *internazionale*.
La dicotomia tra le due nozioni sembra avere carattere puramente dottrinale, non essendoci espresse definizioni a livello normativo. Lo stesso legislatore, agli artt. 16, 64 e 65 della l. 218/1995, fa riferimento all'ordine pubblico *tout court*, senza aggiungere ulteriori specificazioni.
Tale assetto normativo ha generato un vivace dibattito, che ha visto contrapporsi diversi orientamenti. La questione all'origine del contrasto attiene alla

stessa ammissibilità, in assenza di dati normativi di riferimento, della distinzione tra ordine pubblico *interno* e ordine pubblico *internazionale*.
Due le tesi prospettate: la tesi *negativa* e la tesi *positiva*.

> - La *tesi negativa* (ormai minoritaria) *nega l'ammissibilità di tale distinzione*.
> Essa fa leva su di una concezione necessariamente unitaria del concetto di ordine pubblico. Qualsiasi distinzione elaborata nell'ambito dello stesso, avrebbe natura del tutto arbitraria.
> In tale prospettiva, la nozione di ordine pubblico di cui agli artt. 1343 e 1414 c.c. e la nozione di ordine pubblico di cui agli artt. 16, 45 e 46 della l. 218/1995 verrebbero del tutto a coincidere. Si tratterebbe in entrambi i casi del medesimo concetto.

Rilievi critici: Tale impostazione non sembra condivisibile sulla base di due argomentazioni fondamentali:
- *sotto il profilo letterale*,
l'art. 16 (richiamato dagli artt. 64 e 65) fa espresso riferimento all'inapplicabilità, in caso di contrasto con l'ordine pubblico, della sola legge *"straniera"* richiamata. Ne consegue un riconoscimento testuale della *vocazione internazionale*, e non meramente interna, del concetto di ordine pubblico preso in considerazione.
- *sotto il profilo teleologico*,
costituisce dato acquisito che, mentre l'ordine pubblico *interno* ex artt. 1343 e 1418 c.c. opera come *limite all'estrinsecarsi dell'autonomia negoziale*; quello *internazionale* ex artt. 16, 45 e 46 opera come *limite al funzionamento del d.i.p.* Si tratta, quindi, di meccanismi aventi finalità del tutto distinte e non assimilabili. Ne consegue l'impossibilità di accomunare tra loro concetti del tutto diversi, e la necessità di operare una distinzione.

> - La *tesi positiva* (del tutto maggioritaria) *sostiene l'ammissibilità di tale distinzione*.
> Essa fa proprie le osservazioni critiche svolte in precedenza. Nel nostro ordinamento deve operarsi una distinzione tra l'ordine pubblico *interno* di cui agli artt. 1343 e 1418 c.c. e l'ordine pubblico *internazionale* di cui agli artt. 16, 64 e 65 l. 218/1995: una cosa è porre degli argini all'autonomia privata, una cosa è impedire l'operatività nell'ordinamento di norme straniere richiamate dal d.i.p.

Tale impostazione si spinge fino ad individuare i tratti differenziali tra i due concetti richiamati. In particolare, la differenziazione è possibile sotto due profili:
- **a livello teleologico**,
  perché si tratta di meccanismi diretti a perseguire finalità del tutto diverse:
  a) limitazione dell'autonomia privata (quello *interno*),
  b) limitazione del funzionamento del d.i.p. (quello *internazionale*);
- **a livello strutturale**,
  perché si tratta di concetti di diversa portata nei rispettivi ambiti di applicazione:
  a) la nozione di ordine pubblico *internazionale*, operando con riferimento a normative straniere, ha carattere *intrinsecamente elastico;*
  b) la nozione di ordine pubblico *interno*, operando nell'ambito del diritto nazionale, deve interpretarsi in senso *molto più ristretto e rigoroso.*

In tale ottica, norme straniere in contrasto con l'ordine pubblico *interno* ben potrebbero essere in grado di operare nel nostro ordinamento, perché non in conflitto con le più ampie maglie del concetto di ordine pubblico *internazionale.*

C) Le caratteristiche dell'ordine pubblico internazionale.

L'ordine pubblico *internazionale* presenta due caratteristiche fondamentali: la **relatività** e la **indeterminatezza**.

1. La **relatività** costituisce una conseguenza della sua intrinseca *mutabilità nello spazio e nel tempo.*

L'ordine pubblico internazionale coincide, infatti, con l'insieme dei valori che una certa collettività esprime in un dato momento storico. Ne consegue la sua innata variabilità a seconda della collettività considerata (*mutabilità nello spazio*) e della fase storica presa in esame (*mutabilità nel tempo*).

Si pensi ad istituti, indubbiamente in contrasto con il nostro concetto di ordine pubblico internazionale, ma propri di determinate collettività statali (ad es. il ripudio o la poligamia tipici degli Stati islamici).
Così come è possibile che determinati valori siano, nel corso del tempo, superati nell'ambito del medesimo ordinamento. È il caso del principio dell'indissolubilità del matrimonio, tipico del sistema giuridico italiano anteriforma

del diritto di famiglia: solo dopo l'introduzione del divorzio è stato possibile applicare anche in Italia le leggi straniere in materia di scioglimento del matrimonio.

2. L'*indeterminatezza* è una conseguenza della *impossibilità di predeterminarne in via definitiva il contenuto*, proprio per la sua mutabilità nel tempo e nello spazio.

L'individuazione della portata del concetto di ordine pubblico internazionale è inevitabilmente rimessa al prudente apprezzamento dell'interprete, trattandosi di nozione insuscettibile di determinazione a priori. Non a caso le norme sull'ordine pubblico hanno per definizione natura di vere e proprie *clausole generali*, al fine di consentire al giudice di cogliere tutte le modificazioni del contesto sociale di riferimento.

> ▶ **LA GIURISPRUDENZA PIÙ SIGNIFICATIVA**
> IL CONCETTO DI ORDINE PUBBLICO INTERNAZIONALE.
>
> In piena coerenza con le caratteristiche della *relatività* e della *indeterminatezza* la giurisprudenza, ogniqualvolta è chiamata a fornire una definizione di ordine pubblico internazionale, utilizza formule *ampie* e *generiche*. In particolare, la Suprema Corte (Cass. n. 7613 del 15/04/2015) ha chiarito come il concetto di ordine pubblico internazionale debba ricomprendere *"il complesso dei principi, ivi compresi quelli desumibili dalla Costituzione, che formano il cardine della struttura economico-sociale della comunità nazionale in un determinato momento storico, conferendole una ben individuata ed inconfondibile fisionomia, nonché quelle regole inderogabili e fondamentali immanenti ai più importanti istituti giuridici nazionali"*, affermandone l'estensione, non solo ai principi fondamentali dell'ordinamento italiano, *ma anche a quelli provenienti dall'ordinamento comunitario e internazionale* (Cass. n. 4545 del 22/02/2013).

Al fine di fornire un'idea della rilevanza del concetto di ordine pubblico internazionale nell'ambito del sistema del d.i.p., pare opportuno indicare – a titolo meramente esemplificativo – una serie di normative straniere che sono state ritenute inapplicabili nel nostro ordinamento, proprio perché contrarie all'ordine pubblico internazionale. In particolare, il riferimento è alle norme concernenti:

CAPITOLO I | PARTE GENERALE

- lo scioglimento del matrimonio per divorzio (almeno fino alla riforma del diritto di famiglia del 1970);
- il ripudio unilaterale della moglie;
- il divieto del matrimonio tra cittadini di razza o religione diversa;
- lo scioglimento del matrimonio in conseguenza di scelta religiosa dell'altro coniuge;
- le discipline sull'annullamento del matrimonio prive di istituti a tutela dell'affidamento incolpevole dei coniugi;
- la revocabilità dell'adozione su accordo delle parti;
- l'esistenza di diritti di credito non soggetti a termini di prescrizione certi;
- le deroghe all'obbligo di motivazione sul giustificato motivo del licenziamento.

Non sono, invece, state ritenute in contrasto con l'ordine pubblico internazionale le normative straniere:

- che ammettono il patto commissorio;
- che contemplano l'istituto delle **c.d. *astreintes***, che impone al debitore il pagamento di una somma crescente con il protrarsi dell'inadempimento, al fine di costringerlo ad adempiere (Cass. n. 7613/2015)

D) Il funzionamento del limite dell'ordine pubblico internazionale.

Resta da chiarire il tema concernente il *funzionamento dell'ordine pubblico internazionale* come limite all'operatività del d.i.p. I profili da affrontare in questa sede attengono:

- al dibattito sviluppatosi in ordine al *modus operandi* dell'ordine pubblico internazionale rispetto al d.i.p.;
- alla portata della *disciplina normativa* di riferimento di cui alla l. 218/1995.

D1) Il dibattito inerente il *modus operandi* dell'ordine pubblico internazionale.

In prima battuta, occorre dare atto della principale questione interpretativa che l'operare del limite dell'ordine pubblico internazionale ha posto. Più nel

dettaglio, si tratta di chiarire se ci si trovi in presenza di un *limite preventivo e positivo* al funzionamento del d.i.p. (concezione *positiva*), o di un *limite negativo e successivo* allo stesso (concezione *negativa*).
In altri termini, ci si è chiesti se, nell'impedire l'applicazione della normativa straniera richiamata, l'ordine pubblico internazionale precluda radicalmente l'operatività delle norme di d.i.p. di riferimento, sostituendosi ad esse (concezione *positiva*), o, piuttosto, ne presupponga l'operare, intervenendo in un secondo momento a bloccarne i risultati pratici (concezione *negativa*).

- La concezione *positiva* (attualmente minoritaria) è sposata da chi (QUADRI) ritiene che la vigenza dei principi di ordine pubblico internazionale *impedisca in radice l'operatività delle norme di d.i.p. di riferimento*. In sostanza, sarebbero le stesse norme di conflitto a non poter essere applicate, ove conducano a risultati pratici in contrasto con l'ordine pubblico, e non le normative straniere da esse richiamate. In tale prospettiva, l'ordine pubblico internazionale si qualifica come limite al funzionamento del d.i.p. a carattere:
  - *preventivo* (poiché ne preclude in radice l'operatività)
  - e *positivo* (poiché colma le lacune create dall'inapplicabilità delle norme di conflitto competenti sostituendosi ad esse).

  Ne consegue, altresì, una diretta analogia con il diverso limite costituito dalle *norme di applicazione necessaria* (v. *supra*, par. 1), che presentano il medesimo *modus operandi* a carattere preventivo e positivo.

Rilievi critici: Tale impostazione non sembra condivisibile per due ragioni fondamentali. Invero:

- *da un punto di vista letterale*,
  l'art. 16 della l. 218/1995, laddove stabilisce che "[...] *la legge straniera non è applicata* se i suoi effetti sono contrari all'ordine pubblico [...]", presuppone l'operatività delle norme di d.i.p. di riferimento. Ciò è del tutto incompatibile con una lettura che, invece, ritenga l'ordine pubblico internazionale un limite preventivo all'operatività del d.i.p.
- *da un punto di vista logico*,
  per verificare se la normativa straniera sia compatibile o meno con l'ordine pubblico è necessario che questa sia individuata. Ebbene, non si vede

come tale disciplina possa individuarsi senza dare applicazione alla norma di d.i.p. di riferimento. Ne consegue una concezione *necessariamente successiva* del limite dell'ordine pubblico internazionale: se si preclude in radice l'operatività della norma di d.i.p., non potrà mai porsi il problema della compatibilità con l'ordine pubblico di una normativa straniera non ancora individuata.

- La concezione *negativa* (oggi prevalente)
qualifica l'ordine pubblico internazionale come un meccanismo di protezione finalizzato ad impedire che attraverso il richiamo operato delle norme di d.i.p. penetrino nell'ordinamento interno norme ed istituti contrastanti con i principi che rappresentano le basi etiche della comunità nazionale. In pratica, tale meccanismo presuppone il normale funzionamento delle norme di conflitto: solo in un secondo momento, ove la normativa straniera richiamata sia incompatibile con l'assetto etico-sociale dello Stato, finirà per impedirne l'applicazione. In tale ottica, l'ordine pubblico internazionale si qualifica come limite al funzionamento del d.i.p. a carattere:
  - *successivo* (perché ne presuppone il normale funzionamento)
  - e *negativo* (perché nega efficacia alla legge straniera richiamata ove in contrasto coi principi interni)

Ne deriva anche una netta differenziazione tra tale limite e quello costituito dalle *norme di applicazione necessaria*: mentre l'ordine pubblico internazionale, dopo il richiamo operato dalla norma di d.i.p., impedisce l'applicazione del diritto straniero richiamato, le norme di applicazione necessaria si sostituiscono *ipso iure* alle norme di d.i.p. di riferimento, precludendo in via preventiva il ricorso alle stesse. In conclusione, **l'ordine pubblico internazionale è un limite connotato da un *modus operandi* a carattere successivo e negativo, le norme di applicazione necessaria operano in termini preventivi e positivi.**

D2) La disciplina normativa in materia di ordine pubblico internazionale.

Il legislatore della riforma ha dettato una disciplina particolarmente dettagliata in materia di ordine pubblico internazionale. La norma cardine in materia è *l'art. 16 della l. 218/1995*.
- Il 1° comma sancisce *l'inapplicabilità della legge straniera ogniqualvolta i suoi effetti siano contrari all'ordine pubblico.*

Il riferimento agli *effetti* della normativa estera considerata impone una *valutazione in concreto* della compatibilità della stessa con i principi dell'ordine pubblico.

Detto altrimenti, all'interprete non è richiesto un confronto tra tali principi e la formulazione astratta della norma straniera da applicare, ma una *verifica di piena compatibilità tra l'ordine pubblico internazionale e il risultato pratico che l'applicazione della legge straniera richiamata produrrebbe nell'ordinamento interno.*

▶ **LA GIURISPRUDENZA PIÙ SIGNIFICATIVA**

ORDINE PUBBLICO INTERNAZIONALE E RISARCIBILITÀ DEL DANNO PARENTALE.

In applicazione delle summenzionate coordinate ermeneutiche la Suprema Corte ha da ultimo affermato che l'ordine pubblico internazionale è *ostativo all'applicazione nell'ordinamento italiano dell'art. 1327 ABGB (codice civile austriaco), che limita il risarcimento in favore dei congiunti di persone decedute a seguito di fatto illecito al solo danno patrimoniale ed esclude la risarcibilità del danno cosiddetto parentale, venendo in rilievo l'intangibilità delle relazioni familiari, ossia un valore di rango fondamentale, riconosciuto anche dall'art. 8 della Convenzione europea dei diritti dell'uomo e dall'art. 7 della Carta di Nizza, per il quale il risarcimento rappresenta la forma minima ed imprescindibile di tutela.* (Cass. Sez. 3, Sentenza n. 19405 del 22/08/2013).

Tale affermazione di principio conduce ad implicazioni applicative di notevole rilevanza: la medesima norma straniera, infatti, considerata nella sua portata generale ed astratta, potrebbe risultare inapplicabile perché incompatibile con l'ordine pubblico internazionale; mentre, riferita al caso concreto che è diretta a disciplinare, potrebbe essere pienamente conforme ai principi del sistema giuridico interno.

Esempio. Si consideri una norma straniera che preveda il ripudio unilaterale della moglie. Si tratta di disposizione indubbiamente incompatibile con i principi fondamentali del nostro ordinamento e, quindi, di certo inapplicabile per contrasto con l'ordine pubblico. Non può, tuttavia, escludersi la possibilità che questa venga applicata dal giudice, ove tale applicazione sia finalizzata esclusivamente al riconoscimento di peculiari indennizzi o obbligazioni alimentari a vantaggio del coniuge ripudiato. Questa è una classica ipotesi di legge straniera compatibile solo in concreto con l'ordine pubblico internazionale.

- Il 2° comma risolve il problema inerente *la legge applicabile ove*, per effetto dell'operatività del limite dell'ordine pubblico, *non possa avere efficacia quella straniera richiamata in prima battuta*.

Pare opportuno precisare che il legislatore della riforma è intervenuto a risolvere un dibattito dottrinale particolarmente acceso. Sul punto si erano registrati tre orientamenti contrapposti.
- Secondo una prima tesi (tipicamente italiana), in tutti i casi in cui non poteva trovare applicazione la legge straniera avrebbe dovuto operare la legge italiana (c.d. *lex fori*). Alla base di tale impostazione la ricostruzione dei rapporti tra diritto italiano e diritto straniero richiamato in termini specialità: in mancanza della *lex specialis* (diritto straniero) opera la *lex generalis* (diritto italiano).
- Secondo altro orientamento (di matrice tedesca), avrebbe dovuto comunque trovare applicazione la legge straniera, seppure interpretata in modo da neutralizzare del tutto il contrasto con i principi dell'ordine pubblico internazionale dell'ordinamento richiamante.
- Altra impostazione (BALLARINO) suggeriva il ricorso all'analogia *legis* o all'analogia *iuris* di cui all'art. 12 delle disposizioni preliminari al c.c. A ben guardare, infatti, l'inapplicabilità della legge straniera produce una lacuna nell'ordinamento. Il meccanismo di neutralizzazione delle lacune ordinamentali è, per definizione, il procedimento analogico.

La norma, tuttavia, finisce per adottare una soluzione "mediana". **Ai sensi dell'art. 16, co. 2, l. 218/1995, in caso di inapplicabilità della legge straniera richiamata per contrasto con l'ordine pubblico internazionale, dovrà trovare applicazione la legge richiamata a mezzo degli altri criteri di collegamento eventualmente previsti per la medesima ipotesi normativa. Ove nemmeno tale soluzione sia prospettabile** (per assenza di criteri di collegamento ulteriori, o per contrasto con l'ordine pubblico anche dell'altra normativa richiamata), **dovrà applicarsi la legge italiana.**

D3) Il limite dell'ordine pubblico internazionale nella delibazione di atti e sentenze straniere.

Una trattazione a parte merita la questione concernente *il funzionamento del limite dell'ordine pubblico nel riconoscimento di atti e sentenze straniere*. Costituisce ormai dato acquisito, infatti, che la valutazione di compatibilità con i principi fondamentali del sistema giuridico interno richiesta all'interprete presenti una diversa consistenza *a seconda dell'oggetto considerato*. Invero:

- con riferimento alle *leggi straniere*, tale valutazione assume carattere *particolarmente rigoroso*. In altri termini, ove si tratti di verificare l'applicabilità diretta nell'ordinamento interno di leggi straniere, dovrà accertarsi con un certo rigore la piena compatibilità degli effetti che l'operatività di tali leggi produrrà con i principi dell'ordine pubblico internazionale.
- con riferimento agli *atti e le sentenze straniere*, la valutazione di compatibilità potrà condursi in maniera *molto più elastica*. In sostanza, ove si tratti di recepire nell'ordinamento interno atti o sentenze straniere i cui effetti si siano già prodotti nei rispettivi sistemi giuridici di appartenenza, la verifica di compatibilità con i principi dell'ordine pubblico internazionale potrà condursi con minor rigore. In dottrina, si è parlato di *funzionamento attenuato* del limite dell'ordine pubblico internazionale.

Il fenomeno è stato da taluni (VITTA) giustificato sottolineando la differenza che sussiste tra "*il fare direttamente qualcosa* (applicazione della legge straniera) e il limitarsi a *recepire quanto stato fatto da altri* (riconoscimento di atti e sentenze straniere)".

In realtà, alla base dello stesso sembrano rinvenibili prevalentemente *esigenze di tutela dell'affidamento dei singoli rispetto alla conservazione di diritti già acquisiti* (c.d. *diritti quesiti*). Si tratta, infatti, di un fenomeno essenzialmente finalizzato ad evitare che un meccanismo di protezione internazionale come il limite dell'ordine pubblico possa travolgere rapporti e situazioni giuridiche già consolidatesi nell'ordinamento straniero di riferimento.

Un esempio chiarirà meglio la differenza di funzionamento del limite dell'ordine pubblico internazionale a seconda che si tratti di *applicazione diretta* della legge straniera, o del *riconoscimento degli effetti già prodottisi* di atti o sentenze straniere. Se, infatti, non vi sono dubbi circa la possibilità di riconoscere la legittimità, anche nel nostro ordinamento, dei figli nati da un matrimonio poligamico celebrato all'estero, di certo non potrà celebrarsi in Italia un matrimonio di questo tipo, dando applicazione diretta alle disposizioni straniere sulla poligamia, pena una violazione dell'ordine pubblico.

Così come, per continuare con gli esempi, anteriormente alla riforma del diritto di famiglia del 1970 non era ammissibile l'applicazione in Italia delle normative straniere in tema di divorzio, ma era di certo consentito riconoscere efficacia nell'ordinamento interno a sentenze straniere di divorzio.

▶ LA GIURISPRUDENZA PIÙ SIGNIFICATIVA

ORDINE PUBBLICO INTERNAZIONALE E DANNI PUNITIVI (C.D. *PUNITIVE DAMAGES*).

Notevoli contrasti sono sorti, di recente, in punto di riconoscibilità nel nostro ordinamento di **sentenze straniere comminatorie di danni c.d. punitivi**. Si tratta, in particolare, di decisioni recanti condanne al risarcimento di ammontare notevolmente superiore a quello del danno effettivamente subito, e dunque finalizzate, non tanto alla riparazione del pregiudizio arrecato (c.d. funzione compensativo/riparatoria), ma piuttosto alla punizione dell'autore della condotta lesiva (c.d. funzione afflittivo/sanzionatoria).

Il *leading case* in materia è costituito dalla sentenza n. 1183 del 2007, avente ad oggetto la vicenda degli eredi di un motociclista statunitense – deceduto in un sinistro a causa di un difetto della fibbia di chiusura del casco – richiedenti il riconoscimento in Italia della decisione, con cui i giudici americani avevano condannato l'azienda produttrice veneta al pagamento di una somma di gran lunga maggiore del danno verificatosi, proprio a titolo di *punitive damage*.

In tale sentenza, seguita dalla prevalente giurisprudenza successiva (Cass. n. 15814/2008; Cass. n. 1781/2012 e Cass. SS.UU. n. 15350/2015), è stata affermata la non-riconoscibilità della decisione, essendo *il danno punitivo incompatibile con l'ordine pubblico, stante la funzione sanzionatoria e non meramente risarcitoria dell'istituto* (Cass. n. 1183/2007). Più nel dettaglio, si è ribadito il principio secondo cui il risarcimento deve mirare esclusivamente alla riparazione del pregiudizio patito, essendo necessaria una stretta commisurazione fra il pregiudizio sofferto e il *quantum* risarcitorio (c.d. *compensatory damage*), senza la possibilità di irrogazione di alcun ulteriore importo a titolo sanzionatorio.

Tale tesi è stata **da ultimo superata dalle Sezioni Unite, che hanno ritenuto non ontologicamente incompatibile con l'ordinamento italiano l'istituto, di origine statunitense, dei risarcimenti punitivi,** *poiché alla responsabilità civile non è assegnato solo il compito di restaurare la sfera patrimoniale del soggetto leso, ma anche la funzione di deterrenza e quella sanzionatoria del responsabile civile* (Sez. U, n. 16601 del 05/07/2017). **Il riconoscimento di una sentenza straniera di tal fatta però** – precisa la Corte – **deve corrispondere alla condizione che essa sia stata resa nell'ordinamento straniero su basi normative che garantiscano la tipicità delle ipotesi di condanna, la prevedibilità della stessa ed i suoi limiti quantitativi,** dovendosi avere riguardo, in sede di delibazione, unicamente agli effetti dell'atto straniero ed alla loro compatibilità con l'ordine pubblico (*id est*: ordine pubblico internazionale processuale, di cui *infra*).

La diversità delle valutazioni richieste al giudice in materia di delibazione di atti e sentenze straniere rispetto a quelle concernenti l'applicazione diretta delle leggi straniere non è sfuggita nemmeno alla giurisprudenza, che ha finito per coniare il concetto di **ordine pubblico internazionale processuale** (di cui agli artt. 64 e 65), per distinguerlo da quello di **ordine pubblico internazionale sostanziale** (di cui all'art. 16).

▶ **LA GIURISPRUDENZA PIÙ SIGNIFICATIVA**

LA PORTATA DEL CONCETTO DI ORDINE PUBBLICO INTERNAZIONALE PROCESSUALE.

Di recente le Sezioni Unite, superando l'impostazione secondo cui tale concetto atterrebbe ai soli principi inviolabili posti a garanzia del diritto di agire e di resistere in giudizio, e non anche alle modalità con cui tali diritti sono regolamentati o si esplicano nelle singole fattispecie (v. sent. n. 365/2003), hanno chiarito come la compatibilità con l'ordine pubblico di un provvedimento giurisdizionale straniero, ai sensi dell'art. 64, comma 1, lett. g), della l. n. 218 del 1995, debba essere valutata, **non solo alla stregua dei principi fondamentali della Costituzione e di quelli consacrati nelle fonti internazionali e sovranazionali, ma anche del modo in cui detti principi si sono incarnati nella disciplina ordinaria dei singoli istituti e dell'interpretazione fornitane dalla giurisprudenza costituzionale e ordinaria**, la cui opera di sintesi e ricomposizione dà forma a quel diritto vivente, dal quale non può prescindersi nella ricostruzione della nozione di ordine pubblico, **anche processuale** (v. Sez. U, Sentenza n. 12193 del 08/05/2019).

Da ultimo, pare opportuno evidenziare come un valido parametro di riferimento per la valutazione della compatibilità con l'ordine pubblico internazionale processuale delle decisioni straniere può essere **l'art. 6 della CEDU**, che racchiude buona parte dei principi fondamentali in tema di giusto processo vigenti nell'area geoculturale di nostro riferimento. Del medesimo avviso, del resto, risulta la Corte di Giustizia dell'UE, che ha ribadito **la riconducibilità dei diritti fondamentali di cui alla CEDU tra gli ostacoli** – *sub specie* di **limiti di ordine pubblico rilevanti ex art. 34, n. 19, Reg. 44/2001 – al riconoscimento delle decisioni straniere.**

4. La condizione di reciprocità.

■ **A) La nozione di condizione di reciprocità.**

La **condizione di reciprocità** costituisce una *peculiare clausola, inserita dal legislatore in alcune norme di d.i.p., che subordina l'efficacia del richiamo* *operato da tali norme alla verifica che, in analoghe circostanze, l'ordinamento straniero richiamato avrebbe fatto rinvio alla legge dello Stato richiamante.* Detto altrimenti, ove operi tale condizione, nessuna norma straniera potrà trovare applicazione nell'ordinamento interno se non risulta che, nelle medesime circostanze, il sistema giuridico straniero di riferimento avrebbe consentito l'operatività della legge italiana.

L'impostazione prevalente colloca suddetta clausola nell'ambito dei limiti al normale funzionamento del d.i.p., precludendo l'efficacia del richiamo operato delle norme di d.i.p. ove apposta.

La sua collocazione sistematica è, tuttavia, oggetto di dibattito. Autorevole dottrina ritiene che le norme recanti tale condizione costituiscano, in realtà, una *peculiare categoria di norme di conflitto*, il cui ambito di operatività risulti più limitato rispetto alle altre. A ben guardare, infatti, la condizione di reciprocità non può apporsi a qualsiasi norma di d.i.p., ma esclusivamente alle disposizioni aventi ad oggetto fattispecie con elementi di estraneità riferibili ad ordinamenti stranieri che rechino norme di conflitto analoghe a quelle nazionali. In tale prospettiva, non si tratterebbe di un limite al normale funzionamento del d.i.p., ma di una caratteristica propria di una certa categoria di norme di conflitto, connotate dalle peculiarità delle fattispecie che ne costituiscono oggetto.

È ormai pacifico che la condizione di reciprocità costituisca espressione di una concezione non più attuale della fisionomia dei rapporti internazionali. Consentendo l'operatività della legge straniera solo in caso di concessione reciproca tra gli Stati coinvolti, infatti, essa risulta basata su di una sorta di *principio di superiorità del diritto interno rispetto alla legge straniera*, di certo non conciliabile con le esigenze di parità ed uguaglianza tra le leggi poste a fondamento dei moderni sistemi di d.i.p. Proprio per questo se ne auspica un utilizzo sempre più limitato da parte dei legislatori nazionali.

B) La casistica in materia di condizione di reciprocità.

Nell'ambito del nostro ordinamento non sono molte le disposizioni cui il legislatore ha apposto tale condizione. Ciò dimostra come il sistema italiano di d.i.p. sia tra quelli maggiormente coerenti con *i principi di uguaglianza e parità tra le leggi* propri delle più moderne legislazioni in materia.

Norme di conflitto recanti la condizione di reciprocità sono:

- *l'art. 5, 2° comma delle preleggi al codice della navigazione*, nella parte in cui stabilisce che *l'Italia consente l'applicazione della legge nazionale della nave o dell'aeromobile* (**c.d. legge di**

SEZIONE VI | LIMITI ALL'OPERATIVITÀ DEL DIRITTO INTERNAZIONALE PRIVATO

bandiera) agli atti e ai fatti compiuti a bordo di una nave o di un aeromobile estera nel corso della navigazione in luogo o spazio soggetto alla sovranità dello Stato italiano, *a condizione che lo Stato estero di riferimento consenta l'applicazione della legge italiana nel caso inverso*.

- *l'art. 16 delle preleggi al codice civile*,
nella parte in cui stabilisce che *lo straniero è ammesso a godere dei diritti civili attribuiti al cittadino a condizione di reciprocità*, e salve le disposizioni contenute in leggi speciali. Tale disposizione consente il medesimo trattamento tra cittadino e straniero nel nostro ordinamento, solo ove nel sistema giuridico estero di riferimento non si pratichino discriminazioni ai danni dei non cittadini. Quanto alle "leggi speciali" richiamate dalla norma, che esonerano dalla verifica della condizione di reciprocità, giova ricordare **il d.lgs. n. 286/1998, a mente del quale sono parificati ai cittadini italiani e, dunque, dispensati dalla verifica della condizione di reciprocità**:
    - **i cittadini** (persone fisiche o giuridiche) **degli Stati membri dell'UE nonché i cittadini dei Paesi SEE** (Islanda, Liechtenstein e Norvegia);
    - **i cittadini extracomunitari che soggiornino in territorio italiano e siano titolari della carta di soggiorno o di un regolare permesso di soggiorno rilasciato per motivi di lavoro, di famiglia, umanitari o di studio**;
    - **gli apolidi residenti in Italia da almeno 3 anni**;
    - **i rifugiati residenti da almeno 3 anni**.

Deve però evidenziarsi come, secondo la giurisprudenza più recente, l'art. 16 delle preleggi non possa mai essere invocato per limitare il godimento da parte degli stranieri presenti alla frontiera o nel territorio dello Stato dei diritti fondamentali della persona dalle norme di diritto interno, dalle convenzioni internazionali in vigore e dal diritto internazionale.

▶ LA GIURISPRUDENZA PIÙ SIGNIFICATIVA

IL "RIDIMENSIONAMENTO" DELLA PORTATA DELL'ART. 16 DELLE PRELEGGI.

È stata, ad esempio, sancita **la risarcibilità – a prescindere da qualsiasi condizione di reciprocità – del danno derivante dalla lesione di diritti inviolabili della**

persona, affermando espressamente che *L'art. 16 disp. prel. cod. civ., nella parte in cui subordina alla condizione di reciprocità l'esercizio dei diritti civili da parte dello straniero, pur essendo tuttora vigente, deve essere interpretato in modo costituzionalmente orientato, alla stregua del principio enunciato dall'art. 2 Cost., che assicura tutela integrale ai diritti inviolabili della persona. Ne consegue che allo straniero è sempre consentito, a prescindere da qualsiasi condizione di reciprocità, domandare al giudice italiano il risarcimento del danno, patrimoniale e non, derivato dalla lesione di diritti inviolabili della persona* (quali il diritto alla salute e ai rapporti parentali o familiari), *ognigualvolta il risarcimento dei danni – a prescindere dalla verificazione in Italia del loro fatto generatore – sia destinato ad essere disciplinato dalla legge nazionale italiana, in ragione dell'operatività dei criteri di collegamento che la rendono applicabile* (Cass. n. 8212 del 04/04/2013)

Per ciò che concerne la portata della valutazione di reciprocità richiesta all'interprete, **l'opzione prevalente ritiene che questa non debba condursi con metodo rigorosamente comparativo**, accertando se all'estero in un certo settore siano riconosciuti agli italiani esattamente i medesimi diritti spettanti agli stranieri; **ma semplicemente verificando che nell'ordinamento estero preso in considerazione non esistano discriminazioni a svantaggio dei non cittadini**.

▶ LA GIURISPRUDENZA PIÙ SIGNIFICATIVA

LA NATURA "ELASTICA" DELLA VALUTAZIONE DI RECIPROCITÀ RICHIESTA ALL'INTERPRETE.

È stato, ad esempio, riconosciuto ad un cittadino egiziano il diritto di accedere al fondo vittime della strada anche se in Egitto non esiste un istituto analogo. Alla base di tale riconoscimento, la considerazione secondo cui la soddisfazione della condizione di reciprocità non presuppone una piena corrispondenza tra i sistemi giuridici presi in considerazione, ma la mera assenza di discriminazioni tra cittadini e non nell'ordinamento estero di riferimento: nel diritto egiziano, infatti, viene riconosciuto il risarcimento dei danni in caso di incidente stradale a chiunque ne sia rimasto vittima, a prescindere dalla nazionalità, e ciò è sufficiente ai fini della reciprocità ex art. 16 preleggi (Cass. sent. n. 10504/2009).

5. La costituzionalità della norma straniera richiamata.

■ **A) I termini della problematica.**

Da sempre dibattuta la possibilità di includere *la questione della costituzio-*

nalità della norma straniera richiamata nell'ambito dei limiti al normale funzionamento del d.i.p.
In particolare, ci si chiede se la legge straniera, cui le norme di conflitto fanno rinvio, debba, per poter trovare applicazione alla fattispecie di riferimento, risultare costituzionalmente legittima:

- sia alla luce dell'*ordinamento di destinazione*, in cui dovrà applicarsi (*rectius*: quello italiano),
- sia alla luce dell'*ordinamento di provenienza*, di cui fa parte (*rectius*: quello straniero).

Il dibattito ha visto svilupparsi diversi orientamenti, la cui trattazione impone una distinzione tra:

- il problema della costituzionalità *alla luce dell'ordinamento di destinazione*,
- il problema della costituzionalità *alla luce dell'ordinamento di provenienza*.

B) Il problema della costituzionalità alla luce dell'ordinamento di destinazione.

Il problema della *costituzionalità alla luce dell'ordinamento di destinazione* costituisce l'aspetto meno dibattuto della tematica in esame. È ormai opinione **del tutto prevalente che nessuna norma straniera richiamata dal d.i.p. possa trovare applicazione nell'ordinamento italiano, ove non conforme ai principi espressi dalla nostra costituzione**.
Principale dato normativo a sostegno di tale tesi è l'*art. 16 della l. 218/1995*. Tale disposizione, nella parte in cui impedisce l'operatività di leggi straniere i cui effetti siano in contrasto con l'ordine pubblico (internazionale), *implicitamente non consente l'applicazione di norme straniere costituzionalmente illegittime*. Non può, infatti, revocarsi in dubbio che i principi espressi dalla carta costituzionale facciano parte dell'insieme dei valori che costituiscono nel loro complesso il concetto di ordine pubblico internazionale (su cui v. *supra* par. 2). In tale ottica, una norma straniera costituzionalmente illegittima è necessariamente una norma straniera in contrasto con l'ordine pubblico internazionale.
A nulla rileva l'art. 134 Cost. nella parte in cui non indica, tra gli atti soggetti al controllo di legittimità da parte della Corte Costituzionale, le leggi straniere

applicate in sede di richiamo. La verifica di costituzionalità cui devono sottoporsi le norme straniere richiamate dal d.i.p., infatti, assume i caratteri di un *sindacato diffuso*, perché operato dal giudice in sede applicativa, e non *accentrato*, come quello cui sono assoggettati gli atti normativi nazionali. In sostanza, la Corte Costituzionale non potrà essere investita della questione inerente la legittimità costituzionale di una legge straniera, pena una violazione dell'art. 134 Cost.: della compatibilità con i principi costituzionali di tale legge dovrà difatti occuparsi direttamente il giudice di merito, provvedendo alla **disapplicazione della** suddetta **legge straniera** in caso di incostituzionalità.

C) Il problema della costituzionalità alla luce dell'ordinamento di provenienza.

Molto più dibattuta è la questione concernente *la verifica di costituzionalità della norma straniera richiamata alla luce dell'ordinamento di provenienza*. In altri termini, ci si chiede se da parte del giudice italiano sia ammissibile un sindacato di legittimità della legge straniera alla luce dei principi costituzionali dell'ordinamento estero di provenienza. Sul punto, diverse le soluzioni prospettate.

- Una prima opzione (BALLARINO) ha *negato del tutto* l'ammissibilità di tale sindacato.

Non può richiedersi al giudice italiano una verifica di conformità ai principi costituzionali dell'ordinamento di provenienza della norma straniera da applicare. Una soluzione di questo tipo renderebbe eccessivamente gravoso il compito degli organi giurisdizionali nella decisione di controversie a carattere transnazionale.

- Altri (MORELLI) hanno preferito operare una distinzione a seconda delle *conseguenze che l'ordinamento di provenienza ricollega all'illegittimità costituzionale*. In particolare:
    - ove le norme costituzionalmente illegittime siano qualificate come *nulle*, il vizio potrebbe essere rilevato dal giudice italiano con una pronuncia meramente dichiarativa;
    - ove le norme costituzionalmente illegittime siano qualificate come *annullabili*, la relativa rilevazione sarebbe preclusa al giudice italiano, richiedendosi una pronuncia costitutiva.

- Altri ancora (QUADRI, DE NOVA) hanno fatto leva sulla *tipologia di sindacato di legittimità costituzionale contemplato nell'ambito dell'ordinamento straniero di provenienza*. Più precisamente:
  - ove il sindacato sia di tipo *diffuso* (cioè affidato al giudice del caso concreto), esso dovrebbe essere consentito anche al giudice italiano chiamato ad applicare la norma straniera in questione;
  - ove il sindacato sia di tipo *accentrato* (cioè affidato ad un organo specifico di quel sistema), non potrebbe essere consentito al giudice italiano, pena l'esercizio da parte di questi di un potere non attribuito agli organi giurisdizionali operanti nell'ordinamento d'origine.

Il legislatore della riforma è intervenuto sul punto non aderendo a nessuna delle tesi prospettate, ma optando per una *soluzione positiva* alla questione. **L'*art. 15 della l*. 218/1995 stabilisce, infatti, che il giudice italiano deve applicare la legge straniera richiamata *secondo i relativi criteri di interpretazione e di applicazione nel tempo*. La norma, in sostanza, impone al giudice competente di porsi nella medesima prospettiva in cui opererebbe l'interprete straniero.** Il medesimo principio è sancito nei sistemi di *Common Law*, ove il giudice nazionale nell'applicare una norma straniera deve operare "come se sedesse sulla poltrona del giudice straniero".
Principale argomento a sostegno di tale lettura dell'art. 15 è la necessità di evitare che leggi straniere, giudicate dall'ordinamento di provenienza non conformi ai propri principi costituzionali, vengano applicate al di fuori dello stesso per effetto delle norme di d.i.p. Diversamente opinando, il rinvio fatto all'ordinamento estero sarebbe soltanto apparente, finendosi per regolamentare la fattispecie in maniera difforme da come essa sarebbe stata disciplinata nell'ordinamento richiamato.
Parte della dottrina (BADIALI) ritiene che nemmeno la natura eventualmente *accentrata* del sindacato di legittimità costituzionale nell'ambito dell'ordinamento di origine osti alla verifica di costituzionalità da parte del giudice italiano. Quest'ultimo, infatti, pur non essendo legittimato a proporre il relativo giudizio presso l'organo straniero competente, potrà comunque sindacare la compatibilità costituzionale della norma considerata, allo scopo di realizzare, anche nell'ordinamento di destinazione, lo stesso risultato ottenibile con altri strumenti procedurali nel sistema di provenienza.

▍D) Il diverso problema della costituzionalità delle norme di d.i.p.

Problema del tutto diverso, trattato in questa sede per sole ragioni di connes-

sione, è quello inerente *l'ammissibilità di un sindacato costituzionale sulle stesse norme di d.i.p.* Detto altrimenti, ci si chiede se le norme di d.i.p. possano essere assoggettate al controllo di legittimità della Corte Costituzionale ai sensi dell'art. 134 Cost.
La questione deve risolversi indubbiamente in termini positivi. **Le norme di d.i.p. non sono nient'altro che *disposizioni di legge ordinaria*, suscettibili di sindacato da parte della Corte Costituzionale perché rientranti nell'ambito degli atti a tale controllo sottoposti ex art. 134 Cost.**
A conferma di tale impostazione, si pensi agli artt. 18 e 20 delle preleggi al c.c., dichiarati costituzionalmente illegittimi (sentt. 71 e 477 del 1987) perché, dando prevalenza alla legge nazionale del marito, risultavano incompatibili con il divieto di discriminazione sessuale e tutela dell'uguaglianza tra i coniugi di cui agli artt. 2, 3 e 29 Cost.

Recentemente è stato posto il problema della compatibilità costituzionale dell'insieme delle disposizioni contenute nella l. 218/1995 in materia di *riconoscimento di atti e sentenze straniere* e di *litispendenza internazionale*.
In particolare, è stato sottolineato come il principio del riconoscimento automatico dell'efficacia di atti processuali stranieri e quello della sospensione necessaria dei giudizi interni in caso di pendenza di giudizi all'estero possano contrastare con i principi di cui agli artt. 102, 1° comma e 24, 1° comma Cost., concernenti il diritto di azione e difesa in sede giurisdizionale delle posizioni giuridiche soggettive. Il sistema delineato finirebbe, in pratica, per rappresentare una limitazione alle garanzie costituzionali della giurisdizione e dell'azione.
Pare opportuno precisare che nessuna questione di legittimità è stata però, fino ad ora, rimessa all'attenzione della Corte Costituzionale.

QUESTIONARIO

1. Quali limiti incontra il funzionamento del d.i.p.? **1.**
2. Cosa si intende per norme di applicazione necessaria? **2.A.**
3. Perché si parla di limite preventivo e positivo al d.i.p.? **2.A.**
4. Quali sono le principali norme di applicazione necessaria? **2.C.**
5. Quali novità ha introdotto il d.lgs. 154/2013 in tema di filiazione? **2.C.**
6. Qual è la natura delle norme di cui all'art. 36 bis, l. 218/1995? **2.C1.**
7. Che rapporti ci sono tra norme di applicazione necessaria e diritto comunitario? **2.D.**
8. Cosa distingue n. di applicazione necessaria e n. di d.i.p. "materiale"? **2.E.**

SEZIONE VI | LIMITI ALL'OPERATIVITÀ DEL DIRITTO INTERNAZIONALE PRIVATO

9. Come si distinguono o.p. internazionale e o.p. interno? **3.B.**
10. Quali sono le caratteristiche dell'ordine pubblico internazionale? **3.C.**
11. Perché si qualifica come limite successivo e negativo al d.i.p.? **3.D1.**
12. Quali sono le differenze rispetto alle norme di applicazione necessaria? **3.D1.**
13. Quale legge opera in caso di normativa straniera in contrasto con l'o.p.i.? **3.D2.**
14. Come opera l'o.p.i. in materia di delibazione di atti e sentenze straniere? **3.D3.**
15. Sono riconoscibili nel nostro ordinamento le sentenze comminatorie di **danni punitivi** o punitive damages? **3.D3.**
16. Quali sono i principali casi di condizione di reciprocità? **4.B.**
17. Quando non opera la condizione di reciprocità? **4.B.**
18. È ammesso un sindacato di costituzionalità della norma straniera richiamata? **5.A.**
19. Può verificarsi la costituzionalità alla luce dell'ordinamento di provenienza? **5.C.**
20. Può porsi un problema di costituzionalità delle stesse norme di d.i.p.? **5.D.**

MAPPA CONCETTUALE
LIMITI ALL'OPERATIVITÀ DEL DIRITTO INTERNAZIONALE PRIVATO

Le norme di applicazione necessaria

La nozione di norme di applicazione necessaria
Si definiscono **norme di applicazione necessaria** tutte le disposizioni facenti parte dell'ordinamento interno che devono applicarsi alle fattispecie cui si riferiscono "in ogni caso", anche a prescindere da quanto stabilito dalle norme di d.i.p. competenti.

Il modus operandi delle norme di applicazione necessaria
Esse operano come limite **preventivo** e **positivo** al funzionamento del d.i.p.:
- **preventivo**, poiché tali disposizioni neutralizzano *in via del tutto preliminare* il funzionamento delle norme di d.i.p. eventualmente competenti.
- **positivo**, poiché le norme di applicazione necessaria *si sostituiscono integralmente* alle disposizioni di d.i.p. nella regolamentazione dei rapporti cui si riferiscono.

L'individuazione delle norme di applicazione necessaria
Ai sensi dell'**art. 17 della l. 218/1995**, l'individuazione di tali norme deve avvenire in base ad un **criterio finalistico**: deve tenersi conto *dell'oggetto e dello scopo della norma considerata*.

I rapporti tra norme di applicazione necessaria e diritto comunitario
- in caso di **contrasto tra norme comunitarie e norme interne di applicazione necessaria**, le norme nazionali, anche se qualificabili come "di applicazione necessaria", saranno destinate a soccombere rispetto al diritto comunitario alla luce del *principio della supremazia del diritto comunitario*.
- sulla possibilità di **qualificare norme comunitarie come norme di applicazione necessaria**, taluni si sono espressi in termini positivi *esistendo norme di matrice comunitaria che devono trovare applicazione "in ogni caso"*, a prescindere dalla legge regolatrice del rapporto.

SEZIONE VI | LIMITI ALL'OPERATIVITÀ DEL DIRITTO INTERNAZIONALE PRIVATO

L'ordine pubblico internazionale

La nozione di ordine pubblico internazionale
Per **ordine pubblico internazionale** si intende il complesso dei principi che, avendo carattere fondamentale per l'ordinamento interno, impediscono l'operatività di qualsiasi normativa straniera richiamata dal d.i.p. che con essi si ponga in contrasto.

La distinzione tra ordine pubblico internazionale e ordine pubblico interno
- **sotto il profilo teleologico**, quello *interno* opera per limitare l'autonomia privata; quello *internazionale* per limitare il funzionamento del d.i.p.,
- **sotto il profilo strutturale**, quello *interno* deve interpretarsi in senso ristretto e rigoroso; quello *internazionale* ha carattere intrinsecamente elastico.

Il modus operandi dell'ordine pubblico internazionale
Esso opera come limite **successivo** e **negativo** al funzionamento del d.i.p.:
- **successivo** (perché ne presuppone il normale funzionamento)
- **negativo** (perché nega efficacia alla legge straniera richiamata ove in contrasto coi principi interni).

La disciplina normativa in materia di ordine pubblico internazionale
- Il **1° comma dell'art. 16 l. 218/1995** sancisce *l'inapplicabilità della legge straniera ogniqualvolta* **i suoi effetti** *siano contrari all'ordine pubblico*. Il riferimento agli **effetti** della normativa estera considerata impone una **valutazione in concreto** della compatibilità della stessa con i principi dell'ordine pubblico.
- Il **2° comma dell'art. 16, l. 218/1995,** in caso di inapplicabilità della legge straniera richiamata per contrasto con l'ordine pubblico internazionale, sancisce **l'operatività della legge richiamata a mezzo degli altri criteri di collegamento** eventualmente previsti per la medesima ipotesi normativa. Ove nemmeno tale soluzione sia prospettabile dovrà applicarsi **la legge italiana**.

La condizione di reciprocità

La nozione di condizione di reciprocità
La **condizione di reciprocità** costituisce una peculiare clausola inserita dal legislatore in alcune norme di d.i.p., che subordina l'efficacia del richiamo operato da tali norme alla verifica che, in analoghe circostanze, l'ordinamento straniero richiamato avrebbe fatto rinvio alla legge dello Stato richiamante.

La casistica in materia di condizione di reciprocità
- **l'art. 5, 2° comma delle preleggi al codice della navigazione,** nella parte in cui stabilisce che *l'Italia consente l'applicazione della legge nazionale della nave o dell'aeromobile* (c.d. legge di bandiera) agli atti e ai fatti compiuti a bordo di una nave o di un aeromobile estera nel corso della navigazione in luogo o spazio soggetto alla sovranità dello Stato italiano, *a condizione che lo Stato estero di riferimento consenta l'applicazione della legge italiana nel caso inverso.*
- **l'art. 16 delle preleggi al codice civile,** nella parte in cui stabilisce che *lo straniero è ammesso a godere dei diritti civili attribuiti al cittadino a condizione di reciprocità,* e salve le disposizioni contenute in leggi speciali.

I casi in cui non opera la condizione di reciprocità
In base al d.lgs. n. 286/1998, sono parificati ai cittadini italiani e, dunque, dispensati dalla verifica della condizione di reciprocità:
- **i cittadini** (persone fisiche o giuridiche) **degli Stati membri dell'UE** nonché **i cittadini dei Paesi SEE** (Islanda, Liechtenstein e Norvegia);
- **i cittadini extracomunitari che soggiornino in territorio italiano e siano titolari della carta di soggiorno o di un regolare permesso di soggiorno rilasciato per motivi di lavoro, di famiglia, umanitari o di studio;**
- **gli apolidi residenti in Italia da almeno 3 anni;**
- **i rifugiati residenti da almeno 3 anni.**

La portata della valutazione di reciprocità richiesta all'interprete
L'opzione prevalente ritiene che questa **non debba condursi con metodo rigorosamente comparativo**, accertando se all'estero in un certo settore siano riconosciuti agli italiani esattamente i medesimi diritti spettanti agli stranieri; **ma semplicemente verificando che nell'ordinamento estero preso in considerazione non esistano discriminazioni a svantaggio dei non cittadini**

SEZIONE VI | LIMITI ALL'OPERATIVITÀ DEL DIRITTO INTERNAZIONALE PRIVATO

La costituzionalità della norma straniera richiamata

I termini della problematica
Ci si chiede se la legge straniera cui le norme di d.i.p. fanno rinvio per poter operare rispetto alla fattispecie cui si riferisce debba risultare costituzionalmente legittima:
- sia alla luce dell'*ordinamento di destinazione* (quello italiano)
- sia alla luce dell'*ordinamento di provenienza* (*rectius*: quello straniero).

Il problema della costituzionalità alla luce dell'ordinamento di destinazione
Ai sensi dell'**art. 16 l. 218/1995**, nessuna norma straniera richiamata dal d.i.p. può trovare applicazione nell'ordinamento italiano, ove non conforme ai principi espressi dalla nostra costituzione. Non può, infatti, revocarsi in dubbio che i principi espressi dalla carta costituzionale facciano parte dell'insieme dei valori che costituiscono, nel loro complesso, il concetto di *ordine pubblico internazionale*.

Il problema della costituzionalità alla luce dell'ordinamento di provenienza
L'**art. 15 della l. 218/1995** stabilisce che il giudice italiano deve applicare la legge straniera richiamata *secondo i relativi criteri di interpretazione e di applicazione nel tempo*. La norma, in sostanza, impone al giudice competente di porsi nella medesima prospettiva in cui opererebbe l'interprete straniero, e, quindi, anche di vagliarne la costituzionalità alla luce dell'ordinamento di provenienza.

Il diverso problema della costituzionalità delle norme di d.i.p.
Ci si chiede se le norme di d.i.p. possano essere **assoggettate al controllo di legittimità della Corte Costituzionale** ai sensi dell'art. 134 Cost. La risposta è indubbiamente positiva, essendo le norme di d.i.p. **disposizioni di legge ordinaria**, suscettibili di sindacato da parte della Corte Costituzionale perché rientranti nell'ambito degli atti a tale controllo sottoposti ex art. 134 Cost.

Capitolo II
Parte speciale

SEZIONE I – CAPACITÀ E DIRITTI DELLE PERSONE FISICHE

SOMMARIO:
1. La pregressa normativa in materia di "stato delle persone". – **2.** La disciplina della cittadinanza. – **3.** La capacità giuridica delle persone fisiche. – **4.** La disciplina della commorienza e della scomparsa, assenza e morte presunta. – **5.** La capacità di agire delle persone fisiche. – **6.** I diritti della personalità.

1. La pregressa normativa in materia di "stato delle persone".

Nel previgente sistema di d.i.p. l'intera materia inerente *la capacità e i diritti delle persone fisiche* trovava la propria disciplina nell'ambito di un'unica disposizione, concernente lo *"stato delle persone"*. Tale concetto veniva utilizzato per indicare *la posizione giuridica che ogni persona occupa in una società organizzata ad ordinamento giuridico, con conseguente titolarità di diritti ed obblighi* (VITTA).
L'*art. 17 delle preleggi* stabiliva che lo stato delle persone era regolato dalla *legge dello Stato cui esse appartenevano*. Tuttavia, la presenza di altre norme dirette specificamente a regolare determinati *status* (si pensi a quelle in materia di rapporti familiari) finiva per compromettere la linearità del sistema, rendendo incerto l'effettivo ambito di applicazione della norma in esame.
Conscio di tali difficoltà di coordinamento normativo, il legislatore della riforma ha preferito omettere qualsiasi disposizione di carattere generale, dettando una disciplina *ad hoc* con riferimento alle singole vicende personali (matrimonio, filiazione, adozione, capacità, etc.).

2. La disciplina della cittadinanza.

In materia di *capacità e diritti delle persone fisiche* (così come nella maggior parte delle vicende inerenti la vita della persona) assume importanza di carattere essenziale *il criterio della cittadinanza*.

Considerata *criterio di collegamento per eccellenza*, essa opera con riferimento a buona parte delle fattispecie prese in considerazione dal d.i.p. In virtù di tale rilevanza, pur non rientrando nell'ambito del settore, la normativa sulla cittadinanza è considerata come **normativa correlata al d.i.p.**, poiché *ne consente il funzionamento da un punto di vista sia logico che giuridico* (BALLARINO).
Attualmente della materia si occupa in via principale **la legge 5/02/1992, n. 91**.

A) L'acquisto della cittadinanza.

Ai sensi della l. 91/92, la cittadinanza italiana si può *acquistare* per:

1) *ius sanguinis*:
ossia per nascita da padre o madre italiani (anche in caso di nascita all'estero); per nascita nel territorio italiano da genitori apolidi o ignoti, ovvero da genitori appartenenti ad ordinamenti che non riconoscono al neonato la cittadinanza dei genitori; per adozione da cittadino italiano (v. art. 3 l. 91/92); per nascita nei territori poi ceduti alla Repubblica jugoslava (v. art. 17 *bis* l. 91/92);

2) *ius soli*:
poiché il figlio di genitori ignoti ritrovato sul territorio italiano, si presume cittadino italiano, fino a prova contraria;

3) *beneficio di legge*:
in quanto lo straniero diventa cittadino italiano se sussistono almeno un *requisito di fatto* ed un *requisito di diritto* tra quelli previsti dalla legge (art. 4, l. 91/1992).

Sono *requisiti di fatto*:

- la nascita in Italia e la residenza nel suo territorio fino alla maggiore età;
- l'origine italiana (padre o madre o ascendenti fino al secondo grado italiani per nascita).

Sono *requisiti di diritto*:

- l'aver prestato, previa dichiarazione di voler acquistare la cittadinanza italiana, servizio militare italiano;
- lo svolgere, dichiarando di voler assumere la cittadinanza italiana, un pubblico impiego alle dipendenze dell'Italia, anche all'estero;
- l'avere la residenza legale in Italia da almeno due anni prima del compimento della maggiore età con la dichiarazione, entro un anno dal suo compimento, di voler acquistare la cittadinanza italiana;
- l'aver dichiarato di voler acquistare la cittadinanza italiana entro un anno dalla maggiore età, ove si tratti di stranieri o apolidi in possesso del requisito di fatto di cui alla lettera a).

Per la peculiare ipotesi dello straniero nato in Italia, ivi legalmente residente senza interruzioni fino al raggiungimento della maggiore età, l'**art. 33 della l. 98/2013**, rubricato *"semplificazione del procedimento per l'acquisto della cittadinanza per lo straniero nato in Italia"*, ha da ultimo stabilito che ai fini del rispetto del termine annuale previsto per la dichiarazione di voler acquistare la cittadinanza (art. 4, 2° comma, l. 91/1992): all'interessato non sono imputabili eventuali inadempimenti riconducibili ai genitori o agli uffici della Pubblica Amministrazione, potendo dimostrare il possesso dei requisiti richiesti con ogni idonea documentazione (art. 33, comma 1°); gli ufficiali di stato civile sono tenuti, nel corso dei sei mesi precedenti il compimento del diciottesimo anno di età, a comunicare all'interessato, nella sede di residenza quale risulta all'ufficio, la possibilità di esercitare il relativo diritto entro il compimento del diciannovesimo anno di età: in mancanza, il diritto può essere esercitato anche oltre tale data (art. 33, 2° co.).

4) *iuris communicatio*:
in quanto il coniuge, straniero o apolide, di cittadino italiano acquista la cittadinanza italiana ove risieda legalmente da almeno due anni nel territorio della Repubblica, ovvero dopo tre anni dalla data del matrimonio se residente all'estero, purché non vi sia stato scioglimento, annullamento o cessazione degli effetti civili del matrimonio e non sussista la separazione personale (art. 5, l. 91/1992) ovvero non sia sopravvenuta la morte del coniuge del richiedente (v. Corte Cost. sentenza n. 195/2022);

5) *naturalizzazione*:
ossia per Decreto del Presidente della Repubblica, su domanda dello stesso straniero, in presenza dei requisiti richiesti dalla legge (art. 9, l. 91/92).

Tra tali requisiti, importanza di carattere essenziale assumono:

- la *residenza* in Italia per un periodo di almeno quattro anni per il cittadino comunitario, almeno cinque anni per l'apolide e almeno dieci anni per tutti gli altri stranieri;
- la *prestazione* di servizio, anche all'estero, ma alle dipendenze dello Stato italiano, per un periodo pari ad almeno cinque anni.

La cittadinanza italiana può, tuttavia, concedersi con D.P.R. anche in assenza di tali presupposti:

- nel caso in cui sussista un preciso interesse dello Stato in tal senso,
- nel caso in cui si tratti dello straniero che abbia reso eminenti servizi all'Italia.

Giova osservare che ai sensi dell'art. 9.1, introdotto dal decreto-legge n. 113 del 4/10/2018, convertito con modificazioni dalla L. 1° dicembre 2018, n. 132, La concessione della cittadinanza italiana ai sensi degli articoli 5 e 9 è subordinata **al possesso, da parte dell'interessato, di un'adeguata conoscenza della lingua italiana**, *non inferiore al livello B1 del Quadro comune europeo di riferimento per la conoscenza delle lingue (QCER)*.

Ostano, infine, all'acquisto della cittadinanza italiana la commissione da parte dello straniero di alcuni reati, ovvero comprovati motivi di sicurezza nazionale (art. 6 l. 92/91).

B) La perdita della cittadinanza.

Ai sensi della l. 91/92, la cittadinanza italiana si può *perdere* per:

1) *rinunzia da parte del cittadino italiano*, che abbia acquistato una cittadinanza straniera e abbia all'estero stabilito la propria residenza.
Nel sistema precedente, la situazione descritta comportava automaticamente la perdita della cittadinanza senza necessità di rinuncia espressa;

2) *inosservanza dell'intimazione dell'autorità italiana* di abbandonare un impiego, una carica pubblica o il servizio militare prestato a favore di uno stato straniero;

3) *accettazione (o mancato abbandono) di posizioni analoghe in caso di stato di guerra* tra lo Stato straniero interessato e l'Italia.
La peculiare situazione costituita dal conflitto in atto rende del tutto superflua l'intimazione di cui all'ipotesi precedente. La *ratio* di tale semplificazione procedimentale nella perdita della cittadinanza sta nella maggiore intensità che connota gli obblighi di fedeltà allo Stato in caso di guerra.

4) *rinunzia alla cittadinanza da parte dei figli maggiorenni di stranieri*, ove abbiano acquistato la cittadinanza da minori in uno dei modi previsti dalla legge;

5) *revoca dell'adozione in caso di straniero adottato da cittadino italiano*, purché la revoca sia dovuta a fatto dell'adottato e questi sia in possesso di altra cittadinanza o la riacquisti.

6) *condanna per reati di terrorismo ed eversione*, entro tre anni dal passaggio in giudicato della sentenza, con decreto del Presidente della Repubblica, su proposta del Ministro dell'interno (v. art. 10 bis, introdotto dal decreto-legge n. 113 del 4/10/2018, convertito con modificazioni dalla L. 1° dicembre 2018, n. 132).

3. La capacità giuridica delle persone fisiche.

La *capacità giuridica delle persone fisiche* coincide con *l'attitudine delle stesse ad essere titolari di situazioni giuridiche soggettive attive e passive*.
Norma fondamentale in materia è l'*art. 20* della l. 218/1995, che fa riferimento *al criterio della cittadinanza*: acquisto e perdita della capacità giuridica sono regolate dalla *legge nazionale* della persona.
Ne consegue che la capacità giuridica di una persona può trovare una regolamentazione diversa da quella di cui all'art. 1 c.c., ove non debba farsi riferimento alla legge italiana. Si pensi alla legge spagnola, in base alla quale la capacità giuridica si acquista non al momento della nascita, ma soltanto dopo 24 ore.

Le *condizioni speciali di capacità*, invece, attengono *all'attitudine di una persona ad assumere la titolarità di diritti ed obblighi relativi ad istituti o rapporti giuridici determinati* (si pensi alla capacità di ricevere per successione *mortis causa*). La medesima norma fissa il principio secondo cui tali condizioni sono regolate *dalla legge che disciplina l'istituto o il rapporto cui si riferiscono* (c.d. *lex causae*).

4. La disciplina della commorienza e della scomparsa, assenza e morte presunta.

Il legislatore della riforma si è espressamente occupato dell'insieme delle ipotesi in cui sorgono dubbi in relazione alla sorte di una persona. In particolare, ha predisposto una disciplina *ad hoc* con riferimento alla **commorienza**, alla **scomparsa**, all'*assenza* e alla **morte presunta** delle persone fisiche.

La **commorienza** attiene a tutti i casi in cui occorre stabilire la sopravvivenza di una persona ad un'altra e non consta quale di esse sia morta prima.

Anteriforma del 1995, in assenza di una disciplina espressa, si discuteva circa la regola di d.i.p. da applicare:

- per alcuni, trattandosi di questione concernente lo stato delle persone, avrebbe dovuto farsi riferimento alla *legge nazionale* dei soggetti coinvolti;
- per altri, essendo una questione del tutto estranea alla materia dello stato delle persone, avrebbe dovuto applicarsi la *legge italiana*, non esistendo una normativa *ad hoc*.

L'*art. 21* della l. 218/1995 ha espressamente risolto tali dubbi interpretativi, imponendo di accertare il momento della morte in base **alla legge regolatrice del rapporto** rispetto al quale l'accertamento rileva. In concreto, rilevando la questione inerente al momento della morte prevalentemente in materia di successioni *mortis causa*, l'accertamento dovrà condursi facendo riferimento alla legge nazionale del *de cuius* (v. art. 46, in materia di successioni).

Ai sensi dell'*art. 22*, i presupposti e gli effetti di *scomparsa, assenza* e *morte presunta* sono, invece, regolati dalla **legge nazionale** del soggetto di cui si tratta.

5. La capacità di agire delle persone fisiche.

La **capacità di agire** coincide con *l'attitudine a compiere manifestazioni di volontà idonee a modificare la propria situazione giuridica*.

Essa trova la propria disciplina nell'*art. 23*, il quale, adottando una soluzione analoga a quella fissata in materia di capacità giuridica, impone il riferimento alla **legge nazionale** del soggetto.
Diverse sono, tuttavia, le **deroghe al generale criterio della cittadinanza**. La ragione a fondamento di tali deroghe è la necessità di evitare che l'applicazione del solo criterio della legge nazionale possa nuocere alla speditezza dei rapporti giuridici: non può pretendersi da parte dei singoli un'informazione preventiva circa la cittadinanza delle persone con cui entrano in contatto al fine di verificare se ed in che limiti possano disporre della propria sfera giuridica (BALLARINO).
In particolare, l'art. 23 deroga il criterio della cittadinanza:
- per il **compimento di atti che richiedono speciali condizioni di capacità**.
 In tali casi la legge di riferimento sarà quella inerente l'atto di cui si tratta, anche se diversa da quella nazionale di chi lo deve compiere;
- in materia di **contratti**.
 L'incapacità derivante dalla propria legge nazionale non può essere invocata dal soggetto che ha compiuto l'atto, ove egli sia considerato capace dalla legge dello Stato in cui l'atto è stato compiuto e l'altra parte ignori, senza sua colpa, di contrarre con un soggetto incapace (secondo la sua legge nazionale). In sostanza, ove ricorrano tali condizioni, si attribuisce rilevanza alla legge del luogo di compimento dell'atto rispetto a quella nazionale del soggetto, derogando, quindi, al criterio della cittadinanza;
- con riferimento agli **atti unilaterali**.
 In tali ipotesi, il soggetto considerato capace dalla legge dello Stato in cui l'atto è compiuto potrà invocare l'incapacità derivante dalla propria legge nazionale, solo ove ciò non rechi pregiudizio ai soggetti che, senza colpa, abbiano fatto affidamento sulla capacità dell'autore dell'atto. Anche qui si deroga al criterio della cittadinanza, facendo prevalere, in presenza di determinati requisiti, la legge del luogo di compimento dell'atto su quella nazionale del soggetto.

A) La protezione dei minori (rinvio).

Nella trattazione inerente la capacità di agire delle persone fisiche dovrebbe darsi atto anche della disciplina in materia di **protezione dei minori**. Dell'argomento si occupa l'*art. 42*, per la cui analisi si rinvia alla Sezione V inerente *la protezione degli incapaci*.

B) La protezione dei maggiori d'età (rinvio).

Analoghe considerazioni possono svolgersi con riferimento alla materia della *protezione dei maggiori d'età*. Dell'argomento si occupano gli *artt. 43 e 44*, per la cui trattazione si rinvia alla Sezione V inerente *la protezione degli incapaci*.

6. I diritti della personalità.

I *diritti della personalità* possono definirsi come *diritti che hanno ad oggetto valori essenziali della persona umana* (diritto al nome, all'immagine, all'onore, alla riservatezza, etc.), e sono, per tale motivo, ritenuti *irrinunciabili*.
L'*art.* 24 della l. 218/1995 stabilisce che *l'esistenza e il contenuto di tali diritti* deve essere regolato dalla *legge nazionale* della persona che ne è titolare.
Non sono assoggettati al criterio di collegamento della cittadinanza quei diritti della personalità che derivano da *rapporti di famiglia*: in materia opera il criterio della *legge regolatrice del rapporto* cui ineriscono (c.d. *lex causae*).
Il *diritto al nome* derivante dalla titolarità di un certo rapporto familiare (matrimonio, filiazione, adozione), ad esempio, sarà disciplinato dalla legge applicabile al rapporto familiare da cui deriva, anche se diversa da quella nazionale del soggetto di cui si tratta.
Le *conseguenze della violazione di tali diritti* saranno, invece, disciplinate dalla legge applicabile alla *responsabilità per fatti illeciti* di cui all'art. 62.

QUESTIONARIO

1. Qual è il principale criterio in materia di capacità e diritti delle persone fisiche? 2.
2. Quali sono le cause di acquisto e perdita della cittadinanza italiana? 2. E 2.B.
3. Qual è il criterio fissato in materia di capacità giuridica? 3.
4. Quale legge regola le ipotesi di assenza e morte presunta di un soggetto? 4.
5. Qual è il criterio fissato in materia di capacità di agire? 5.
6. Quali sono le deroghe al criterio della cittadinanza in materia di capacità di agire? 5.
7. Qual è il criterio fissato in materia di capacità di agire rispetto agli atti unilaterali? 5.

SEZIONE I | CAPACITÀ E DIRITTI DELLE PERSONE FISICHE

8. Qual è la disciplina in materia di diritti della personalità? **6.**
9. Per quale categoria dei diritti della personalità operano criteri diversi dalla cittadinanza? **6.**
10. Quale legge ne disciplina le eventuali violazioni? **6.**

SEZIONE II – LE PERSONE GIURIDICHE

SOMMARIO:
1. Lo stato e la capacità delle persone giuridiche. – 2. Le società e le procedure di insolvenza.

1. Lo stato e la capacità delle persone giuridiche.

Si definiscono *persone giuridiche* tutti *i soggetti di diritto diversi dalle persone fisiche*, a prescindere dalle finalità perseguite, dalla forma utilizzata, e dal possesso o meno della personalità giuridica.
Particolari problemi ha posto la regolamentazione dello stato (sulla cui nozione v. Sez. I) e della capacità di tali soggetti, ove presentino punti di contatto (luogo di costituzione, oggetto principale dell'attività, etc.) con ordinamenti stranieri. Sul punto, pare opportuno distinguere *la situazione anteriore alla legge di riforma* e *quella successiva alla stessa*.

■ **A) La situazione anteriforma.**

Prima della legge 218/1995, non erano previste nell'ordinamento italiano norme dirette a regolamentare lo stato e la capacità delle persone giuridiche. In assenza di dati normativi espressi, la dottrina aveva elaborato soluzioni diverse al problema. Invero:

- taluni (BETTI, MONACO) ritenevano necessario far riferimento alla *legge del luogo in cui era situata la sede* della persona giuridica;
- altri proponevano l'applicazione dei principi espressi dagli artt. 2505-2509 c.c. che, riguardo alle società costituite ed operanti all'estero, imponevano il riferimento alla *legge del luogo in cui la società o l'ente erano stati costituiti*;
- altri ancora (VITTA) affermavano la necessità di ricorrere analogicamente all'art. 17 delle preleggi che, rispetto allo stato e alla capacità delle persone fisiche, faceva riferimento alla *legge nazionale* del soggetto considerato.

B) La situazione post-riforma.

Il legislatore del 1995, cosciente di tali contrasti interpretativi, ha preferito dettare una disciplina espressa in materia di stato e capacità delle persone giuridiche.
Norma fondamentale è l'*art. 25* della l. 218/1995 che, utilizzando una formula *onnicomprensiva* (menzionando allo stesso tempo società, associazioni, fondazioni ed ogni altro ente, pubblico o privato, anche privo di natura associativa), sancisce *per tutti i soggetti di diritto diversi dalle persone fisiche* il criterio di collegamento del *luogo di costituzione*. Detto altrimenti, stato e capacità delle persone giuridiche sono disciplinati dalla *legge dello Stato nel cui territorio è stato perfezionato il procedimento di costituzione*.
Viene, tuttavia, fatta *salva l'applicazione della legge italiana* ove:
- la *sede amministrativa* dell'ente sia situata in Italia;
- ovvero in Italia sia *l'oggetto principale* dell'attività.

Il comma 2° della norma, invece, contiene un'elencazione esemplificativa degli aspetti che dovranno essere assoggettati alla legge regolatrice dell'ente. In particolare, si fa riferimento a:
a) la natura giuridica;
b) la denominazione o ragione sociale;
c) la costituzione, la trasformazione e l'estinzione;
d) la capacità;
e) la formazione, i poteri e le modalità di funzionamento degli organi;
f) la rappresentanza dell'ente;
g) le modalità di acquisto e di perdita della qualità di associato o socio nonché i diritti e gli obblighi inerenti a tale qualità;
h) la responsabilità per le obbligazioni dell'ente;
i) le conseguenze delle violazioni della legge o dell'atto costitutivo.

Il 3° comma si occupa di talune vicende della vita degli enti (*trasferimenti della sede statutaria* e *fusioni*) sancendo il principio in virtù del quale tali operazioni, ove coinvolgano soggetti con sede in Stati diversi, avranno efficacia soltanto se posti in essere conformemente alle leggi degli Stati interessati.

2. Le società e le procedure di insolvenza.

Le *società* rientrano nella nozione di *persone giuridiche* fornita in precedenza, con la conseguente operatività dell'*art. 25*. Tuttavia, la rilevanza che il fenomeno societario assume nell'ambito del contesto economico-sociale rende opportuna una trattazione più approfondita, sia con riferimento alle *società in generale*, che con riferimento alla complessa materia delle *procedure di insolvenza*.

A conferma di tale rilevanza, basti pensare che l'art. 25, nonostante si riferisca all'intera categoria degli enti, costituisce il risultato dell'attuazione di una direttiva comunitaria mirante prevalentemente a facilitare l'esercizio della libertà di stabilimento delle società, in piena conformità con le disposizioni del Trattato CE.

Lo stesso legislatore della riforma, nel dettare la disciplina in materia di stato e capacità delle persone giuridiche, si è preoccupato innanzitutto di sancire espressamente l'abrogazione degli artt. 2505 e 2509 c.c., operanti proprio materia societaria (*rectius*: con riferimento alle società costituite all'estero o ivi operanti).

A) La disciplina applicabile.

In applicazione dell'*art. 25*, relativo le persone giuridiche in generale, anche per la regolamentazione delle società il criterio di collegamento prescelto è quello del **luogo di costituzione**. Detto altrimenti, gli enti societari saranno assoggettati alla *legge dello Stato nel quale è stato perfezionato il procedimento di costituzione*.

Tuttavia, a prescindere dal luogo in cui è stato perfezionato il procedimento di costituzione, troverà applicazione **la legge italiana**, ove:

- la **sede dell'amministrazione** sia situata in Italia;
- in Italia si trovi **l'oggetto principale** di tali enti.

Alla legge individuata in base a tali criteri di collegamento (c.d. *lex societatis*) saranno assoggettati tutti gli aspetti di cui all'art. 25, 2° comma. In particolare, senza riprendere l'elenco riportato dalla norma, anche *il contenuto e i requisiti formali del contratto di società*, nonché *i conferimenti ed i poteri degli organi rappresentativi*.

Per ciò che concerne la disciplina inerente **le azioni**, invece, è necessario operare una distinzione:

- i **contratti aventi ad oggetto le stesse** saranno assoggettati alla *legge riferibile al contratto* in questione;

- le *vicende inerenti le azioni* (si pensi all'emissione, ai trasferimenti, etc.) saranno regolate dalla *legge applicabile alla società* di riferimento.

■ **B) Le vicende della società.**

Delle vicende societarie (*trasferimenti* e *fusioni*) si occupa l'*art. 25, 3° comma*, operante anche con riferimento alle persone giuridiche in generale.
- I *trasferimenti della sede statutaria* da uno Stato ad un altro saranno efficaci solo se posti in essere in conformità alle leggi vigenti negli Stati interessati.
- Le *fusioni* di enti societari con sedi in Stati diversi saranno efficaci solo se conformi delle leggi vigenti negli Stati interessati.

Il procedimento di fusione sarà regolato dalla legge di ciascuna delle società interessate, mentre gli effetti della fusione rispetto ai soci e agli organi sociali, saranno disciplinati dalle norme applicabili alla società risultante dalla fusione (o incorporante in caso di fusione per incorporazione).
In materia di *fusioni internazionali* è stato di recente emanato il d.lgs. n. 108/2008, attuativo della direttiva 2005/56/CE in tema di fusioni tra una o più società di capitali italiane ed una o più società di capitali di altro Stato membro.

▶ **LA GIURISPRUDENZA PIÙ SIGNIFICATIVA**

FUSIONI SOCIETARIE, CONVENZIONE DI ROMA (ROMA I) E REGOLAMENTO N. 593/2008.

Da ultimo la Corte di Giustizia UE ha sancito la non applicabilità della Convenzione di Roma, sostituita dal Regolamento n. 593/2008, alle vicende societarie, quali costituzione e scioglimento, ivi compresa **la fusione**, precisando tuttavia che i rapporti contrattuali anteriori alla stessa, ove rientranti nel relativo ambito di operatività, andranno comunque assoggettati alla disciplina convenzionale e/o regolamentare (Corte di Giustizia UE, sentenza 7 aprile 2016, causa C- 483-14).

■ **C) Le procedure di insolvenza: la disciplina ante regolamento CE n. 1346/2000.**

Si definiscono *procedure di insolvenza*, tutti quei *procedimenti di esecuzione*

collettiva strumentali ad assicurare un eguale soddisfacimento dei creditori, in presenza di una situazione di incapacità dell'imprenditore di adempiere regolarmente alle proprie obbligazioni.
Anteriormente all'emanazione del Regolamento CE n. 1346/2000, nel nostro ordinamento non esisteva una disciplina specifica in materia di procedure di insolvenza, che presentassero punti di contatto con ordinamenti stranieri (c.d. **procedure** *transfrontaliere*). Si poneva, quindi, il problema della individuazione della disciplina applicabile alle procedure avviate nei confronti di imprenditori italiani, ove i relativi beni si trovassero all'estero; o del riconoscimento delle decisioni di avvio di tali procedure, ove emesse da autorità straniere.

Alla lacuna normativa non ha posto rimedio nemmeno la legge di riforma del 1995, che non contiene una disciplina *ad hoc*. La mancata presa di posizione da parte del legislatore è sembrata alquanto strana in un momento in cui la crescita esponenziale del fenomeno delle aziende multinazionali, o comunque operanti in più Stati, rendeva sempre più urgente la regolamentazione delle conseguenze dell'eventuale fallimento di una delle stesse.

▎D) Le procedure di insolvenza: la disciplina post regolamento CE n. 1346/2000.

In materia di procedure di insolvenza a carattere transfrontaliero è però intervenuto di recente il legislatore comunitario, a mezzo del **Regolamento n. 1346/2000**, che ha sostanzialmente recepito la *Convenzione per la disciplina del fallimento transfrontaliero del 23 novembre 1995*.

Principale finalità della normativa in esame è **l'armonizzazione delle discipline inerenti le procedure di insolvenza vigenti nei vari Stati dell'Unione**, onde evitare che la divergenza tra le stesse incoraggi operazioni di trasferimento di beni o procedure giudiziarie, al fine di lucrare un trattamento più favorevole (fenomeno del **c.d.** *forum shopping*).

Il Regolamento è **direttamente applicabile** in tutti gli Stati dell'Unione, con la possibilità per ciascun cittadino di avvalersi delle relative norme direttamente dinanzi ai giudici nazionali.

Non sono ricomprese nell'ambito di operatività della normativa le procedure inerenti *le imprese di assicurazione, gli enti creditizi e d'investimento* (ai quali si applica un diverso regolamento).

Ai sensi del Regolamento n. 1346/2000, sono qualificabili come *procedure di insolvenza*, e, quindi, assoggettate alla relativa normativa, le sole procedure che presentino i seguenti elementi:

- il *carattere concorsuale*, dovendo nell'ambito delle stesse procedersi ad un esame contestuale dei diritti dei creditori, risultando precluse eventuali azioni individuali;
- *l'insolvibilità del debitore*, presupponendo in ogni caso una situazione di impossibilità per l'imprenditore di adempiere regolarmente alle proprie obbligazioni;
- lo *spossessamento del debitore*, comportando una limitazione del potere di gestione e disposizione dei propri beni da parte del soggetto esecutato;
- la *designazione di un curatore*, con compiti di direzione e garanzia del procedimento.

Competente ad aprire la procedura sarà *il giudice dello Stato membro nel cui territorio si trova il centro degli interessi principali del debitore* (che la maggior parte delle volte coincide con il paese in cui si trova la sede statutaria).

▶ **LA GIURISPRUDENZA PIÙ SIGNIFICATIVA**

LA NECESSARIA "EFFETTIVITÀ" DELL'EVENTUALE TRASFERIMENTO ALL'ESTERO DELLA SEDE STATUTARIA.

In proposito la Suprema Corte ha chiarito come il trasferimento all'estero della sede statutaria non possa considerarsi di per sé sufficiente a radicare al di fuori del territorio nazionale la giurisdizione, dovendo la giurisdizione italiana permanere ogniqualvolta il trasferimento sia solo formale (Sez. Un. n. 5419/2016). A tal fine, è necessario lo stesso risulti *effettivo* in base ai medesimi criteri (ubicazione degli stabilimenti produttivi, del fulcro organizzativo e amministrativo degli affari dell'imprenditore, residenza di quest'ultimo, etc.) già elaborati per i trasferimenti interni al territorio nazionale (Cass., sent. 9414, 18 aprile 2013).

La decisione di apertura della procedura troverà *automatico riconoscimento in tutti gli stati membri*, ove presa da un giudice competente alla luce dell'ordinamento dello Stato di riferimento (c.d. *self execution* della decisione di apertura della procedura).

La disciplina dell'intera procedura, in base a quanto stabilito dal Regolamento in esame, dovrà rinvenirsi nella *legge dello Stato membro nel quale è stata aperta.*

▸ LA GIURISPRUDENZA PIÙ SIGNIFICATIVA
I CRITERI DI COLLEGAMENTO IN MATERIA DI REVOCATORIA FALLIMENTARE.

La giurisprudenza (Cass., Sez. Un., 7 dicembre 2007, n. 2692, confermata da Cass. Sez. Un., 11 marzo 2013, n. 5945) ha ritenuto soggetta ai medesimi criteri di collegamento per l'individuazione della legge applicabile l'azione revocatoria inerente le procedure di insolvenza considerate.

E) Le procedure di insolvenza: l'avvento del nuovo regolamento n. 848/2015 e delle modifiche introdotte dal regolamento n. 2260/2021

Giova in chiusura segnalare come **il Reg. 1346/2000 sia destinato ad essere sostituito dal Reg. n. 848/2015, applicabile tuttavia alle sole procedure di insolvenza aperte successivamente al 26 giugno 2017.**
Tra le principali novità di cui alla normativa di nuovo conio:

- la riferibilità anche agli accordi di ristrutturazione dei debiti, al concordato preventivo e alle procedure di composizione della crisi da sovraindebitamento, nell'ottica di un'anticipazione della soglia di intervento sulla crisi dell'impresa;
- l'istituzione (a decorrere dal 2018/2019) di registri fallimentari interconnessi e gratuitamente accessibili a livello infracomunitario.

Rilevanza assumono altresì l'Allegato A, che indica per ciascun Stato membro le tipologie di procedure di insolvenza nazionali, come definite dall'art. 2, punto 4, Reg. (UE) 2015/848, e l'Allegato B, che elenca per ciascun Stato membro gli amministratori delle procedure di insolvenza nazionali, quali notificati dagli Stati membri cui si applica tale Regolamento e definiti all'art. 2, punto 5, Reg. (UE) 2015/848.

La giurisdizione (art. 3), invece, viene individuata sempre alla stregua del **criterio del centro degli interessi principali del debitore** (c.d. COMI: *Centre of main interests*), precisandosi che per tale luogo deve intendersi *quello in cui il debitore esercita, in modo abituale e riconoscibile dai terzi, la gestione dei propri interessi*.
In caso di società tale luogo coincide, fino a prova contraria, *con il luogo in cui si trova la sede legale*, purché la sede legale *non sia stata spostata in un altro Stato membro entro il periodo di tre mesi precedente la domanda di apertura della procedura d'insolvenza.*

Alle procedure aperte anteriormente al 26 giugno 2017, invece, continuerà ad applicarsi il precedente Regolamento n. 1346/2000.

▶ LA GIURISPRUDENZA PIÙ SIGNIFICATIVA
LA PORTATA DELLA PRESUNZIONE SUL "COMI" APPLICABILE ALLE SOCIETÀ.

La Corte di Cassazione si è recentemente imbattuta nella presunzione posta in ambito societario dall'art. 3 del citato Reg. n. 848/2015, confermando la sentenza con cui la Corte di Appello di Bologna, facendo leva sul limite normativamente imposto all'operatività di tale presunzione (*id est*: il COMI di una società si presume ex art. 3 coincidente con la sede legale, *solo se questa non sia stata spostata in un altro Stato membro entro il periodo di tre mesi precedente la domanda di apertura della procedura d'insolvenza*), ha affermato la giurisdizione del giudice italiano sul fallimento di una società con sede in Portogallo, ritenendo il relativo trasferimento di sede (dall'Italia) escluso da suddetta presunzione, proprio perché avvenuto nei tre mesi precedenti la domanda di fallimento e, dunque, meramente fittizio (**Sez. Un. Sentenza n. 28981 del 17/12/2020**).

Da ultimo preme precisare come l'Allegato A, che indica per ciascun Stato membro le tipologie di procedure di insolvenza nazionali, come definite dall'art. 2, punto 4, Reg. (UE) 2015/848, e l'Allegato B, che elenca per ciascun Stato membro gli amministratori delle procedure di insolvenza nazionali, quali notificati dagli Stati membri cui si applica tale Regolamento e definiti all'art. 2, punto 5, Reg. (UE) 2015/848, siano stati modificati dal Reg. (UE) 2260/21, in vigore dal 21 dicembre 2021.

QUESTIONARIO

1. Quale criterio di collegamento opera in materia di capacità delle persone giuridiche? **1.B**
2. Quando in materia di capacità delle persone giuridiche è applicabile la legge italiana? **1.B**
3. Come si individua la disciplina applicabile agli enti societari? **2.A**
4. Come vengono regolate le vicende inerenti le azioni societarie? **2.A**
5. Quali sono i principi sanciti in relazione alle vicende societarie? **2.B**
6. Cosa dispone il Regolamento CE in materia di procedure di insolvenza? **2.D**

SEZIONE III – I RAPPORTI DI FAMIGLIA

SOMMARIO:
Premessa. – **1**. La disciplina del matrimonio. – **2**. I rapporti tra i coniugi. – **3**. Separazione personale e scioglimento del matrimonio. – **4**. La filiazione. – **5**. Le obbligazioni alimentari nella famiglia. – **6**. La famiglia di fatto. – **7**. Le unioni civili.

Premessa.

I *rapporti di famiglia* trovano la propria disciplina nell'ambito del *Capo IV* della 218/1995. Si tratta, più nel dettaglio, di un folto numero di disposizioni (*artt. 26-37*), che regolamentano da un punto di vista internazional-privatistico i *principali istituti del diritto di famiglia*. In particolare, il legislatore detta la disciplina concernente il *matrimonio* (artt. 26-32) e la *filiazione* (art. 33-37).

▶ **LA GIURISPRUDENZA PIÙ SIGNIFICATIVA**
APPLICABILITÀ ALL'IMPRESA FAMILIARE DELLA NORMATIVA DI D.I.P. IN MATERIA DI RAPPORTI DI FAMIGLIA.

Pare opportuno precisare che è stato escluso dall'ambito di operatività della disciplina di d.i.p. in materia di rapporti di famiglia l'istituto della c.d. *impresa familiare* di cui all'art. 230 bis c.c. La giurisprudenza (Cass. sez. Lavoro sent. n. 1917/1999) ha messo in evidenza come essa venga ad esistenza per effetto di una manifestazione di volontà delle parti, e non per il solo fatto che tra queste sussistano rapporti di parentela.

1. La disciplina del matrimonio.

Il *matrimonio* può definirsi come *l'atto attraverso cui due persone di sesso diverso si impegnano a realizzare tra loro una comunione di vita, sia materiale, che spirituale*. Esso trova la propria disciplina negli *artt. 26-32* della l. 218/1995.
In materia, si è soliti distinguere tra una *disciplina sostanziale* del matrimonio (art. 26-31) e una *disciplina processuale* del matrimonio (art. 32). Invero:

- mentre l'*art. 32* si occupa esclusivamente della **giurisdizione sul matrimonio** (*rectius*: in materia di nullità, annullamento, separazione personale e scioglimento del matrimonio);
- tutte le altre norme richiamate (*artt. 26-31*) disciplinano gli **aspetti sostanziali del matrimonio** (promessa, condizioni, forma, rapporti tra coniugi, separazione personale e scioglimento).

A) La promessa di matrimonio.

La *promessa di matrimonio* è *l'atto attraverso cui i fidanzati si impegnano reciprocamente a contrarre matrimonio*. Attualmente della sua regolamentazione si occupa l'*art. 26* della l. 218/95.

Anteriormente all'intervento del legislatore della riforma, non esisteva una disciplina espressa in materia. Si era conseguentemente posto il problema della legge applicabile alle promesse di matrimonio, che presentassero elementi di estraneità. Sul punto, erano state prospettate due tesi.

- La giurisprudenza qualificava le obbligazioni derivanti da tali atti come obbligazioni *ex lege*. Principale corollario applicativo di tale impostazione era l'operatività dei criteri di collegamento fissati dal legislatore nel settore delle obbligazioni legali. Ne conseguiva la necessaria applicazione della *legge del luogo in cui la promessa era stata prestata*, ai sensi dell'art. 25, 2° comma delle preleggi.
- La dottrina (BALLARINO) preferiva inquadrare l'istituto nell'ambito dei rapporti familiari, con la conseguente operatività dei criteri fissati in materia. In tale ottica, la promessa di matrimonio avrebbe dovuto essere regolata dalla *legge nazionale delle parti*, in piena coerenza con quanto stabilito dall'art. 17 preleggi con riferimento alla famiglia. A tale ultima opzione sembra aver aderito il legislatore della riforma.

Ai sensi dell'art. 26, la promessa di matrimonio e le conseguenze della sua violazione sono regolate dalla **legge nazionale comune dei nubendi** o, in mancanza, dalla legge italiana. In sostanza, si condivide l'inquadramento sistematico dell'istituto nell'ambito del diritto di famiglia, facendo applicazione del criterio di collegamento generale fissato in materia che è quello della *cittadinanza dei nubendi*. Solo ove tale criterio non sia in grado di operare (nubendi di diversa cittadinanza), la legge applicabile sarà **quella italia-**

na (c.d. *lex fori*), non potendo più darsi prevalenza alla legge nazionale del marito.

B) Le condizioni per contrarre matrimonio.

Le *condizioni per contrarre matrimonio* (età, capacità naturale, assenza di precedenti vincoli matrimoniali validi etc.) coincidono con *una serie di requisiti, che il legislatore richiede in capo alle parti ai fini della validità ed efficacia del matrimonio.*
La materia trova la propria disciplina nell'*art. 27* della l. 218/1995, che impone il riferimento *alla legge nazionale di ciascuno dei nubendi al momento del matrimonio*. Detto altrimenti, le condizioni per contrarre matrimonio dovranno essere oggetto di una *valutazione separata riguardo a ciascuno dei nubendi, alla luce delle rispettive leggi nazionali di appartenenza.*
Pare opportuno precisare che sono regolati dalla legge nazionale di ciascun coniuge anche i vizi della volontà e tutte le altre patologie (*rectius*: nullità), ricollegabili allo stato o alla capacità dei futuri sposi (si pensi alla mancanza del consenso dei genitori ove richiesto, o al difetto dell'autorizzazione del Tribunale nei casi previsti dalla legge). Tuttavia, ciascuno di essi potrà far valere *esclusivamente la mancanza dei requisiti previsti dalla propria legge nazionale.*

Esempio. Nel caso di matrimonio tra un cittadino svedese ed uno italiano, l'azione diretta alla declaratoria di invalidità del matrimonio per grave infermità di uno dei coniugi potrà essere intentata solo da quello di nazionalità svedese: l'ordinamento italiano, infatti, non contempla tra i requisiti necessari alla contrazione del matrimonio la sanità dei nubendi.

La regola stabilita dall'art. 27 della l. 218/1995 trova però **un'eccezione nell'art. 116 c.c.** Tale disposizione, infatti, stabilisce che *lo straniero che intenda contrarre matrimonio in Italia dovrà presentare*, non solo una dichiarazione da parte dell'autorità estera competente, attestante l'insussistenza, alla luce di quell'ordinamento, di impedimenti al matrimonio, ma anche *alcune delle condizioni relative alla capacità di contrarre matrimonio imposte ai cittadini italiani* (*id est*: libertà di stato, assenza delle circostanze sottese ai divieti di matrimonio espressamente previsti, etc.). In sostanza, *la capacità matrimoniale dei cittadini stranieri in Italia è regolata, non solo dalla legge nazionale di appartenenza, ma anche da quanto stabilito dall'art. 116 c.c.*
Ne consegue che ai requisiti di cui all'ordinamento straniero si aggiun-

geranno, *imperativamente*, anche quelli di cui all'art. 116 c.c. Si tratta, in definitiva, di una tipica *norma di applicazione necessaria* (v. Parte I, Sez. VI), in grado di operare con efficacia assoluta nel territorio dello Stato, a prescindere da quanto previsto dalle disposizioni di d.i.p. competenti.

TI RICORDI CHE...

Si definiscono *norme di applicazione necessaria* tutte *le disposizioni facenti parte dell'ordinamento interno, che devono applicarsi alle fattispecie cui si riferiscono "in ogni caso", anche a prescindere da quanto stabilito dalle norme di d.i.p. competenti*, il cui funzionamento risulta per l'effetto "bloccato"?

Giova sul punto osservare che *norme di applicazione necessaria* risultano anche le disposizioni in materia di **pubblicazioni matrimoniali**. Principale finalità di tali pubblicazioni è consentire la conoscenza, mediante la divulgazione della notizia delle nozze, di eventuali impedimenti al matrimonio: ciò ne impone l'inquadramento nell'ambito delle *condizioni per contrarre matrimonio*. Non a caso il legislatore, agli artt. 115 e 116 c.c., stabilisce espressamente che le norme in materia di pubblicazioni matrimoniali devono essere osservate, sia *dal cittadino che contrae matrimonio all'estero, sia dallo straniero che*, residente o domiciliato in Italia, *intenda contrarre matrimonio nel territorio dello Stato*. La seconda parte dell'art. 27, poi, chiarisce come lo stato libero che uno dei nubendi abbia acquistato per effetto di un giudicato italiano, o riconosciuto in Italia, resta comunque salvo. In altri termini, uno straniero potrà contrarre matrimonio anche ove abbia acquistato lo stato libero grazie ad una sentenza italiana, non riconosciuta nel paese di cui è cittadino; ovvero grazie ad una sentenza straniera, purché riconosciuta in Italia.

■ B1) Segue: il problema dell'operatività delle norme straniere che consentono il matrimonio tra persone del medesimo sesso.

La valutazione delle condizioni per contrarre matrimonio *in base alla legge nazionale di appartenenza di ciascuno dei nubendi* impone di chiedersi *se nel nostro ordinamento possa ammettersi l'operatività di norme straniere, che consentono il matrimonio tra persone del medesimo sesso*. In altri termini, si tratta di chiarire **se lo straniero**, **la cui legge nazionale non preveda la necessaria diversità di sesso tra i nubendi** (v. Spagna, Olanda), **possa con-**

trarre matrimonio in Italia, giovandosi del riferimento alla propria legge nazionale di cui all'art. 27, l. 218/1995.

Preme precisare come la questione sia del tutto distinta da quella, pur connessa, concernente **la trascrivibilità dei matrimoni omosessuali celebrati all'estero**, di cui si dirà nel prosieguo (v. infra, lett. E).

Tale ultima problematica, infatti, pone il diverso interrogativo circa **la sussistenza in Italia di limiti alla riconoscibilità – e conseguente trascrivibilità – ex art. 65, l. 218/1995, dei matrimoni contratti all'estero tra persone dello stesso sesso.**

Evidente, dunque, la non coincidenza – anche da un punto di vista di collocazione sistematica – dei due temi:

- il problema dell'operatività nell'ordinamento delle norme straniere che consentono il matrimonio tra persone del medesimo sesso attiene all'individuazione **della reale portata dell'art. 116 c.c., quale norma di applicazione necessaria**, operante in combinato disposto con **l'art. 27, l. 218/1995**, dettato in materia di *condizioni per contrarre matrimonio*;
- il problema della trascrivibilità dei matrimoni omosessuali contratti all'estero riguarda invece **la decodificazione della consistenza del limite dell'ordine pubblico internazionale** (v. Cap. I, Sez. VI), rilevante ai sensi dell'**art. 65, l. 218/1995** (v. infra, lett. E), dettato in materia di *riconoscimento di provvedimenti stranieri*.

Passando alla questione in esame, la risposta al problema passa, come detto, per l'identificazione della portata dell'art. 116 c.c., quale *norma di applicazione necessaria* (v. Cap. I, Sez. VI). Si tratta, in sostanza, di verificare se tra le condizioni per contrarre matrimonio, imperativamente applicabili ex art. 116 c.c. anche agli stranieri che intendano sposarsi in Italia, rientri o meno la diversità di sesso tra i nubendi.

L'opinione del tutto dominante, ed assolutamente condivisa, fornisce risposta positiva al quesito, ritenendo **l'eterosessualità un requisito immanente alla disciplina dettata in tema di matrimonio**, anche se non espressamente prevista tra le condizioni di cui agli artt. 85-89 c.c., imposte agli stranieri, con prevalenza sulle relative leggi nazionali (v. art. 116 c.c.).

Preme tuttavia precisare come da un isolato precedente, statuente – seppure ai diversi fini della trascrivibilità di un matrimonio estero – *che gli artt. da 84 e 88 c.c. non includono l'eterosessualità tra le condizioni necessarie per contrarre matrimonio* (Tribunale di Grosseto del 3/04/2014), potrebbero trarsi argomenti per ammettere – ma in termini fortemente evolutivi – la celebrabilità di un matrimonio omosessuale tra stranieri in Italia, non ostandovi il combinato disposto degli artt. 27, l. 218/1995 e 116 c.c., in tale ottica non contemplante la diversità di sesso tra i nubendi tra le condizioni per contrarre matrimonio.

La stessa Suprema Corte (sent. n. 4184/12), del resto, sembra aver assunto una posizione meno rigida rispetto al passato, chiarendo che *ai sensi dell'art. 12 della CEDU, come evolutivamente interpretato dalla Corte di Strasburgo (sentenza del 24 giugno 2010, "Schalk e Kopf c. Austria"), la diversità di sesso dei nubendi non costituisce presupposto "naturalistico" di "esistenza" del matrimonio", con la conseguenza che il matrimonio civile tra persone dello stesso sesso, celebrato all'estero, non è inesistente per l'ordinamento italiano, ma soltanto inidoneo a produrre effetti giuridici.*

■ B2) Segue: l'incidenza sul problema della legge n. 76/2016 (c.d. legge Cirinnà).

Il tema dell'operatività in Italia delle norme straniere che consentono il matrimonio tra persone del medesimo sesso è stato oggetto di rinnovato interesse a seguito dell'entrata in vigore della **legge n. 76/2016 (c.d. legge Cirinnà)**, recante *la regolamentazione delle unioni civili tra persone dello stesso sesso e disciplina delle convivenze.*

Con tale legge, infatti, è stato introdotto nel nostro ordinamento **l'istituto dell'unione civile tra persone dello stesso sesso**, disciplinato *quale specifica formazione sociale di cui agli articoli 2 e 3 della Costituzione* (v. art. 1, comma 1).

Rinviando al prosieguo per l'analisi delle relative caratteristiche (v. *infra* par. 7), giova in tale sede osservare come l'introduzione di tale istituto, di notevole importanza *in tema delimitazione del concetto di o.p.i. rilevante ai fini della trascrivibilità dei matrimoni omosessuali contratti all'estero* (v. *infra* lett. E), non presenti pari rilievo in punto di ammissibilità in Italia dell'operatività di norme straniere, che consentono il matrimonio tra persone dello stesso sesso.

L'avvenuta disciplina di una figura (*id est:* l'unione civile), diversa e distinta del matrimonio, **non ha infatti recato con sé una contestuale rivisitazione della fisionomia tradizionale di tale ultimo istituto**, che continua a prevedere, quale presupposto per la relativa contrazione, la diversità di sesso tra i nubendi.

La persistenza della distinzione tra unioni civili e matrimonio, del resto, appare confermata dallo stesso legislatore, che sancisce (art. 1, comma 20, l. n. 76/2016) l'applicabilità alle parti dell'unione civile delle disposizioni che si riferiscono al matrimonio, e le disposizioni contenenti le parole «coniuge», «coniugi» o termini equivalenti, **al solo fine di assicurare l'effettività della tutela dei diritti e il pieno adempimento degli obblighi derivanti dall'unione civile tra persone dello stesso sesso**, escludendo quindi qualsiasi equiparazione tra gli istituti.

Nonostante la dirompenza della nuova legge, dunque, l'eterosessualità deve ancora ritenersi un requisito immanente al matrimonio, riconducibile alle condizioni di cui agli artt. 85-89 c.c., imperativamente imposte, anche con prevalenza sulle relative leggi nazionali (v. art. 116 c.c.), agli stranieri che si sposano in Italia, *con tutto ciò che ne consegue in punto di persistente inammissibilità nel nostro ordinamento di matrimoni omosessuali, anche tra stranieri, la cui legge nazionale non preveda la diversità di sesso tra i nubendi*, ad onta dell'esplicito riferimento alla *lex personae* di cui all'art. 27, l. 218/1995.

C) La forma del matrimonio.

La *forma del matrimonio* deve intendersi in senso particolarmente ampio, e, quindi, come *insieme delle modalità e delle circostanze di esternazione della volontà dei nubendi* (si pensi alla partecipazione dell'autorità pubblica, alle formalità procedurali, etc.).

Il legislatore disciplina la materia nell'*art. 28* della l. 218/1995, imponendo il riferimento:

- o alla *legge del luogo di celebrazione*,
- o alla *legge nazionale di almeno uno dei coniugi al momento della celebrazione*,
- o alla *legge dello Stato di comune residenza in tale momento*.

La scelta dell'interprete per l'uno o l'altro criterio di collegamento deve seguire il *principio di conservazione di efficacia degli atti*: dovrà, quindi, applicarsi la legge che assicura, meglio delle altre, la piena validità ed efficacia dell'atto considerato.

In tale ottica, è stata riconosciuta validità anche al **matrimonio telematico** – quindi concluso senza la contestuale presenza fisica dei coniugi – ove la legge straniera ammetta tale forma di celebrazione (v. Cass. n. 15343 del 25/07/16, relativa a un matrimonio celebrato all'estero tra un'italiana e un pakistano con tali modalità).

Si discute se nell'ambito del nostro ordinamento esistano *norme di applicazione necessaria in materia di forma del matrimonio*. In particolare, ci si chiede se alcune delle norme sulla forma delle nozze, dettate dal legislatore italiano, debbano trovare applicazione anche ove la legge di riferimento per la regolamentazione della stessa sia quella straniera.

Autorevole dottrina (BALLARINO) propende per la tesi positiva. A ben guardare, l'*art. 116 c.c.*, nella parte in cui per il matrimonio dello straniero celebrato in Italia prevede *la presenza di un ufficiale dello stato civile cui deve esibirsi l'attestazione dell'autorità straniera competente*, non fa altro che imporne in ogni caso la partecipazione all'atto. In altri termini, **l'intervento dell'ufficiale dello stato civile per il matrimonio dello straniero celebrato in Italia costituisce una prescrizione formale ad applicazione necessaria**: essa dovrà rispettarsi da parte di tutti coloro che si sposano nel territorio dello Stato, a prescindere da quanto stabilito dalla legge straniera di riferimento sulla forma del matrimonio.

■ D) Il matrimonio concordatario.

Il *matrimonio concordatario* è *il matrimonio canonico, cui lo Stato riconosce, a certe condizioni, effetti civili*. Più nel dettaglio, si tratta di una particolare forma di matrimonio che, pur essendo disciplinata in buona parte dal diritto canonico (requisiti, forma, organi competenti a sindacarne la validità), produce i medesimi effetti di quello celebrato in sede civile, a condizione che siano rispettate alcune ulteriori formalità (pubblicazioni, lettura da parte del ministro del culto di norme del c.c., trascrizione dell'atto nei registri dello stato civile).

In ambito internazionalprivatistico, si è posto il problema concernente *i limiti all'utilizzabilità di tale forma di matrimonio*. In particolare, ci si è chiesti se della forma concordataria possano usufruire: da un lato, *i cittadini italiani che intendono sposarsi all'estero*; dall'altro *gli stranieri che intendano contrarre matrimonio in Italia*.

- Per ciò che concerne *l'utilizzabilità del matrimonio concordatario da parte di cittadini italiani all'estero*, deve operarsi una distinzione. A ben guardare, infatti, il problema si pone solo con riferimento alle ipotesi in cui *i cittadini italiani intendano richiamarsi alla disciplina del matrimonio concordatario come propria legge nazionale*. Nessun dubbio, invece, si pone ove il matrimonio religioso da celebrare sia, a sua volta, riconosciuto dall'ordinamento estero di riferimento: in tal caso, i nubendi non faranno altro che utilizzare la legge del luogo in cui viene celebrato il matrimonio, in piena conformità con il disposto dell'art. 28, L. 218/1995.

Sulla *possibilità di utilizzare la normativa in materia di matrimonio concordatario come propria legge nazionale da parte dei cittadini italiani che intendano sposarsi all'estero*, sono emersi diversi orientamenti.

- La *tesi negativa* è sostenuta dalla dottrina (VITTA, MORELLI, BALLADORE, PALLIERI).
  Diversi gli argomenti addotti a sostegno di tale posizione. In primo luogo, si mette in evidenza come le norme concordatarie (e le leggi italiane che ad esse danno attuazione) non possano in nessun caso avere efficacia al di fuori del territorio dello Stato italiano, derivando da accordi internazionali intercorrenti esclusivamente tra la Santa Sede e l'Italia. In più, si sottolinea come l'intera normativa di cui al Concordato nasca per escludere l'applicazione della legislazione nazionale in materia di matrimonio: non si vede, quindi, come il riferimento a tale disciplina da parte degli sposi possa classificarsi come applicazione della loro legge nazionale. Infine, si precisa come le formalità previste in tema di matrimonio concordatario (ad es. immediata trasmissione dell'atto di matrimonio all'ufficiale di stato civile del Comune in cui il matrimonio è stato celebrato) presuppongano inevitabilmente la celebrazione dello stesso in territorio italiano. In base a tali osservazioni, si esclude che gli italiani all'estero possano utilizzare la forma concordataria.
- La *tesi positiva* è sposata dalla giurisprudenza maggioritaria.
  Più volte le Corti italiane hanno considerato pienamente valido il matrimonio concordatario celebrato all'estero tra cittadini italiani nell'ambito di ordinamenti stranieri (ad es. tedesco o francese), che non riconoscono effetti civili ai matrimoni religiosi. *In primis*, si è messo in evidenza come non esista alcuna norma nel sistema giuridico italiano che imponga l'efficacia esclusivamente in Italia della normativa concordataria. In secondo luogo, si è detto che la normativa concordataria costituisce parte integrante dell'ordinamento italiano, rientrando a pieno titolo nella nozione di *"legge*

nazionale dei nubendi". Infine, le difficoltà pratiche legate all'idea, da parte del legislatore del Concordato, che il matrimonio sia celebrato in Italia, sono facilmente superabili a mezzo di appositi accorgimenti: il problema della trasmissione dell'originale dell'atto di matrimonio all'ufficiale di stato civile per la trascrizione, ad es., potrebbe facilmente risolversi con la collaborazione degli uffici consolari italiani all'estero.

- Meno problematica è la questione concernente *l'utilizzabilità del matrimonio concordatario da parte di stranieri in Italia*. La giurisprudenza, considerando quella concordataria come una delle diverse forme di matrimonio previste e disciplinate dall'ordinamento italiano, accorda anche ai cittadini stranieri la facoltà di farne uso, trattandosi di figura regolata dalla legge del luogo di celebrazione del matrimonio (art. 28, L.218/1995).

La dottrina, tuttavia, critica tale orientamento per due ordini di motivi. In primo luogo, si mette in evidenza come la disciplina del matrimonio concordatario attenga, non solo ad aspetti formali, ma anche sostanziali delle nozze (ad es. condizioni di capacità, requisiti del consenso, etc.): consentire l'applicazione della stessa significherebbe sottrarre gli ambiti da essa regolati alla legge nazionale dei nubendi, operante ai sensi dell'art. 27 della l. 218/1995. Inoltre, si dice, se ai sensi dell'art. 116 c.c. lo straniero che contrae matrimonio in Italia deve necessariamente rispettare i divieti posti dal diritto civile, il suo matrimonio non sarà mai celebrato in forma autenticamente concordataria: ove così fosse, infatti, dovrebbero operare i soli divieti previsti dal diritto canonico.

E) La trascrizione del matrimonio estero.

Un ulteriore problema si è posto con riferimento alla *trascrivibilità dei matrimoni celebrati all'estero*. In particolare, ci si è chiesti se *il matrimonio contratto all'estero possa trascriversi nei registri dello stato civile italiano*.
Al quesito deve darsi **risposta positiva** in virtù del combinato disposto degli *artt. 65 e 27* della l. 218/1995.
Ai sensi dell'art. 65, infatti, i provvedimenti stranieri relativi alla capacità delle persone, nonché all'esistenza di rapporti di famiglia o di diritti della personalità, hanno effetto in Italia, ove siano pronunciati dalle autorità dello Stato la cui legge è richiamata dalle norme di conflitto di riferimento, senza che sia necessaria alcuna ulteriore procedura di riconoscimento. Ai sensi

dell'art. 27, i requisiti necessari per contrarre matrimonio e la forma del matrimonio sono disciplinati dalla legge nazionale dei nubendi. In base a tale assetto normativo, *l'ufficiale di stato civile, il Sindaco o un suo delegato, hanno l'obbligo di trascrivere nei registri dello stato civile italiano i matrimoni contratti all'estero.*
Nei medesimi termini si è espresso il nuovo Regolamento dello Stato Civile (D.P.R. n. 396/00), che *ex* art. 63, co. 2, lett. c), pone a carico dell'ufficiale competente, l'obbligo di procedere alla trascrizione anche dei matrimoni celebrati all'estero, sia tra cittadini italiani, che tra stranieri.
L'unico ostacolo alla trascrivibilità dei matrimoni contratti all'estero è *il limite dell'ordine pubblico*. In virtù di quanto stabilito dall'art. 18 del citato D.P.R., infatti, *nessun atto formato all'estero può essere trascritto nei registi dello stato civile, ove si ponga in contrasto con l'ordine pubblico.* Ne consegue che, a fronte di una richiesta di trascrizione relativa ad un atto che sembra porsi in contrasto con l'ordine pubblico, l'ufficiale di stato civile non potrà procedere direttamente alla pubblicazione, ma dovrà investire l'Autorità giudiziaria competente (*rectius*: Procuratore della Repubblica), affinché si pronunci sulla questione. In caso di determinazione negativa, e conseguente rifiuto di trascrizione, l'interessato potrà proporre ricorso alla Corte d'Appello competente ex art. 67, l. 218/1995.

■ E1) Segue: ordine pubblico e trascrivibilità dei matrimoni poligamici, tra infrasedicenni e "non consensuali", celebrati all'estero.

Problemi di trascrivibilità, per contrasto con l'ordine pubblico, hanno posto i matrimoni celebrati all'estero in base a normative straniere, che contemplano la poligamia. Si tratta, infatti, di istituto incompatibile con i nostri valori ordinamentali, in aperto contrasto con l'ordine pubblico. Per tali motivi, è stata negata ad es. la trascrivibilità in Italia del secondo (o successivo) matrimonio del cittadino di nazionalità islamica (c.d. **matrimonio poligamico**).
L'impostazione prevalente ritiene altresì in contrasto con l'ordine pubblico e, dunque, non trascrivibili, i matrimoni celebrati in base a normative estere che *consentono il matrimonio a persone minori di anni 16* (c.d. **matrimoni tra infrasedicenni**), o che comunque *limitano la tutela del coniuge e dei figli per matrimoni poligamici conclusi all'estero.*
Da ultimo è stata esclusa la trascrivibilità di matrimoni celebrati in assenza dell'effettività del consenso di entrambi i coniugi (c.d. **matrimoni non consensuali**). In alcuni Stati (ad es. Marocco), infatti, l'atto di riconoscimento del matrimonio ai fini civili, è operato dall'autorità competente dopo la

celebrazione, quale mera attestazione della sussistenza del vincolo, senza alcun accertamento circa l'avvenuta manifestazione, in quella sede, della propria volontà da parte degli sposi. Ai fini della trascrivibilità di tali matrimoni in Italia è stata sancita la necessità di verificare che il vincolo sia stato volontariamente contratto dai nubendi, essendo il relativo consenso indefettibile requisito di ordine pubblico (v. Circ. Ministero Interno n. 25/2011).

E2) Segue: ordine pubblico e trascrizione dei matrimoni celebrati all'estero tra persone dello stesso sesso.

Il limite dell'ordine pubblico è stato a più riprese richiamato anche **in materia di trascrizione di matrimoni celebrati all'estero tra persone dello stesso sesso**, tradizionalmente negata proprio per contrarietà al suddetto limite.
Con una **circolare del 7/10/2014 il Ministro dell'interno**, infatti, aveva addirittura fatto divieto agli ufficiali dello stato civile di trascrivere matrimoni celebrati all'estero tra persone dello stesso sesso, *essendo l'eterosessualità dei nubendi autentico requisito di ordine pubblico in materia matrimoniale*.
Talune corti nazionali (v. **Tribunale di Grosseto del 3/04/2014**) avevano però ritenuto l'insussistenza di effettivi ostacoli a tali trascrizioni, evidenziando come: *gli artt. 84-88 c.c. non indicano la diversità di sesso tra le condizioni per contrarre matrimonio; la nozione di matrimonio di cui all'art. 12 della CEDU, non esclude esplicitamente quelli celebrati tra persone omosessuali; e comunque la trascrizione ha efficacia meramente dichiarativa e non costitutiva.*
Di diversa opinione chi (**Tribunale di Roma 2016**) ha sostenuto la non trascrivibilità, *de iure condito*, di matrimoni di tal fatta, per essere ravvisabile nel sistema *un autentico vuoto normativo*, rilevato anche dalla Corte EDU con la pronuncia del 21/07/2015, in alcun modo colmabile in via interpretativa.
La predetta lacuna è stata oggi colmata dalla l. **n. 76/2016 (c.d. legge Cirinnà)**, che ha riconosciuto e disciplinato nell'ordinamento italiano *le unioni tra persone dello stesso sesso*, delegando il Governo altresì al riordino, a mezzo di appositi decreti legislativi, delle norme di d.i.p. e stato civile rilevanti in materia, *prevedendo l'applicazione della disciplina dell'unione civile tra persone dello stesso sesso regolata dalle leggi italiane alle coppie formate da persone dello stesso sesso che abbiano contratto all'estero matrimonio, unione civile o altro istituto analogo.*
In disparte i problemi interpretativi che il predetto criterio di delega ha inevitabilmente posto, per come formulato (v. infra, par. 7), giova in questa sede

rilevare come **la stessa introduzione nell'ordinamento di un istituto a tutela delle coppie omosessuali** (*id est*: le unioni civili), recando con sé il principio della non necessità della diversità di sesso ai fini del riconoscimento giuridico della relazione, **abbia di per sé inciso sulla portata del limite dell'o.p.i. rilevante in materia di d.i.p.** (v. Cap. I, Sez. VI, par. 2).
All'esito del predetto intervento normativo, infatti, **l'eterosessualità di coppia non può più ricomprendersi nell'ambito di quei principi** *che formano il cardine della struttura economico-sociale della comunità nazionale in un determinato momento storico*, connotato per converso dall'espresso riconoscimento delle relazioni omosessuali, debitamente tutelate e disciplinate a mezzo della creazione di un istituto ad hoc.
Tale evoluzione, tuttavia, non avrebbe consentito il definitivo superamento delle perplessità prospettate in punto di trascrivibilità dei matrimoni omosessuali celebrati all'estero, avendo – anche all'esito dell'entrata in vigore della disciplina di nuovo conio – il matrimonio conservato la propria tradizionale fisionomia, improntata alla diversità di sesso tra i nubendi (v. *supra*, par. 1.B2).
Si sarebbe potuto, pertanto, continuare a negare la trascrivibilità, quantomeno nel registro degli atti di matrimonio, quale "*matrimonio*", del matrimonio celebrato all'estero tra persone dello stesso sesso, essendo ammessa nel nostro ordinamento la sola unione civile tra omosessuali, costituente istituto diverso e distinto dal matrimonio in senso tecnico.
Le predette incertezze devono tuttavia ritenersi superate a seguito del d. lgs. del 19 gennaio 2017 n. 5, in vigore dall'11/02/2017 ed emesso in adempimento della richiamata delega legislativa, **nel cui art. 1**, rubricato *modifiche al DPR n. 396/2000*, **è stata espressamente prevista, a mezzo dell'inserimento nell'art. 63, 2° comma del citato DPR della lettera c)-bis, la trascrivibilità ad opera dell'ufficiale dello stato civile degli atti dei matrimoni tra persone dello stesso sesso celebrati all'estero** (v. art. 1, comma 1, lett. m), n. 2), lett. d), decreto 19 gennaio 2017, n. 5).

▶ **LA GIURISPRUDENZA PIÙ SIGNIFICATIVA**

IL PROBLEMA DELLA TRASCRIVIBILITÀ DEL MATRIMONIO TRA PERSONE DELLO STESSO SESSO CONTRATTO ALL'ESTERO TRA UN CITTADINO ITALIANO ED UNO STRANIERO.

La portata applicativa della suddetta disposizione è stata però limitata dalla più recente giurisprudenza, che ha affermato **la trascrivibilità come "matrimonio"** nei registri dello stato civile del solo matrimonio contratto all'estero da due cittadini stranieri, chiarendo come il matrimonio tra persone dello stesso sesso contratto all'estero tra un cittadino italiano ed uno straniero, ai sensi dell'art. 32-bis della legge n. 218 del 1995, possa essere trascritto nel nostro ordinamento soltanto come unione civile. Né dall'affermata distinzione può desumersi una *discriminazione per ragioni di orientamento sessuale ed in contrasto con gli artt. 2, 3, 29 e 117 Cost., in relazione agli artt. 8 e 14 della Cedu, poiché la scelta del modello di unione riconosciuta tra persone dello stesso sesso negli ordinamenti facenti parte del Consiglio d'Europa è rimessa al libero apprezzamento degli Stati membri, purché garantisca a tali unioni uno standard di tutele coerente con il diritto alla vita familiare ex art. 8 come interpretato dalla Corte Edu.* (Sez. I, Sentenza n. 11696 del 14 maggio 2018).

F) La giurisdizione in materia di nullità e annullamento del matrimonio.

Nullità e *annullabilità* del matrimonio costituiscono le principali estrinsecazioni della più ampia categoria delle *invalidità matrimoniali*. Si tratta, più nel dettaglio, di *particolari situazioni, tassativamente previste dalla legge, in presenza delle quali il vincolo contratto dai coniugi deve considerarsi invalido.*

L'*art. 32* della l. 218/1995, si occupa espressamente della *giurisdizione in materia di nullità e annullamento del matrimonio.* Con disposizione a carattere indubbiamente estensivo, il legislatore ritiene sussistente la competenza del giudice italiano, non solo ove essa risulti in base ai principi generali di cui all'art. 3 della medesima legge, ma anche ogniqualvolta uno dei coniugi *sia cittadino italiano,* o *il matrimonio sia stato celebrato in Italia.*

2. I rapporti tra i coniugi.

I *rapporti tra i coniugi* costituiscono *l'insieme delle posizioni giuridiche di diritto e di obbligo, che sorgono a carico di entrambi gli sposi per effetto della celebrazione del matrimonio.* In virtù del contenuto di tali posizioni, si è soliti distinguere tra rapporti coniugali *personali* e rapporti coniugali *patrimoniali.* In particolare:

- i *rapporti personali* attengono all'*insieme dei diritti e degli obblighi di natura non patrimoniale intercorrenti tra i coniugi* (si pensi all'obbligo di fedeltà, di vita comune, etc.);
- i *rapporti patrimoniali* riguardano *tutte le posizioni di matrice*

patrimoniale di cui ciascun coniuge è titolare (si pensi ai diritti sui propri beni, o alle prestazioni patrimoniali cui gli sposi sono reciprocamente tenuti).

La distinzione ha un'importanza di carattere essenziale in ambito internazionalprivatistico: ai rapporti coniugali personali è, infatti, dedicato l'art. 29; a quelli patrimoniali l'art. 30.

A) I rapporti personali.

I *rapporti personali* tra i coniugi trovano la propria disciplina nell'ambito dell'*art. 29* della l. 218/1995. Il legislatore, per la regolamentazione degli stessi, impone il riferimento alla *legge nazionale comune dei coniugi*. Ove tale criterio non possa operare (ad es. diversa cittadinanza o più cittadinanze comuni), deve ritenersi applicabile *la legge del luogo in cui la vita matrimoniale è prevalentemente localizzata*. L'impostazione prevalente ritiene che quest'ultima legge debba essere individuata facendo riferimento al luogo in cui *in concreto* si svolge la vita familiare, non bastando il mero richiamo alla legge dello Stato di residenza anagrafica della famiglia.

Anteriormente alla riforma in materia di rapporti personali tra coniugi, l'art. 18 delle preleggi sanciva l'operatività della legge nazionale comune degli stessi. In caso di diversa cittadinanza, avrebbe dovuto applicarsi la legge nazionale del marito al tempo del matrimonio. Con l'entrata in vigore della Costituzione, e la successiva riforma del diritto di famiglia (l. 151/75), si è posto il problema della legittimità di tale normativa. La prevalenza accordata alla legge del marito è sembrata, infatti, incompatibile con i principi di uguaglianza morale e giuridica tra i coniugi, sanciti a livello costituzionale. In tal senso si è pronunciata la Corte Cost. n. 71/1987, che ha caducato la disposizione, nella parte in cui regolava l'ipotesi di diversa cittadinanza, sancendo l'operatività della sola legge del marito. A colmare il vuoto normativo creatosi, è poi intervenuto il legislatore della riforma che, con una soluzione mutuata dai sistemi anglosassoni, ha imposto il riferimento alla legge del luogo in cui la vita matrimoniale è prevalentemente localizzata.

B) I rapporti patrimoniali.

I *rapporti patrimoniali* tra i coniugi trovano la propria disciplina nell'ambito dell'*art. 30* della l. 218/1995. Il legislatore, in omaggio ad un principio di

simmetria, ha sancito in primo luogo l'operatività della *legge cui sono assoggettati i loro rapporti personali*, ai sensi dell'art. 29.
Tale criterio, tuttavia, è destinato a cedere a fronte di una *diversa volontà delle parti*. L'art. 30, infatti, consente ai coniugi, mediante apposita convenzione avente forma scritta, di assoggettare i propri rapporti patrimoniali alla *legge dello Stato di cui almeno uno dei due è cittadino o abbia la residenza*.
In sostanza, si prevede la possibilità di dare vita ad una sorta di *regime patrimoniale convenzionale* in punto di legge applicabile.
La validità dell'accordo tra i coniugi deve valutarsi alla luce della legge da essi scelta per la disciplina dei propri rapporti o, in alternativa, in base a quella del luogo in cui l'accordo è stato stipulato.

Sulla reale portata di tale disposizione si sono sviluppati diversi orientamenti. In particolare:

- *secondo una prima opzione a carattere restrittivo*, la validità formale di tale accordo dovrebbe valutarsi esclusivamente alla luce dell'art. 30, 1° comma, che sancisce la necessità della sola forma scritta;
- *secondo una diversa impostazione di natura estensiva* (preferibile), la forma scritta costituirebbe il requisito minimo richiesto dal legislatore per la validità dell'accordo: nulla esclude che la normativa in concreto richiamata possa pretendere ulteriori, e più penetranti, requisiti di matrice formale a pena di invalidità della convenzione.

La possibilità che i rapporti patrimoniali tra i coniugi siano regolati da una legge da essi individuata in base a proprie scelte discrezionali (seppure entro i limiti fissati dalla legge) ha indotto il legislatore a predisporre una disciplina strumentale alla tutela dell'affidamento dei terzi. Ai sensi dell'art. 30, 3° comma, infatti, la legge straniera, cui i coniugi fanno riferimento nella loro convenzione, sarà opponibile ai terzi, solo ove questi ne abbiano avuto conoscenza, o l'abbiano ignorata per colpa. Per ciò che concerne i diritti reali su beni immobili, l'opponibilità è ovviamente limitata ai casi, in cui siano state rispettate le forme di pubblicità prescritte dalla legge dello Stato, in cui i beni si trovano.

C) La disciplina comunitaria in materia di rapporti patrimoniali tra coniugi.

A livello comunitario, i rapporti patrimoniali tra coniugi trovano la propria disciplina nell'ambito del **Regolamento n. 2016/1103, in vigore dal 29 gennaio 2019**, contenente disposizioni in tema di *competenza, legge applicabile, riconoscimento ed esecuzione delle decisioni in materia di regimi patrimoniali tra coniugi*.

Anche in tale sede, si è attribuita massima rilevanza alla volontà delle parti, cui è rimessa l'individuazione della legge applicabile al loro regime patrimoniale, a condizione che tale legge sia: a) *o quella dello Stato della residenza abituale dei coniugi o nubendi, o di uno di essi*, al momento della conclusione dell'accordo; b) *o quella dello Stato di cui uno dei coniugi o nubendi ha la cittadinanza* al momento della conclusione dell'accordo, ferma la precisazione secondo cui tale legge può anche non essere quella di uno Stato membro (*principio dell'applicazione universale*) e deve trovare applicazione alla totalità dei beni rientranti nel regime (*principio della unità della legge applicabile*).

A tutela dell'affidamento dei terzi si è altresì previsto che il cambiamento della legge eventualmente concordato abbia effetti *solo per il futuro* e che *qualsiasi cambiamento retroattivo non pregiudichi i diritti dei terzi derivanti dalla legge in precedenza individuata*.

Giova osservare che, trattandosi di Regolamento adottato a mezzo di quel peculiare modello di collaborazione europea, definito **cooperazione rafforzata**, finalizzato a consentire *agli Stati membri che intendono perseguire determinati obiettivi comuni, di procedere all'emanazione di specifici atti normativi anche a prescindere da una volontà comune di tutti i membri dell'Unione*, le relative disposizioni troveranno applicazione nei soli Stati che vi hanno aderito, tra cui Spagna, Italia, Francia e Germania.

3. Separazione personale e scioglimento del matrimonio.

La stabilità del vincolo, nascente dal matrimonio, risulta pregiudicata, ogniqualvolta si verifichino circostanze, che rendano non più tollerabile la prosecuzione della vita coniugale. Il legislatore ha attribuito rilevanza a tali circostanze, mediante la previsione degli istituti della ***separazione*** e del ***divorzio***. Più nel dettaglio, si tratta di figure, che consentono agli sposi di far fronte agli sviluppi eventualmente patologici della vita coniugale, incidendo in termini diversi sul vincolo matrimoniale.

- La ***separazione*** *non determina alcuno scioglimento del vincolo nascente dal matrimonio, comportando una trasformazione a carat-*

> tere potenzialmente transitorio del contenuto dei rapporti, sia personali, che patrimoniali intercorrenti tra i coniugi.
> - Il **divorzio ha come effetto principale la cessazione del vincolo coniugale**, cui consegue inevitabilmente una radicale metamorfosi di tutte le relazioni derivanti dal matrimonio.

Il legislatore della riforma si è espressamente occupato di entrambi gli istituti, dettando criteri di collegamento specifici per l'individuazione della legge applicabile, ove essi attengano a fattispecie che presentino elementi di estraneità.

A) La separazione.

La *separazione tra i coniugi* trova la propria disciplina nell'ambito dell'*art. 31* della l. 218/1995, oggi modificato per effetto dell'entrata in vigore (in data 18/10/2022) dell'art. 29, 2° comma del d.lgs. 149/2022.
Nella sua precedente formulazione, **applicabile ai procedimenti pendenti alla data del 28 febbraio 2023** (v. art. 35, 1° comma, d.lgs. 149/2022, come modificato dalla l. 197/2022), il suddetto articolo prevede l'applicazione della *legge nazionale comune dei coniugi al momento della domanda*, o in mancanza, di *quella del luogo in cui la vita matrimoniale risulta prevalentemente localizzata*. Risulta evidente la piena coincidenza con i criteri di collegamento fissati in materia di *rapporti personali* tra i coniugi.
Ove la separazione sia istituto non disciplinato dalla legge straniera di riferimento, dovrà invece applicarsi la legge italiana (v. art. 31, 2° comma, vecchia formulazione).
Nella sua attuale formulazione, **applicabile ai procedimenti instaurati successivamente alla data del 28 febbraio 2023** (v. art. 35, 1° comma, d.lgs. 149/2022, come modificato dalla l. 197/2022), il medesimo articolo fa riferimento alla *legge designata dal regolamento n. 2010/1259/UE del Consiglio del 20 dicembre 2010*, il quale (art. 5) consente ai coniugi di scegliere la legge applicabile alla propria separazione o divorzio, purché si tratti, **o della legge dello Stato di residenza abituale dei coniugi al momento della conclusione dell'accordo; o della legge dello Stato dell'ultima residenza abituale dei coniugi, se uno di essi vi risiede ancora al momento della conclusione dell'accordo; o della legge dello Stato di cui uno dei coniugi ha la cittadinanza al momento della conclusione dell'accordo; o della legge del foro di riferimento**, individuando quale legge applicabile **in caso di mancata scelta** (art. 8), **quella della residenza abituale dei coniugi nel momento in cui è adita l'autorità giurisdizionale, o, in mancanza, quella dell'ultima**

residenza abituale dei coniugi sempre che tale periodo non si sia concluso più di un anno prima che fosse adita l'autorità giurisdizionale, se uno di essi vi risiede ancora nel momento in cui è adita l'autorità giurisdizionale; o, in mancanza, quella di cui i due coniugi sono cittadini nel momento in cui è adita l'autorità giurisdizionale; o, in mancanza; quella in cui è adita l'autorità giurisdizionale.

Quanto alle modalità dell'accordo, le parti possono addivenirvi *mediante scrittura privata,* ferma la facoltà delle stesse di provvedere alla designazione della legge applicabile *anche nel corso del procedimento, sino alla conclusione dell'udienza di prima comparizione, anche con dichiarazione resa a verbale, personalmente o a mezzo di un procuratore speciale* (v. art. 31, 2° comma, nuova formulazione).

Ove la separazione sia istituto non disciplinato dalla legge straniera di riferimento, si ritiene debba trovare applicazione la legge del foro ai sensi dell'art. 10 del citato regolamento.

Per ciò che concerne le *modalità e le forme della domanda di separazione* esse saranno regolate dalla legge del luogo in cui essa viene promossa, in conformità con quanto stabilito dall'*art. 12* della l. 218/1995.

Della *giurisdizione* in materia di separazione (e scioglimento del matrimonio) si occupa l'*art. 32* della l. 218/1995. Ai sensi della norma, la competenza del giudice italiano sussiste non solo nelle ipotesi di cui all'art. 3, ma anche *ove uno dei coniugi sia cittadino italiano, o il matrimonio sia stato celebrato in Italia.* Risulta evidente l'intenzione del legislatore di ampliare l'ambito di operatività della giurisdizione italiana, in un settore, come quello della separazione e del divorzio, di rilevanza essenziale per gli interessi coinvolti.

▌B) Il divorzio.

Il *divorzio*, come causa di scioglimento del matrimonio, trova la propria disciplina (al pari della separazione) nell'*art. 31* della l. 218/1995, oggi modificato per effetto dell'entrata in vigore (in data 18/10/2022) dell'art. 29, 2° comma del d.lgs. 149/2022.

In materia, pertanto, il legislatore sancisce l'operatività dei *medesimi criteri fissati per la separazione*, che, per effetto della citata normativa di nuovo conio, sono:
- legge nazionale comune dei coniugi, o in mancanza, quella del luogo nel quale la vita matrimoniale risulta prevalentemente localizzata, **per i procedimenti pendenti alla data del 28 febbraio 2023** (v. art. 35, 1° comma, d.lgs. 149/2022, come modificato dalla l. 197/2022), ferma

la precisazione secondo cui ove il divorzio sia istituto non disciplinato dalla legge straniera di riferimento, sarà regolato dalla legge italiana (tale previsione costituisce la trasposizione in ambito internazionalprivatistico dell'art. 12 *quinquies*, l. 74/1987, autentica norma di applicazione necessaria, contenuta nella legge istitutiva del divorzio);
- legge designata dal regolamento n. 2010/1259/UE del Consiglio del 20 dicembre 2010, **per i procedimenti instaurati successivamente alla data del 28 febbraio 2023** (v. art. 35, 1° comma, d.lgs. 149/2022, come modificato dalla l. 197/2022), ferma la precisazione secondo cui ove il divorzio sia istituto non disciplinato dalla legge straniera di riferimento, si ritiene debba trovare applicazione la legge del foro (v. art. 10, richiamato Regolamento).

Analoga scelta è stata fatta con riferimento alla *giurisdizione*, regolata (come per la separazione) dall'art. 32.

Da sempre dibattuto il tema concernente *l'ammissibilità di una pronuncia di divorzio basata su motivi contemplati dalla legge nazionale di appartenenza dei coniugi, ma non dalla legge italiana*. Sul punto due le soluzioni prospettate:

- la tesi negativa (BALLARINO) ritiene che una pronuncia di questo tipo sarebbe preclusa dal disposto dell'art. 2 della Convenzione dell'Aja del 1902, ai sensi del quale deve trovare applicazione in ogni caso la legge del luogo in cui la sentenza è destinata a produrre i propri effetti;
- la tesi positiva (MORELLI) considera pienamente ammissibili tali pronunce in base all'art. 3 della medesima Convenzione, che impone l'applicazione della sola legge nazionale di appartenenza ove le disposizioni di d.i.p. dello Stato nel cui territorio la sentenza sia destinata a produrre i propri effetti facciano ad essa riferimento (come accade nell'ordinamento italiano), salvo il limite dell'ordine pubblico.

▶ **LA GIURISPRUDENZA PIÙ SIGNIFICATIVA**

LA VALIDITÀ NELL'ORDINAMENTO ITALIANO DEI C.D. ACCORDI PREMATRIMONIALI.

Di recente la giurisprudenza (Cass., sez. I, sent. n. 23713, 21 dicembre 2012) ha riconosciuto piena validità nel nostro ordinamento ai c.d. **accordi prematrimoniali**. Si tratta, più nel dettaglio, dell'insieme dei patti attraverso cui i nubendi, anteriormente alla celebrazione del matrimonio, disciplinano i propri rapporti patrimoniali per il caso di crisi o scioglimento del vincolo. Da sempre ritenuti in contrasto con il principio di intangibilità e indisponibilità dello status di coniuge e dei diritti (anche patrimoniali) da esso derivanti, per effetto di tale pronuncia devono ormai ritenersi del tutto compatibili con l'assetto ordinamentale.

C) La disciplina comunitaria in materia di separazione e divorzio.

Come in precedenza chiarito, anche il legislatore comunitario è intervenuto sul problema della legge applicabile in materia di separazione e divorzio (*da non confondere con quella riferibile al regime patrimoniale tra coniugi, la cui individuazione in ambito comunitario è rimessa al diverso Regolamento 1103/2016, citato nel par. 2C*).
In particolare, con il **Regolamento 1259/2010** l'Unione Europea ha voluto istituire *"un quadro giuridico chiaro e completo in materia di legge applicabile al divorzio e alla separazione personale negli Stati membri partecipanti, e garantire ai cittadini soluzioni adeguate per quanto concerne la certezza del diritto, la prevedibilità e la flessibilità, e impedire le situazioni, in cui un coniuge domanda il divorzio prima dell'altro per assicurarsi che il procedimento sia regolato da una legge, che ritiene più favorevole alla tutela dei suoi interessi"*.
Sulla base di tali obiettivi, il Regolamento in questione (art. 5) *consente ai coniugi di scegliere la legge applicabile alla propria separazione o divorzio*, purché si tratti, o della legge dello Stato di residenza abituale dei coniugi al momento della conclusione dell'accordo; o della legge dello Stato dell'ultima residenza abituale dei coniugi, se uno di essi vi risiede ancora al momento della conclusione dell'accordo; o della legge dello Stato di cui uno dei coniugi ha la cittadinanza al momento della conclusione dell'accordo; o della legge del foro di riferimento, individuando quale legge applicabile **in caso di mancata scelta** (art. 8), **quella della residenza abituale dei coniugi nel momento in cui è adita l'autorità giurisdizionale, o, in mancanza, quella dell'ultima residenza abituale dei coniugi sempre che tale periodo non si sia concluso più di un anno prima che fosse adita l'autorità giurisdizionale, se uno di essi vi risiede ancora nel momento in cui è adita l'autorità giurisdizionale; o, in mancanza, quella di cui i due coniugi sono cittadini nel momento in cui è adita l'autorità giurisdizionale; o, in mancanza, quella in cui è adita l'autorità giurisdizionale.**
Pare opportuno precisare che anche il Regolamento 1259/2010 è stato adottato a mezzo di quel peculiare modello di collaborazione europea, che si definisce *cooperazione rafforzata*, con la conseguente applicabilità delle rela-

tive disposizioni nei soli Stati che vi hanno aderito, tra cui Belgio, Bulgaria, Germania, Spagna, Francia, Italia, Lettonia, Lussemburgo, Ungheria, Malta, Austria, Portogallo, Romania e Slovenia.

▶ LA GIURISPRUDENZA PIÙ SIGNIFICATIVA
L'AMBITO DI APPLICAZIONE DELL'ART. 10 DEL REGOLAMENTO N. 1259/2010.

La **Corte di giustizia dell'Unione europea con la sentenza del 16 luglio 2020** (causa C-249/19, C-249-19 divorzio) ha chiarito che *nel caso di divorzio transnazionale, la legge di uno Stato membro richiamata da un regolamento Ue va applicata anche se contiene condizioni più restrittive rispetto a quella del foro, poiché questa situazione non può essere assimilata al caso in cui in un ordinamento non sia previsto il divorzio*. Nel caso di specie, i tribunali rumeni, competenti in base al Reg. n. 2201/2003, avevano ritenuto applicabile la legge italiana per regolare il divorzio, poiché la residenza abituale dei coniugi era in Italia (art. 8 del Reg. n. 1259/2010). In base a tale legge, però, la domanda veniva respinta, atteso che secondo tale legge era necessario che a monte vi fosse l'omologazione della separazione per accedere al divorzio. Il provvedimento veniva impugnato da un coniuge, ritenendo che, a causa delle limitazioni imposte dalla legge italiana, avrebbe dovuto applicarsi la legge rumena ai sensi dell'art. 10 del Reg. 1259/2010, secondo cui *qualora la legge applicabile ai sensi dell'articolo 5 o dell'articolo 8 non preveda il divorzio o non conceda a uno dei coniugi, perché appartenente all'uno o all'altro sesso, pari condizioni di accesso al divorzio o alla separazione personale, si applica la legge del foro*. La Corte di Giustizia ha tuttavia sconfessato tale tesi, specificando che *l'articolo 10 del regolamento si applica unicamente alle situazioni in cui la legge straniera applicabile non prevede il divorzio in alcuna forma*.

Il legislatore comunitario ha dettato un'apposita disciplina anche in materia di *competenza, riconoscimento ed esecuzione delle decisioni in materia matrimoniale e di responsabilità genitoriale*, elaborando dapprima il Regolamento 2201/2003, a decorrere dal 1 agosto 2022, destinato ad essere sostituito dal **Regolamento n. 1111/2019 (c.d. Regolamento Europeo della Famiglia o Bruxelles II ter)**, relativo anche alla sottrazione internazionale di minori (su cui v. *infra* Capitolo III, sez. II, par. 2, lett. E).

■ D) Il riconoscimento delle sentenze straniere di divorzio.

Ulteriore problematica di carattere essenziale in materia matrimoniale è quella concernente l'individuazione dei limiti entro cui sia ammissibile il riconoscimento nel nostro ordinamento delle sentenze straniere di divorzio.

Sulla soluzione della questione ha notevolmente inciso l'entrata in vigore della *l. 898/1970*, introduttiva dell'istituto del divorzio in Italia. Anteriormente a tale legge, nell'ordinamento italiano vigeva il *principio della indissolubilità del matrimonio*. Ciò comportava l'assoluta impossibilità di dare applicazione in Italia a norme straniere che contemplassero istituti (come il divorzio), diretti a consentire lo scioglimento volontario del relativo vincolo. Tuttavia, la giurisprudenza riteneva pienamente riconoscibili sentenze di divorzio, emesse da autorità straniere nei confronti di cittadini stranieri. Ciò era possibile in virtù del principio secondo cui l'ordine pubblico internazionale opera con minore intensità ove, più che a dare applicazione a norme straniere con esso incompatibili, debba procedersi al mero riconoscimento di atti sulla base delle stesse emanati (v. Parte I, Sez. VI). Era, invece, inammissibile il riconoscimento di sentenze di divorzio, emesse da autorità straniere nei confronti di cittadini italiani, che avessero contratto matrimonio all'estero.

TI RICORDI CHE...

Si parla di *funzionamento "attenuato" del limite dell'ordine pubblico internazionale* ogni volta che si tratti di recepire nell'ordinamento interno atti o sentenze straniere i cui effetti si siano già prodotti nei rispettivi sistemi giuridici di appartenenza?

Con l'introduzione del divorzio per effetto della l. 898/1970, l'assetto normativo è stato radicalmente stravolto. In particolare, il legislatore ha definitivamente sconfessato il principio della indissolubilità del matrimonio, comportando:

- da un lato, *l'applicabilità diretta delle norme straniere in materia di divorzio* anche nel nostro ordinamento, non potendosi più invocare il limite dell'ordine pubblico internazionale;
- dall'altro, *la piena ammissibilità del riconoscimento delle sentenze straniere di divorzio*, non solo nei confronti di cittadini stranieri, ma anche di cittadini italiani.

Tuttavia, *non deve ritenersi del tutto esclusa l'operatività del limite dell'ordine pubblico in materia di divorzio*. È possibile, infatti, che la normativa straniera cui debba darsi applicazione, o alla luce della quale sia stata emanata la sentenza da riconoscere, si ponga in contrasto con altri valori e principi fondamentali dell'ordinamento italiano (si pensi alla legge estera che ammetta il divorzio sulla base del mero ripudio unilaterale del marito, o che escluda qualsiasi obbligo alimentare successivamente allo scioglimento del vincolo).

Di certo non può negarsi il riconoscimento della sentenza straniera per il solo fatto di essere stata pronunciata sulla base di motivi, non contemplati dal diritto italiano.

▶ LA GIURISPRUDENZA PIÙ SIGNIFICATIVA

LA RICONOSCIBILITÀ DELLE SENTENZE STRANIERE DI DIVORZIO PRONUNCIATE SENZA LA PREVIA SEPARAZIONE DEI CONIUGI.

Di recente la giurisprudenza (Sez. 1 -, Ordinanza n. 12473 del 21/05/2018) ha ammesso la riconoscibilità nel nostro ordinamento delle sentenze straniere di divorzio pronunciate senza la previa separazione personale dei coniugi, atteso che *La regola del diritto straniero secondo cui il divorzio può essere pronunciato senza la previa separazione personale dei coniugi, ed il decorso di un periodo di tempo adeguato a consentire loro di ritornare sulla decisione assunta, non costituisce ostacolo al riconoscimento in Italia della sentenza straniera per quanto concerne il rispetto dell'ordine pubblico, richiesto dall'art. 64, comma 1, lett. g), della l. n. 218 del 1995, essendo a tal fine necessario, ma anche sufficiente, che il divorzio segua all'accertamento dell'irreparabile venir meno della comunione di vita tra i coniugi.*

A seguito dell'introduzione dell'istituto del divorzio, in Italia è ammesso il riconoscimento anche di sentenze di divorzio, inerenti matrimoni celebrati in forma concordataria: l'art. 2 della legge sul divorzio, infatti, riconosce al giudice italiano il potere di far cessare gli effetti civili dei matrimoni concordatari, ponendo nel nulla la *c.d. riserva di giurisdizione*, riconosciuta rispetto a tali matrimoni ai tribunali ecclesiastici.

4. La filiazione.

La *filiazione* coincide con *il rapporto che intercorre tra il genitore e le persone da lui procreate.*
A seguito del **d.lgs. 28 dicembre 2013, n. 154**, emesso in attuazione della **l. 10 dicembre 2012, n. 219**, recante la c.d. *riforma della filiazione*, anche in

ambito internazionalprivatistico è stato introdotto *il principio della uguaglianza tra i figli*.
La novella, in sostanza, ha espunto dall'ordinamento qualunque distinzione tra filiazione c.d. *legittima* (procreazione avvenuta durante il matrimonio) e filiazione c.d. *naturale* (procreazione avvenuta al di fuori del matrimonio), introducendo una disciplina unitaria.
Al fine di assicurare l'effettività della riforma anche rispetto ai rapporti a carattere transnazionale si sono espressamente qualificate come *norme di applicazione necessaria quelle del diritto italiano che sanciscono l'unicità dello stato di figlio* (art. 33, 4° comma, l. 218/1995, su cui v. *supra*, Sez. VI, par. 1.C1).
Attualmente la disciplina in materia di filiazione è contenuta nei novellati *artt. 33-37* della l. 218/1995.

Importanza di carattere essenziale assumono altresì il **Regolamento Ce 2201/2003** sulla *responsabilità genitoriale*, **a decorrere dal 1 agosto 2022 sostituito dal Regolamento Ce n. 1111/2019 (c.d. Regolamento Europeo della Famiglia o Bruxelles II ter)**, la **Convenzione dell'Aja del 1961** in materia di *protezione dei minori* e la **Convenzione dell'Aja del 1973** sugli *obblighi alimentari*.
Per la portata del fenomeno del rinvio in tema di filiazione v. Sez. IV, par. 2.D4).

TI RICORDI CHE...

Il rinvio c.d. *oltre* e il rinvio c.d. *indietro* ai sensi dell'art. 13 della l. 218/1995 non sono in grado di operare in materia di filiazione, legittimazione e riconoscimento del figlio naturale, ove il *loro funzionamento determini l'esclusione del rapporto di filiazione* (c.d. rinvio *in favorem*)?

A) La disciplina originaria.

Nel sistema originario di d.i.p. della filiazione si occupava l'*art. 20 delle preleggi*. Tale norma individuava la legge applicabile in *quella nazionale del padre*.
La scelta del legislatore fu considerata illegittima dalla Corte Costituzionale (sent. n. 477/1987), nella parte in cui attribuiva prevalenza alla sola legge di

appartenenza del padre, non considerando l'uguaglianza dei genitori nel contesto familiare e le esigenze di tutela della posizione del figlio, eventualmente di diversa nazionalità.

A seguito della pronuncia della Corte, non è stata predisposta immediatamente una nuova disciplina, lasciando agli interpreti la risoluzione del problema concernente l'individuazione della legge applicabile ai rapporti di filiazione che presentassero elementi di estraneità.

B) La disciplina attuale: le innovazioni introdotte a seguito della c.d. riforma della filiazione (l. 219/2012 - d.lgs. 154/2013).

Il legislatore con la l. 218/1995 ha assunto una posizione pienamente conforme alle indicazioni della Corte Costituzionale, da ultimo confermata anche in sede di riforma. Ai sensi degli **artt. 33-37** della l. 218/1995, **così come riscritti dal d.lgs. 154/2013**, i rapporti di filiazione sono regolati preminentemente dalla *legge nazionale del figlio*. In particolare, tale normativa disciplina in via principale:

- lo *stato di figlio*, nonché *i presupposti e gli effetti di accertamento e contestazione di tale stato* (art. 33);
- le *condizioni per il riconoscimento* del figlio (art. 35);
- i *rapporti tra genitori e figli*, e la *responsabilità genitoriale* (art. 36).

Pare opportuno precisare che a seguito del citato decreto n. 154/2013:
- **sono di applicazione necessaria le norme del diritto italiano che sanciscono l'unicità dello stato di figlio** (v. art. 101, comma 1, lett.);
- *risulta abrogato l'istituto della legittimazione di cui all'art. 34*, stante la sua ontologica incompatibilità con il *principio dell'uguaglianza tra i figli* (v. art. 106, comma 1, lett. c);
- **è stata soppressa la parola "naturale" nella rubrica dell'art. 35** (*riconoscimento di figlio naturale*), stante la sua incompatibilità col medesimo principio (v. art. 101, comma 1, lett. b), d.lgs. 154/2013);
- **sono state sostituite le parole "potestà dei genitori" con "responsabilità genitoriale" nel testo dell'art. 36** (*rapporti tra genitori e figli*) (v. art. 101, comma 1, lett. c);
- **è stata soppressa la parola "legittimo" nel primo comma dell'art. 38** (*adozione*), stante l'abrogazione dell'istituto della legittimazione (v. art. 101, comma 1, lett. e).

In omaggio al c.d. *favor filiationis*, è ammissibile *l'applicazione di una legge diversa da quella nazionale del figlio, ove da essa possano derivare vantaggi in suo favore*. In tale ottica si è mosso il legislatore quando ha stabilito che:

- lo *stato di figlio*, nonché *i presupposti e gli effetti dell'accertamento e della contestazione di tale stato*, possono essere regolati dalla **legge dello Stato di cui uno dei genitori è cittadino al momento della nascita, ove più favorevole** (art. 33, 1° comma, nuova formulazione), dovendo applicarsi la legge italiana solo qualora la legge, così individuata, non ne permetta l'accertamento o la contestazione (art. 33, 2° comma, nuova formulazione).
- le *condizioni per il riconoscimento del figlio* sono regolate dalla **legge nazionale del soggetto che fa il riconoscimento nel momento in cui questo avviene**, se più favorevole, dovendo tuttavia applicarsi la legge italiana nel caso in cui, né la legge nazionale del figlio, né quella del genitore, prevedano il riconoscimento (art. 35, comma 1, nuova formulazione).

La *capacità del genitore di fare il riconoscimento*, invece, rimane regolata dalla sua legge nazionale; mentre la *forma del riconoscimento* è regolata dalla legge dello Stato in cui esso è fatto o da quella che ne disciplina la sostanza: il legislatore della riforma, in sostanza, si è limitato a confermare la pregressa normativa in materia.

▶ LA GIURISPRUDENZA PIÙ SIGNIFICATIVA

AMMISSIBILITÀ DEL RICONOSCIMENTO DI FIGLI NATI DA RELAZIONI EXTRAMATRIMONIALI.

In materia di riconoscimento del figlio naturale, la giurisprudenza (Cass. n. 27592/2006) ha ritenuto in contrasto con l'ordine pubblico internazionale la normativa straniera, che preclude al genitore il riconoscimento del figlio nato da una relazione extramatrimoniale: *"in tema di capacità di fare il riconoscimento del figlio (...) il principio di ordine pubblico internazionale che riconosce il diritto alla acquisizione dello "status" di figlio naturale a chiunque sia stato concepito, indipendentemente dalla natura della relazione tra i genitori, costituisce un limite generale all'applicazione della legge straniera (nella specie, egiziana, recepente in materia di "statuto personale" il diritto islamico) che, attribuendo all'uomo la paternità solo nell'ipotesi in cui il figlio sia stato generato in un "rapporto lecito", preclude al padre di riconoscere il figlio nato da una relazione extramatrimoniale".*

Per ciò che concerne *i rapporti tra genitori e figli* (art. 36), risulta confermata in sede di riforma la scelta per l'operatività della legge nazionale del figlio, stante la necessità di assicurare l'applicazione di una normativa, che sia il più vicina possibile a questi, seguendone gli eventuali cambi di cittadinanza.
La medesima normativa si applicherà anche per la regolamentazione della c.d. *responsabilità genitoriale*, a seguito della novella non potendo più parlarsi di *potestà dei genitori*. Ove, tuttavia, sussista la necessità di una vera e propria *tutela* del minore, opereranno i criteri di collegamento fissati dall'art. 42 in materia di protezione degli incapaci.
Tra le principali novità introdotte dal d.lgs. 154/2013 l'**art. 36 *bis*, che impone l'operatività in ogni caso, nonostante il richiamo ad altra legge, delle norme del diritto italiano** che: a) *attribuiscono ad entrambi i genitori la responsabilità genitoriale*; b) *stabiliscono il dovere di entrambi i genitori di provvedere al mantenimento del figlio*; c) *attribuiscono al giudice il potere di adottare provvedimenti limitativi o ablativi della responsabilità genitoriale in presenza di condotte pregiudizievoli per il figlio* (sulla portata di tale disposizione v. *supra*, Sez. VI, par. 1.C1).
La *giurisdizione in materia di filiazione* trova la propria disciplina nell'art. 37, il quale stabilisce che la competenza del giudice italiano sussiste, oltre che nei casi previsti rispettivamente da gli artt. 3 e 9, anche *quando uno dei genitori o il figlio è cittadino italiano o risiede in Italia*.

▶ LA GIURISPRUDENZA PIÙ SIGNIFICATIVA

LA LEGGE APPLICABILE AI REQUISITI DI AMMISSIBILITÀ DELL'AZIONE DI RICONOSCIMENTO DELLA PATERNITÀ.

La giurisprudenza (Cass. n. 2791/2002) ha chiarito che *la verifica dei requisiti di ammissibilità dell'azione di riconoscimento (o disconoscimento) della paternità*, non deve condursi alla luce della *lex fori* (*id est*: legge italiana), dovendo tali requisiti farsi rientrare nell'ambito dei *presupposti dell'accertamento (o disconoscimento) della paternità*, rispetto ai quali l'art. 33 impone l'operatività della legge nazionale del figlio al momento della nascita. Si è così ammessa l'azione esperita da una cittadina del Camerun nell'interesse della figlia, per ottenere il riconoscimento della paternità naturale da un cittadino italiano, anche se proposta ad oltre due anni dalla nascita (nonostante il termine di un anno previsto dalla legge italiana).

C) La trascrizione degli atti stranieri in materia di filiazione: i problemi in punto di figlia nati da coppie omosessuali e a mezzo di tecniche di c.d. fecondazione artificiale.

Anche in tema di filiazione si è posto il problema della **trascrivibilità degli atti stranieri, validamente formati in base a normative di dubbia compatibilità con l'ordine pubblico internazionale.**
Si pensi alla discussa **riconoscibilità e trascrivibilità nei registri dello stato civile italiano degli atti stranieri, attestanti la filiazione nei confronti di coppie omosessuali,** nonché alla parimenti controversa **riconoscibilità e trascrivibilità nei registri dello stato civile italiano degli atti stranieri, attestanti la nascita di un figlio a seguito dell'utilizzo di tecniche di fecondazione artificiale vietate in Italia, quali la c.d. fecondazione eterologa** (in cui uno o entrambi i gameti provengono da soggetti esterni alla coppia, ammessa nel nostro ordinamento per le sole coppie di sesso diverso, sposate o conviventi con diagnosi di infertilità, a seguito della dichiarazione di parziale incostituzionalità del divieto di cui all'art. 4, 3° co., legge n. 40/2004 (v. Corte Cost. sentenza n. 162/2014); o **la c.d. maternità surrogata** (in cui la gravidanza viene portata a termine su incarico di una coppia da una donna estranea, con obbligo di riconsegna del bambino), dal nostro legislatore per converso radicalmente vietata e penalmente sanzionata ai sensi dell'art. 12, 6° co., legge n. 40/2004.

C1) La trascrivibilità in Italia degli atti stranieri attestanti la filiazione nei confronti di coppie omosessuali.

Si tratta, invero, di problematica ormai risolta in termini positivi dalla giurisprudenza, da tempo pronunciatasi nel senso di ritenere **riconoscibile in Italia un atto di nascita straniero, validamente formato, dal quale risulti che il nato è figlio di due donne**, *atteso che non esiste, a livello di principi costituzionali primari, come tali di ordine pubblico ed immodificabili dal legislatore ordinario, alcun divieto, per le coppie omosessuali, di accogliere e generare figli, venendo in rilievo la fondamentale e generale libertà delle persone di autodeterminarsi e di formare una famiglia a condizioni non discriminatorie rispetto a quelle consentite dalla legge alle coppie eterosessuali* (v. Cass. n. 19599/2016).
Più di recente le Sezioni Unite **hanno escluso che sia da ricondurre a principio fondamentale dell'ordinamento l'eterosessualità della coppia nella**

definizione dei limiti al riconoscimento di atti stranieri relativi a status filiali, sancendo *la non contrarietà ai principi di ordine pubblico internazionale del riconoscimento degli effetti del provvedimento giurisdizionale straniero di adozione di minore da parte di coppia omoaffettiva maschile che attribuisca lo "status" genitoriale secondo il modello dell'adozione piena,* **non costituendo elemento ostativo il fatto che il nucleo familiare sia omogenitoriale, ove sia esclusa la preesistenza di un accordo di surrogazione di maternità a fondamento della filiazione** (v. **Sez. U -, Sentenza n. 9006 del 31/03/2021**; nonché infra par. C2.2).

C2) La trascrivibilità in Italia dell'atto di nascita del figlio nato a mezzo di tecniche di c.d. fecondazione artificiale.

La questione ha assunto notevole rilevanza, poiché i divieti imposti dalla legge italiana hanno indotto diverse coppie, ivi comprese quelle omosessuali, a recarsi all'estero per fruire di tali tecniche (c.d. **turismo riproduttivo**), ponendo al rientro il problema della riconoscibilità e trascrivibilità degli atti di nascita e riconoscimento, ivi formati.

C2.1) La trascrivibilità in Italia dell'atto di nascita del figlio nato da una coppia omosessuale a mezzo di fecondazione eterologa.

Quanto alla fecondazione eterologa, la menzionata caducazione del divieto per le sole coppie etero, ormai pienamente legittimate, in presenza dei requisiti normativamente richiesti, a ricorrere a tale tecnica, ha lasciato inalterata la problematica concernente **la trascrivibilità in Italia dell'atto di nascita del figlio nato da una coppia omosessuale a mezzo di procreazione assistita di tipo eterologo,** con particolare riferimento **alla riconoscibilità del rapporto di filiazione con il c.d. genitore intenzionale.**

La giurisprudenza ha da ultimo chiarito come sia necessario operare una distinzione, evidenziando come nel caso di nascita in Italia tale trascrizione risulti vietata (v. Sez. 1, Sentenze nn. 23320-21 del 2021), restando invece possibile nel caso di nascita all'estero, nonostante l'assenza di un legame biologico con il genitore intenzionale munito della cittadinanza italiana (Sez. 1, Sentenza n. 23319 del 2021).

A fondamento della distinzione, la diversa nozione di *ordine pubblico* da prendersi in considerazione: **nel caso di minore cittadino straniero** (nella fattispecie considerata dalla sentenza n. 23319/2021 nato all'estero da una cittadina britannica) infatti **il riconoscimento del rapporto di filiazione con** la genitrice c.d. intenzionale è necessariamente subordinato alla verifica della compatibilità con i principi del solo ordine pubblico c.d. "**internazionale**" **e non interno**, con la conseguente non ravvisabilità di "*alcuna contraddizione tra il riconoscimento del rapporto di filiazione risultante dall'atto di nascita formato all'estero e l'esclusione di quello derivante dal riconoscimento effettuato in Italia, la cui efficacia dev'essere valutata alla stregua della disciplina vigente nel nostro ordinamento*" interno, atteso che il mero riconoscimento dell'atto straniero "*non fa venir meno l'estraneità dello stesso all'ordinamento italiano, il quale si limita a consentire la produzione dei relativi effetti, così come previsti e regolati dall'ordinamento di provenienza, nei limiti in cui la relativa disciplina risulti compatibile con i principi di ordine pubblico internazionale*".

Nella medesima prospettiva, si è sancito che *In caso di concepimento all'estero mediante l'impiego di tecniche di procreazione medicalmente assistita di tipo eterologo, voluto da coppia omoaffettiva femminile, la domanda volta ad ottenere la formazione di un atto di nascita recante quale genitore del bambino,* **nato in Italia***, anche il c.d. genitore intenzionale, non può trovare accoglimento, poiché il legislatore ha inteso limitare l'accesso a tali tecniche alle situazioni di infertilità patologica, fra le quali non rientra quella della coppia dello stesso genere; non può inoltre ritenersi che l'indicazione della doppia genitorialità sia necessaria a garantire al minore la migliore tutela possibile, atteso che, in tali casi, l'adozione in casi particolari si presta a realizzare appieno il preminente interesse del minore alla creazione di legami parentali con la famiglia del genitore adottivo, senza che siano esclusi quelli con la famiglia del genitore biologico, alla luce di quanto stabilito dalla sentenza della Corte cost. n. 79 del 2022* (Sez. 1 -, Ordinanza n. 22179 del 13/07/2022).

▶ LA GIURISPRUDENZA PIÙ SIGNIFICATIVA

LA RETTIFICAZIONE NEI REGISTRI ITALIANI DEGLI ATTI STRANIERI ATTESTANTI LA FILIAZIONE NEI CONFRONTI DI COPPIE OMOSESSUALI A SEGUITO DI FECONDAZIONE ETEROLOGA

In applicazione delle suddette coordinate ermeneutiche si è da ultimo affermato che *In caso di concepimento all'estero mediante l'impiego di tecniche di procreazione medicalmente assistita di tipo eterologo, voluto da coppia omoaffettiva femminile, deve essere rettificato l'atto di nascita del minore,* **nato in Italia***, che indichi quale madre, oltre alla donna che ha partorito, l'altra componente la coppia quale* *madre intenzionale, poiché il legislatore ha inteso limitare l'accesso a tali tecniche di procreazione medicalmente assistita alle situazioni di infertilità patologica, alle quali non è equiparabile l'infertilità della coppia omoaffettiva, né può invocarsi un'interpretazione costituzionalmente orientata dell'art. 8 l. n. 40 del 2004, non potendosi ritenere tale operazione ermeneutica imposta dalla necessità di colmare in via giurisprudenziale un vuoto di tutela che richiede, in una materia eticamente sensibile, necessariamente l'intervento del legislatore* (Sez. 1 -, Ordinanza n. 7413 del 07/03/2022).

Di contro, si è specularmente affermato che *Nel caso di minore concepita mediante l'impiego di tecniche di procreazione medicalmente assistita di tipo eterologo e nata in Italia, non è accoglibile la domanda di rettificazione dell'atto di nascita volta ad ottenere l'indicazione in qualità di madre della bambina, accanto a quella che l'ha partorita, anche della donna cui è appartenuto l'ovulo poi impiantato nella partoriente, poiché in contrasto con l'art. 4, comma 3, della l. n. 40 del 2004, che esclude il ricorso alle predette tecniche da parte delle coppie omosessuali, anche in presenza di un legame genetico tra il nato e la donna sentimentalmente legata a colei che ha partorito* (Sez. 1 -, Ordinanza n. 6383 del 25/02/2022).

C2.2) La trascrivibilità in Italia dell'atto di nascita del figlio nato da una coppia omosessuale a mezzo di maternità surrogata.

Quanto alla maternità surrogata, la citata persistenza del relativo divieto (art. 12, 6° co., legge n. 40/2004), ha per converso indotto le Sezioni Unite a negare a più riprese **la trascrivibilità in Italia dell'atto di nascita del figlio nato da una coppia omosessuale a mezzo di maternità surrogata e, per l'effetto, il riconoscimento del rapporto di filiazione con il c.d. genitore intenzionale**

Nella fattispecie considerata, due uomini, già uniti in matrimonio in Canada nel 2008 e residenti a Trento, avevano avuto due gemelli **a seguito di maternità surrogata**, con contestuale riconoscimento – in Canada – della paternità, prima del solo padre donatore del materiale genetico (provvedimento trascritto in Italia) e, poi, anche dell'altro genitore.

La trascrizione di tale ultimo atto (*id est*: del riconoscimento – avutosi in Canada – della co-genitorialità della coppia) veniva però rifiutata dall'Ufficiale di stato civile italiano, *per contrarietà all'ordine pubblico, dovendo i genitori, secondo la normativa vigente, essere necessariamente di sesso diverso*.

Di diverso avviso la Corte d'Appello competente, tempestivamente adita dagli interessati, che, affermando la trascrivibilità dell'atto, ha dato rilievo alla già citata decisione (Cass. Civ. n. 19599/2016), pronunciatasi a favore del riconoscimento in Italia dell'atto di nascita straniero di un bimbo nato da due madri (una che l'aveva partorito e l'altra che aveva donato l'ovulo, per

assenza di contrasti con l'ordine pubblico ricavabile dalla Costituzione, dai Trattati e dalla Carta dei diritti fondamentali UE, nonché dalla CEDU.
La pronuncia è stata tuttavia impugnata dinanzi alla Corte di Cassazione, perché basata su di una **nozione molto circoscritta di ordine pubblico internazionale**, fatta propria dalla citata sentenza n. 19599 del 2016 e **riferibile unicamente ai principi supremi o fondamentali della Carta costituzionale, con esclusione di leggi di rango ordinario comunque costituenti esercizio di discrezionalità legislativa, tra cui quella sulle unioni civili** (*id est*: l. n. 76/2016, *che preclude l'applicabilità a questo tipo di unione delle norme sulla filiazione e sulla responsabilità genitoriale*), **e quella sulla fecondazione assistita** (*id est*: l. n. 40/2004, *che pone limiti rigorosi all'accesso alle tecniche di fecondazione assistita e infligge sanzioni, anche penali, per la surrogazione di maternità*), entrambe deponenti nel senso che *in materia di filiazione il principio cui conformarsi è quello secondo cui il figlio è discendente di persone di sesso diverso*.
Sussistendo pertanto presso la medesima Corte contrasto sulla nozione di ordine pubblico internazionale, tra chi richiama la sola Costituzione, il diritto comunitario e i trattati internazionali, e chi fa riferimento pure alle leggi ordinarie interne, in piena coerenza con quanto sostenuto con la pronuncia n. 16601 del 2017 relativa all'ingresso in Italia di decisioni concernenti i c.d. danni punitivi (v. supra, Cap. I., Sez. VI, par. 3, lett. D3) la questione è stata rimessa alle Sezioni Unite.
Il Supremo Consesso ha (v. *Sez. U*, **Sentenza n.** 12193 *del 08/05/2019*) composto il contrasto, aderendo a tale ultima impostazione e precisando che *la compatibilità con l'ordine pubblico, ai sensi dell'art. 64, comma 1, lett. g), della l. n. 218 del 1995, deve essere valutata, non solo alla stregua dei princìpi fondamentali della Costituzione e di quelli consacrati nelle fonti internazionali e sovranazionali,* ***ma anche del modo in cui detti princìpi si sono incarnati nella disciplina ordinaria dei singoli istituti e dell'interpretazione fornitane dalla giurisprudenza costituzionale e ordinaria, la cui opera di sintesi e ricomposizione dà forma a quel diritto vivente, dal quale non può prescindersi nella ricostruzione della nozione di ordine pubblico,*** *quale insieme dei valori fondanti dell'ordinamento in un determinato momento storico.*
Sulla base di tale presupposto, le Sezioni Unite hanno espressamente negato la trascrivibilità degli atti in questione, evidenziano come ***Il riconoscimento dell'efficacia di un provvedimento giurisdizionale straniero, con il quale sia stato accertato il rapporto di filiazione tra un minore nato all'estero mediante il ricorso alla maternità surrogata e il genitore d'intenzione munito***

della cittadinanza italiana, trova ostacolo nel divieto di surrogazione di maternità, previsto dall'art. 12, comma 6, della l. n. 40 del 2004, qualificabile come principio di ordine pubblico, in quanto posto a tutela di valori fondamentali, quali la dignità della gestante e l'istituto dell'adozione; la tutela di tali valori, non irragionevolmente ritenuti prevalenti sull'interesse del minore, nell'ambito di un bilanciamento effettuato direttamente dal legislatore, al quale il giudice non può sostituire la propria valutazione, non esclude peraltro la possibilità di conferire comunque rilievo al rapporto genitoriale, mediante il ricorso ad altri strumenti giuridici, quali l'adozione in casi particolari, prevista dall'art. 44, comma 1, lett. d), della l. n. 184 del 1983 (v. *Sez. U, Sentenza n. 12193 del 08/05/2019*).

In continuità con il predetto orientamento, le medesime Sezioni Unite hanno da ultimo affermato che **la riconoscibilità del provvedimento giurisdizionale straniero di adozione di minore da parte di coppia omoaffettiva maschile deve essere esclusa solo in caso di** *preesistenza di un accordo di surrogazione di maternità a fondamento della filiazione* (v. Sez. U., Sentenza n. 9006 del 31/03/2021).

In particolare, il Supremo Consesso ha specificato come *la differenza di genere per le coppie omogenitoriali maschili costituisce un discrimine soltanto se il progetto genitoriale comune si fonda sul ricorso alla gestazione per altri (Cass., S.U., 12193 del 2019)* pur essendo espressamente previsto che il preminente interesse del minore possa essere garantito, anche in questa ipotesi, mediante l'adozione in casi particolari.

Sul rapporto tra il preminente interesse del minore e la *"legittima finalità di disincentivare il ricorso ad una pratica che l'ordinamento italiano considera illegittima ed anzi meritevole di sanzione penale"* è intervenuta altresì la **sentenza della Corte Costituzionale n. 33 del 2021** con la quale è stato riaffermato *il margine di apprezzamento degli Stati nel non consentire la trascrizione di atti di stato civile o provvedimenti giudiziari stranieri che fondino gli status genitoriali sulla surrogazione di maternità, pur sottolineando l'esigenza di un sistema di tutela del minore più efficace che non quello garantito dall'adozione in casi particolari.*

In linea con i citati arresti sono nuovamente intervenute le Sezioni Unite, le quali, nel ritenere **la maternità surrogata, quali che siano le modalità della condotta e gli scopi perseguiti,** una pratica che *offende in modo intollerabile la dignità della donna e mina nel profondo le relazioni umane*, hanno ribadito **la non trascrivibilità del** *provvedimento giudiziario straniero, e a fortiori* dell'*originario atto di nascita, che indichi quale genitore del bambino il genitore d'intenzione, che insieme al padre biologico ne ha voluto* *la nascita ricorrendo alla surrogazione nel Paese estero, sia pure in conformità della lex loci*, chiarendo tuttavia come *l'ineludibile esigenza di assicurare al bambino nato da maternità surrogata gli stessi diritti degli altri bambini nati in condizioni diverse* **debba** *allo stato dell'evoluzione dell'ordinamento* **essere** *garantita attraverso l'adozione in casi particolari, ai sensi dell'art. 44, comma 1, lett. d), L. 4 maggio 1983, n. 184*, atteso **che** *l'adozione rappresenta lo strumento che consente di dare riconoscimento giuridico, con il conseguimento dello status di figlio, al legame di fatto con il partner del genitore genetico che ha condiviso il disegno procreativo e ha concorso nel prendersi cura del bambino sin dal momento della nascita* (Sez. U., sentenza n. 38162 del 30 dicembre 2022).

5. Le obbligazioni alimentari nella famiglia.

Nell'ambito del d.i.p., le **obbligazioni alimentari nella famiglia** coincidono con *l'insieme delle prestazioni di natura patrimoniale che trovano la propria causa in un rapporto familiare.*

L'ampiezza della nozione rende evidente la non coincidenza con il diverso istituto degli *alimenti* del diritto italiano che, al massimo, ne risulta assorbito. Detto altrimenti, gli alimenti costituiscono una delle diverse tipologie di rapporti obbligatori, che possono ricondursi all'ampia categoria delle obbligazioni alimentari nella famiglia, tipica del diritto internazionale privato.
La materia trova la propria disciplina nell'*art. 45* della l. 218/1995, che faceva espresso riferimento alla Convenzione dell'Aja del 2 ottobre 1973 sulla legge applicabile alle obbligazioni alimentari.
In attuazione della delega di cui all'art. 1, comma 28, lett. b) della già citata **l. n. 76/2016** (c.d. **legge Cirinnà**), è stato tuttavia emanato **il decreto legislativo 19 gennaio 2017 n. 7, in vigore dall'11/02/2017**, recante **la riscrittura dell'art. 45, in tema di obbligazioni alimentari nella famiglia.**
La scelta del legislatore delegato è stata quella di espungere qualunque richiamo alla Convenzione dell'Aja, e di assoggettare le predette obbligazioni **alla legge designata dal** *Regolamento n. 4/2009,* avente ad oggetto *la disciplina delle obbligazioni alimentari derivanti da rapporti di famiglia, parentela, affinità e matrimonio* (v. nuovo testo art. 45, di cui all'art. 1, comma 1, lett. b), d.lgs. 19 gennaio 2017, n. 7)
Per effetto di tale recepimento, dunque, le norme di conflitto di matrice comunitaria **troveranno applicazione anche alle fattispecie involgenti rap-**

porti tra cittadini di stati terzi: ai rapporti infracomunitari, infatti, le richiamate disposizioni si sarebbero comunque applicate, per il principio di supremazia del diritto comunitario, su quello interno.

6. La famiglia di fatto.

Con l'espressione *famiglia di fatto* ci si riferisce *al nucleo familiare formato da coppie, non coniugate, che convivono stabilmente, con o senza prole*. Il fenomeno, sempre più diffuso nella realtà sociale, quale autentica scelta di vita, e non come mera situazione transitoria, dovuta al prossimo insorgere e/o dissolversi di un vincolo matrimoniale (si pensi alla convivenza prematrimoniale e/o a quella prodromica all'imminente divorzio), ha posto problemi di notevole rilevanza.

In particolare, si è posta la questione concernente l'individuazione degli strumenti di tutela utilizzabili, non solo dai terzi (figli e creditori) rispetto ai soggetti che si sono accordati per la convivenza, ma anche dagli stessi conviventi in caso di successiva interruzione del legame (si pensi al convivente superstite rispetto ad un atto di assegnazione di un alloggio di edilizia popolare in favore di quello premorto; ovvero alle aspettative del superstite rispetto ad un trattamento di fine rapporto del premorto; etc.).

Il fenomeno ha, da ultimo, trovato un'espressa regolamentazione nell'ambito della **l. n. 76/2016** (c.d. **legge Cirinnà**), che ha dettato un'analitica disciplina in tema di **convivenza di fatto** (v. art. 1, commi 36-65).

Preliminarmente il legislatore ha chiarito come *per «conviventi di fatto» debbano intendersi due persone maggiorenni* (sia omosessuali, che eterosessuali), *unite stabilmente da legami affettivi di coppia e di reciproca assistenza morale e materiale, non vincolate da rapporti di parentela, affinità o adozione, da matrimonio o da un'unione civile*.

Sono stati, poi, previsti ulteriori **diritti ed obblighi reciproci** in capo ai conviventi, sostanzialmente riconducibili a quelli già disciplinati per i coniugi (si pensi *ai reciproci diritti di visita, assistenza e accesso alle informazioni personali in caso di malattia o ricovero; alla possibilità di designare l'altro quale proprio rappresentante; ovvero al diritto di succedere nel contratto di locazione della casa di comune residenza, in caso di decesso dell'altro*).

È stata da ultimo introdotta la possibilità per gli stessi di *disciplinare i rapporti patrimoniali relativi alla loro vita in comune con la sottoscrizione di un* **contratto di convivenza**, *da redigersi in forma scritta, a pena di nullità, con* *atto pubblico o scrittura privata autenticata*, e recante: *a) l'indicazione della residenza; b) le modalità di contribuzione alle necessità della vita in comune, in relazione alle sostanze di ciascuno e alla capacità di lavoro professionale o casalingo*; nonché *c) il regime patrimoniale della comunione dei beni*, a sua volta modificabile *in ogni momento nel corso della convivenza*.

Dei citati contratti il legislatore ha deciso di occuparsi anche da un punto di vista strettamente internazionalprivatistico, **introducendo nella l. 218/1995, dell'art. 30 *bis*, rubricato *Contratti di convivenza*.**

Tale articolo assoggetta tali accordi *alla legge nazionale comune dei contraenti*, ove aventi la stessa cittadinanza, e *alla legge del luogo in cui la convivenza è prevalentemente localizzata*, in caso di diversa cittadinanza (1° comma). Nelle ipotesi di cittadinanza plurima, invece, il riferimento è *alle norme nazionali, europee ed internazionali* che regolano il fenomeno, espressamente fatte salve (2° comma).

7. Le unioni civili.

All'ambito dei rapporti di famiglia attiene anche **l'unione civile tra persone dello stesso sesso**, introdotta e disciplinata, *quale specifica formazione sociale rilevante ex artt. 2 e 3 Cost.*, dalla **l. n. 76/2016** (c.d. legge Cirinnà), **in vigore dal 5/06/2016**.

A) La disciplina dell'istituto.

In estrema sintesi, l'ordinamento ormai consente **a persone maggiorenni dello stesso sesso di costituire**, *a mezzo di una dichiarazione raccolta dall'ufficiale di stato civile in presenza di due testimoni*, **un'unione civile** (art. 1, comma 2), **da cui deriva l'obbligo reciproco all'assistenza morale e materiale, alla coabitazione** (comma 11), nonché **alla contribuzione ai bisogni comuni in funzione delle proprie sostanze e capacità di lavoro professionale e casalingo** (comma 12).

Si tratta, a ben guardare, della risposta fornita dal legislatore alla sempre più sentita esigenza di **assicurare un riconoscimento, anche a livello normativo, alle coppie omosessuali**, nell'ottica di riconnettere alle predette relazioni, ove stabili e durature, l'insorgenza di diritti ed obblighi sostanzialmente analoghi a quelli previsti per le coppie eterosessuali.

La normativa disciplina anche **le *cause impeditive* alla costituzione dell'unione civile** (comma 4), previste *a pena di nullità* (comma 5), identificandole con: a) *la sussistenza, per una delle parti, di un vincolo matrimoniale o di un'unione civile tra persone dello stesso sesso;* b) *l'interdizione di una delle parti per infermità di mente;* c) *la sussistenza tra le parti dei rapporti di rapporti di parentela, affinità ed adozione di cui all'articolo 87, primo comma, del codice civile;* d) *la condanna definitiva di un contraente per omicidio consumato o tentato nei confronti di chi sia coniugato o unito civilmente con l'altra parte.*

Viene altresì sancita **l'impugnabilità** *per vizi del consenso* dell'unione (comma 7), *l'operatività tra le parti delle disposizioni in tema di indegnità a succedere, diritti dei legittimari, successione legittima e divisione ereditaria* (comma 21), nonché identificato, **quale regime patrimoniale di riferimento, quello della** *comunione dei beni*, in mancanza di diversa convenzione (comma 13).

Vengono inoltre espressamente disciplinate **le cause di scioglimento dell'unione civile**, tra cui: *la morte o la dichiarazione di morte presunta di una delle parti* (comma 22), *la sussistenza di uno dei casi previsti dall'articolo 3, numero 1) e numero 2), lettere a), c), d) ed e), della legge n. 898/1970 in tema di divorzio* (comma 23), nonché *l'intervenuta manifestazione, anche disgiunta, della volontà di scioglimento dell'unione dinanzi all'ufficiale di stato civile*, ferma la proponibilità della relativa domanda di scioglimento, decorsi tre mesi (comma 24).

B) La disciplina dettata in ambito internazionalprivatistico.

La vocazione intrinsecamente transnazionale dell'istituto, già conosciuto – seppure in forme analoghe – in buona parte degli ordinamenti stranieri, unitamente al sempre più diffuso fenomeno del *system shopping* (ricerca del sistema giuridico maggiormente favorevole), derivante dal ritardo nell'introduzione dello stesso nel nostro ordinamento, hanno posto l'esigenza di regolamentarne anche gli aspetti strettamente internazionalprivatistici.

Il legislatore non vi ha però provveduto direttamente, conferendo al Governo un'apposita delega, per l'adozione di uno o più decreti legislativi, finalizzati – tra l'altro – alla: *b) modifica e riordino delle norme in materia di d.i.p., prevedendo l'applicazione della disciplina dell'unione civile regolata dalle leggi italiane alle coppie formate da persone dello stesso sesso che abbiano contratto all'estero matrimonio, unione civile o altro istituto analogo* (v. art. 1, comma 28).

In attuazione della predetta delega è stato da ultimo emanato **il decreto legislativo 19 gennaio 2017, n. 7, in vigore dall'11 febbraio 2017**, recante

l'introduzione di **ben quattro nuovi articoli (da 32 *bis* a 32 *quinquies*) nel corpo della l. 218/1995**, di cui pare opportuno riportare i contenuti essenziali.
L'art. 32 *bis*, stabilisce che *il matrimonio contratto all'estero da cittadini italiani con persona dello stesso sesso produce gli effetti dell'unione civile regolata dalla legge italiana.* Alla base di tale disposizione, una *lettura restrittiva* del criterio di delega di cui alla citata lett. b), apparentemente finalizzato a imporre l'applicabilità della disciplina italiana a tutte le unioni (matrimoniali e non) costituite all'estero, a prescindere dalla cittadinanza (italiana o straniera) dei contraenti.
L'applicazione esclusiva e generalizzata della legge italiana a tutte le situazioni create all'estero, infatti, avrebbe posto fuori gioco il d.i.p. e la relativa funzione, dovendo invece interpretarsi la delega nel senso di *evitare comportamenti elusivi della normativa italiana, da parte di cittadini italiani che si rechino all'estero al solo fine di sottrarsi all'operatività della l. n. 76/2016* (c.d. **system shopping**).
In tale ottica, i criteri previsti dal d.i.p. in tema di unioni civili (v. *infra*) opereranno **per le sole situazioni create all'estero da cittadini italiani, abitualmente residenti all'estero e/o da stranieri**, stante la natura *transnazionale* del rapporto, **ma non per le situazioni "*totalmente italiane*" trasformate deliberatamente in "*transnazionali*"**, al solo fine di applicare un regime non previsto in Italia.
L'art. 32 *quinquies*, nella parte in cui sancisce *l'applicabilità della legge italiana all'unione civile o altro istituto analogo, costituiti all'estero da cittadini italiani, abitualmente residenti in Italia,* risponde alle medesime finalità antielusive.
La predetta interpretazione della delega, del resto, risulta imposta, non solo dai *principi costituzionali in tema di tutela dei diritti inviolabili* (artt. 2,3, e 117, 1° comma Cost.), ma anche *dai parametri sovranazionali operanti in materia* (v. artt. 8 e 4 CEDU; e artt. 3, TUE e 26 TFUE, così come richiamati nel **Reg. 2016/1104/UE, sugli effetti patrimoniali delle unioni registrate**, applicabile dal 29 gennaio 2019).
L'art. 32 *ter*, rubricato *Unione civile tra persone maggiorenni dello stesso sesso,* individua *nella legge nazionale di ciascuna parte al momento della costituzione dell'unione* il diritto applicabile alle **unioni civili costituite, anche da stranieri, in Italia, e a quelle costituite all'estero diverse da quelle di cui all'art. 32** *quiquies*.
Viene tuttavia prevista l'operatività della legge italiana, *ogniqualvolta la legge nazionale di riferimento non ammetta l'unione civile,* ad ulteriore garanzia dei diritti inviolabili della persona, ribaditi dalla giurisprudenza costi-

tuzionale (v. sentenza n. 138/2010 e n. 170/2014) e della CEDU (v. sentenza Oliari e altri c. Italia del 21 luglio 2015).
Del pari, si sancisce la natura di **norme di applicazione necessaria delle disposizioni in tema di cause impeditive dell'unione di cui alla l. n. 76/2016** (in larga parte desumibili dagli artt. 85-88 c.c.), senza però escludere l'operatività, ex art. 17 l. 218/1995, di altre norme di tal fatta.
Infine, si chiarisce come *ai fini del nulla osta di cui all'art. 116, 1° comma c.c.*, relativo al matrimonio dello straniero in Italia, *non rilevano gli impedimenti relativi al sesso delle parti*, ritenendosi **contrario all'ordine pubblico** (art. 16, l. 218/1995) **il mancato rilascio del nulla osta ad opera delle autorità straniere per motivi religiosi o connessi all'orientamento sessuale**.
Nella medesima ottica, si consente altresì di ovviare al diniego del nulla osta *per mancato riconoscimento nell'ordinamento straniero dell'unione civile tra persone dello stesso sesso o di analogo istituto*, a mezzo di *un certificato idoneo ad attestare la libertà di stato* o di *una mera dichiarazione sostitutiva*: ancora una volta quindi si garantisce, ad onta delle scelte dei legislatori stranieri, l'esercizio di un diritto costituzionalmente garantito.
La **forma** dell'unione civile deve poi essere disciplinata o *dalla legge del luogo di costituzione*, o *da quella nazionale di almeno una delle parti* o, da ultimo, *da quella dello Stato di comune residenza al momento della costituzione*, da scegliersi in base al criterio del *favor validitatis*.
Ai **rapporti scaturenti dall'unione**, per converso, in piena coerenza con quanto stabilito dal **Reg. 2016/1104/UE, in tema di** *effetti patrimoniali delle unioni registrate*, applicabile a partire dal 29 gennaio 2019 (v. *infra*), dovrà applicarsi la legge *dello Stato di costituzione* o, a richiesta di parte, *quella dello Stato in cui la vita comune è prevalentemente localizzata*, ovvero, su accordo scritto delle parti, *quella di cittadinanza o residenza di almeno una di esse*; mentre alle **obbligazioni alimentari** troverà applicazione l'art. 45, contestualmente riformato (su cui v. *supra* par. 5).
L'art. 32 *quater*, infine, fissa **la giurisdizione italiana in tema di scioglimento, nullità e annullamento dell'unione**, oltre che nei casi previsti dagli artt. 3 e 9, *anche quando l'unione sia costituita in Italia o una delle parti sia cittadina italiana*, ponendosi in un *rapporto di complementarietà (ed integrazione) rispetto ai citati artt. 3 e 9*. La disciplina dello scioglimento, invece, deve rinvenirsi *nella legge applicabile ai sensi dell'espressamente richiamato Reg. 1259/2010/UE in tema di divorzio* (su cui v. *supra*, par. 3), cui, a seguito delle modifiche introdotte dal d.lgs. n. 149/2022, fa ormai espresso riferimento anche l'art. 30, della l. 218/1995, in tema di divorzio e separazione personale.

Per la rilevanza dell'istituto dell'unione civile in punto di **trascrivibilità dei matrimoni tra persone dello stesso sesso celebrati all'estero** (v. *supra*, par. 1, lett. E2), e in punto di **celebrabilità in Italia di matrimoni tra persone dello stesso sesso** (v. *supra*, par. 1, lett. B2), si rinvia quanto riferito nei paragrafi indicati.

▶ LA GIURISPRUDENZA PIÙ SIGNIFICATIVA

IL RICONOSCIMENTO DELLA PENSIONE DI REVERSIBILITÀ A FAVORE DEL SUPERSTITE GIÀ LEGATO DA STABILE CONVIVENZA CON PERSONA DECEDUTA DELLO STESSO SESSO

La richiamata rilevanza dell'istituto dell'unione civile si è da ultimo manifestata in materia di pensione di reversibilità, avendo la Cassazione escluso, nella vigenza della disciplina anteriore all'entrata in vigore della l. n. 76 del 2016, che non può applicarsi retroattivamente, il riconoscimento del suddetto beneficio a favore del superstite già legato da stabile convivenza con persona deceduta dello stesso sesso, atteso che *la mancata inclusione fra i soggetti beneficiari del trattamento di reversibilità della persona unita ad un'altra dello stesso sesso in una relazione deformalizzata trova giustificazione nell'irragionevole nell'impossibilità di contrarre il vincolo matrimoniale, trattandosi di una scelta del legislatore che è espressione del margine di apprezzamento riconosciuto agli Stati* (Sez. 1 -, Ordinanza n. 8241 del 14/03/2022).

■ C) La disciplina comunitaria delle unioni registrate: cenni.

In chiusura, preme dare atto della notevole rilevanza, quantomeno *in materia di regolamentazione dei rapporti patrimoniali scaturenti dalle unioni civili*, del più volte citato **Reg. 2016/1104/UE, attuativo di una cooperazione rafforzata nel settore della competenza, della legge applicabile, del riconoscimento e dell'esecuzione delle decisioni in materia di effetti patrimoniali delle unioni registrate**, in vigore dal 29 luglio 2016, ma **applicabile dal 29 gennaio 2019**.

Tra le unioni registrate oggetto di disciplina, definite come *regime di comunione di vita tra due persone previsto dalla legge, la cui registrazione è obbligatoria a norma di legge e conforme alle formalità giuridiche prescritte da tale legge ai fini della sua creazione* (v. art. 3), **appaiono infatti rientrare anche le unioni civili**, così come da ultimo introdotte e riconosciute nell'ordinamento italiano.

Obiettivo del legislatore comunitario è il superamento, quale *strumento di eliminazione degli ostacoli alla libera circolazione delle persone*, delle difficoltà *che incontrano le coppie in un contesto europeo al momento della divisione del patrimonio comune*, da perseguirsi a mezzo del raggruppamento, in unico testo normativo, delle disposizioni relative *alla competenza, alla legge applicabile, al riconoscimento e all'esecuzione delle decisioni*, operanti *nel contesto degli effetti patrimoniali delle unioni registrate con implicazioni transfrontaliere*, ferma **l'esclusione della materia fiscale, doganale e amministrativa**, nonché degli aspetti attinenti, tra l'altro, *alla capacità giuridica dei partner; all'esistenza, validità e riconoscimento delle unioni registrate; alle obbligazioni alimentari; alla successione mortis causa del partner;* nonché alla *natura dei diritti reali scaturenti dalle unioni e ai requisiti e agli effetti della trascrizione/iscrizione di tali diritti.*

Il Regolamento disciplina **la competenza, la legge applicabile, il riconoscimento, l'esecutività e l'esecuzione delle decisioni giudiziarie**, nonché **gli atti pubblici e le transazioni giudiziarie** in materia di unioni civili registrate. Limitando l'analisi alla sola ricognizione dei principi essenziali, giova in estrema sintesi evidenziare come **la giurisdizione** venga prioritariamente fissata in capo alle autorità dello Stato membro che, al momento dell'azione, risulti *quello di residenza abituale dei partner, o di almeno uno dei due, o del convenuto, dovendo altrimenti attribuirsi a quelle dello Stato di cittadinanza comune o, in mancanza, dello Stato ai sensi della cui legge l'unione sia stata costituita*. È consentito alle parti, **con accordo scritto**, la fissazione della competenza in capo ad uno Stato, che non può però essere diverso da quello *la cui legge sia applicabile ai sensi del Regolamento o ai sensi della cui legge l'unione sia costituita*. In mancanza di uno Stato competente, la giurisdizione è rimessa eccezionalmente *allo Stato membro con cui l'unione presenti sufficienti collegamenti* (c.d. **forum necessitatis**).

Quanto alla **legge applicabile**, essa opererà *anche ove non sia quella di uno Stato membro* (c.d. **applicazione universale**) e dovrà applicarsi *alla totalità dei beni coinvolti dall'unione, a prescindere da dove si trovino* (c.d. **unità della legge applicabile**), disciplinando, non solo il regime giuridico di tali beni, ma anche l'insieme dei diritti ed obblighi dei partner rispetto agli stessi, anche verso i terzi, e ivi compreso lo scioglimento dell'unione stessa. I criteri di collegamento previsti, operanti in assenza della volontà delle parti, cui è comunque consentito, **con accordo scritto ad efficacia ordinariamente non retroattiva**, di individuare la legge applicabile agli, rimandano innanzitutto *alla legge ai sensi della quale l'unione stessa è stata costituita*.

In punto di **riconoscimento ed esecutività delle decisioni, degli atti e delle transazioni**, si conferma il principio, propri dell'ordinamento comunitario, del riconoscimento automatico, ma si ripropone quello della necessità dell'**exequatur**, espunto dal Reg. 1215/2012 (v. Cap. III, Sez. IV, par. 1.D2).

QUESTIONARIO

1. Qual è il criterio di collegamento operante in materia di promessa di matrimonio? **1.A.**
2. Quale legge regola le condizioni per contrarre matrimonio? **1.B.**
3. Che natura ha l'art. 116 c.c.? **1.B.**
4. Può celebrarsi in Italia un matrimonio tra persone omosessuali? **1.B2.**
5. Quali sono i limiti di utilizzabilità del matrimonio concordatario? **1.D.**
6. Può trascriversi in Italia il matrimonio omosessuale celebrato all'estero? **1.E2.**
7. Quale legge regola i rapporti trai i coniugi? **2.**
8. Quali sono i criteri operanti in materia di separazione? **3.A.**
9. Quali criteri il legislatore comunitario ha fissato in materia di separazione e divorzio? **3.C.**
10. Quali limiti incontra il riconoscimento delle sentenze straniere di divorzio? **3.D.**
11. Quali criteri operano in materia di filiazione? **4.B.**
12. Entro che limiti opera il rinvio in materia di filiazione? **4.**
13. Cosa si intende per *favor filiationis*? **4.B.**
14. Entro che limiti è ammesso il rinvio in materia di filiazione? **4.B.**
15. È ammessa la trascrivibilità di atti stranieri attestanti la nascita a seguito di fecondazione artificiale? **4.C.**
16. Può trascriversi nei registri dello stato civile italiano un atto straniero attestante la filiazione nei confronti coppie omosessuali? **4.C.**
17. Cosa si intende per obbligazioni alimentari nella famiglia? **5.**
18. Quale disciplina è prevista per le convivenze di fatto nell'ambito del d.i.p.? **6.**
19. Quali criteri di collegamento operano per le unioni civili? **7.B.**

SEZIONE IV – L'ADOZIONE

SOMMARIO:
1. L'adozione. – 2. L'adozione internazionale. – 3. L'adozione in casi particolari e la *stepchild adoption*.

1. L'adozione.

L'*adozione* è un *istituto previsto a tutela del minore, che si trovi in una situazione di abbandono, perché privo di assistenza morale e materiale da parte dei genitori, o dei parenti tenuti a provvedervi, volto a fornirgli una famiglia, che sia idonea ad educarlo, istruirlo e mantenerlo.*
L'intera materia è stata oggetto di una riforma integrale ad opera della *l. n. 184/1983*, le cui disposizioni sono state rivisitate, prima dalla *l. 476/1998* (che ha ratificato la *Convenzione dell'Aja del 1993, in materia di tutela dei minori e cooperazione in materia di adozione internazionale*), e poi dalla *l. n. 149/2001*.
La *legge n. 218/1995* si occupa dell'istituto nel capo V, agli *artt. 38-41*, recentemente incisi dal **d.lgs. 28 dicembre 2013, n. 154** che, in attuazione della riforma sulla filiazione di cui alla **l. n. 219/2012**, ha modificato l'art. 38, 1° comma, sopprimendo la parola "*legittimo*" (sul punto v. anche *supra*, Sez. III, par. 4.2.).

Prima della l. n. 184/1983, nell'ordinamento italiano erano previste due diverse forme di adozione:

- l'adozione c.d. *ordinaria*, connotata dalla permanenza, accanto al nuovo vincolo derivante dalla stessa, del pregresso rapporto di filiazione, legittima o naturale, e applicabile a soggetti, sia minori, che maggiorenni;
- l'adozione c.d. *speciale*, connotata da una sostanziale interruzione dei rapporti con la famiglia d'origine, e riferibile ai soli minori di otto anni in stato di abbandono morale e materiale.

Operava, altresì, l'istituto dell'*affiliazione*, con effetti più attenuati.

La *l. 184/1983* ha integralmente riformato la materia: viene *superata la distinzione tra adozione ordinaria e speciale*; è del tutto *soppresso l'istituto dell'affiliazione*; viene *eliminata dal codice civile la normativa in materia di adozione dei minori* (ormai contenuta nella sola legge speciale); vengono *previste e disciplinate nuove forme di adozione*. In particolare, si distingue tra:

- *l'adozione dei minori*, che costituisce la principale forma di adozione per i minorenni. Essa attribuisce all'adottato la posizione di figlio degli adottanti, creando un vincolo, che recide ogni rapporto con la famiglia d'origine, con la sola eccezione dei divieti matrimoniali;

Le fasi in cui si articola il relativo procedimento, di competenza del Tribunale per i minorenni, sono essenzialmente tre:
- *dichiarazione di adottabilità*, attestante lo stato di abbandono del minore, privo di assistenza morale e materiale per cause diverse dalla forza maggiore;
- *affidamento preadottivo*, periodo di un anno necessario a verificare in concreto la possibilità dell'inserimento nella famiglia di destinazione dell'adottando;
- *dichiarazione di adozione*, strumentale ad attribuire al minore lo stato di figlio degli adottanti, ove ne sussistano i presupposti (esito positivo del periodo annuale di affidamento preadottivo).

- *l'adozione dei maggiori d'età*, attualmente disciplinata dagli artt. 291-314 c.c.;

- *l'adozione in casi particolari*, istituto di matrice *residuale*, che consente l'adozione del minore in ipotesi tassativamente previste, prive dei requisiti ordinariamente richiesti per l'adozione (ad es. stato di abbandono del minore). Tale figura conferisce al minore lo stato di figlio adottivo, che non estingue, ma si sovrappone, al vincolo della filiazione di sangue, a differenza di ciò che accade nell'*adozione dei minori* vera e propria;

- *l'affidamento dei minori*, che interviene a risolvere situazioni di difficoltà e disagio familiare a carattere meramente temporaneo, senza incidere in alcun modo sul rapporto di filiazione con la famiglia d'origine;

- *l'adozione internazionale*, che ricomprende, *sia l'adozione in Italia di minori stranieri*, che *l'adozione all'estero di minori italiani*.

2. L'adozione internazionale.

L'*adozione internazionale* ricomprende – come accennato – sia *l'adozione in Italia di minori stranieri, che l'adozione all'estero di minori italiani*. Essa conferisce *a minori stranieri* la posizione di figlio degli adottanti *cittadini italiani*, e *a minori italiani* la posizione di figlio degli adottanti *cittadini stranieri*.

A) La disciplina anteriforma.

Prima della riforma del sistema di diritto internazionale privato, l'adozione internazionale trovava la propria disciplina negli *artt. 17 e 20, 2° comma delle preleggi*.

In base a tale assetto normativo, i rapporti tra adottante ed adottato venivano disciplinati dalla *legge nazionale dell'adottante* al tempo dell'adozione, mentre tutti gli altri aspetti concernenti la costituzione del rapporto di adozione, erano assoggettati alla *legge nazionale delle parti*, in conformità con i principi generali sanciti dall'art. 17 delle preleggi in materia di rapporti familiari. In caso di diversa cittadinanza, avrebbero dovuto trovare applicazione entrambe le leggi, previo opportuno adattamento da parte del giudice. In pratica, adottante ed adottato dovevano presentare singolarmente i requisiti richiesti dalla propria legge nazionale; mentre il rispetto di entrambe le leggi di appartenenza era richiesto solo per i requisiti che riguardassero contemporaneamente tutte e due le parti (si pensi alla differenza minima d'età). Per ciò che concerne il riconoscimento in Italia di adozioni pronunciate all'estero, si faceva riferimento al procedimento di delibazione di cui agli artt. 801 e ss. c.p.c.

La normativa in materia è, tuttavia, radicalmente mutata per effetto della *legge 184/1983*. Pare opportuno precisare che la maggior parte delle disposizioni contenute in tale legge sono state qualificate come *norme di applicazione necessaria* (v. Corte Cost. n. 536/1989 e SS.UU. n. 392/1988), con la conseguente preclusione, almeno con riferimento agli aspetti da esse disciplinati, dell'operatività dei criteri di collegamento di cui alle preleggi.
La nuova normativa impone alle persone, residenti in Italia, che intendano adottare un minore straniero, di presentare una *dichiarazione di disponibilità* al Tribunale per i minorenni del distretto in cui risiedono, affinché dichiari la loro idoneità all'adozione. Il Tribunale, in caso di manifesta carenza dei requisiti ex art. 6, dichiarerà immediatamente l'inidoneità con decreto; in caso contrario, *trasmetterà copia della dichiarazione ai servizi socio-assistenziali*

degli enti locali, per lo svolgimento degli accertamenti necessari all'*emissione del decreto di idoneità (o non idoneità)* all'adozione dei richiedenti. Questi ultimi, ottenuto tale decreto, dovranno rivolgersi ad un *ente autorizzato, che provvederà alla gestione delle pratiche di adozione* presso le competenti autorità estere.

L'adozione, *ove disposta dalle autorità estere di riferimento*, dovrà essere vagliata dalla *Commissione per le adozioni internazionali*. Tale organo ne accerterà la conformità all'interesse del minore, e solo in caso di esito positivo autorizzerà l'ingresso e la residenza permanente di quest'ultimo in Italia. L'adottato acquisterà la cittadinanza italiana a seguito della trascrizione nei registri dello stato civile del provvedimento di adozione.

Nel caso in cui, invece, *l'adozione debba perfezionarsi in Italia*, il provvedimento emesso dall'autorità estera competente verrà riconosciuto dal Tribunale come *affidamento preadottivo*. Solo a seguito del decorso dei termini di affidamento lo stesso Tribunale, ove ne sussistano i presupposti, pronuncerà l'adozione, e ne disporrà la trascrizione nei registri dello stato civile.

Ai sensi della l. 91/1992, da ultimo, *il minore straniero adottato da cittadino italiano acquista la cittadinanza italiana*.

Tale scelta legislativa ha risolto il problema del coordinamento tra la l. 183/1984, la quale richiedeva ai fini dell'acquisto della cittadinanza per adozione la nazionalità italiana di entrambi gli adottanti; e la l. 123/1983, che già prevedeva l'acquisto della cittadinanza in capo al minore straniero che fosse stato adottato anche da un solo genitore italiano.

■ B) La disciplina di cui alla l. 218/1995.

L'assetto normativo è ulteriormente cambiato a seguito dell'entrata in vigore della l. 218/1995. Il legislatore della riforma, infatti, dedica all'*adozione internazionale* gli *artt. 38-41*.

Ai sensi dell'*art. 38* i *presupposti, la costituzione e la revoca dell'adozione*, sono regolati **dalla legge nazionale dell'adottante o degli adottanti se comune**. Nel caso in cui tale criterio non possa operare (es. diversa cittadinanza degli adottanti), dovrà trovare applicazione o *la legge dello Stato di residenza di entrambi*, o *la legge dello Stato nel quale la loro vita matrimoniale è prevalentemente localizzata*, al momento dell'adozione. Deve, tuttavia, **applicarsi il diritto italiano**, ove si tratti di *un'adozione che comporti l'acquisizione da parte dell'adottato dello stato di figlio*.

Come accennato in apertura (par. 1), per effetto del **d.lgs. 28 dicembre 2013, n. 154** in materia di filiazione, **è stata eliminata dall'art.** 38, 1° comma, la **parola** *"legittimo"*, in attuazione della riforma di cui alla l. 10 dicembre 2012, n. 219, ispirata al principio della uguaglianza tra i figli.

I medesimi criteri operano in materia di *rapporti tra adottato e famiglia adottiva* ex *art. 39*.

Deve osservarsi come rispetto alla filiazione, il legislatore tenda a dare prevalenza alla legge nazionale degli adottanti, rispetto a quella dei genitori.

L'*art. 40* si occupa dell'individuazione dei casi, in cui sussiste *la giurisdizione italiana in materia di adozione*. In base a tale disposizione i giudici italiani hanno giurisdizione in materia di adozione allorché:
a) gli adottanti o uno di essi o l'adottando sono cittadini italiani o stranieri residenti in Italia;
b) l'adottando è un minore in stato di abbandono in Italia.

Con riferimento ai rapporti personali, o patrimoniali, fra l'adottato e l'adottante, o gli adottanti ed i parenti di questi, sussiste la giurisdizione italiana, oltre che nei casi di cui all'art. 3, anche ove l'adozione si è costituita in base al diritto italiano.

Importanza di carattere essenziale assume da ultimo l'*art. 41*, che concerne *il riconoscimento dei provvedimenti stranieri in materia di adozione* e sancisce l'operatività dei principi di cui agli artt. 64, 65, e 66 della l. 218/1995.
Al secondo comma, fa **salva l'operatività delle leggi speciali in materia di adozione dei minori**. Tale ultima disposizione consente di confermare la natura di *norme di applicazione necessaria* dell'insieme delle norme in materia di adozione dei minori. In sostanza, le norme di conflitto di cui alla l. 218/1995 e i relativi criteri di collegamento troveranno applicazione, solo ove non risulti applicabile alla fattispecie concreta la normativa speciale sulle adozioni internazionali.

▸ **LA GIURISPRUDENZA PIÙ SIGNIFICATIVA**

PROVVEDIMENTI STRANIERI DI ADOZIONE E PRINCIPIO DEL RICONOSCIMENTO AUTOMATICO.

Pare opportuno precisare come, *ad onta del disposto del citato art. 41*, **la giurisprudenza prevalente tenda ad escludere l'operatività del principio di**

riconoscimento automatico in materia di adozione dei minori, facendo leva sulla menzionata natura di *norme di applicazione necessaria* delle disposizioni che disciplinano l'istituto (v. *infra* Cap. III, Sez. IV, par. 1).
In tale ottica, si è escluso che **rispetto ai provvedimenti stranieri di adozione dei minori operi il *principio del riconoscimento automatico* di cui all'art. 64 della l. 218/1995**: la rilevanza degli interessi coinvolti richiede, infatti, un preventivo vaglio da parte delle autorità nazionali competenti (Cass. n. 6079/2006).
Il riconoscimento dei provvedimenti stranieri di adozione, si è detto, presuppone una delibazione ad opera del Tribunale per i Minorenni (Cass. n. 19450/2011), da condursi in base ai criteri ex art. 35, l. 184/1983: a) *conformità del provvedimento straniero ai principi della Convenzione dell'Aja del 29 maggio 1993 in materia di tutela dei minori e cooperazione sull'adozione internazionale*; b) *compatibilità dello stesso con i principi fondamentali dell'ordinamento italiano in materia di tutela della famiglia e dei minori* (*id est*: ordine pubblico internazionale).
Con espresso riferimento alle sentenze di adozione emesse all'estero, si è affermato che il riconoscimento delle stesse può avvenire esclusivamente in base alla disciplina dell'adozione internazionale regolata dalle procedure richiamate dagli artt. 29 e 36 della l. n. 184 del 1983 (come modificata dalla l. n. 476 del 1998, di ratifica ed attuazione della Convenzione dell'Aja del 29 maggio 1993), atteso che, in tale ipotesi, *non possono essere applicate le norme generali di d.i.p. sul riconoscimento dei provvedimenti stranieri, ma le disposizioni speciali in materia di adozione ex art. 41 comma 2, l. n. 218/95* (Sez. 6 - 1, Ordinanza n. 22220 del 22/09/2017).
Di recente, però, è stato affermato che **in materia di riconoscimento in Italia di una sentenza di adozione di minore straniero, pronunciata all'estero in favore di adottanti stranieri (nella specie cittadini brasiliani), benché uno dei due abbia acquisito dopo la pronuncia anche la cittadinanza e la residenza italiana, è competente la Corte d'Appello e non già il tribunale per i minorenni, non trovando applicazione la disciplina relativa all'adozione internazionale, bensì quella del diritto internazionale privato di cui all'art. 41, comma 1, della l. n. 218 del 1995**, atteso che *al comma 2, l'art. 41 fa salve le disposizioni delle leggi speciali in materia di adozione dei minori, in relazione alle quali sussiste la competenza del tribunale per i minorenni; e tali sono le disposizioni dettate dalla L. n. 184 del 1983, art. 29 e ss., le quali disciplinano la cosiddetta adozione internazionale, quando gli adottanti siano persone residenti in Italia, che soddisfino le condizioni previste dalla stessa L., art. 6, o cittadini italiani che abbiano la comune residenza in uno Stato estero da almeno due anni (art. 36, comma 4, richiamato dall'art. 29 bis, comma. 2), conformemente ai principi e secondo le direttive della Convenzione de l'Aia, resa esecutiva in Italia con L. n. 476 del 1998* (Sez. 6 - 1, Ordinanza n. 26882 del 26/11/2020).

3. L'adozione in casi particolari e la *stepchild adoption*.

Notevole rilevanza ha da ultimo assunto l'**adozione in casi particolari**, di cui agli artt. 44-57 della richiamata l. 184/1983.

SEZIONE IV | L'ADOZIONE

■ A) La disciplina di cui alla l. 184/1983.

Si tratta, come accennato in apertura, di istituto di matrice **residuale**, per effetto del quale i minori, *anche quando non ricorrono le condizioni per l'adozione*, possono essere comunque adottati:
a) *da persone unite al minore da vincolo di parentela fino al sesto grado o da preesistente rapporto stabile e duraturo, anche maturato nell'ambito di un prolungato periodo di affidamento, quando il minore sia orfano di padre e di madre;*
b) *dal coniuge, nel caso in cui il minore sia figlio anche adottivo dell'altro coniuge;*
c) *quando il minore si trovi nelle condizioni indicate dall'articolo 3, comma 1, della legge 5 febbraio 1992, n. 104, e sia orfano di padre e di madre;*
d) *quando vi sia la constatata impossibilità di affidamento preadottivo.*

Tale forma di adozione è – **nei casi di cui alle lett. a), c) e d)** – consentita, oltre che ai coniugi, *anche a chi non è coniugato* (art. 44, 3° comma), così ammettendosi espressamente nel nostro ordinamento la c.d. **adozione dei single**.
L'istituto rivela l'intenzione del legislatore di disciplinare una peculiare figura di adozione, **distinta da quella ordinaria, ed istituzionalmente finalizzata al consolidamento delle relazioni intercorrenti tra il minore e i parenti, o le persone, che già se ne prendono cura**, cui riconnettere, in virtù della minore rigidità dei presupposti, effetti meno invasivi, stante l'assenza di qualsiasi estinzione dei rapporti tra l'adottato e la famiglia d'origine.
Di recente, gli effetti di tale forma di adozione sono stati ulteriormente mitigati, avendo la Corte Costituzione, con sentenza n. 79/2022, dichiarato l'illegittimità dell'art. 55, della l. 184/1983, *nella parte in cui, mediante rinvio all'art. 300, 2° co., c.c., prevede che l'adozione in casi particolari non induce alcun rapporto civile tra l'adottato e i parenti dell'adottante.*

▶ LA GIURISPRUDENZA PIÙ SIGNIFICATIVA

L'ADOZIONE DEI SINGLE QUALE FORMA DI *ADOZIONE IN CASI PARTICOLARI* E LA RELATIVA GIURISDIZIONE

Sulla scorta di tali presupposti la Cassazione ha già da tempo ammesso **il riconoscimento di provvedimenti stranieri di adozione, pronunciati a favore di persone non coniugate** (c.d. **adozione dei single**), ribadendo come si tratti di possibilità espressamente ammessa dalla legge italiana (v. art. 44, 3° comma, l.

184/1983, in tema di **adozione c.d. in casi particolari**), sul presupposto che *l'assenza del vincolo coniugale non è di per sé contrastante con i principi fondamentali in materia di tutela della famiglia e dei minori* (Cass., Sez. I, sent. n. 3572, 14 febbraio 2011).
Le Sezioni Unite hanno di recente (Sez. U, Sentenza n. 8847 del 13/05/2020) avuto occasione di chiarire che, *ai fini dell'individuazione del giudice munito di giurisdizione in materia di adozione in casi particolari di cui all'art. art. 44, comma 1, lett. d), della l. n. 184 del 1983 deve farsi riferimento al criterio della residenza abituale del minore, stabilito dalla Convenzione dell'Aja del 5/10/1961 in tema di protezione dei minori*, e non al criterio dello Stato di origine del minore previsto dall'Accordo bilaterale tra Italia e Russia del 6/11/2008, che trova invece applicazione *alle sole ipotesi di adozioni di tipo legittimante, a loro volta caratterizzate dalla previa dichiarazione dello stato di adottabilità e dalla costituzione di un vincolo di filiazione giuridica sostitutivo di quello di sangue, con definitivo ed esclusivo inserimento del minore nella nuova famiglia.* In tale ottica è stata affermata la giurisdizione del giudice italiano sulla domanda di adozione ex art. 44, comma 1 lett. d) di una minore di origine russa stabilmente residente in Italia sin dal 2011, atteso che, anche alla luce del rinvio alla Convenzione dell'Aja effettuato dall'articolo 42 della legge n. 218/1995, doveva trovare applicazione la Convenzione e non l'Accordo bilaterale.

B) I rapporti con la c.d. *stepchild adoption*.

A tale forma di adozione si è di recente fatto ricorso per dare ingresso nel nostro ordinamento alla c.d. *stepchild adoption* (letteralmente: *adozione del figlio affine*), **che consente al figlio di essere adottato dal partner del proprio genitore.**

Normativamente ammessa **per le coppie sposate** (v. art. 44, 1° comma, lett. b), che consente al coniuge *l'adozione del figlio, anche adottivo, dell'altro coniuge*), è stata in via pretoria estesa anche ai **conviventi eterosessuali**, ritenendo che, *anche in tali casi, rispondesse all'interesse del minore affiancare al rapporto affettivo un rapporto di rilevanza giuridica, consistente in diritti ma, soprattutto, doveri*, rinvenendosi tuttavia nell'art. **44, 1° comma, lett. d)**, il dato normativo di riferimento, in quanto *la constatata impossibilità di affidamento preadottivo di cui alla norma deve intendersi anche in termini di mera "impossibilità di diritto", ravvisabile ogniqualvolta l'affidamento preadottivo sia precluso dal fatto che il minore non si trovi in stato di abbandono per la pacifica presenza di un genitore che si occupi dello stesso in modo adeguato* (v. Tribunale per i minorenni di Firenze e Milano 2007).

Maggiori perplessità sono invece sorte in punto di estensibilità della figura anche alle **coppie omosessuali**, essendo fortemente dibattuto **il tema dell'adottabilità ex art. 44, 1° comma, lett. d), del minore da parte del partner, omosessuale, stabilmente convivente con il genitore biologico**.
I contrasti politici ed ideologici registratisi hanno, come è noto, comportato lo stralcio dalla poi approvata **l. n. 76/2016** (c.d. **legge Cirinnà**) della normativa all'uopo predisposta dal legislatore, lasciando inalterato l'assetto normativo (v. comma 20, dell'articolo unico della citata legge, dedicato alla c.d. "*clausola di equivalenza*", non applicabile "*alle norme del codice civile non richiamate espressamente nella presente legge, nonché alle disposizioni di cui alla L. 4 maggio 1983, n. 184*", con l'ulteriore precisazione secondo cui "*resta fermo quanto previsto e consentito in materia di adozione dalle norme vigenti*").

La giurisprudenza di merito (v. **Tribunale Min. Roma del 22/10/2015**), tuttavia, si era già espressa in termini positivi, evidenziando come *l'orientamento sessuale dell'adottante non potesse costituire un elemento ostativo alla* stepchild, *una volta accertate, in concreto, le capacità genitoriali di questi e, dunque, la rispondenza all'interesse del minore dell'adozione.*

Da ultimo, l'estensibilità dell'adozione in casi particolari ex art. 44, 1° comma, lett. d) alle coppie omosessuali è stata sostenuta anche dalla Suprema Corte (v. Cass. 22 giugno 2016, n. 12962). In tale pronuncia, nel respingere il ricorso presentato dal Procuratore Generale avverso la sentenza della Corte di Appello di Roma, che aveva accolto la domanda di adozione proposta dalla partner omosessuale della madre dell'adottando, gli ermellini hanno affermato che *per l'adozione in casi particolari ex art. 44, comma 1, lett. d), della l. n. 184 del 1983, si prescinde da un preesistente stato di abbandono del minore ed è sufficiente l'impossibilità "di diritto" di procedere all'affidamento preadottivo del minore,* **potendo accedere a tale adozione persone singole e coppie di fatto, senza che l'esame dei requisiti e delle condizioni imposte dalla legge possa svolgersi, anche indirettamente, attribuendo rilievo all'orientamento sessuale del richiedente ed alla natura della relazione da questi stabilita con il proprio partner.**

Al di là della indubbia rilevanza sociale, la sentenza presenta altresì notevole pregio giuridico, nella parte in cui conferma che il presupposto dell'impossibilità di affidamento preadottivo ex art. 44, 1° comma lett. d), richiamato dal comma 3, non fa riferimento alla sola "**impossibilità di fatto**", per il minore

che si trova in stato di abbandono, di trovare una famiglia adottiva (a causa dell'età, di un'infermità, ecc.), ma anche alla cd. "**impossibilità di diritto**", configurabile ogniqualvolta *il minore non si trovi in stato di abbandono, per l'esistenza di una famiglia che lo accudisce, o comunque di un soggetto (quale il genitore biologico) che esercita la responsabilità genitoriale e con il quale esiste un legame affettivo.*
Alla predetta pronuncia risulta essersi uniformata la successiva e prevalente giurisprudenza di merito (v. Tribunale Minorenni Venezia del 31 maggio 2017 nonché Tribunale Minorenni Bologna del 20 luglio 2017 e, da ultimo, del 25 giugno 2020).

▶ LA GIURISPRUDENZA PIÙ SIGNIFICATIVA

LA RILEVANZA DELL'AFFERMATA TRASCRIVIBILITÀ DELLE SENTENZE STRANIERE DI ADOZIONE DA PARTE DEL PARTNER OMOSESSUALE DEL FIGLIO BIOLOGICO DELL'ALTRO E DELLE SEZIONI UNITE IN TEMA DI MATERNITÀ SURROGATA.

Di recente la Suprema Corte, *confermando la non incidenza dell'orientamento sessuale sull'idoneità dell'individuo all'assunzione della responsabilità genitoriale*, ha espressamente ammesso **la trascrivibilità nei registri dello stato civile italiano della sentenza straniera che abbia pronunciato l'adozione piena dei rispettivi figli biologici, da parte di due donne francese coniugate in Francia e residenti in Italia,** poiché *ai sensi dell'art. 24 della Convenzione dell'Aja sulla protezione dei minori e la cooperazione in materia di adozione internazionale del 1993, il riconoscimento dell'adozione può essere rifiutato da uno Stato contraente solo se, tenuto conto dell'interesse superiore del minore, essa sia manifestamente contraria all'ordine pubblico. Tale interesse, nella specie già vagliato dal giudice straniero, coincide con il diritto del minore al mantenimento della stabilità della vita familiare consolidatasi con entrambe le figure genitoriali, senza che abbia rilievo la circostanza che le stesse siano rappresentate da una coppia dello stesso sesso, non incidendo l'orientamento sessuale sull'idoneità dell'individuo all'assunzione della responsabilità genitoriale* (Sez. I, Ordinanza n. 14007 del 31 maggio 2018).
Deve tuttavia mettersi in evidenza come **tale pronuncia,** *di certo importante nella ricostruzione dell'evoluzione giurisprudenziale in tema di stepchild adoption,* **si riferisca al mero riconoscimento in Italia di pronunce straniere rese nell'ambito di ordinamenti che contemplano tale forma di adozione anche all'interno di coppie omosessuali,** *lasciando del tutto inalterato il problema dell'ammissibilità di tale peculiare forma di adozione nel nostro ordinamento.*
Il legislatore nazionale, infatti, non ha specificamente disciplinato l'adozione da parte di coppia dello stesso sesso (v. comma 20 della l. 76/2016), imponendo alle

Corti gli sforzi interpretativi di cui si è detto per dare comunque ingresso all'istituto in Italia (v. riferimenti all'art. 44, comma 1 lett. d), rinvenibili in Cass., 22 giugno 2016, n. 12962, da ultimo riferiti).
Nella medesima direzione risultano, di fatto, essersi da ultimo mosse le Sezioni Unite con la già richiamata sentenza n. 38162 del 30 dicembre 2022 (v. *supra* Sez. III, par. 4, C)2.2), atteso che l'affermazione del principio secondo cui l'adozione in casi particolari, ai sensi dell'art. 44, comma 1, lett. d), L. 4 maggio 1983, n. 184 rappresenta lo strumento con cui assicurare al bambino nato da maternità surrogata (vietata nel nostro ordinamento) gli stessi diritti degli altri bambini nati in condizioni diverse, attiene al caso, non di una coppia etero, bensì omosessuale, che aveva avuto un figlio tramite maternità surrogata in Canada.

QUESTIONARIO

1. Quali figure di adozione sono contemplate nel nostro ordinamento? **1.**
2. Cosa si intende per adozione internazionale? **2.**
3. Quali sono i criteri di collegamento operanti in materia di adozione internazionale? **2B.**
4. A che condizioni sono riconoscibili le sentenze e i provvedimenti stranieri in materia di adozione? **2.B.**
5. Che natura hanno le norme in materia di adozione dei minori? **2.B.**
6. Quali rapporti esistono tra l'adozione in casi particolari e la c.d. stepchild adoption **3.B.**

SEZIONE V – PROTEZIONE DEGLI INCAPACI

SOMMARIO:
1. La protezione dei minori. – 2. La protezione dei maggiori d'età.

1. La protezione dei minori.

I *minori* sono dall'ordinamento considerati *soggetti meritevoli di protezione poiché non in grado di esercitare i diritti e i doveri di cui sono titolari*. Non a caso, si tratta di soggetti che il legislatore qualifica come *incapaci d'agire*.
La norma fondamentale in materia di protezione dei minori è l'*art. 42* della l. 218/1995, che rinvia "*in ogni caso*" alla **Convezione dell'Aja del 5 ottobre 1961**.
In base a tale Convenzione, la legge di riferimento per la regolamentazione dell'insieme degli istituti posti a tutela dei minori sarà quella del **luogo di residenza del minore** (art. 1 Convenzione dell'Aja), e non quella nazionale, come stabiliva la pregressa disciplina di d.i.p. (art. 22 preleggi).
Il comma 2° dell'art. 42 estende l'ambito di operatività della normativa anche ai minori residenti in uno Stato che non abbia recepito tale Convenzione, o a quelli che siano considerati tali solo dalla propria legge nazionale.
Attraverso il recepimento delle norme convenzionali, il legislatore ha risolto definitivamente i problemi di coordinamento che sorgevano in materia di protezione dei minori tra le disposizioni di d.i.p. previgenti (art. 22 delle preleggi, secondo cui la legge regolatrice degli istituti a protezione dei minori era la legge nazionale del minore), e le disposizioni convenzionali (secondo cui la legge regolatrice è quella del luogo di residenza del minore).
Giova osservare che l'istituto della **potestà dei genitori**, pur essendo rivolto alla soddisfazione di esigenze di protezione dei minori, è assoggettato ai criteri di collegamento dettati in materia di **rapporti familiari**.

2. La protezione dei maggiori d'età.

Rientrano nel novero dei **maggiori d'età meritevoli di protezione** tutti quei *soggetti, non più minori, ma comunque incapaci di provvedere alla cura in concreto dei propri interessi* (interdetti, inabilitati e simili).

SEZIONE V | PROTEZIONE DEGLI INCAPACI

L'insieme degli istituti a protezione dei maggiori d'età trova la propria disciplina nell'ambito degli *artt. 43 e 44* della l. 218/1995.
L'*art. 43*, norma *a carattere sostanziale*, fa riferimento al **criterio della cittadinanza**: i presupposti e gli effetti delle misure di protezione degli incapaci (interdizione, inabilitazione, amministrazione di sostegno), nonché i rapporti fra l'incapace e chi ne ha la cura, sono regolati dalla *legge nazionale dell'incapace*. Tuttavia, al fine di proteggere *in via provvisoria ed urgente* la persona dell'incapace, o i suoi beni, il giudice italiano può adottare *le misure previste in materia dalla legge italiana* (per l'applicabilità dell'amministrazione di sostegno v. Trib. La Spezia, sent. 11 marzo 2011).

Pare opportuno precisare che la situazione è destinata a mutare con l'entrata in vigore della *Convenzione dell'Aja* del 13 gennaio 2000 sulla *protezione internazionale degli adulti*. In base all'art. 5 di tale Convenzione, infatti, la competenza in materia di protezione dei maggiori d'età, spetterà esclusivamente alle autorità giudiziarie e amministrative dello Stato di *residenza abituale dell'incapace*, a prescindere dalla sua cittadinanza.

L'*art. 44*, norma *a carattere processuale*, si occupa della **giurisdizione in materia di protezione dei maggiori d'età**, stabilendo che quella italiana (oltre ai casi di cui agli artt. 3 e 9) sussiste:
- anche ove le misure di tutela si rendono necessarie per proteggere, in via provvisoria e urgente, la persona o i beni dell'incapace che si trovino in Italia;
- o quando debbano pronunciarsi i provvedimenti modificativi o integrativi di un provvedimento straniero in materia di capacità, idoneo a produrre i propri effetti in Italia.

QUESTIONARIO

1. Quale legge regola gli istituti in materia di protezione dei minori? **1**.
2. Qual è la legge applicabile in materia di protezione dei maggiori d'età? **2**.
3. Quale legge regola gli istituti della interdizione e della inabilitazione? **2**.
4. In base a quale legge devono adottarsi le misure provvisorie ed urgenti a protezione dell'incapace? **2**.

SEZIONE VI – Successioni

Sommario:
1. La successione per causa di morte. – **2.** La successione testamentaria. – **3.** Successione dello Stato. – **4.** Giurisdizione in materia successoria. – **5.** La disciplina di cui al Regolamento n. 650/2012.

1. La successione per causa di morte.

La *successione per causa di morte* coincide con *la trasmissione dei rapporti giuridici facenti capo ad una persona a seguito della sua morte.*
Della materia si occupano gli *artt. 46-50* della l. 218/1995, che dettano una disciplina organica dell'intero settore.
Giova precisare come **la predetta normativa non trovi applicazione in ambito infracomunitario, dovendo le vicende successorie involgenti cittadini degli Stati membri dell'Unione Europea assoggettarsi alla disciplina** in materia di *competenza, legge applicabile, riconoscimento ed esecuzione degli atti successori,* **di cui al Regolamento UE 650/2012** (v. infra)

■ **A) I principi generali.**

I principi posti a fondamento della normativa di cui alla l. 218/1995 in materia di successioni *mortis causa* sono:

- quello della **competenza della legge nazionale del de cuius**,
  che impone l'applicazione alla successione della legge del paese di cui il defunto è cittadino;
- e quello della **unità e universalità della successione**,
  che impone l'assoggettamento dell'intera vicenda successoria ad un'unica normativa di riferimento.

A ben guardare, si tratta di principi inscindibilmente connessi tra loro. La scelta dell'*art. 46* di individuare la legge applicabile nella *legge nazionale del de cuius al tempo della morte*, infatti, sembra rispondere proprio ad esigenze di *unità e universalità della successione*.
In effetti, attraverso tale soluzione si evitano tutti gli inconvenienti derivanti

da un sistema basato sulla *lex rei sitae*, che potrebbe portare ad una frammentazione della disciplina della fattispecie, ogniqualvolta i beni siano situati in paesi diversi. Inoltre, si impone l'operatività della medesima normativa con riferimento a tutte le questioni concernenti la successione (si pensi a quelle inerenti l'apertura della successione, la capacità di succedere, la designazione dei successibili, etc.), rendendo più facile il compito del giudice.

A conferma di tale impostazione, il disposto del *3° comma dell'art. 46* assoggetta alla medesima legge applicabile alla successione anche *la divisione ereditaria* (salvo che i condividenti, d'accordo fra loro, abbiano designato la legge del luogo d'apertura della successione o del luogo ove si trovano uno o più beni ereditari).

Attenta dottrina (BALLARINO), tuttavia, mette in evidenza come la soluzione della prevalenza della legge nazionale del *de cuius* porti ad un inevitabile sacrificio del *principio della competenza più prossima*. Tale principio impone in ogni caso l'operatività della legge che ha maggiori probabilità pratiche di attuarsi che, solitamente, coincide proprio con quella del luogo in cui i beni sono situati.

B) La derogabilità del criterio della legge nazionale del *de cuius*.

L'operatività del criterio della legge nazionale non ha carattere incondizionato. È possibile, infatti, che la successione sia assoggettata ad una legge diversa.

Il riferimento è alla c.d. *professio iuris* di cui all'*art. 46, 2° comma* della l. 218/1995, che consente al *de cuius* di scegliere di sottoporre la propria successione alla **legge dello Stato in cui risiede**. Tale facoltà, proprio perché pone in non cale il fondamentale criterio della legge nazionale, è tuttavia sottoposta ad una serie di condizioni e limitazioni. In particolare, perché la successione sia assoggettata ad una legge diversa da quella nazionale per effetto della *professio iuris* del *de cuius* è necessario che:

- la dichiarazione di scelta sia *contenuta in un atto che riveste la forma testamentaria*;
- la legge prescelta sia *quella dello Stato di residenza del de cuius* al momento della dichiarazione;
- il defunto *risieda in tale Stato al momento della morte*, pena l'inefficacia della scelta;
- siano *salvi i diritti che la legge italiana attribuisce ai legittimari residenti in Italia*.

Per ragioni di completezza, pare opportuno precisare che la dichiarazione di scelta *non presuppone la necessità di un testamento*: nulla esclude che attraverso tale dichiarazione venga invocata l'applicazione delle norme dello Stato di residenza concernenti la successione *ab intestato* (*rectius*: in assenza di testamento).
Inoltre, sembra evidente che la decisione del legislatore di limitare alla sola legge dello Stato di residenza il novero delle leggi suscettibili di scelta da parte del *de cuius* trovi la propria *ratio* nella presunzione che il testatore abbia maggiore conoscenza della legge del luogo in cui risiede rispetto a tutte le altre.
Per ciò che concerne il *funzionamento in concreto* del meccanismo della *professio iuris*, deve mettersi in evidenza come:

- qualora il testatore che effettua la scelta **non sia cittadino italiano**, la legge del paese di residenza da lui indicata si *sostituirà integralmente* alla sua legge nazionale;
- qualora il testatore che effettua la scelta **sia cittadino italiano**, l'operatività di tale diversa normativa *non potrà mai pregiudicare i diritti degli eredi legittimari* residenti in Italia.

È evidente l'intenzione del legislatore di evitare che, attraverso il cambio di residenza, possano aggirarsi le norme italiane in materia di tutela dei diritti dei legittimari.
Sul problema delle qualificazioni e dei rapporti tra l'art. 46 e l'art. 13 in materia successoria alla luce della più recente giurisprudenza v. Capitolo I, Sez. V, par. 2.B4).

2. La successione testamentaria.

La *successione testamentaria* costituisce *una peculiare ipotesi di successione* mortis causa, *connotata dalla presenza di un valido ed efficace negozio testamentario*. Il legislatore della riforma dedica alla materia gli ***artt. 47*** (capacità di testare) e ***48*** (forma del testamento).

■ A) La capacità di testare.

Presupposto essenziale per la validità ed efficacia del testamento è la *capacità di testare* del soggetto che lo pone in essere. Ai sensi dell'***art. 47*** della l.

218/1995, la capacità di disporre per testamento, di modificarlo o di revocarlo è regolata dalla **legge nazionale del disponente** al momento del testamento, della modifica o della revoca.

Il legislatore ha specificato il momento cui fare riferimento, al fine di evitare qualsiasi incertezza circa la legge applicabile in caso di mutamento della cittadinanza.

Pare opportuno precisare che il criterio della legge nazionale opera per la sola *capacità di testare*. La *capacità di succedere* e la *capacità di ricevere per testamento* sono, invece, regolate:
- dalla *lex successionis*, per le persone fisiche (art. 46);
- dalla *lex causae*, per le persone giuridiche (art. 20).

B) La forma del testamento.

Ulteriore presupposto per la validità ed efficacia del testamento è il rispetto della *forma* prescritta dalla legge. Assume, quindi, importanza essenziale stabilire quale sia la legge da applicare per valutare la validità formale del negozio testamentario. In materia, l'*art. 48* stabilisce che il testamento è valido, quanto alla forma, se è considerato tale dalla legge:

- o *dello Stato nel quale il testatore ha disposto*;
- o *dello Stato di cui il testatore, al momento del testamento o della morte, era cittadino*;
- o *dello Stato in cui aveva il domicilio o la residenza*.

La norma prevede vari criteri di collegamento. Il concorso tra gli stessi è regolato dal *principio di conservazione dell'atto*: deve preferirsi la legge che assicura la piena validità ed efficacia del testamento considerato.

C) Il c.d. testamento internazionale.

Per *testamento internazionale* si intende *una particolare forma di negozio testamentario, in grado di produrre i propri effetti a livello internazionale, a prescindere dall'ubicazione dei beni, dalla nazionalità, dal domicilio e dalla residenza del testatore*. Esso trova la propria disciplina nella **Convenzione di Washington del 26 ottobre 1973** sull'adozione di *norme uniformi in materia testamentaria*, cui l'Italia ha aderito a mezzo della l. 29 novembre 1990, n. 387.

Sotto il profilo sistematico, l'intera normativa contenuta nella convenzione si qualifica come **diritto internazionale privato convenzionale** (v. Parte I, Sez. I). Si tratta, più nel dettaglio, **di disposizioni di d.i.p. emanate in base ad accordi internazionali**, finalizzati ad assicurare il recepimento da parte degli Stati aderenti di norme di conflitto identiche nell'ambito di determinate materie, **destinate a prevalere su quelle nazionali** (*id est*: artt. 46-50, l. 218/95) eventualmente vigenti.

La Convenzione stabilisce espressamente che *il rispetto dei requisiti formali previsti assicura, sotto il profilo della forma, la validità del testamento a livello internazionale, indipendentemente dal luogo in cui è stato fatto, dalla situazione dei beni, dalla nazionalità, residenza o domicilio del testatore*. In sostanza, è stata predisposta una **disciplina unitaria a livello internazionale della forma del testamento**.

Ai fini della sua validità a livello internazionale, il testamento deve presentare i seguenti requisiti:

- forma scritta (anche se non necessariamente autografa);
- dichiarazione del testatore alla presenza di due testimoni che l'atto in questione contiene le sue ultime volontà;
- sottoscrizione dell'atto da parte del testatore;
- ricezione della dichiarazione del testatore, della sua sottoscrizione nonché della sottoscrizione dei testimoni, da parte di una persona abilitata secondo l'ordinamento di ciascuno degli Stati contraenti.

Pare opportuno precisare che il conferimento da parte di uno degli Stati contraenti dell'abilitazione a stipulare atti in materia testamentaria è automaticamente riconosciuto negli altri Stati contraenti: un testamento ricevuto in Francia da un soggetto ivi abilitato, ad esempio, sarà valido anche se il *de cuius* era italiano. Tale scelta facilita notevolmente la soddisfazione dei requisiti formali richiesti per l'efficacia sovranazionale del testamento.

D) La disciplina applicabile ai patti successori.

Si definiscono **patti successori**, tutti gli *atti con cui taluno*: o *si impegna a disporre della propria successione* (patti successori cd. *istitutivi*); o *dispone dei diritti che gli possono spettare su di una successione, non ancora aperta* (patti successori c.d. *dispositivi*); o, infine, *rinuncia a diritti che gli possono spettare su una successione, non ancora aperta* (patti successori c.d. *rinunziativi*).

Il legislatore della riforma non ha dettato alcuna norma per la disciplina di tali patti. La ragione sta, probabilmente, nella vigenza nel nostro ordinamento del *divieto di patti successori ex art. 458 c.c.* Fanno eccezione a tale principio i soli *patti di famiglia* in materia di impresa familiare di cui agli artt. 768 *bis* e ss.

A livello internazionalprivatistico, si pone *il problema di individuare la legge applicabile ai patti successori stipulati all'estero e sottoposti alla cognizione del giudice italiano.*

Non deve dimenticarsi, infatti, che il divieto di patti successori non ha portata assoluta. Diversi Stati (v. Germania, Regno Unito o Svizzera) ammettono, a diverse condizioni, la stipula di patti successori. Così come, non è escluso che alla cognizione del giudice italiano possano spettare controversie inerenti patti successori stipulati in altri ordinamenti.

Sul punto, a causa dell'assenza di una disciplina normativa espressa, sono emersi diversi orientamenti. Invero:

- una prima impostazione ritiene impossibile la cognizione da parte del giudice italiano di patti successori stipulati all'estero, o di controversie a tali patti inerenti. Principale argomento a sostegno di tale tesi è la qualificazione in termini di *norma di applicazione necessaria dell'art. 458 c.c.*
- una seconda tesi, ritenendo ammissibile la cognizione del giudice italiano su patti di tal genere, suggerisce il riferimento al *criterio di collegamento di cui all'art. 46 in materia successoria.* Tali patti, collocandosi in un contesto *mortis causa*, saranno regolati dalla legge nazionale del *de cuius* al momento della morte.
- un terzo orientamento, sempre presupponendo ammissibile la cognizione del giudice italiano su tali patti, ritiene debbano operare i *criteri fissati dall'art. 57 in materia di obbligazioni contrattuali.* Non può negarsi, infatti, la natura intrinsecamente negoziale di tali patti, con la conseguente operatività dei criteri operanti in ambito negoziale (*rectius*: contrattuale).

Va, tuttavia, segnalato che il dibattito appare aver perso autentica rilevanza, *quantomeno con riferimento alle vicende successorie di matrice infracomunitaria,* avendo **il Regolamento 650/2012 espressamente vincolato l'Italia a riconoscere la validità dei patti successori stipulati negli Stati membri** (v. infra).

3. Successione dello Stato.

Della *successione dello Stato* si occupa l'*art. 49* della l. 218/1995. Il legislatore regolamenta espressamente *il diritto dello Stato italiano ad acquisire il patrimonio del de cuius in mancanza di altri chiamati*. In particolare, la norma in esame stabilisce che:

- ove, in mancanza di successibili, la legge nazionale del *de cuius attribuisca allo Stato di cui è cittadino un vero e proprio diritto successorio rispetto ai beni del defunto*, detto Stato erediterà anche i beni situati in Italia;
- ove, in mancanza di altri chiamati, la legge nazionale del *de cuius non riconosca allo Stato di cui è cittadino alcun diritto sui beni del defunto*, quelli situati in Italia saranno acquisiti dallo Stato italiano.

Tale ultima conseguenza sembra giustificarsi alla luce dei *principi di territorialità* e *sovranità dello Stato italiano*, riferendosi esclusivamente ai beni situati sul territorio della Repubblica.

4. Giurisdizione in materia successoria.

Sotto il profilo strettamente *processuale*, l'*art. 50* indica l'insieme delle ipotesi in cui sussiste la *giurisdizione italiana in materia successoria*:

a) se il defunto era cittadino italiano al momento della morte;
b) se la successione si è aperta in Italia;
c) se la parte dei beni ereditari di maggiore consistenza economica è situata in Italia;
d) se il convenuto è domiciliato o residente in Italia o ha accettato la giurisdizione italiana, salvo che la domanda sia relativa a beni immobili situati all'estero;
e) se la domanda concerne beni situati in Italia.

5. La disciplina di cui al regolamento n. 650/2012.

Una distinta disciplina è stata, come accennato in apertura, dettata dal legislatore europeo, **che ha inteso regolamentare in via autonoma le vicende** successorie di matrice infracomunitaria a mezzo del Regolamento n. 650/2012, relativo *alla competenza, alla legge applicabile, al riconoscimento e all'esecuzione delle decisioni e all'accettazione e all'esecuzione degli atti pubblici in materia di successioni e alla creazione di un certificato successorio europeo.*

A) Ambito di applicazione.

Da un punto di vista **temporale**, la predetta normativa risulta applicabile *alle sole successioni a causa di morte aperte a partire dal 17 agosto 2015*, pur essendo fatta salva l'efficacia delle disposizioni testamentarie e delle scelte di legge compiute dal *de cuius* in data anteriore, purché conformi alle disposizioni di d.i.p. al momento vigenti nel relativo Stato di residenza o cittadinanza (v. art. 83).

Da un punto di vista **materiale**, invece, esulano dall'oggetto del regolamento *gli aspetti fiscali, doganali e amministrativi* delle successioni per causa di morte, unitamente alle questioni inerenti *lo status, la capacità, la scomparsa, l'assenza e la morte presunta delle persone fisiche; i regimi patrimoniali tra coniugi; le obbligazioni alimentari;* e *i trasferimenti di diritti e beni operati con strumenti diversi dalla successione* (v. art. 2, 2° comma).

Sotto il profilo **spaziale**, infine, il regolamento non vincola la Danimarca (v. considerando 83, nonché protocollo n. 22 allegato al TUE e al TFUE), né il Regno Unito e l'Irlanda, entrambe non esercitanti la prevista *facoltà di opting-in* (v. considerando n. 82; nonché protocollo n. 21 allegato al TUE e al TFUE).

B) Contenuto.

Quanto al contenuto, la normativa di nuovo conio, nel ricomprendere nella nozione di "successione", *qualsiasi modalità di trasferimento di beni, diritti e obbligazioni a causa di morte, che si tratti di un trasferimento volontario per disposizione a causa di morte ovvero di un trasferimento per effetto di successione legittima* (v. art. 3), detta la disciplina in punto di:
1) legge applicabile;
2) giurisdizione;
3) e riconoscimento/esecuzione degli atti successori, prevedendo altresì la **creazione di un certificato successorio europeo**.

B1) Legge applicabile.

Circa la legge applicabile, il legislatore comunitario sancisce l'assoggettamento **dell'intera successione alla legge dello Stato in cui il defunto aveva la propria residenza abituale al momento della morte** (art. 21), recependo così il principio della c.d. *unità della successione*, che impone la sottoposizione ad un'unica legge di tutti gli aspetti della vicenda successoria (ivi compresi, ad es. i trasferimenti mobiliari e immobiliari dalla medesima derivanti), al fine di evitare le incertezze – proprie degli ordinamenti c.d. *scissionisti* (v. Francia e Inghilterra) – correlate all'operatività di normative diverse a seconda del profilo considerato (ad es. *lex personae* per le vicende mobiliari, *lex rei sitae* per quelle immobiliari, ecc.).

Giova precisare come il Regolamento **non detti una definizione di residenza abituale**, limitandosi solo a fornire parametri in base ai quali determinarla, tra cui *le circostanze della vita del defunto negli anni precedenti la morte e al momento della morte, la durata e la regolarità del soggiorno nello Stato interessato, nonché le condizioni e le ragioni dello stesso* (v. considerando 23), con tutto ciò che ne consegue in punto di non univocità delle relative soluzioni applicative.

Ove il *de cuius* presenti collegamenti *manifestamente più stretti* con uno Stato diverso, sarà invece applicabile la legge di tale altro stato (v. art. 21, 2° co.). In ogni caso, secondo il principio della c.d. *applicazione universale*, l'operatività dei criteri regolamentari previsti potrebbe condurre anche **all'applicazione della legge di uno Stato terzo** (v. art. 20), ferma la necessità – *per qualunque legge richiamata (id est:* di Stato membro o di Stato terzo) – del **rispetto del limite dell'ordine pubblico** del foro che si occupa della successione (art. 25).

Ampio spazio è poi lasciato all'autonomia privata, potendo una persona, *con scelta effettuata in modo espresso a mezzo di dichiarazione resa nella forma di una disposizione a causa di morte (id est:* forma espressa) *o risultante dalle clausole di tale disposizione (id est:* forma tacita), stabilire di sottoporre la propria successione **alla legge dello Stato di cui ha la cittadinanza al momento della scelta o al momento della morte, ovvero, in caso di più cittadinanze, scegliere la legge di uno qualsiasi dei relativi Stati** (v. art. 22).

In omaggio al principio del c.d. *favor validitatis*, inoltre, la **validità sostanziale** (*id est*: capacità, indegnità, rappresentanza, interpretazione e vizi del consenso) delle disposizioni a causa di morte è regolata dalla legge che, in forza del regolamento, *sarebbe stata applicabile alla successione della persona autrice della disposizione se fosse deceduta il giorno in cui l'ha fatta* (v. art. 24), mentre la **validità formale** delle disposizioni *fatte per iscritto* dovrà valutarsi alla stregua *della legge dello Stato in cui la disposizione è stata fatta*, ovvero *della legge dello Stato di cittadinanza o domicilio del de cuius al momento della firma o della morte*, oppure *dello Stato di collocazione dei beni immobili che ne costituiscono oggetto* (art. 24).

Una peculiare disciplina viene infine dettata in materia di **patti successori** che, oltre ad essere regolati dalla *legge applicabile alla relativa successione, ove il de cuius fosse deceduto al momento dell'atto* (art. 25), **dovranno per l'effetto essere riconosciuti in tutti gli Stati membri, compresi quelli – come l'Italia (v. l'art. 458 c.c.) – che ne negano espressamente la validità.**

B2) Giurisdizione.

In punto di giurisdizione, la competenza a decidere sull'intera successione è in sede comunitaria attribuita – similmente a quanto statuito in punto di legge applicabile (v. art. 21) – *agli organi dello Stato membro in cui il defunto aveva la residenza abituale al momento della morte* (v. art. 4), realizzando così quella **coincidenza tra** *forum* **e** *ius*, rientrante tra i principali obiettivi della normativa.

Tale coincidenza, per vero, è assicurata anche ove il *de cuius*, esercitando l'*optio legis* riconosciutagli dal regolamento (v. art. 22), abbia scelto di assoggettare la propria successione ad una legge diversa, purché di altro Stato membro, potendo le parti interessate **con accordo concluso per iscritto, datato e firmato**, convenire che siano gli organi di tale Stato a conoscere della successione medesima (art. 5).

Ove il criterio della residenza abituale non sia in grado di operare, invece, è prevista una **competenza sussidiaria** improntata al criterio del *locus rei sitae* (art. 10), nonché un *forum necessitatis* a favore dello Stato membro sufficientemente collegato, in caso di inoperatività degli altri criteri e contestuale impossibilità di intentare la controversia presso lo Stato terzo di riferimento (art. 11).

Le ulteriori disposizioni in materia di *adizione dell'organo giurisdizionale, competenza, ricevibilità, litispendenza, connessione* e *provvedimenti provvisori/cautelari* (artt. 14 – 19), per converso, appaiono non discostarsi eccessivamente da quelle contenute in altri regolamenti dell'Unione (v. infra-Cap. III, Sez. II).

B3) Riconoscimento ed esecuzione degli atti successori.

Quanto alle **decisioni** rese da Stati membri, ne viene sancito *il riconoscimento automatico* (v. art. 39), pur mantenendo ferma – *in difformità da quanto statuito dal Regolamento Bruxelles Ibis in tema di riconoscimento* (v. infra-Cap. III, Sez. IV) – l'azionabilità del relativo procedimento in caso di contestazione (art. 39), stante l'irriconoscibilità di decisioni violative *dell'ordine pubblico, del contraddittorio o di altre decisioni rese inter partes* (v. art. 40).

Del pari viene mantenuta *la necessità della dichiarazione di esecutività delle decisioni* (v. art. 43), *non recependo la soluzione della totale abolizione dell'exequatur, propria del citato Bruxelles Ibis* (v. infra-Cap. III, Sez. IV).

Quanto agli **atti pubblici** redatti negli Stati membri, infine, *ne viene assicurata la stessa – o più comparabile – efficacia riconosciuta nello Stato d'origine*, fermo il rispetto dell'ordine pubblico dello Stato interessato (art. 59).

C) Il certificato successorio europeo.

Al fine di assicurare il perseguimento di obiettivi di certezza e speditezza nell'ambito delle *successioni trasfrontaliere*, infine, il legislatore comunitario ha istituito anche il c.d. **certificato successorio europeo**.

Si tratta, in particolare, di un *documento che consente ad eredi, legatari, esecutori testamentari e amministratori di eredità di ottenere, in tutti gli Stati membri senza necessità di alcun procedimento* (art. 69), *il riconoscimento automatico della propria qualità, dei propri diritti e dei propri poteri* (v. art. 63).

Evidente, dunque, l'intenzione di neutralizzare gli inconvenienti derivanti dalla diversità di norme che regolano le vicende successorie nei singoli Stati, assicurando uniformità e speditezza di tutela nelle successioni transfrontaliere.

L'uso del certificato, tuttavia, *non è obbligatorio, né sostituisce i documenti interni utilizzati per scopi analoghi negli Stati membri* (v. art. 62), che dovrebbero invece continuare a circolare (v. artt. 59 e 60 del Regolamento).

Viene rilasciato **nello Stato membro i cui organi giurisdizionali sono competenti a norma del Regolamento medesimo** (art. 64), e pone una **presunzione di veridicità delle qualità e dei fatti in esso riportati**, costituendo altresì *titolo idoneo per l'iscrizione di beni ereditari nel pertinente registro di uno Stato membro* (art. 69).

D) I rapporti con la 218/1995 e le convenzioni internazionali.

Quanto ai **rapporti con la legge n. 218/1995**, pare opportuno precisare come l'entrata in vigore della normativa regolamentare da ultimo illustrata abbia notevolmente ristretto l'ambito di operatività delle norme nazionali di d.i.p. dettate in materia successoria, quantomeno rispetto alle **successioni per causa di morte di matrice infracomunitaria**.

Sotto il profilo *sostanziale*, infatti, **le disposizioni in tema di legge applicabile contenute nella suddetta legge** (v. artt. 46 e ss. L. 218/1995) **saranno destinate a cedere a fronte delle speculari norme di provenienza europea**, prevalenti sul diritto interno (v. artt. 21 e ss., Reg. 650/2012).

Sotto il profilo *processuale*, invece, continueranno a trovare applicazione gli artt. 64 e ss., in materia di riconoscimento e esecuzione delle decisioni e degli atti pubblici **provenienti da Stati terzi**, ferma la persistente inapplicabilità alle vicende successorie **intranee all'Unione** dell'art. 50 in punto di giurisdizione, dell'art. 13 in tema di rinvio e dell'art. 11 in tema di rilevabilità del difetto di giurisdizione.

Quanto ai **rapporti con le convenzioni internazionali**, infine, viene sancita la tendenziale *prevalenza delle disposizioni convenzionali su quelle regolamentari*, salvo che si tratti *di convenzioni concluse esclusivamente tra due o più Stati membri*, nel qual caso sarà il Regolamento a prevalere (v. art. 75).

QUESTIONARIO

1. Quali sono i principi generali operanti in materia successoria? **1.A**
2. Quali sono i limiti alla professio iuris di cui all'art. 46, 2° comma? **1.B**
3. Cosa si intende per testamento internazionale? **2.C**
4. Qual è la disciplina applicabile ai patti successori? **2.D**
5. In quali casi è chiamato a succedere lo Stato italiano? **3**
6. Quando sussiste la giurisdizione italiana in materia successoria? **4**
7. Cosa disciplina il Regolamento n. 650/2012 sulle successioni? **5.B**
8. Cosa si intende per Certificato Successorio Europeo) **5.C**
9. Quali sono i rapporti tra Regolamento n. 650/2012 e l. 218/1995 **5.D**

SEZIONE VII – I DIRITTI REALI

SOMMARIO:
1. Il possesso e i diritti reali. – 2. I diritti reali su beni in transito. – 3. L'usucapione beni mobili. – 4. I diritti su beni immateriali. – 5. La forma degli atti che incidono su diritti reali. – 6. La pubblicità degli atti relativi ai diritti reali.

1. Il possesso e i diritti reali.

Il *possesso* (inteso come *potere sulla cosa, che si manifesta in un'attività corrispondente all'esercizio della proprietà o di altro diritto reale*), la *proprietà* (intesa come *diritto di godere e disporre, in modo pieno ed esclusivo, dei beni che ne costituiscono oggetto*), e l'intera materia dei **diritti reali**, trovano la propria disciplina nell'*art. 51* della l. 218/1995.

Pare opportuno precisare che la **qualificazione** (v. Parte I, Sez. V) di un certo diritto come reale, e non obbligatorio, **dovrà effettuarsi alla luce dell'ordinamento che dispone il rinvio alla legge straniera** (che, nel nostro caso, è l'ordinamento italiano). Ne consegue che la legge richiamata dalle nostre norme di d.i.p. dovrà trovare applicazione anche ove essa qualifichi, a sua volta, il diritto considerato come obbligatorio, e non reale.

A) Il criterio di collegamento prescelto.

Il legislatore per l'individuazione della disciplina applicabile fa riferimento alla **legge del luogo in cui è sita la cosa** oggetto del diritto. La scelta per l'operatività della *lex rei sitae* sembra rispondere ad *esigenze di tutela dei terzi*: essi potranno accertare la titolarità del bene in base ad una legge facilmente determinabile.

B) L'ambito di operatività della *lex rei sitae*.

La legge del luogo in cui il bene si trova opera sia con riferimento ai diritti aventi ad oggetto *beni immobili*, che con riferimento ai diritti aventi ad oggetto *beni mobili*.

Rispetto ai *beni mobili*, giova osservare che lo spostamento materiale della *res* potrebbe indurre una modifica anche della legge competente. L'impostazione prevalente ritiene, però, che almeno per ciò che concerne l'*acquisto della posizione considerata* debba trovare applicazione in ogni caso *la legge del luogo in cui si trovava il bene al momento dell'acquisto*.
Alla *lex rei sitae* saranno assoggettate **tutte le questioni** concernenti possesso, proprietà e diritti reali. In particolare, ad essa dovrà farsi riferimento per la determinazione del *contenuto* delle posizioni considerate (*rectius*: l'insieme delle facoltà che spettano al titolare), nonché dei *limiti* all'esercizio delle stesse.

Più discussa è la problematica concernente la regolamentazione degli **strumenti di tutela** di tali posizioni (azioni di rivendica, possessorie, etc.). Invero, ove si valorizzi:
- la *natura processuale* degli stessi, dovrebbe ritenersi applicabile la *lex fori* ai sensi dell'art. 12 della l. 218/1995;
- la *natura* sostanziale degli stessi, dovrebbe ritenersi operante la *lex rei sitae* ai sensi dell'art. 51 della l. 218/1995.

Non vi sono dubbi, invece, circa la riferibilità della legge del luogo in cui beni si trovano alla materia dei **modi di acquisto e di perdita** di possesso, proprietà e diritti reali: la regola è espressamente fissata dall'art. 51, 3° comma.
Ove, tuttavia, l'attribuzione di una di tali posizioni dipenda da un *rapporto di famiglia* o da un *contratto*, o inerisca la *materia successoria*, il criterio della *lex rei sitae* cederà il passo a quello della **legge del rapporto fondamentale** (c.d. *lex causae*). Detto altrimenti, ove l'acquisto della titolarità di un diritto reale sia conseguenza di un rapporto giuridico di diversa natura, la legge di riferimento sarà quella diretta alla regolamentazione di tale rapporto.

Si pensi all'*usufrutto legale dei genitori sui beni del figlio minore*. Il rapporto in virtù del quale i primi sono titolari di tale diritto è il rapporto di filiazione. Ne consegue l'operatività, per la disciplina dei **modi d'acquisto e perdita** di tale diritto, del criterio di collegamento di cui all'art. 36 della l. 218/1995 (legge nazionale del figlio), inerente i rapporti tra genitori e figli. Non troverà applicazione, quindi, la legge del luogo in cui è sita la cosa ex art. 51. La *lex rei sitae* costituirà punto di riferimento solo per la disciplina del *contenuto* e delle *modalità di esercizio* del diritto in questione.
In assenza di diversa indicazione normativa, l'art. 51 troverà applicazione anche riguardo ai **diritti reali di garanzia** (pegno e ipoteca).

Anche rispetto a tali diritti, deve operarsi una distinzione tra la legge regolatrice del rapporto da cui derivano (individuabile in base alla natura e al contenuto dello stesso), e la legge che ne disciplina tutti gli altri aspetti (che sarà la *lex rei sitae* ai sensi dell'art. 51).

2. I diritti reali su beni in transito.

Sono **beni in transito**, quelli che *attraversano il territorio di più Stati prima di giungere a destinazione*. Si tratta, in sostanza, di beni che si trovano per finalità di mero transito in uno Stato diverso da quello di stabile destinazione. I diritti reali su tali beni trovano la propria disciplina nell'*art. 52* della l. 218/1995, che prevede l'applicazione della **legge del luogo di destinazione**.
Tale legge è stata preferita ad altre (legge del domicilio del proprietario, del luogo di spedizione, etc.) perché, oltre ad essere quella cui comunque i beni in questione verranno sottoposti alla fine del viaggio, è anche quella maggiormente coerente con *esigenze di garanzia dei diritti dei terzi*, essendo facilmente accertabile la destinazione dei beni e, conseguentemente, la disciplina di riferimento.
Per ciò che concerne *i diritti reali su navi ed aeromobili* (e sui beni che in essi sono contenuti) troverà applicazione l'*art. 6 delle disp. prel. cod. nav.*, ai sensi del quale la proprietà e gli altri diritti reali, anche di garanzia, sulle navi e sugli aeromobili (così come le forme di pubblicità degli atti costitutivi o traslativi di tali diritti), sono regolati **dalla legge nazionale del mezzo**.
Ove, tuttavia, si tratti di **mezzi di trasporto senza bandiera** (vagoni ferroviari, automobili, etc.) opererà l'*art. 52* e, quindi, il generale principio della **legge del luogo di destinazione**.

3. L'usucapione beni mobili.

Con riferimento all'*usucapione* (*modo d'acquisto a titolo originario della proprietà*), l'*art. 53* impone l'applicazione della **legge del luogo in cui si trova la res al momento del compimento del termine prescritto**. Tale scelta risulta pienamente conforme al principio in base al quale la *lex rei sitae* regola anche la materia dei *modi d'acquisto e perdita* di possesso, proprietà e diritti reali.

4. I diritti su beni immateriali.

Sono **beni immateriali** quei *beni che, non avendo materialità corporea, non sono percepibili dai sensi umani* (si pensi alle le invenzioni, alle opere dell'ingegno, agli strumenti finanziari, etc.). I diritti su tali beni trovano la propria disciplina nell'*art. 54* della l. 218/1995, che è intervenuto a colmare una rilevante lacuna normativa.

A) La situazione anteriforma.

Anteriormente alla riforma del d.i.p. non esisteva un'espressa disciplina in materia di *diritti sui beni immateriali*. La lacuna normativa aveva alimentato un vivace dibattito dottrinale, nell'ambito del quale erano emerse diverse posizioni.

- Per alcuni (BALLADORE, PALLIERI, UBERTAZZI, VITTA), avrebbe dovuto farsi riferimento alle *disposizioni in materia di beni materiali*. In particolare, si suggeriva l'applicazione dell'art. 22 delle preleggi concernente possesso, proprietà e diritti reali sulle cose.
- Atri (BARSOTTI, VENTURINI) ritenevano *inammissibile l'estensione analogica* della norma in questione a *res* immateriali (si pensi alla proprietà industriale avente ad oggetto marchi, brevetti, opere, etc.), se non altro perché, trattandosi di beni non dotati di materialità corporea, sarebbe stato impossibile individuare il luogo di collocazione degli stessi, cui l'art. 22 preleggi faceva riferimento.

In realtà, l'assenza di una normativa espressa trovava la propria spiegazione nella vigenza, in materia di diritti sui beni immateriali, del **principio di territorialità**: sia la *l. n. 633/1941 in tema di diritto d'autore*, così come le diverse *convenzioni internazionali cui l'Italia ha aderito in tale settore*, escludevano radicalmente la possibilità di regolare la condizione giuridica delle opere dell'ingegno (e, più in generale, dei beni immateriali), facendo riferimento a leggi diverse, da quelle dello Stato in cui queste venissero utilizzate (nel nostro caso, l'Italia). In sostanza, **le norme italiane in materia di diritti sui beni immateriali erano** (e sono ancora oggi) **provviste di** *efficacia territoriale assoluta*, che rendeva del tutto inutile la predisposizione di una norma di d.i.p. *ad hoc*. Detto altrimenti, **si trattava di** *norme di applicazione necessaria* (v. Parte I, Sez.VI), che imponevano in ogni caso il riferimento alla *legge del luogo in cui tali beni venivano utilizzati*.

Analoghe considerazioni valgono per le leggi italiane (R.D. 21 giugno 1942, n. 929) e le convenzioni internazionali operative in materia di brevetti per marchi di impresa, invenzioni, modelli e disegni industriali e commerciali.

B) La situazione post-riforma.

Il legislatore della riforma ha pienamente rispettato il pregresso assetto normativo, dettando una disposizione *meramente ricognitiva* dei principi pregressi. Ai sensi dell'*art. 54* della l. 218/1995, infatti, i diritti sui beni immateriali sono regolati dalla *legge dello Stato di utilizzazione*. In sostanza, i diritti di proprietà intellettuale vengono assoggettati al diritto dello Stato, per il quale la proprietà intellettuale stessa viene rivendicata.

Deve ricordarsi come, in materia di diritti sui beni immateriali, oltre alla disciplina convenzionale (**Convenzione di Monaco del 25 ottobre 1973 sul brevetto europeo**) sia intervenuto di recente anche il legislatore comunitario con il Reg. 207/2009 sul *marchio comunitario*, il Reg. 6/2002 *sui disegni e modelli comunitari* e, da ultimo, il Reg. 1257/2012 sulla tutela brevettuale.

5. La forma degli atti che incidono su diritti reali.

La *forma* degli atti che incidono su diritti reali è regolata, in mancanza di diverse previsioni (v. artt. 30, 48, 56), dalla medesima *legge che disciplina la sostanza dell'atto*, e, dunque, la *lex rei sitae*.

Tale affermazione di principio vale:
- sia con riferimento alla forma richiesta ai fini della validità dell'atto (c.d. forma ad *substantiam*),
- sia con riferimento alla forma richiesta ai fini della prova dell'atto (c.d. forma ad *probationem*).

Sono atti che incidono su diritti reali quelli *costitutivi*, *modificativi* ed *estintivi* di tali diritti.

6. La pubblicità degli atti relativi ai diritti reali.

Per **pubblicità** di un determinato atto si intende *l'insieme delle modalità attraverso cui il suo compimento e il suo contenuto vengono resi "pubblici"*, e,

quindi, conoscibili anche a soggetti diversi da quelli che l'hanno posto in essere. Alla pubblicazione di un atto, il legislatore solitamente ricollega tutta una serie di effetti specifici (es. l'opponibilità ai terzi dell'atto stesso.).
Della **pubblicità degli atti relativi ai diritti reali** si occupa l'*art. 55* della l. 218/1995. La norma stabilisce che gli atti di *costituzione, trasferimento* ed *estinzione* di tali diritti è regolata dalla **legge dello Stato in cui il bene si trova al momento dell'atto**. In sostanza, anche con riferimento alla materia pubblicitaria il legislatore fa diretta applicazione del criterio della *lex rei sitae*, in piena conformità con i principi generali in tema di diritti reali.
Giova precisare che nella disposizione è altresì specificato il *momento rilevante per l'individuazione della legge applicabile*: esso coinciderà con quello in cui viene **stipulato l'atto**, e non quello in cui ne viene richiesta la pubblicità.

QUESTIONARIO

1. Qual è il criterio di collegamento operante in materia di diritti reali? **1.A**.
2. Entro che limiti opera in relazione alle ipotesi di acquisto e perdita di tali diritti? **1.B**.
3. Quale legge regola i diritti reali sui beni in transito? **2**.
4. Quale legge regola i diritti sui mezzi di trasporto? **2**.
5. Quale criterio di collegamento opera in materia di usucapione sui beni mobili? **3**.
6. Quale legge regola la materia dei diritti reali su beni immateriali? **4**.
7. Come si individua la legge che disciplina la forma degli atti relativi a diritti reali? **5**.
8. Quale legge regola la pubblicità degli atti relativi a diritti reali? **6**.

SEZIONE VIII – DONAZIONI

SOMMARIO:
1. Donazioni.

1. Donazioni.

Le *donazioni* ricomprendono l'insieme delle *attribuzioni patrimoniali, poste in essere per spirito di liberalità, che realizzano l'arricchimento di una parte con contestuale impoverimento dell'altra.*
La materia è disciplinata dall'*art. 56* della l. 218/1995.

■ **A) Il criterio di collegamento prescelto.**

Ai sensi dell'art. 56, 1° comma, il criterio di collegamento prescelto in materia di donazioni è quello della **legge nazionale del donante**. L'atto, tuttavia, ai sensi dell'art. 56, 2° comma può essere assoggettato alla *legge dello Stato di residenza del donante* ove quest'ultimo, contestualmente alla donazione, faccia una dichiarazione espressa in tal senso.

■ **B) La disciplina della capacità d'agire.**

Essendo le donazioni atti *a carattere negoziale*, si pone il problema della disciplina della *capacità di agire* del soggetto che le pone in essere. La materia non è espressamente disciplinata dall'art. 56, con la conseguente operatività dei principi sanciti dall'*art. 23* della l. 218/1995, specificamente dedicato alla capacità d'agire delle persone fisiche.

■ **C) La disciplina della forma.**

Per ciò che concerne la *forma dell'atto*, essa di regola sarà disciplinata dalla *legge che ne regola la sostanza* (quella nazionale del donante o del suo Stato di residenza). Tuttavia, in omaggio al *principio di conservazione* l'art. 56, 3° comma consente il riferimento alla *legge dello Stato in cui l'atto è compiuto*, ove ciò ne garantisca la validità e l'efficacia.

Tali principi operano in riferimento **a qualsiasi tipo di forma**, sia *ad substantiam* che *ad probationem* (Sez. 2, sentenza 30 aprile 2012, n. 6622).
Le forme di pubblicità eventualmente necessarie per la trasmissione dei beni oggetto dell'atto, invece, saranno disciplinate dalla legge del luogo in cui i beni si trovano.

D) I problemi di coordinamento con la Convenzione di Roma del 1980.

Attenta dottrina ha messo in evidenza come le donazioni siano atti, non solo a carattere negoziale, ma soprattutto *di natura contrattuale*. Tale qualificazione ne impone l'assoggettamento anche alla normativa di cui alla **Convezione di Roma del 1980** sulle obbligazioni contrattuali (ora Reg. 593/2008). L'operatività, sia dell'art. 56, che della Convezione, ha posto seri *problemi di coordinamento* tra le due discipline.
L'impostazione prevalente ritiene che la Convenzione di Roma debba trovare applicazione rispetto a tutti gli atti donativi a carattere contrattuale: ne rimarranno escluse le sole donazioni disciplinate dal diritto di famiglia (*donazioni obnuziali*) e dal diritto successorio (*donazioni mortis causa*, non ammesse nel nostro ordinamento, ma previste in alcune legislazioni straniere). In tale ottica, *l'art. 56 avrebbe un ambito di operatività del tutto residuale* rispetto alla disciplina contenuta nella Convenzione.

Pare opportuno precisare che l'art. 56, in ogni caso, non troverà applicazione con riferimento alle *donazioni indirette* (remissione del debito, contratto a favore di terzo), e a tutti gli altri *atti a titolo gratuito che non presentino l'elemento dello spirito di liberalità* (comodato, prestito, trasporto gratuito).
Troverà, invece, applicazione rispetto alle *donazioni modali* (art. 793 c.c.) e alle *donazioni tra coniugi* (art. 781).

QUESTIONARIO

1. Qual è il criterio di collegamento prescelto in materia di donazioni? **1.A**.
2. Sono ammissibili deroghe al criterio della legge nazionale del donante? **1.A**.
3. Qual è la legge che regola la forma delle donazioni? **1.C**.
4. Come si coordinano Convenzione di Roma e art. 56 in materia di donazioni? **1.D**.

SEZIONE IX – LE OBBLIGAZIONI CONTRATTUALI

SOMMARIO:
1. Le obbligazioni contrattuali. – 2. La disciplina di alcune peculiari figure contrattuali. – 3. Il fenomeno dell'e-commerce. – 4. La disciplina del trust.

1. Le obbligazioni contrattuali.

Le *obbligazioni contrattuali* coincidono con *l'insieme dei rapporti giuridici a carattere obbligatorio, che trovano la propria fonte nel contratto*.
L'intera materia è disciplinata dall'*art. 57* della l. 218/1995, che impone l'applicazione *in ogni caso* delle norme contenute nella **Convenzione di Roma del 19 giugno del 1980** (su cui v. *infra*).
La Cassazione (sent. n. 10994/2002) si è pronunciata sulla natura *intrinsecamente sostanziale dell'art. 57*. In particolare, si è chiarito come tale norma, anziché regolare la giurisdizione, individui **nell'ambito della giurisdizione italiana** la legge applicabile ai rapporti contrattuali che presentino elementi di estraneità.

Pare opportuno chiarire sin da ora che, anche se la norma fa espressamente riferimento alle sole *obbligazioni contrattuali*, si ritiene che il suo contenuto precettivo sia riferibile anche alla fonte da cui esse derivano e, quindi, *ai contratti* che ne stanno a fondamento.

In applicazione della generale clausola di salvaguardia di cui all'*art. 2* della l. 218/1995, è fatta **salva *l'operatività di altre convenzioni internazionali, eventualmente riferibili alla singola obbligazione*** (si pensi alla Convenzione dell'Aja del 1995 in materia di *vendita*, alla Convezione di Ottawa del 1988 in tema di *leasing e factoring internazionale*, alla Convenzione di Varsavia del 1929 e di Montreal del 1999 in materia di *trasporto aereo internazionale*). Giova precisare che le convenzioni di d.i.p. in materia di obbligazioni contrattuali stipulate dall'Italia sono numerose e complesse.
Con riferimento alla vendita, ad esempio, la specificità e la completezza della normativa di matrice convenzionale ha portato ad una sostanziale *neutralizzazione del disposto di cui all'art. 57,* fino alla creazione di una figura di

vendita del tutto autonoma rispetto a quella a carattere interno, definita *vendita internazionale* (su cui v. *infra*).
Articolata disciplina di matrice convenzionale ha trovato anche il *contratto di trasporto internazionale di merci* (v. Convenzione di Bruxelles del 1924, di Ginevra del 1956 e di Montreal del 1999) (su cui v. *infra*).

A) La portata della Convezione di Roma del 1980.

La scelta del legislatore di richiamare la Convenzione di Roma del 1980, senza procedere alla predisposizione di un'autonoma disciplina a carattere interno, ha posto due fondamentali problemi interpretativi. Invero, ci si è chiesti:

- in primo luogo, quali siano *le conseguenze del recepimento* nell'ambito di una norma di conflitto a carattere nazionale *di una disciplina di matrice convenzionale*;
- in secondo luogo, quale sia *l'effettivo ambito di operatività delle norme* in materia di obbligazioni contrattuali *contenute nella Convezione*.

Per ciò che concerne *le conseguenze del recepimento*, si è chiarito che il richiamo da parte del legislatore alle norme contenute nella Convenzione – costituente un autentico *rinvio materiale o recettizio* (v. Cap. I, Sez. IV, par. 2) – ha comportato una sostanziale *"nazionalizzazione" della disciplina convenzionale*. Detto altrimenti, **per effetto dell'art. 57 le disposizioni della Convenzione di Roma sono penetrate nell'ambito del sistema di d.i.p. italiano, come norme di conflitto interne**. Principale corollario applicativo di tale fenomeno è la possibilità di applicare i criteri indicati dalla Convenzione *anche a Stati non firmatari della stessa*. In particolare, la normativa convenzionale troverà applicazione anche ove la fattispecie contrattuale, della cui disciplina si tratta, presenti punti di contatto con Stati non contraenti.
Per effetto di tale efficacia *tendenzialmente universale*, la Convenzione di Roma costituisce un importante passo verso **la armonizzazione dei sistemi nazionali di d.i.p.**: per la prima volta, infatti, mediante un accordo internazionale si realizza un sistema uniforme e generale (*perché esteso anche a Stati non contraenti*) di d.i.p.
Giova osservare, tuttavia, che già prima della legge di riforma del 1995 alla normativa contenuta nella Convenzione di Roma in materia contrattuale era riconosciuta *portata* sostanzialmente *universale*. In pratica, già prima della l.

218/95 le norme convenzionali si applicavano anche per la regolamentazione di fattispecie, che presentavano punti di contatto con ordinamenti di Stati non contraenti. Autorevole dottrina aveva addirittura parlato di abrogazione tacita dell'art. 25 delle preleggi in materia di obbligazioni contrattuali per effetto della ratifica della Convenzione in Italia.

Per ciò che riguarda, invece, *l'ambito di operatività della disciplina convenzionale*, esso è ben individuato dall'espressione *"in ogni caso"* contenuta nella norma. Più nel dettaglio, con tale specificazione il legislatore nazionale ha voluto estendere la sfera di applicazione delle norme contenute nella Convenzione sotto il profilo, sia *temporale*, che *materiale*. Invero:

- da un punto di vista *temporale*, le norme di cui alla Convenzione, ordinariamente applicabili ai soli contratti stipulati *successivamente alla sua entrata in vigore* (fissata, almeno per ciò che concerne l'Italia, al 1° aprile 1991), troveranno applicazione anche rispetto *ai contratti conclusi prima di tale data*;
- da un punto di vista *materiale*, le norme di cui alla Convenzione, dichiaratamente non disciplinante alcune categorie di obbligazioni (art. 1), troveranno applicazione *anche a quei rapporti che, pur essendo esclusi dal suo ambito applicativo, presentino natura contrattuale secondo l'ordinamento italiano*, purché non inclusi in altre categorie previste dalla l. 218/1995, ovvero da norme comunitarie o convenzionali (MOSCONI-CAMPIGLIO, TREVES).

Si pensi, a tale ultimo proposito, alle obbligazioni relative a *testamenti, successioni* o *regimi matrimoniali*, escluse dall'ambito di operatività della Convenzione, ma comunque disciplinate da altre norme di d.i.p., sia nazionali, che comunitarie; o a quelle derivanti da *titoli di credito, rapporti societari* o da rapporti *con persone giuridiche in genere*, parimenti escluse dalla Convenzione, ma disciplinate *aliunde*.

B) I criteri di collegamento adottati dalla Convenzione.

Ai fini dell'individuazione della legge applicabile alle fattispecie contrattuali a carattere transnazionale la Convenzione si ispira a tre principi fondamentali:

- quello di *autonomia delle parti*,
  poiché consente agli stessi contraenti di scegliere quale legge debba regolamentare il loro contratto;

- quello di *prossimità*, in virtù del quale, in assenza di scelta delle parti, la fattispecie sarà disciplinata dalla legge dello Stato con il quale presenta il collegamento più stretto;
- quello di *conservazione*,

in base al quale il contratto deve considerarsi pienamente valido, ove soddisfi i requisiti di forma richiesti dalla legge che ne regola la sostanza, ovvero dalla legge del luogo in cui è stato concluso.

Alla luce di tali principi, è possibile affermare che il primo e principale criterio di collegamento fissato dalla Convenzione è quello della *volontà delle parti* (art. 3).

Esse godono della massima libertà nella scelta della legge applicabile (c.d. **choice of law**), potendo optare anche per sistemi normativi privi di legami con l'oggetto del contratto. I contraenti potrebbero anche stabilire che la legge prescelta si applichi solo ad una parte, e non all'intero contratto (c.d. **depecage**).

L'atto di scelta ha valore di vero e proprio *negozio giuridico*. Esso può avere forma *espressa* o *tacita*, potendo la scelta desumersi anche dalle disposizioni del contratto o dalle circostanze.

Il negozio è sempre revocabile, ma l'eventuale revoca non potrà inficiare la validità del contratto stipulato secondo le disposizioni della legge scelta in precedenza, né pregiudicare i diritti dei terzi sorti per effetto della stessa.

Una peculiare disciplina opera rispetto ai **contratti conclusi da consumatori** e ai **contratti individuali di lavoro** (artt. 5 e 6). In tali casi, *la libertà di scelta delle parti viene notevolmente limitata* per la posizione di debolezza in cui viene a trovarsi uno dei soggetti coinvolti (consumatore/lavoratore) rispetto alla controparte (imprenditore/datore di lavoro): l'applicazione della legge prescelta non potrà mai privare il contraente debole della tutela assicuratagli dalle norme imperative dell'ordinamento, che troverebbe applicazione in mancanza di scelta (che è *quello del paese con il quale il rapporto negoziale presenta il collegamento più stretto*, su cui v. *infra*). Ad es. l'assoggettamento volontario del contratto di lavoro alla legge libica non potrebbe mai precludere l'applicazione al lavoratore di cittadinanza italiana delle norme in tema di tutela delle madri lavoratrici vigenti in Italia.

Ove le parti non si pronuncino circa la legge applicabile, il contratto sarà regolato dalla **legge del paese con il quale il rapporto negoziale presenta il collegamento più stretto** (art. 4). Tale paese coincide con *quello in cui, colui*

che deve eseguire la prestazione caratterizzante il contratto, ha la propria residenza (persona fisica) *o sede* (persona giuridica) (c.d. **criterio della residenza o sede del debitore**).
Nei contratti sinallagmatici si esclude la natura caratterizzante delle prestazioni aventi ad oggetto somme di danaro. Nei contratti relativi a beni immobili, invece, il paese di riferimento sarà ovviamente quello in cui si trova la *res*.

■ **C) La disciplina convenzionale in materia di forma e validità. Il problema della capacità d'agire.**

La Convenzione di Roma (artt. 8 e 9) si occupa espressamente anche dei requisiti di *forma* e *validità* concernenti i contratti a carattere transnazionale.
Con riferimento alla *forma*, in piena coerenza con il **principio di conservazione** si stabilisce che il contratto è valido, non solo se possiede i requisiti formali richiesti dalla **legge che in base ai criteri della Convenzione è chiamata a regolarlo**, ma anche se possiede i requisiti necessari secondo **la legge del luogo in cui è concluso**, anche ove questa non rilevi per gli altri aspetti del contratto stesso.
Per ciò che concerne *la validità* del contratto (o di una sua disposizione), deve farsi riferimento alla **legge che sarebbe applicabile in virtù della Convenzione stessa**.
Ovviamente, anche per le norme della Convenzione valgono i principi generali del d.i.p., come i limiti dell'*ordine pubblico* e delle *norme di applicazione necessaria* (v. Parte I, Sez. VI). Ne deriva che la legge richiamata per effetto dei criteri indicati nella Convenzione non potrà trovare applicazione, ove incompatibile con l'ordine pubblico dello Stato in cui debba operare, ovvero nel caso in cui esista in quell'ordinamento una normativa incondizionatamente operante rispetto alla medesima fattispecie (v. artt. 7 e 16 della Convezione).
Nulla si dispone con riferimento alla *capacità di agire*. Essa figura tra le *materie escluse* dall'ambito di operatività della Convenzione (v. art. 11), rimanendo regolata dai sistemi di d.i.p. dei singoli Stati contraenti. Viene, tuttavia, dettata una norma in materia di *incapacità* al fine di tutelare la buona fede dei terzi, che abbiano contrattato con una persona capace secondo la legge del paese in cui il contratto è concluso, ove questa faccia successivamente valere un'incapacità derivante dalla propria legge nazionale.

SEZIONE IX | LE OBBLIGAZIONI CONTRATTUALI

D) L'intervento del legislatore comunitario: il Regolamento CE 593/2008.

Il legislatore comunitario ha recentemente ridotto l'ambito di operatività della normativa di cui alla Convenzione di Roma del 1980, attraverso l'emanazione del *Regolamento CE 593/2008*, in materia di obbligazioni contrattuali (c.d. *Roma I*), **applicabile a tutti i contratti stipulati successivamente al 17 dicembre 2009.**

Per effetto di tale intervento, **le fattispecie contrattuali a carattere transnazionale,** *ove coinvolgano paesi comunitari,* **saranno assoggettate alla normativa europea** *ratione temporis* **applicabile,** e non più a quella di matrice convenzionale.

Le differenze tra le due discipline sono diverse, e attengono: sia allo *strumento normativo utilizzato,* che al *contenuto precettivo delle norme.*

- Per ciò che concerne lo ***strumento normativo utilizzato,*** deve ricordarsi che la normativa comunitaria ha **rango regolamentare** e non di mero accordo internazionale. Ciò comporta l'*efficacia diretta* nell'ambito degli ordinamenti dei singoli Stati membri delle relative norme, senza necessità di alcuna ulteriore intermediazione o ratifica da parte dei legislatori nazionali.
  Principali corollari applicativi di tale qualificazione sono: da un lato, l'impossibilità per ciascuno Stato comunitario di formulare *riserve* rispetto al contenuto delle singole norme; dall'altro, la competenza degli organi nazionali di giurisdizione ordinaria (e non di organi internazionali istituiti *ad hoc*) in materia di interpretazione e applicazione delle norme stesse.

- Per ciò che riguarda il ***contenuto precettivo delle norme,*** anche in ambito comunitario è stata sancita **la centralità della volontà delle parti** nell'individuazione della legge applicabile (c.d. **choice of law**). Esse possono richiamare ordinamenti di Stati anche non membri dell'UE, senza che sia necessario un qualche legame con l'oggetto o gli elementi costitutivi del contratto. La scelta è ammessa, *sia in forma espressa, che in forma tacita,* è sempre *revocabile,* e può riguardare anche singoli aspetti del contratto considerato. Analogamente all'art. 3, comma 1° della Convenzione di Roma, infatti, l'art. 3, par. 1 del Regolamento Roma I ammette espressamente **il fenomeno del c.d.** *depecage*, inteso come facoltà delle parti di individuare una diversa legge per

> ciascun elemento del contratto stipulato, frazionando la fattispecie anche da un punto di vista strettamente disciplinatorio. In nessun caso, tuttavia, la legge fissata di comune accordo dai contraenti potrà precludere l'operatività delle norme di applicazione necessaria dell'ordinamento, con cui la fattispecie presenta il più stretto collegamento e delle norme di matrice comunitaria.

Il principale tratto differenziale sta nel *criterio destinato ad operare in mancanza di una scelta espressa da parte dei contraenti*: in ambito comunitario, il legislatore ha conferito natura meramente residuale al criterio che impone il riferimento alla legge del paese con cui il contratto presenta il collegamento più stretto, preferendo fissare *criteri specifici per le varie tipologie contrattuali* prese in considerazione (così, in mancanza di una scelta delle parti, la *vendita di beni* dovrà essere regolata dalla legge del paese di residenza abituale del venditore; la *locazione*, da quella del luogo in cui l'immobile si trova; la *prestazione di servizi*, da quella del paese di residenza abituale del prestatore; etc.)
In materia di *forma*, in omaggio al principio di conservazione, si stabilisce che il contratto deve considerarsi valido se rispetta i requisiti formali imposti dalla legge che ne regola la sostanza, o dalla legge del luogo dove è stato concluso, o dalla legge del luogo dove si trovava, o aveva la residenza abituale, uno dei contraenti al momento della stipula.

Il legislatore comunitario risolve altresì il problema degli *ordinamenti plurilegislativi* (v. Parte I, Sez. IV): ove le parti, o le norme operanti, facciano riferimento a sistemi normativi di tal genere, ai fini della individuazione della legge applicabile, ogni sistema territoriale deve considerarsi come paese a sé stante (art. 22).

Giova osservare, inoltre, che *il Regolamento 593/2008 non si occupa della responsabilità precontrattuale*: si tratta di materia rientrante nell'ambito della responsabilità extracontrattuale, disciplinata dal distinto Reg. CE 864/2007.
Peculiare rilevanza assume la disciplina dettata dal legislatore comunitario con riferimento ai contratti di *trasporto* e di *assicurazione*. Tratto comune di entrambe le normative è la necessità di assicurare il perseguimento di *obiettivi di certezza e prevedibilità del diritto* in materia contrattuale. Tale esigenza si è tradotta nella predisposizione di norme di conflitto prevalentemente orientate a ridurre gli spazi di discrezionalità del giudice.

SEZIONE IX | LE OBBLIGAZIONI CONTRATTUALI

In materia di *trasporto* (art. 5), si opera una distinzione tra il *trasporto merci* e il *trasporto persone*. Nel *trasporto merci*, troverà applicazione la legge del paese di residenza del vettore, purché in tale paese si trovino anche il luogo di carico o quello di consegna. Nel *trasporto persone*, pur non essendo esclusa una scelta delle parti, si tende a dare prevalenza alla legge del paese di origine del passeggero, ove in esso possano collocarsi l'inizio o la fine del viaggio.
In tema di *assicurazione*, si distingue tra *assicurazione danni* e *assicurazioni di altro genere* (ad es. sulla vita). Nell'*assicurazione danni*, in mancanza di diversa scelta delle parti opererà la legge di residenza abituale dell'assicuratore. Nelle *assicurazioni di altro genere*, sempre in assenza di una diversa volontà delle parti, rileverà la legge del luogo in cui è situato il rischio al momento del contratto.

2. La disciplina di alcune peculiari figure contrattuali.

A) La vendita internazionale.

La *vendita c.d. internazionale* coincide con *il contratto, avente ad oggetto il trasferimento della proprietà (o di altro diritto) su di un bene verso il pagamento di un prezzo, che presenta punti di collegamento con una pluralità di Stati*. Si pensi alla vendita, stipulata in Germania, tra un cittadino tedesco ed una compagnia francese, avente ad oggetto beni immobili situati in Italia.
La figura trova la propria disciplina di riferimento, non solo nell'*art. 57* della l. 218/1995, ma anche in tutta una serie di *convenzioni internazionali* cui l'Italia ha nel tempo aderito. Tra queste è necessario fare una distinzione sotto il profilo contenutistico. Invero:
- alcune di esse (Convenzione dell'Aja del 15 giugno del 1955, relativa alle *vendite a carattere internazionale di oggetti mobili*; nonché Convenzione dell'Aja del 31 ottobre 1985 sui *contratti di vendita internazionale di merci*) sono costituite da autentiche *norme di conflitto*, dirette ad individuare l'ordinamento applicabile alle fattispecie a carattere transnazionale considerate. Si tratta, in sostanza, di vere e proprie **convenzioni di d.i.p.** (v. Cap. I, Sez. III, par. 3.A);
- altre (le due Convenzioni dell'Aja, ovvero quella del 10 luglio 1964 sulla *vendita internazionale di beni mobili* (LUVI), e quella sulla *formazione dei contratti di vendita internazionali* (LUFC); nonché la Convenzione di Vienna del 11 aprile del 1980 sulle *vendite internazionali,*

che le ha sostituite), provvedono invece a disciplinare direttamente le fattispecie transnazionali cui si riferiscono, essendo costituite da *norme materiali*, e non da mere norme di conflitto. Si tratta, quindi, di **convenzioni di diritto materiale uniforme** (v. Cap. I, Sez. III, par. 3.A).

Importanza di carattere essenziale per numero di adesioni e portata della disciplina assume la *Convenzione di Vienna del 1980 in materia di vendita internazionale.*

▶ **LA GIURISPRUDENZA PIÙ SIGNIFICATIVA**

LA PORTATA DELLE NORME DELLE CONVENZIONE DI VIENNA DEL 1980 IN MATERIA DI VENDITA INTERNAZIONALE.

Secondo la Cassazione (SS.UU. n. 14837/02 e n. 18902/04), *le relative disposizioni sono destinate a prevalere sulle norme di d.i.p. vigenti negli ordinamenti dei singoli Stati contraenti*: in Italia, ad es., **esse troveranno applicazione con prevalenza rispetto a quelle della Convenzione di Roma del 1980, cui fa riferimento l'art. 57**. Più nel dettaglio, la Corte chiarisce che *"la Convenzione di Vienna sui contratti di vendita internazionale di beni mobili, adottata l'11 aprile 1980 e resa esecutiva con la legge 11 dicembre 1985, n. 765, prevale sulla disciplina dettata, per le obbligazioni contrattuali, dalla Convenzione di Roma del 19 giugno 1980, in tal senso deponendo, tanto l'art. 21 di quest'ultima Convenzione, quanto l'art. 57, ultima parte, della legge 31 maggio 1995, n. 218".*

Ha confermato tale impostazione la giurisprudenza più recente, precisando come ogniqualvolta sia dedotta in giudizio un'obbligazione nascente da vendita internazionale, *tra le parti contraenti deve farsi riferimento alla Convenzione di Vienna sulla vendita di cose mobili dell'11 aprile 1980 (resa esecutiva con la l. n. 765 del 1985),* **che, dettando una disciplina sostanziale uniforme, si applica a prescindere dalle norme di d.i.p. degli Stati contraenti, poiché il diritto materiale uniforme ha carattere di specialità, in quanto risolve direttamente il problema della regolamentazione della fattispecie, evitando il doppio passaggio consistente nell'individuazione del diritto applicabile e, quindi, nell'applicazione dello stesso, in conformità alle regole del diritto internazionale privato.** *(Nella specie, la S.C. ha ritenuto che il richiamo all'applicazione della legge tedesca operato dalle parti sugli ordini d'acquisto, non fosse idoneo ad escludere l'operatività della Convenzione che costituisce parte integrante dell'ordinamento della Repubblica Federale tedesca).* (Sez. II, n. 1867 del 25 gennaio 2018).

Non deve, infine, dimenticarsi il ruolo fondamentale, che nella disciplina delle vendite internazionali comunque assume la *lex mercatoria* (v. Parte I, Sez. III).

SEZIONE IX | LE OBBLIGAZIONI CONTRATTUALI

B) Il trasporto internazionale.

Il *trasporto c.d. internazionale* è il *contratto mediante il quale una parte (vettore) si obbliga, verso corrispettivo, a trasferire persone o cose da uno Stato all'altro.* Si pensi alla compagnia di trasporti italiana, che assuma l'obbligo di recapitare della merce in territorio scandinavo.
La figura trova la propria disciplina, oltre che nell'art. 57 della l. 218/1995, nella *Convenzione di Ginevra del 19 maggio 1956 sul trasporto internazionale di merci su ruota* (CMR).

Il principio fondamentale, sancito a livello convenzionale, è quello della *responsabilità del vettore per qualunque perdita, avaria o ritardo, intervenuto tra il momento del ritiro della merce e quello della consegna.* In taluni casi espressamente previsti, tuttavia, si consente al vettore di dimostrare la propria irresponsabilità per la perdita o l'avaria verificatasi, ovvero si limita il risarcimento ad un'indennità non eccedente il prezzo del trasporto, subordinandone la corresponsione alla prova, da parte del destinatario, del danno effettivamente subito per effetto del ritardo (si pensi al trasporto di merci con difetti di imballaggio, o al trasporto di animali vivi).
Tali limitazioni hanno portato a ritenere la disciplina convenzionale *più favorevole* di quella prevista nel nostro codice civile.

▶ LA GIURISPRUDENZA PIÙ SIGNIFICATIVA

PRESUPPOSTI PER L'OPERATIVITÀ DELLA CONVENZIONE DI GINEVRA DEL 1956.

L'applicazione della normativa della Convenzione è, secondo la Cassazione (sent. n. 11282/2005), subordinata ad una **manifestazione di volontà delle parti in tal senso**. La scelta potrà essere esternata in forma *espressa*, mediante l'indicazione in calce alla lettera di trasporto che al contratto in questione di applica la Convenzione di Ginevra del 1956; oppure in forma *tacita*, mediante pattuizioni, anche orali, tra le parti, dimostrabili con qualunque mezzo di prova (v. in termini sent. n. 7201/2015).

Importanza di carattere essenziale assume altresì **la Convenzione di Montreal del 1999 sul trasporto aereo internazionale**, ratificata dall'Italia con la L. n. 12/2004, intervenuta a modificare il regime di tutela dei passeggeri, dei bagagli e delle merci, coinvolti nel trasporto aereo, di cui alla precedente Convenzione di Varsavia del 1929.

Anche in tale ambito si è prevista, nell'ottica di una progressiva implementazione del livello di protezione assicurato ai trasportati, *l'esclusione della responsabilità del vettore nelle sole ipotesi tassativamente indicate* (vizio proprio della merce o dell'imballaggio eseguito da terzi; ovvero eventi bellici e/o atti dell'autorità), ponendo *l'onere della relativa prova a carico di quest'ultimo*, non più liberato a mezzo della prova della mera adozione di tutte le misure necessarie per evitare il danno (art. 20 Varsavia 1929).

La gravosità del predetto regime trova, tuttavia, un correttivo *nella limitazione della responsabilità del vettore alla somma di 19 DSP* (moneta di conto comprendente il dollaro americano, l'Euro, lo Yen giapponese e la Sterlina Britannica), non operante però nelle ipotesi di *ritardo nel trasporto di persone e di bagagli*, dipendenti da dolo o colpa grave del vettore medesimo.

▶ LA GIURISPRUDENZA PIÙ SIGNIFICATIVA

L'APPLICABILITÀ DELLA CONVENZIONE DI MONTREAL ALL'*HANDLING* AEROPORTUALE.

Della Convenzione di Montreal si è recentemente discusso in giurisprudenza, al fine di verificare se il regime di responsabilità in essa previsto debba o meno trovare applicazione nei confronti dell'*handler* del vettore aereo.
Il **contratto di** *handling* **aeroportuale**, come è noto, è un contratto avente ad oggetto servizi e prestazioni eterogenee, strumentali all'attività del vettore aereo.
La giurisprudenza tradizionale qualifica tale contratto come **contratto di deposito a favore di terzo**, *stipulato dal mittente o vettore (stipulante) con l'handler (promittente), a favore del destinatario (beneficiario)*, escluso dall'ambito di operatività della Convenzione di Montreal sul trasporto aereo internazionale perché del tutto autonomo dal contratto di trasporto cui accede.
La Suprema Corte ha, tuttavia, di recente suggerito una rivisitazione del predetto orientamento (v. ord. Sez. III, n. 3361/2016), da ultimo avallato dalle Sezioni Unite che, nell'affermare che l'attività svolta dall'impresa esercente il servizio di c.d. "handling" aeroportuale non viene resa in esecuzione di un autonomo contratto, ma rientra, come attività accessoria, nella complessiva prestazione che forma oggetto del contratto di trasporto, hanno tra l'altro sancito che *in quanto ausiliario del vettore aereo, l'"handler", pur rispondendo a titolo extracontrattuale, beneficia delle limitazioni di responsabilità previste, in favore del vettore medesimo e dei suoi dipendenti od incaricati*, dagli artt. 22 e 30 **della Convenzione di Montreal sul trasporto aereo**, *salva l'ipotesi di condotta dolosa o coscientemente colposa, nella quale, ai sensi dell'art. 30, comma 3, della Convenzione di Montreal, la responsabilità dell'ausiliario resta illimitata* (Sez. U, n. 21850 del 20/09/2017).

C) Il rapporto di lavoro internazionale.

Si definiscono **rapporti di lavoro c.d. internazionale**, tutti quei *rapporti di lavoro, che presentano elementi di estraneità, o con riferimento alle parti contraenti, o con riferimento al luogo di svolgimento della prestazione.*
La disciplina di tali rapporti ha da sempre posto diversi problemi, data l'incidenza in materia di diverse norme di matrice pubblicistica. Più nel dettaglio, ci si è chiesti fino a che punto sia possibile consentire l'operatività di norme straniere in un settore, come quello del lavoro, regolamentato dal legislatore nazionale attraverso disposizioni prevalentemente inderogabili e imperative.
Sul punto, diverse le tesi prospettate.

- Secondo una **prima impostazione**,
i criteri di collegamento previsti dalle norme di d.i.p. non potrebbero operare in materia lavoristica. Le prospettive in cui tale affermazione è stata giustificata sono diverse: alcuni qualificano le disposizioni dettate dal legislatore nazionale nel settore del lavoro come *norme di applicazione necessaria*; altri evidenziano come le norme straniere eventualmente richiamate incontrerebbero il limite dell'*ordine pubblico internazionale*; altri ancora ritengono applicabile a tutti i rapporti di lavoro il principio di cui all'art. 9 del cod. nav., in base al quale la legge applicabile è sempre quella *del luogo in cui il rapporto si svolge.*

- Secondo **altra impostazione**,
non tutti gli aspetti del rapporto di lavoro sono esenti dall'operatività dei criteri di collegamento previsti dal d.i.p. In sostanza, nell'ambito della complessa disciplina dettata dal legislatore in materia lavoristica dovrebbe operarsi una distinzione tra *aspetti pubblicistici*, per i quali sarebbe precluso qualsiasi richiamo a norme straniere, e *aspetti privatistici*, cui si applicano le norme di d.i.p. in materia di obbligazioni derivanti da contratto.

- Secondo **un'ulteriore ricostruzione**,
all'intero settore del lavoro dovrebbe applicarsi il criterio di collegamento previsto dall'art. 61, 2° comma della l. 218/1995 in materia di obbligazioni non contrattuali da atto lecito. A fondamento di tale impostazione, la constatazione della *assoluta prevalenza in ambito lavoristico della disciplina legale su quella convenzionale.*

- Secondo **la giurisprudenza**,
ai rapporti di lavoro a carattere transnazionale deve applicarsi la

normativa in materia di obbligazioni contrattuali di cui all'art. 57 della 218/1995.
Più precisamente, **con riferimento ai rapporti di lavoro svolti all'estero da soggetti italiani**, la Cassazione (Sez. L -, Sentenza n. 12344 del 10/05/2021, ma v. anche sent. n. 15822/2002, confermata dalla sent. 1302/2013) ha ritenuto la domanda diretta ad ottenere la declaratoria di illegittimità del licenziamento e la conseguente reintegra nel posto di lavoro soggetta alla disciplina di cui alla *Convenzione di Roma del 1980* richiamata dall'*art. 57* della l. 218/1995. La normativa convenzionale in questione impone l'applicazione al rapporto di lavoro sorto, eseguito e risolto all'estero, della *legge del luogo di esecuzione della prestazione lavorativa*, salvo che le parti abbiano esercitato la facoltà di scelta della legge applicabile di cui all'art. 3 della Convenzione stessa. **Il giudice italiano, tuttavia, non potrà consentire l'operatività della normativa straniera nell'ordinamento interno, ove questa si ponga in contrasto con l'ordine pubblico.** Nel caso di specie, la Suprema Corte ha ribadito il suesposto principio, e, in particolare, della *contrarietà all'ordine pubblico italiano di una normativa (quale quella in vigore in Algeria), che non reca alcuna tutela del lavoratore nel caso di licenziamenti individuali disposti per ragioni organizzative, né garantisce il rispetto del principio fondamentale di una retribuzione proporzionata e sufficiente (art. 36 Cost.) nell'ipotesi in cui l'accordo intercorso tra le parti dissimuli un contratto di lavoro subordinato e attribuisca di fatto al lavoratore un trattamento economico deteriore rispetto a quello cui avrebbe diritto.* In quest'ultimo caso il giudice dovrà applicare i criteri di cui all'art. 4 della Convenzione di Roma.
Evidente la continuità con altra pronuncia (Sez. Un. n. 2360/2015), già affermante la non ravvisabilità nel nostro ordinamento di un principio di ordine pubblico, che imponga *il rispetto dei minimi contributivi previsti dalla contrattazione collettiva nazionale*, dovendo verificarsi solo, alla luce delle circostanze del caso concreto, che la retribuzione non violi i principi di sufficienza e proporzionalità di cui all'art. 36 Cost.

3. Il fenomeno dell'e-commerce.

Per *e-commerce* (o *electronic commerce*) si intende quel *peculiare fenomeno, volto alla conclusione di transazioni commerciali tramite la rete internet*.
Nella comunicazione del 15 aprile 1997 la Commissione europea, chiarendone la nozione, ha affermato che *"il commercio elettronico ha come oggetto lo svolgimento degli affari per via elettronica. Esso si basa sull'elaborazione e la trasmissione elettronica delle informazioni, incluso testi, suoni e video-immagini. Il commercio elettronico comprende molte attività diverse, quali la compravendita di beni e servizi per via elettronica, la distribuzione in linea di contenuti digitali, il trasferimento elettronico di fondi, le contrattazioni elettroniche di borsa, le polizze di carico elettroniche, le gare di appalto e le vendite all'asta, il design e la progettazione in collaborazione, la selezione in linea dei fornitori, il marketing diretto dei beni e servizi per il consumatore, nonché l'assistenza post-vendita"*.
Caratteristica essenziale del commercio elettronico (e di tutti i fenomeni che si sviluppano per via telematica) è l'***intrinseca transnazionalità***: concludendo transazioni su internet è possibile varcare i propri confini nazionali, pur restando nella propria abitazione.
Da tempo ci si è resi conto dell'inadeguatezza dei sistemi di diritto internazionale privato e processuale rispetto alle problematiche che l'e-commerce (e la rete in genere) pone. A ben guardare, infatti, l'insieme delle operazioni di commercio elettronico si svolgono in uno **spazio non fisico, ma virtuale**. Tale peculiarità incide, non solo sulla *formazione del consenso contrattuale*, ma anche sulla sua *esecuzione* (si pensi al caso dell'acquisizione di prodotti informatici mediante *download*), e sulle *modalità di pagamento del prezzo* (solitamente effettuato mediante la mera comunicazione in via informatica degli estremi della carta di credito dell'acquirente). Risulta evidente, dunque, l'impossibilità di riferire ad operazioni meramente virtuali, come quelle in questione, i concetti tipici del diritto civile, come il "luogo" di formazione del contratto, il "luogo" di esecuzione del contratto", lo "Stato" di residenza di taluna delle parti, etc. A tali difficoltà ermeneutiche si è tentato a più riprese di dare una risposta.

■ A) Il luogo di conclusione del contratto.

Con riferimento al *luogo di conclusione del contratto*, deve tenersi conto del disposto dell'*art. 1326 c.c.*, il quale stabilisce che *il contratto si considera concluso nel momento e nel luogo in cui il proponente viene a conoscenza*

dell'accettazione della controparte. Tuttavia, la natura *meramente virtuale* dello spazio in cui avviene la contrattazione pone non poche difficoltà nell'applicazione della norma.
In primo luogo, deve verificarsi quali siano le *modalità attraverso cui le parti addivengono alla stipula.* In materia di e-commerce si è soliti operare una distinzione a seconda del mezzo di diffusione dell'offerta contrattuale. Invero:

- ove questa venga presentata *in una pagina WEB su di un sito,* si ritiene applicabile lo schema dell'offerta la pubblico, trattandosi di proposta rivolta *ad incertam personam,* con la conseguente operatività dell'art. 1336 c.c.;
- ove questa venga *inviata tramite EMAIL,* si ritiene debba operare la norma fondamentale di cui all'art. 1335 c.c., che considera pervenuta la proposta quando essa giunge all'indirizzo del destinatario, a meno che questi non provi di non esserne venuto, senza colpa, a conoscenza.

Sulla base di tali premesse, si ritiene che tempo e luogo di conclusione del contratto elettronico debbano determinarsi, in applicazione dell'art. 1326 c.c., ma facendo riferimento *allo Stato in cui ha sede il server del provider presso cui l'accettazione previene.*

B) Il diritto applicabile.

Ulteriore problema concerne *l'individuazione del diritto applicabile* a tali contratti, che intervengono spesso tra soggetti *residenti in Stati diversi.* In materia dovranno applicarsi *i criteri di collegamento di cui all'art. 57, l. 218/1995.*
Per effetto del richiamo ivi operato alla Convenzione di Roma in tema di obbligazioni contrattuali, sarà alle norme di questa che dovrà farsi riferimento. Ai sensi dell'art. 3, il criterio di collegamento principale in ambito contrattuale è quello della *volontà delle parti.* Nella contrattazione via internet, l'accordo circa la legge applicabile è ormai divenuto una prassi: è raro, infatti, che non venga in via preventiva esplicitato l'ordinamento cui dovrà farsi riferimento per la disciplina dei principali aspetti della transazione. Tuttavia, ove ciò non accada, troveranno applicazione i criteri fissati dalla Convenzione di Roma in materia (v. *supra*).
Pare opportuno sottolineare che, nella maggior parte dei casi, l'e-commerce è costituito da *contratti che intervengono tra consumatori* (l'utente) *e profes-*

sionisti (imprenditori che svolgono attività commerciale, anche per via telematica). Ai sensi dell'art. 5 della Convezione, in deroga alle regole generali, la legge applicabile sarà *quella del paese in cui il consumatore ha la sua abituale residenza*, con il chiaro intento di assicurare maggiore tutela alla parte debole del rapporto.

Una questione del tutto particolare concerne la disciplina applicabile alle *donazioni via internet*. In particolare, ci si chiede quali siano i criteri di collegamento, cui fare riferimento per la regolamentazione di operazioni di matrice elettronica, che si traducano nell'arricchimento di una parte con contestuale depauperamento dell'altra.

Rispecchia tale schema la cessione di materiale software a titolo gratuito (c.d. freeware). In alcuni casi, l'operazione ha per oggetto, non solo la licenza d'uso gratuito del programma, ma addirittura l'intero programma, inteso come opera dell'ingegno. Si pensi alle ipotesi in cui l'ideatore cede a titolo gratuito anche i c.d. *codici sorgente*, permettendo, non solo l'utilizzo, ma anche la modifica e l'ulteriore distribuzione del programma.

In materia, troverà applicazione l'*art. 56, l. 218/1995*, che impone l'applicazione della *legge nazionale del donante* salva la possibilità, a mezzo di dichiarazione espressa, di assoggettare l'atto alla legge dello Stato in cui egli stesso risiede.

4. La disciplina del *trust*.

Il *trust* costituisce un istituto tipico del diritto anglosassone. Il termine, in senso letterale, vuol dire *"fiducia"*. Con la parola "trust" nei sistemi di *common law* si indica *quella peculiare operazione negoziale a mezzo della quale un soggetto (c.d. settlor), attraverso un atto volontario inter vivos o mortis causa, affida ad un altro soggetto (c.d. trustee) un certo bene o patrimonio, con l'incarico di amministrarlo a vantaggio di una determinata persona (c.d. beneficiary)*.

I beni conferiti con il trust hanno una *posizione di totale autonomia nel patrimonio del trustee*, non potendo essere aggrediti, né dai creditori del *settlor* (che non ne è più titolare), né da quelli del *trustee* (che ne è il proprietario, ma in senso solo formale). La *finalità di segregazione patrimoniale*, infatti, è lo scopo tipico di tale istituto.

Il *beneficiary* ha un *diritto personale all'adempimento del trust da parte del trustee*, potendo anche rivendicare l'intero patrimonio fiduciario.

È possibile, ma non necessaria, la nomina di un garante della gestione (c.d. *protector*), che ha funzioni di mera vigilanza sull'esecuzione del compito fiduciario affidato dal *settlor* al *trustee*.

L'impostazione prevalente in ambito anglosassone qualifica il *trustee* come *proprietario legale* del patrimonio affidatogli, mentre il *beneficiary* è considerato *proprietario sostanziale* dello stesso, secondo l'*equity*. Tale sdoppiamento del diritto di proprietà sembra del tutto incompatibile con le coordinate del nostro ordinamento (e più in generale con gli ordinamenti di *civil law*), ed ha creato molte difficoltà circa il riconoscimento dell'istituto.

A) La Convenzione dell'Aja del 1° luglio 1985.

Le difficoltà che il trust aveva posto rispetto agli ordinamenti di *civil law* (*in primis* quello italiano) sono state superate proprio per effetto di una convezione di d.i.p.

Il riferimento è alla **Convezione dell'Aja del 1° luglio 1985 sulla legge applicabile ai trusts e sul loro riconoscimento**.

Il primo problema di cui si è occupata la normativa convenzionale è quello delle qualificazioni (v. Parte I, Sez. V). Nell'ambito di ordinamenti di *civil law*, infatti, sembrava del tutto impossibile procedere alla qualificazione di istituti come il trust, che presenta una stretta commistione tra elementi obbligatori e reali. Sul punto, la Convezione è intervenuta espressamente, fornendo essa stessa una definizione di *trust*, utile ai fini della sua qualificazione. Ai sensi dell'art. 2, esso deve intendersi come *rapporto giuridico creato da una persona (il costituente), allorché pone dei beni sotto il controllo di un trustee, nell'interesse di un beneficiario o per uno scopo determinato*. La definizione ha natura volutamente generica, proprio per consentirne l'operatività anche in sistemi diversi da quelli anglosassoni di riferimento.

Per ciò che concerne la legge applicabile, la Convenzione impone l'operatività della **legge scelta dal trustee**. Tale libertà di scelta incontra, tuttavia, un limite nella *necessità che l'ordinamento designato dal trustee conosca l'istituto del trust*, pena l'applicazione della legge individuata in base al criterio di collegamento sussidiario di cui all'art. 7, che impone il riferimento *all'ordinamento con cui l'operazione presenta il collegamento più stretto*. La norma fissa anche i criteri strumentali all'individuazione di tale ordinamento: sede dell'amministrazione creata dal *trustee*, luogo di collocazione dei beni in amministrazione, residenza del *trustee* o luogo dove deve essere attuato lo scopo dell'amministrazione.

B) Il problema dell'ammissibilità di trusts interni.

Principale scopo della Convenzione è quello di consentire il riconoscimento, attraverso il richiamo a norme straniere, di *trusts* costituiti in altri sistemi giuridici, ma aventi punti di contatto con l'Italia (si pensi alla collocazione dei beni).

Essa ha, tuttavia, posto il diverso **problema della possibilità di costituire trusts "interni"**, cioè *da parte di cittadini italiani e relativi a beni che si trovino in Italia*.

Sul punto, due le tesi prospettate.

- La ***tesi positiva*** (oggi prevalente)
  ritiene ammissibili *trusts* interni per effetto dell'*art. 2645 ter c.c.*
  Tale norma, infatti, consente la trascrizione di tutta una serie di atti di destinazione di beni, tra cui anche quelli strumentali alla costituzione di *trusts*.
- La ***tesi negativa***
  si fonda sull'*art. 13 della Convenzione dell'Aja del 1985*. Tale norma, di contro, stabilisce che *"nessuno Stato è tenuto a riconoscere un trust i cui elementi importanti, ad eccezione della scelta della legge da applicare, del luogo di amministrazione e della residenza abituale del trustee, sono più strettamente connessi a Stati che non prevedono l'istituto del trust o la categoria del trust in questione"*. In sostanza, si sancirebbe l'inammissibilità di *trusts* del tutto italiani, essendo tali operazioni strettamente connesse ad uno Stato (l'Italia) che non prevede l'istituto.

QUESTIONARIO

1. Qual è la portata della Convezione di Roma del 1980 sulle obbligazioni contrattuali? **1.A**.
2. Quali sono i criteri di collegamento prescelti dalla Convezione? **1.B**.
3. Qual è la disciplina convenzionale in materia di forma e validità? **1.C**.
4. Quali sono le differenze tra disciplina convenzionale e comunitaria sulle obbligazioni? **1.D**.
5. Cosa si intende in ambito convenzionale e comunitario con l'espressione choice of law? **1.B e 1.C**.
6. Cosa si intende per depecage? **1.D**.

7. Da quali normative è espressamente previsto il depecage? **1.D**.
8. Il Regolamento Roma I si occupa della responsabilità precontrattuale? **1.D**.
9. Cosa si intende per vendita internazionale? **2.A**.
10. Quali sono i principi in materia di trasporto internazionale **2.B**.
11. Qual è la disciplina del rapporto di lavoro internazionale? **2.C**.
12. Cosa si intende per e-commerce? **3**.
13. Qual è il luogo di conclusione dei contratti informatici? **3.A**.
14. Qual è la legge applicabile ai contratti informatici? **3.B**.
15. Qual è la legge che disciplina il trust? **4.A**.
16. Sono ammissibili trusts interni? **4.B**.

SEZIONE X – LE OBBLIGAZIONI NON CONTRATTUALI

SOMMARIO:
1. Le obbligazioni non contrattuali. – **2.** Le promesse unilaterali. – **3.** I titoli di credito. – **4.** La rappresentanza volontaria. – **5.** Le obbligazioni *ex lege.* – **6.** La responsabilità per fatto illecito. – **7.** La responsabilità extracontrattuale per danno da prodotto. – **8.** La disciplina europea in materia di obbligazioni non contrattuali.

1. Le obbligazioni non contrattuali.

Le *obbligazioni non contrattuali* coincidono con *l'insieme dei rapporti giuridici a carattere obbligatorio, che trovano la propria origine in fonti diverse dal contratto* (si pensi alle obbligazioni che nascono *dalla legge,* da *negozi unilaterali,* da *fatti leciti,* da *fatti illeciti,* etc.).
Nel previgente sistema di d.i.p. l'intera materia era regolata da un'unica disposizione, l'*art. 25, 2° comma delle preleggi,* che imponeva l'applicazione della *legge del luogo in cui si fosse verificato il fatto da cui traeva origine il rapporto obbligatorio considerato.*

La laconicità dell'assetto normativo poneva, tuttavia, diversi problemi interpretativi. Il principale concerneva la riconducibilità o meno nell'ambito della categoria delle c.d. *obbligazioni non contrattuali* di cui alla norma, delle *obbligazioni nascenti da negozi unilaterali* (promessa di pagamento, procura, etc.). Sul punto due le tesi prospettate.

- La *tesi negativa,* facendo leva sull'assimilazione tra negozi unilaterali e contratti di cui all'art. 1324 c.c., riteneva i negozi giuridici unilaterali soggetti alla medesima disciplina (anche di d.i.p.) prevista in tema di contratti, di cui all'art. 25, 1° comma delle preleggi.
- La *tesi positiva* riteneva non assimilabili negozi unilaterali e contratti sotto il profilo della disciplina internazionalprivatistica: l'art. 1324 c.c. è, infatti, norma di equiparazione a carattere prettamente interno, non operante rispetto a fattispecie con elementi di estraneità.

Il legislatore della riforma ha preferito dettare una disciplina espressa con riferimento alle singole fonti delle obbligazioni *diverse dal contratto*, superando la maggior parte dei problemi interpretativi che avevano interessato il sistema previgente. Attualmente, tale disciplina è contenuta negli *artt. 58-63* della l. 218/1995.

2. Le promesse unilaterali.

Le *promesse unilaterali* sono *atti negoziali a carattere unilaterale, recanti l'obbligo per il soggetto che li pone in essere di adempiere una certa prestazione, senza che sia necessaria l'accettazione del destinatario, o anche in presenza di un suo rifiuto*.
La materia trova la propria disciplina nell'*art. 58* della l. 218/1995, che impone l'applicazione della *legge del luogo in cui la promessa è manifestata*.

La norma deve ritenersi applicabile a *tutte le fattispecie negoziali a carattere unilaterale* (promessa di pagamento, ricognizione di debito, promessa al pubblico, etc.), siano esse *recettizie* o *non recettizie*, salvo che costituiscano oggetto di diversa e specifica disciplina (v. titoli di credito e rappresentanza volontaria).

La legge designata disciplinerà, altresì, *tutti gli aspetti delle fattispecie considerate* (presupposti, requisiti, forma, pubblicità, interpretazione, etc.), ad eccezione della capacità di agire, sottoposta comunque alla disciplina generale di cui all'art. 23.
Con riguardo alle fattispecie unilaterali *a carattere recettizio*, la giurisprudenza (Cass. n. 6866/2003) ha messo in evidenza come, ai fini dell'individuazione della legge applicabile, rilevi esclusivamente *il luogo di manifestazione della promessa da parte del promittente*, e non il momento (e, conseguentemente, il luogo) in cui questa è portata a conoscenza del destinatario: tale conoscenza, infatti, incide sull'efficacia dell'atto, e non sulla sua formazione, unico dato rilevante ai sensi dell'art. 58.

3. I titoli di credito.

I *titoli di credito* possono definirsi come *documenti destinati alla circolazione, che attribuiscono a chi li possiede il diritto ad una prestazione* (pagamento di una somma di denaro o consegna di specifiche merci). La peculiarità di tali documenti sta nel fatto che *il diritto che essi rappresentano è destinato a circolare secondo le regole proprie della circolazione dei beni mobili.*

Nel previgente sistema di d.i.p., in assenza di una normativa espressa, era controversa l'individuazione della legge applicabile ai titoli di credito: alcuni proponevano il riferimento alla legge del luogo di emissione del titolo; altri ritenevano applicabile la legge del luogo di sottoscrizione del documento.
Il legislatore della riforma con l'*art. 59* della l. 218/1995 ha espressamente preso posizione sul punto, operando una distinzione:

- ***cambiale, vaglia cambiario* e *assegno*,***
  sono disciplinati dalla **normativa convenzionale** (Convenzione di Ginevra del 7 giugno 1930 in tema di cambiale e del 19 marzo 1931 in tema di assegni bancari);
- gli ***altri titoli di credito***,
  sono regolati dalla ***legge dello Stato il cui titolo è stato emesso*** (ma le obbligazioni diverse da quella principale saranno regolate dalla legge dello Stato in cui ciascuna è stata assunta).

4. La rappresentanza volontaria.

La ***rappresentanza*** è *l'istituto grazie al quale ad un soggetto* (rappresentante) *è riconosciuto il potere di agire in sostituzione di un altro soggetto* (rappresentato) *nel compimento di un negozio giuridico*. Essa è ***volontaria***, *ove tale attribuzione trovi la propria fonte nella volontà delle parti*.
In materia opera l'*art. 60* della l. 218/1995, che distingue a seconda che il rappresentante agisca in *veste professionale* (si pensi all'agente di commercio) o in *qualità di privato*. Invero:

- ove il rappresentante agisca ***in veste professionale***, dovrà trovare applicazione ***la legge del luogo in cui questi ha la propria sede d'affari***, se questa è *conosciuta o conoscibile* dal terzo, ovvero ***la legge del luogo in cui egli esercita in via principale i suoi poteri nel caso concreto***, se la sua sede d'affari *non è riconoscibile*;
- ove il rappresentante agisca ***in qualità di privato***, dovrà farsi riferimento esclusivamente alla ***legge del luogo in cui egli esercita in via principale i suoi poteri nel caso concreto***.

CAPITOLO II | PARTE SPECIALE

Per ciò che concerne *la disciplina dell'atto di conferimento dei poteri al rappresentante* (c.d. *procura*), il legislatore ha preso espressa posizione sul punto.
Ai sensi del 2° comma dell'art. 60 sarà possibile fare riferimento, o *legge che disciplina l'attività del rappresentante* (*rectius*: che ne regola la sostanza), oppure alla *legge dello Stato in cui la procura è rilasciata*. La scelta per l'uno o l'altro criterio dovrà farsi in virtù del *principio di conservazione*: va preferita la legge che consente di riconoscere all'atto piena efficacia e validità.
La procura alle liti, invece, *come istituto processuale*, è assoggettato alla legge italiana.

▶ LA GIURISPRUDENZA PIÙ SIGNIFICATIVA

I RAPPORTI TRA L'ART. 60 DELLA L. 218/1995 E L'ART. 778 C.C. IN TEMA DI NULLITÀ DEL MANDATO A DONARE.

Deve evidenziarsi come la Suprema Corte abbia da ultimo confermato la sanzione disciplinare, per violazione dell'art. 28 della l. n. 89 del 1913, comminata a un notaio, che aveva rogato una procura generale a donare, espressamente vietata dalla legge italiana, senza che dall'atto emergessero elementi di estraneità rispetto al nostro ordinamento, precisando che *le norme di diritto internazionale privato di cui alla l. n. 218 del 1995 pongono i criteri per l'individuazione del diritto applicabile a fatti o a rapporti che presentino elementi di estraneità rispetto all'ordinamento italiano. Deve escludersi, pertanto, che l'art. 60 della l. citata abbia introdotto, in via generale, la possibilità di conferire una procura generale a donare, superando il disposto dell'art. 778 c.c., per il solo fatto che in alcuni Stati europei tale procura sia ritenuta pienamente valida, atteso che il menzionato art. 60 diviene operativo esclusivamente qualora, dall'esame dell'atto, si evinca che quest'ultimo sia destinato a produrre effetti (anche) all'estero.* (Sez. 2, Sentenza n. 6016 del 28/02/2019).

5. Le obbligazioni *ex lege*.

Le **obbligazioni *ex lege*** coincidono con *l'insieme dei rapporti obbligatori che trovano il proprio fondamento direttamente nella legge*. Tradizionalmente vi rientrano le obbligazioni derivanti dalla *gestione di affari altrui*, dall'*arricchimento senza causa*, dal *pagamento dell'indebito*, ed *ogni altra obbligazione imposta ex lege*.
In materia, l'*art. 61* della l. 218/1995 fa riferimento alla **legge dello Stato in**

cui si è verificato il fatto da cui deriva l'obbligazione (ad es. l'arricchimento da cui deriva l'obbligo di restituzione di quanto indebitamente percepito).

La norma ha natura *residuale*, dovendo trovare applicazione rispetto a tutte le obbligazioni *ex lege*, per le quali non opera un'espressa disciplina (come avviene ad es. per le obbligazioni alimentari nella famiglia).
Essa si ritiene applicabile anche alle **obbligazioni naturali,** coincidenti con *l'insieme degli obblighi che, rispondendo a doveri morali o sociali,* **non risultano coercibili***, pur essendo normativamente esclusa la ripetibilità di quanto spontaneamente prestato in adempimento delle stesse* (art. 2034 c.c.).

▶ LA GIURISPRUDENZA PIÙ SIGNIFICATIVA

INCOERCIBILITÀ DELLE OBBLIGAZIONI NATURALI E RICONOSCIMENTO DELLE SENTENZE STRANIERE RELATIVE A DEBITI DI GIOCO.

Il principio della non coercibilità delle obbligazioni naturali è stato tuttavia ritenuto estraneo all'ordine pubblico internazionale, quantomeno in materia di **debiti di gioco**, tradizionalmente rientranti nell'ambito delle obbligazioni naturali.
Di recente, infatti, si è affermato che *Non produce effetti contrari all'ordine pubblico e, quindi, può essere riconosciuta in Italia, ex artt. 64 e 67 l. 218 del 1995, la sentenza straniera recante condanna per un debito attinente al gioco d'azzardo legalmente esercitato*, atteso che, in ambito nazionale e comunitario, non esiste un disfavore dell'ordinamento nei confronti del gioco d'azzardo in quanto tale, ove esso non sfugga al controllo dello Stato e non si esponga, pertanto, ad infiltrazioni criminali. (Ordinanza n. 12364 del 15/06/2016).

6. La responsabilità per fatto illecito.

Sono *fatti illeciti* tutti i fatti giuridicamente rilevanti, che si pongono in contrasto con *l'ordinamento giuridico*. Principale conseguenza della loro antigiuridicità è *la responsabilità* a carico dell'autore per i danni che ne siano derivati.
La materia della *responsabilità per fatto illecito* trova la propria disciplina nell'*art. 62* della l. 218/1995.

■ A) Il sistema previgente.

Nel previgente sistema di d.i.p., la responsabilità per fatto illecito era disci-

plinata dall'*art. 25* delle preleggi, che imponeva il riferimento alla *legge del luogo in cui era avvenuto il fatto*.
La norma, apparentemente univoca nella sua formulazione, non chiariva tuttavia cosa dovesse intendersi per *"fatto"*, facendo sorgere diversi dubbi interpretativi. Più nel dettaglio, ci si chiedeva se per esso dovesse intendersi *la condotta posta in essere* o *l'evento dannoso che ne fosse derivato*.
La questione, lungi dall'avere carattere meramente teorico, presentava risvolti applicativi di notevole rilevanza: si pensi al caso di una ditta di manutenzione di un'automobile che, avendo negligentemente svolto le proprie mansioni, provochi un incidente, avvenuto a distanza di tempo, in un luogo diverso da quello di partenza. È chiaro che, ove la fattispecie interessi il territorio di paesi diversi (c.d. illeciti *transfrontalieri*), aderire all'una o all'altra opzione interpretativa avrebbe portato a diverse conclusioni circa l'individuazione della legge applicabile all'illecito.

- La dottrina maggioritaria
  preferiva fare riferimento alla *condotta posta in essere*, essendo quello il momento in cui il soggetto si pone in contrasto con l'ordinamento. In tale ottica, la legge applicabile avrebbe dovuto essere quella del luogo dell'azione o dell'omissione illecita.
- Altri
  ritenevano applicabile *la legge del luogo in cui si fosse verificato l'evento*. La ragione a fondamento di tale impostazione era la necessità di avere come punto di riferimento la legge del luogo in cui si fossero concretamente prodotte le conseguenze dell'illecito.
- Altri ancora
  optavano per una *valutazione caso per caso*, che consentisse di dare applicazione alla legge del luogo dell'evento o della condotta a seconda delle caratteristiche della fattispecie.
- La giurisprudenza
  tendeva a fare applicazione *dell'uno o dell'altro criterio a seconda che portasse o meno all'applicazione della lex fori*. In sostanza, si privilegiava la soluzione che consentisse l'applicazione della legge italiana.

A) L'attuale assetto normativo.

Tutte le incertezze interpretative emerse nel sistema pregresso sono state superate dal legislatore della riforma. In materia di **responsabilità per fatto**

illecito, infatti, l'*art. 62* della l. 218/1995 impone espressamente l'applicazione della *legge del luogo in cui si è verificato l'evento*.
Tale criterio, tuttavia, *non ha carattere esclusivo*. La medesima norma in seguito stabilisce che, a scelta del danneggiato, può trovare applicazione anche la *legge del luogo in cui si è verificato il fatto* (inteso come *azione od omissione causalmente collegata all'evento*) che ha prodotto il danno.

▶ **LA GIURISPRUDENZA PIÙ SIGNIFICATIVA**

DIFFAMAZIONE A MEZZO INTERNET E *LOCUS COMMISSI DELICTI*.

Di notevole rilevanza sul punto una recente decisione della Corte di Giustizia dell'Unione Europea che, dovendo individuare il giudice competente a conoscere dei danni derivanti dalla diffusione sul WEB di notizie giudicate offensive, ha ritenuto di radicare la giurisdizione in capo *al giudice del luogo in cui la presunta vittima possiede il proprio centro di interessi, coincidente con quello in cui ha la residenza abituale o svolge la sua attività lavorativa*. A fondamento della pronuncia la necessità dare rilevanza al luogo nel quale possono più adeguatamente valutarsi le conseguenze lesive dell'immagine del danneggiato, enucleando così un nuovo criterio di collegamento, costituito dal **foro degli interessi del danneggiato** (Corte Giustizia UE, sentenza del 25 ottobre 2011, n. 509).

Il 2° comma dell'art. 62 precisa che, ove il fatto illecito coinvolga soltanto *cittadini di un medesimo Stato in esso residenti*, troverà applicazione *la legge di tale Stato*.

La legge in base a tali criteri individuata regolerà sia la *qualificazione del fatto come illecito*, sia le *conseguenze dello stesso* (obblighi che da esso scaturiscono, entità e modalità dell'eventuale risarcimento, criteri di valutazione, etc.). In tale ottica, si spiega altresì il richiamo ad una pluralità di criteri con facoltà di scelta da parte del danneggiato: si vuole consentire a questi di richiedere l'applicazione della legge a lui più favorevole.

Pare opportuno precisare che i medesimi criteri fissati in materia di responsabilità per fatto illecito troveranno applicazione anche in materia di **responsabilità precontrattuale**, che ne costituisce diretta estrinsecazione.

7. La responsabilità extracontrattuale per danno da prodotto.

Nell'ambito della responsabilità per fatto illecito, una normativa speciale è dettata con riferimento alla **responsabilità extracontrattuale per danno da**

prodotto. Essa ricomprende l'insieme delle ipotesi in cui *il danno è causato da una cosa e non da un comportamento umano*.
In materia l'*art. 63* dispone che, *a scelta del danneggiato*, dovrà trovare applicazione:
- o *la legge dello Stato in cui si trova il domicilio o l'amministrazione del produttore*;
- o *la legge dello Stato in cui il prodotto è stato acquistato*, salvo che il produttore provi che il prodotto vi è stato immesso in commercio senza il suo consenso.

La normativa in questione ha il pregio di contemperare tra loro esigenze contrapposte: da un lato, l'esigenza del danneggiato di scegliere la legge a lui più favorevole; dall'altro, l'esigenza del produttore di prevedere la disciplina che regolerà la sua eventuale responsabilità (essendo limitato *ex lege* il novero delle leggi suscettibili di scelta da parte del soggetto leso).
La legge individuata ai sensi dell'art. 63 regolerà i vizi del prodotto rilevanti, il soggetto responsabile, le cause di giustificazione, il concorso di colpa del danneggiato, l'accertamento dell'ammontare del danno, etc.

8. La disciplina europea in materia di obbligazioni non contrattuali.

La materia delle *obbligazioni non contrattuali* è stata recentemente interessata da un intervento normativo di matrice comunitaria. Il riferimento è al *Regolamento n. 864/2007* (c.d. *Regolamento Roma II*), che ha come principale obiettivo *la uniformazione della disciplina delle obbligazioni non contrattuali nell'ambito dell'Unione Europea*.
Rientrano nell'ambito di applicazione della normativa regolamentare, non solo le obbligazioni da *fatto illecito*, ma anche quelle derivanti da *arricchimento senza causa, gestione d'affari altrui* e *colpa nella fase delle trattative precontrattuali*.
Il criterio di collegamento prescelto *in via principale* dal legislatore comunitario è quello del *luogo in cui si verifica il danno*, a prescindere da quello in cui è stata posta in essere la condotta. A ben guardare, non si diverge molto dalla disciplina di cui all'art. 62 in materia di illeciti, anche se il legislatore italiano consente l'applicazione della legge del luogo in cui è stata posta in essere l'azione o l'omissione, seppure su scelta del danneggiato.
La *volontà delle parti* può assumere rilevanza anche ai sensi della normativa europea, ma entro limiti ben precisi. L'applicazione su scelta delle parti di

una legge diversa da quella del luogo in cui si è verificato l'evento, infatti, è ammessa solo ove tale *scelta sia comune ed espressa* e, soprattutto, *successiva al verificarsi del fatto che ha provocato il danno*. Risulta evidente l'intenzione del legislatore di precludere all'attore-danneggiato la possibilità di scegliere la legge cui assoggettare l'illecito subito al fine di lucrarne le eventuali conseguenze più favorevoli nel merito (c.d. **forum shopping**).

Le *conseguenze dell'illecito* saranno regolate dalla medesima legge applicabile alla fattispecie (*rectius*: di regola, quella del luogo in cui si è verificato l'evento). Giova osservare che, ove tale legge preveda il pagamento di somme aventi funzione diversa da quella esclusivamente risarcitoria (si pensi ai c.d. *punitive damages* dei sistemi anglosassoni), potrebbe trovare applicazione il limite dell'ordine pubblico internazionale (v. Parte I, Sez. VI).

Sono assoggettate ad una disciplina speciale alcune particolari fattispecie come *la responsabilità da prodotti*, *gli atti di concorrenza sleale*, etc.

Il Regolamento 864/2007 trova applicazione con riferimento ai fatti verificatisi successivamente alla sua entrata in vigore, **fissata per l'11 gennaio 2009**.

QUESTIONARIO

1. Qual è il criterio di collegamento fissato con riferimento alle promesse unilaterali? **2.**
2. Qual è la legge applicabile ai titoli di credito diversi da cambiale e assegno? **3.**
3. Quali criteri operano con riferimento alla rappresentanza volontaria? **4.**
4. Le obbligazioni ex lege a quale legge sono assoggettate? **5.**
5. Sono riconoscibili le sentenze straniere relative a debiti di gioco? **5.**
6. Quale legge regola la responsabilità per fatto illecito? **6.**
7. Quali sono i criteri operanti in materia di responsabilità precontrattuale? **6.B.**
8. Quali criteri ha fissato il legislatore comunitario con il Regolamento Roma II in tema di obbligazioni non contrattuali **8.**
9. Il Regolamento Roma II si applica alla responsabilità precontrattuale? **8.**

TABELLA PARTE SPECIALE

Fattispecie disciplinata		Norme di conflitto di riferimento	Legge applicabile	Approfondimenti
Stato e capacità delle persone	persone fisiche	artt. 20-24	legge dello Stato cui le persone appartengono (c.d. legge nazionale)	Le condizioni speciali di capacità, prescritte dalla legge regolatrice di un rapporto, sono disciplinate dalla stessa legge.
	persone giuridiche	art. 25	legge dello Stato nel cui territorio è stato perfezionato il procedimento di costituzione	Si applica, tuttavia, la legge italiana se la sede dell'amministrazione è situata in Italia, ovvero se in Italia si trova l'oggetto principale di tali enti.
Matrimonio	condizioni	art. 27	legge nazionale di ciascun nubendo al momento del matrimonio	L'art. 116 c.c. impone anche al cittadino straniero che intende contrarre matrimonio in Italia il rispetto di alcune condizioni relative alla capacità di contrarre matrimonio previste dalla legge italiana
	forma	art. 28	legge del luogo di celebrazione o legge nazionale di almeno uno dei coniugi al momento della celebrazione o legge dello Stato di comune residenza in tale momento.	L'art. 116 c.c. impone anche al cittadino straniero che intende contrarre matrimonio in Italia il rispetto di alcune formalità in tema di celebrazione e pubblicazione del matrimonio.

	rapporti coniugali non patrimoniali	art. 29	legge nazionale comune	tra coniugi aventi diverse cittadinanze o più cittadinanze comuni si applica la legge dello Stato nel quale la vita matrimoniale è prevalentemente localizzata.
	rapporti coniugali patrimoniali	art. 30	legge applicabile ai loro rapporti personali	I coniugi possono convenire per iscritto che si applichi la legge dello Stato di cui almeno uno di essi è cittadino o nel quale almeno uno di essi risiede.
Convivenza di fatto	Contratti di convivenza	Art. 30 bis (introdotto dalla l. n. 76/2016)	legge nazionale comune in caso di diversa cittadinanza, quella del luogo in cui la convivenza è prevalentemente localizzata	Sono fatte salve le norme nazionali, europee ed internazionali che regolano il caso di cittadinanza plurima

Fattispecie disciplinata	Norme di conflitto di riferimento	Legge applicabile	Approfondimenti	Fattispecie disciplinata
Unioni civili	Matrimonio contratto all'estero da cittadini italiani dello stesso sesso	Art. 32 bis (introdotto dal d.lgs. 19 gennaio 2017, n. 7)	legge italiana	produce gli effetti dell'unione civile regolata dalla legge italiana
	Unione civile tra persone maggiorenni dello stesso sesso	Art. 32 *ter* (introdotto dal d.lgs. 19 gennaio 2017, n. 7)	legge nazionale di ciascuna parte al momento della costituzione	Se la legge applicabile non ammette l'unione civile si applica la legge italiana
	Scioglimento dell'unione civile	Art. 32 *quater* (introdotto dal d.lgs. 19 gennaio 2017, n. 7)	legge applicabile al divorzio in conformità al regolamento n. 1259/2010/UE	la giurisdizione italiana sussiste, oltre che nei casi previsti dagli articoli 3 e 9, anche quando una delle parti è cittadina italiana o l'unione è stata costituita in Italia
	Unione civile costituita all'estero tra cittadini italiani dello stesso sesso	Art. 32 *quinquies* (introdotto dal d.lgs. 19 gennaio 2017, n. 7)	legge italiana	produce gli effetti dell'unione civile regolata dalla legge italiana solo ove contratta da cittadini italiani dello stesso sesso abitualmente residenti in Italia

SEZIONE X | LE OBBLIGAZIONI NON CONTRATTUALI

Fattispecie disciplinata		Norme di conflitto di riferimento	Legge applicabile	Approfondimenti
Separazione e divorzio		art. 31 (come riscritto dal d.lgs. 149/2022, applicabile ai procedimenti introdotti successivamente alla data del 28 febbraio 2023)	legge designata dal regolamento n. 2010/1259/UE le parti possono designare la legge mediante scrittura privata, ovvero anche con dichiarazione resa a verbale nel corso del procedimento	Le forme e i mezzi che consentono di addivenire alla pronuncia di separazione o divorzio sono regolati dalla legge del luogo in cui è proposta la domanda (stante il loro carattere intrinsecamente processuale)
Filiazione	lo stato di figlio	art. 33 (come riscritto dal d.lgs. 154/2013)	legge nazionale del figlio o, se più favorevole, legge dello Stato di cui uno dei genitori è cittadino al momento della nascita.	Lo stato di figlio, acquisito in base alla legge nazionale di uno dei genitori, non può essere contestato che alla stregua di tale legge; se tale legge non consente la contestazione si applica la legge italiana
	legittimazione	art. 34 (abrogato dal d.lgs. 154/2013)	istituto abrogato	perché incompatibile con il principio della unicità dello stato di figlio
	riconoscimento del figlio	art. 35 (come riscritto dal d.lgs. 154/2013)	legge nazionale del figlio al momento della nascita o, se più favorevole, legge nazionale del soggetto che fa il riconoscimento	se tali leggi non prevedono il riconoscimento, si applica la legge italiana

rapporti genitori/figli e responsabilità genitoriale	art. 36 (come riscritto dal d.lgs. 154/2013)	legge nazionale del figlio		
norme applicazione necessaria	art. 33, 4° comma (come riscritto dal d.lgs. 154/2013)	le norme del diritto italiano che sanciscono l'unicità dello stato di figlio		
norme applicabili in ogni caso, nonostante il richiamo ad altra legge	art. 36 *bis* (introdotto dal d.lgs. 154/2013)	- attribuiscono ai genitori la responsabilità genitoriale; - stabiliscono il dovere di entrambi di mantenere il figlio; - legittimano l'adozione di provvedimenti limitativi o ablativi della responsabilità genitoriale in caso di condotte pregiudizievoli per il figlio		
Adozione	artt. 38 - 41	diritto nazionale dell'adottante o degli adottanti se comune; in mancanza, diritto dello Stato nel quale gli adottanti sono entrambi residenti, o quello dello Stato nel quale la vita matrimoniale è prevalentemente localizzata	si applica il diritto italiano quando è richiesta al giudice italiano l'adozione di un minore, idonea ad attribuirgli lo stato di figlio legittimo	

Fattispecie disciplinata	Norme di conflitto di riferimento	Legge applicabile	Approfondimenti
Successioni	artt. 46 - 50	legge nazionale del soggetto della cui eredità si tratta, al momento della morte.	Il soggetto della cui eredità si tratta può sottoporre, con dichiarazione espressa in forma testamentaria, l'intera successione alla legge dello Stato in cui risiede. La scelta non ha effetto se al momento della morte il dichiarante non risiedeva più in tale Stato.
Donazioni	art. 56	legge nazionale del donante al momento della donazione.	Il donante può, con dichiarazione espressa contestuale alla donazione, sottoporre la donazione stessa alla legge dello Stato in cui egli risiede.
Diritti reali	artt. 51 - 55	legge dello Stato in cui i beni si trovano.	i diritti reali su mezzi di trasporto e beni in essi contenuti sono regolati dalla legge della bandiera sotto la quale viaggiano ai sensi dell'art. 6 cod. nav.
Obbligazioni contrattuali	art. 57 (che richiama la Convenzione di Roma del 1980, il cui ambito di operatività deve oggi coordinarsi con il Regolamento CE 593/2008)	ai sensi della Convenzione di Roma: legge designata dalla concorde volontà delle parti, che possono designare la legge applicabile a tutto il contratto ovvero (c.d. *depecage*) a una parte soltanto di esso; in mancanza, la legge con il quale il contratto presenta il collegamento più stretto	ai sensi del Regolamento CE 593/2008: legge designata dalla concorde volontà delle parti, che possono designare la legge applicabile a tutto il contratto ovvero (c.d. *depecage*) a una parte soltanto di esso; in mancanza, operano i criteri specifici previsti, la legge con il quale il contratto presenta il collegamento più stretto avendo natura residuale

Fattispecie disciplinata	Norme di conflitto di riferimento	Legge applicabile	Approfondimenti	Fattispecie disciplinata
Obbligazioni non contrattuali	la promessa unilaterale	art. 58	legge dello Stato in cui viene manifestata	
	titoli di credito	art. 59	cambiale, vaglia cambiario e assegno sono regolati dalle Convenzioni di Ginevra del 1930 e 1931	gli altri titoli di credito sono regolati dalla legge dello Stato in cui il titolo è stato emesso
	rappresentanza volontaria	art. 60	legge dello Stato in cui il rappresentante ha la propria sede (se agisce a titolo professionale) e che tale sede sia conosciuta o conoscibile dal terzo	In assenza di tali condizioni si applica la legge dello Stato in cui il rappresentante esercita in via principale i suoi poteri nel caso concreto
	Obbligazioni nascenti dalla legge	art. 61	La gestione di affari altrui, l'arricchimento senza causa, il pagamento dell'indebito e le altre obbligazioni legali, sono sottoposti alla legge dello Stato in cui si è verificato il fatto da cui deriva l'obbligazione.	
	Responsabilità per fatto illecito	art. 62	legge dello Stato in cui si è verificato l'evento	
	Responsabilità extracontrattuale per danno da prodotto	art. 63	Legge dello Stato in cui si trova il domicilio o l'amministrazione del produttore, oppure da quella dello Stato in cui il prodotto è stato acquistato, a meno che il produttore provi che il prodotto vi è stato immesso in commercio senza il suo consenso	

Capitolo III
Parte processuale

SEZIONE I – Diritto Processuale Civile Internazionale

Sommario:
1. Nozione di diritto processuale civile internazionale. – 2. Rapporti con il diritto internazionale privato.

1. Nozione di diritto processuale civile internazionale.

Per diritto *processuale civile internazionale* si intende *il complesso delle norme che regolano lo svolgimento del processo civile, ove questo coinvolga persone, fatti, atti o provvedimenti, che presentano punti di contatto con ordinamenti giuridici, diversi da quello in cui esso si svolge*. Detto altrimenti, si tratta di quella peculiare branca del diritto interno che si occupa della regolamentazione dell'*iter* processuale, ogniqualvolta esso presenti *elementi di estraneità*.
Costituiscono tradizionalmente oggetto del diritto processuale civile internazionale:

- l'individuazione dei casi in cui, nonostante la presenza di elementi di estraneità, sussiste la giurisdizione italiana, e l'individuazione dei casi in cui il collegamento con sistemi stranieri sia tale da escludere la predetta giurisdizione;
- la disciplina delle procedure e dei requisiti necessari al riconoscimento in Italia dell'efficacia di sentenze, o di altri provvedimenti giurisdizionali, pronunciati all'estero;
- la regolamentazione della condizione processuale degli stranieri e il trattamento processuale del diritto straniero, ove il giudice italiano debba procedere alla sua applicazione.

Le principali disposizioni in materia sono contenute nella *l. 218/1995*. Importanza di carattere essenziale assume il **Titolo II** (*artt. 3-12*), poiché affronta

la maggior parte delle problematiche inerenti la presenza di elementi di estraneità in vicende di matrice processuale. Sono riconducibili a tale branca dell'ordinamento anche altre norme della medesima legge, pur se collocate in ambiti diversi (si pensi agli artt. 40, 44, 50, etc.). Attiene, infine, ad uno dei tradizionali settori del diritto processuale civile internazionale (*le condizioni e le procedure per il riconoscimento delle sentenze e degli atti stranieri*) anche l'intero **Titolo V** (*artt. 64-71*) della l. 218/1995.
Tali norme, tuttavia, non esauriscono il novero delle disposizioni di diritto processuale civile internazionale vigenti nell'ordinamento.

Diverse, infatti, sono le *convenzioni internazionali* aventi ad oggetto la regolamentazione di istituti di matrice processuale cui l'Italia ha aderito. Prima fra tutte la **Convenzione di Bruxelles del 27 settembre 1968**, cui si deve la predisposizione tra i paesi aderenti di un vero e proprio *sistema uniforme di diritto processuale internazionale*. Tuttavia, anche altre convenzioni (ad es. quella dell'Aja del 1961 in tema di minori) contengono disposizioni della stessa natura.

Di notevole rilevanza è, altresì, la *disciplina di matrice comunitaria* in materia. Il riferimento è ormai costituito dal **Regolamento UE 1215/2012 (c.d. Bruxelles I bis)**, concernente *la competenza giurisdizionale, il riconoscimento e l'esecuzione delle decisioni in materia civile e commerciale*, in vigore nell'ambito degli Stati membri dell'Unione Europea **dal 10 gennaio 2015** in sostituzione dell'analogo **Regolamento CE 44/2001**, concernente la *competenza giurisdizionale internazionale, il riconoscimento e l'attuazione delle decisioni in materia civile e commerciale*. Norme di diritto internazionale processuale, però, non mancano anche in altri regolamenti comunitari (ad es. Regolamento CE 1346/2000, dal 26 giugno 2017 sostituito dal Reg. 848/2015, in materia di procedure di insolvenza; Regolamento CE 2201/2003 relativo alle decisioni in materia matrimoniale e di potestà dei genitori, nonché **Regolamento UE 655/2014**, *istitutivo di una procedura per l'ordinanza europea di sequestro conservativo su conti bancari, al fine di facilitare il recupero transfrontaliero dei crediti in materia civile e commerciale*, applicabile a decorrere dal 18 gennaio 2017).

Devono ritenersi, infine, riconducibili al diritto internazionale processuale anche tutte quelle disposizioni contenute in *leggi speciali* (art. 14 cod. nav. in tema di danni da collisione tra navi o aeromobili, art. 40 della L. 184/1983 in tema di adozione di minori italiani da parte di residenti all'estero), la cui vigenza è tuttavia limitata alle particolari materie cui si riferiscono.

2. Rapporti con il diritto internazionale privato.

Sotto il profilo sistematico, il diritto processuale civile internazionale si colloca nell'ambito del *diritto interno in materia internazionale* (v. Parte I, Sez. I). Tale qualificazione consente immediatamente di percepirne le differenze e le affinità con il diritto internazionale privato.
Ribadendo quanto già affermato in precedenza (v. Parte I, Sez. I):

> - il *diritto processuale civile internazionale* (al pari del *diritto interno in materia internazionale* di cui costituisce estrinsecazione) ha ad oggetto la *regolamentazione "in via diretta"* di fattispecie che presentano elementi di estraneità. In sostanza, il legislatore attraverso le relative disposizioni detta direttamente (*rectius*: senza alcun riferimento ad una legge *ulteriore*, sia essa nazionale o straniera) la disciplina delle vicende che presentano punti di contatto con altri ordinamenti giuridici;
> - il *diritto internazionale privato* si occupa della *regolamentazione "in via indiretta"* di fattispecie che presentano elementi di estraneità. In tali casi, infatti, è attraverso il *rinvio ad una legge ulteriore* (nazionale o straniera), che il legislatore disciplina rapporti a carattere transnazionale.

In conclusione, tra le due discipline esiste un *tratto comune* e una *differenza*:
- entrambe sono *branche dell'ordinamento interno aventi ad oggetto fattispecie che presentano elementi di estraneità*;
- le norme di d.i.p. regolano tali fattispecie attraverso il rinvio ad una legge *ulteriore*, quelle di diritto interno in materia internazionale *in via diretta*.

A tali considerazioni deve aggiungersi, in questa sede, la sussistenza di un inevitabile *collegamento operativo tra diritto internazionale privato e diritto processuale civile internazionale*.
A ben guardare, infatti, *solo dopo aver stabilito se, ed entro che limiti, sussista la propria giurisdizione alla stregua delle norme di diritto processuale civile internazionale*, il giudice italiano potrà porsi il problema della individuazione della disciplina applicabile alla fattispecie a carattere transnazionale sottoposta alla sua cognizione, applicando le norme di d.i.p. **vigenti**. Senza contare che, anche successivamente a tale individuazione, sarà attraverso le forme procedurali regolate dal diritto processuale civile interna-

zionale che lo stesso giudice dovrà dare attuazione alle norme straniere risultate applicabili.
In tale ottica, può dirsi che *il diritto processuale civile internazionale costituisce uno strumento indefettibile per l'operatività in concreto dello stesso d.i.p.*

QUESTIONARIO

1. Cosa si intende per diritto processuale civile internazionale? **1.**
2. Quali sono i principali dati normativi di riferimento in materia? **1.**
3. Quali sono le differenze tra d.i.p. e diritto processuale civile internazionale? **2.**
4. Cosa si intende per collegamento operativo tra d.i.p. e diritto processuale civile internazionale? **2.**

SEZIONE II – LA GIURISDIZIONE INTERNAZIONALE DEL GIUDICE ITALIANO

SOMMARIO:
1. La giurisdizione internazionale del giudice italiano. – **2.** L'ambito della giurisdizione. – **3.** La derogabilità della giurisdizione italiana. – **4.** La litispendenza internazionale. – **5.** Il momento determinante per la giurisdizione. – **6.** L'immunità dalla giurisdizione italiana.

1. La giurisdizione internazionale del giudice italiano.

Per **giurisdizione internazionale del giudice italiano** si intende *il potere dell'autorità giudiziaria italiana di decidere in ordine a controversie che presentano elementi di estraneità*. Detto altrimenti, si tratta della potestà riconosciuta al giudice nazionale di esercitare la giurisdizione anche rispetto a controversie che presentano punti di contatto con ordinamenti stranieri.
L'individuazione dei casi in cui sussiste la giurisdizione italiana, nonostante la presenza di elementi di estraneità, costituisce uno dei principali oggetti del diritto processuale civile internazionale.

A) Il sistema tradizionale.

Nel sistema anteriore alla riforma del 1995, il criterio alla luce del quale veniva risolto il problema della giurisdizione rispetto a controversie aventi carattere transnazionale era quello della **cittadinanza del convenuto**. In sostanza, bastava la nazionalità italiana del convenuto a radicare la giurisdizione del giudice italiano, senza che potesse assumere rilevanza qualsiasi altro aspetto della vicenda oggetto di cognizione (localizzazione del bene, origine del diritto fatto valere in giudizio, luogo di apertura della successione, etc.).
A fondamento di tale scelta, la concezione della *giurisdizione come espressione della sovranità dello Stato*, da esercitarsi necessariamente nei confronti di tutti i cittadini-sudditi, anche al fine di garantirne gli interessi rispetto ai possibili abusi delle giurisdizioni straniere. Era evidente, dunque, una certa chiusura del legislatore nei confronti dei valori giuridici stranieri, ed una netta diffidenza verso l'esercizio della giurisdizione da parte delle autorità estere.

B) Il sistema attuale.

In un'ottica del tutto opposta si muove il legislatore della riforma con la l. 218/1995. Principi ispiratori di tale intervento normativo sono *l'apertura ai valori giuridici stranieri* e *l'equivalenza degli stessi rispetto a quelli nazionali*, in piena coerenza con la Convenzione di Bruxelles del 196, cui l'Italia ha *medio tempore* aderito. Immediato corollario applicativo di tale svolta è *l'abbandono della cittadinanza del convenuto come criterio generale di giurisdizione internazionale*.

Il sistema attuale, infatti, si fonda su di una serie di **criteri alternativi**, in grado di radicare la giurisdizione del giudice italiano anche a prescindere dalla cittadinanza italiana del convenuto. Tale ultimo criterio, tuttavia, non è del tutto sparito: esso opera come *criterio speciale* in alcune particolari materie come la filiazione (art. 37) o l'adozione (art. 40).

2. L'ambito della giurisdizione.

A questo punto deve darsi atto dell'insieme dei criteri fissati dal legislatore per radicare la giurisdizione del giudice italiano. In materia, importanza di carattere essenziale assume l'*art. 3* della l. 218/1995, che ha per oggetto proprio la *delimitazione dell'ambito di operatività della giurisdizione italiana*.

A) I criteri di collegamento principali.

I criteri di collegamento all'uopo predisposti sono suscettibili di essere suddivisi in due categorie: *criteri principali* e *criteri sussidiari*.
Dei *criteri principali* si occupano gli *artt. 3* e *5* della l. 218/1995.
L'*art. 5* si limita a stabilire che **la giurisdizione italiana non sussiste rispetto ad azioni reali aventi ad oggetto beni immobili situati all'estero**.

L'**art. 3**, invece, afferma la sussistenza della giurisdizione italiana ogniqualvolta **il convenuto sia domiciliato o residente in Italia**, o **ivi abbia un rappresentante che sia autorizzato a stare in giudizio** a norma dell'art. 77 Cod. Proc. Civ., **nonché in tutti gli altri casi in cui è prevista dalla legge**. Si tratta di criteri che operano in *concorso alternativo* tra loro, essendo ciascuno di essi di per sé sufficiente a fondare la giurisdizione del giudice italiano. In ogni caso, tutti prescindono dalla cittadinanza italiana o straniera del convenuto.

SEZIONE II | LA GIURISDIZIONE INTERNAZIONALE DEL GIUDICE ITALIANO

A1) Il richiamo alla disciplina di cui alla Convenzione di Bruxelles del 1968.

Importanza di carattere essenziale assume il *2° comma dell'art. 3*, il quale stabilisce che la giurisdizione italiana sussiste *anche in base ai criteri* stabiliti dalle Sezioni 2, 3 e 4 del Titolo II *della Convenzione di Bruxelles del 1968*, concernente *la competenza giurisdizionale e l'esecuzione delle decisioni in materia civile e commerciale*.
Ancora una volta (come accade in materia di protezione degli incapaci e di titoli di credito), il legislatore nazionale recepisce disposizioni di matrice *convenzionale* in norme di diritto nazionale (*rectius*: di diritto processuale civile internazionale), estendendone l'ambito di operatività *anche nei confronti di Stati non aderenti* alla convenzione considerata. Non a caso, il 2° comma dell'art. 3 prosegue precisando che, ove si tratti di una delle materie comprese nel campo di applicazione della Convenzione, i relativi criteri troveranno applicazione anche ove il convenuto non sia domiciliato nel territorio di uno Stato contraente, in tutte le altre materie sussistendo la giurisdizione italiana, **anche in base ai criteri stabiliti per la competenza per territorio**.
A tal proposito pare opportuno precisare che restano escluse dall'ambito di operatività della Convenzione le controversie in materia di *stato* e *capacità delle persone, rapporti familiari* e *successioni, procedimenti fallimentari* ed *arbitrali*.

A2) Il coordinamento con la disciplina di cui al Regolamento UE 1215/2012 (c.d. Bruxelles Ibis), ex Regolamento CE 44/2001 (c.d. Bruxelles I).

Il riferimento alla Convenzione di Bruxelles del 1968 deve ora coordinarsi con quanto disposto dal **Regolamento UE 1215/2012 (c.d. Bruxelles I*bis*)**, sostitutivo del *Regolamento CE 44/2001 (c.d. Bruxelles I)*. Ai sensi dell'art. 68 del citato regolamento, immutato rispetto al testo previgente, *la normativa comunitaria sostituisce, tra gli Stati membri, le disposizioni della Convenzione di Bruxelles* (comma 1). Ne consegue che *ogni riferimento a tale Convenzione si intende fatto al Regolamento* (comma 2): **anche il richiamo di cui all'art. 3, 2° comma, quindi, dovrebbe ormai leggersi come richiamo al Reg. 1215/2012, ex Reg. 44/2001**, a sua volta non applicabile alle sole controversie in tema di *stato e capacità, rapporti familiari, successioni* e *procedimenti fallimentari* e *arbitrali* (v. *infra*).

Pare opportuno precisare che parte della dottrina ha ritenuto del tutto impropria tale ultima equiparazione. A ben guardare, infatti, il richiamo operato dal legislatore del 1995 alla Convenzione di Bruxelles del 1968 assume il valore di una vera e propria *incorporazione mediante rinvio*: la normativa comunitaria, invece, trova applicazione nel nostro ordinamento in virtù del diverso principio dell'efficacia diretta delle norme regolamentari negli ordinamenti degli Stati membri dell'UE. In base a tale ricostruzione, l'efficacia del Regolamento dovrebbe continuare a prodursi nel solo territorio degli Stati UE, mentre i criteri della Convenzione dovrebbero operare come principi fondamentali del nostro sistema di diritto internazionale processuale e, quindi, anche al di là dei confini degli Stati aderenti alla Convenzione.

Il problema ha, tuttavia, modesta rilevanza pratica poiché il Regolamento, anche nella sua nuova formulazione, riproduce in buona parte il contenuto della Convenzione di Bruxelles del 1968. Rilevanti innovazioni, però, sono state introdotte con riferimento alla definizione di alcuni concetti come il *luogo di adempimento dell'obbligazione*, l'*illecito civile*, i *contratti cd. di consumo*, e i *viaggi organizzati*.

Tutti i criteri in materia di giurisdizione fissati nel Regolamento 1215/2012, si fondano sul principio secondo cui **le persone domiciliate nel territorio di un determinato stato membro devono convenirsi, a prescindere dalla loro cittadinanza, dinanzi alle autorità giurisdizionali di tale Stato membro** (v. art. 4), essendo la possibilità di convenire una persona domiciliata in uno Stato membro dinanzi alle autorità giurisdizionali di altro Stato membro subordinata all'operatività di criteri di *competenza speciale*, operanti in specifiche materie (v. art. 5). In particolare (v. art 7), una persona domiciliata in uno Stato membro potrà convenirsi in altro Stato membro:

- *in materia contrattuale,* dinanzi all'autorità giurisdizionale del luogo di esecuzione dell'obbligazione dedotta in giudizio, chiarendosi che in caso di compravendita di beni, esso coinciderà con quello in cui i beni sono stati o avrebbero dovuto essere consegnati, mentre in caso di prestazione di servizi, con quello in cui sono stati o avrebbero dovuto essere prestati;
- *in materia di illeciti civili doloso o colposi,* dinanzi all'autorità giurisdizionale del luogo in cui l'evento dannoso è avvenuto o può avvenire;
- *in materia di risarcimento danni o di restituzione nascente da illecito penale,* dinanzi all'autorità giurisdizionale del luogo ove è esercitata l'azione penale;

- in materia di *esercizio di succursali, agenzie o qualunque sede di attività imprenditoriale*, dinanzi all'autorità giurisdizionale del luogo in cui essa è situata.

▶ LA GIURISPRUDENZA PIÙ SIGNIFICATIVA

LA GIURISDIZIONE IN TEMA DI CONTROVERSIE SULLA VALIDITÀ DELLE DECISIONI DEGLI ORGANI SOCIALI.

Le Sezioni Unite hanno però con l'ordinanza n. 5682 del 02/03/2020 da ultimo chiarito che *l'art. 24, comma 1, n. 2, del Regolamento CE n. 1215 del 2012, laddove assegna al giudice dello Stato membro in cui ha sede una società la giurisdizione in materia di validità delle decisioni degli organi sociali, riguarda esclusivamente le controversie nelle quali si contesti la validità di dette decisioni alla luce del diritto delle società applicabile o delle disposizioni statutarie attinenti al funzionamento dei suoi organi*, con la conseguenza che deve escludersi l'applicabilità della norma con riferimento ad un'azione di nullità per simulazione di verbali di assemblee societarie aventi ad oggetto aumento di capitale mediante conferimento di beni immobili, cui andranno applicati i criteri di cui all'articolo 4 del regolamento (titolo di giurisdizione del domicilio del convenuto) e, in caso di pluralità di convenuti, l'art. 8 che permette di avviare l'azione dinanzi all'autorità giurisdizionale del luogo in cui un convenuto è domiciliato, a condizione che tra le domande "esista un collegamento così stretto da rendere opportuna una trattazione unica e una decisione unica".

- in materia di *fondazione, amministrazione o gestione di un trust*, dinanzi all'autorità giurisdizionale del luogo in cui il *trust* ha domicilio;
- in materia di *contratti di assicurazione, contratti individuali di lavoro o contratti cd. di consumo*, dinanzi all'autorità giurisdizionale del luogo individuato alla stregua di una serie articolata di criteri, che fissano la giurisdizione in capo al giudice che risulti più favorevole per la parte più debole (consumatore o lavoratore).

▶ LA GIURISPRUDENZA PIÙ SIGNIFICATIVA

LA CONTROVERSA APPLICAZIONE DEI CRITERI DI CUI ALL'ART. 7 IN TEMA DI AZIONE DI COMPENSAZIONE PECUNIARIA PER L'AVVENUTA CANCELLAZIONE DI UN VOLO.

Da ultimo, la **Corte di giustizia dell'Unione europea con l'ordinanza del 13 febbraio 2020 nella causa C-606/19** ha sancito l'applicabilità dei criteri di cui all'articolo 7, anche in tema di trasporto aereo, potendo l'azione per ottenere una compensazione a seguito di una cancellazione di un volo, oggetto di una prenotazione unica costituita da più tratte operate da diverse compagnie, essere presentata ai giudici del luogo di partenza o di arrivo dell'aereo. Il caso riguardava due passeggeri che, con un un'unica prenotazione, avevano acquistato i biglietti per il volo Amburgo/San Sebastian, con partenza da Amburgo, scalo a Londra e arrivo a destinazione via Madrid. I voli erano effettuati da compagnie diverse (British Airways e Iberia), di cui una (Iberia) aveva disposto la cancellazione della terza tratta (Madrid-San Sebastian). Tale compagnia, per la Corte, era stata correttamente citata dinanzi al luogo di partenza dei due passeggeri, ossia Amburgo, atteso che, accanto al titolo generale previsto dal Reg. n. 1215/2012 (domicilio del convenuto), i ricorrenti potevano avvalersi per richiedere la compensazione anche dei titoli speciali di cui all'articolo 7, che in materia contrattuale indica quale competente altresì il giudice del luogo in cui l'obbligazione è stata o deve essere eseguita. Nel caso della prestazione di servizi, tale luogo è quello "*situato in uno Stato membro, in cui i servizi sono stati o avrebbero dovuto essere prestati in base al contratto*", che nei contratti di trasporto aereo, coincide con "*il luogo di partenza o il luogo di arrivo dell'aereo, quali indicati nel contratto*", *e ciò anche nel caso di voli costituiti da più tratte, effettuate da diverse compagnie ma con prenotazione unica, poiché il luogo di esecuzione dell'obbligazione può essere anche quello del primo volo "in quanto uno dei luoghi di fornitura principale dei servizi oggetto di un contratto di trasporto aereo", anche quando la compagnia che ha cancellato l'ultimo volo è diversa da quella incaricata del primo*.

Le Sezioni Unite della Corte di Cassazione, tuttavia, con l'ordinanza n. 3561/20, resa anch'essa il 13 febbraio 2020, hanno escluso – *seppure con riferimento ad una diversa fattispecie* – l'applicabilità dei criteri di cui all'art. 7 in tema di azione di compensazione pecuniaria per l'avvenuta cancellazione di un volo, affermando la giurisdizione del giudice italiano alla luce del diverso criterio del luogo "di destinazione del viaggio" e del luogo "ove è sito lo stabilimento del vettore che cura la conclusione del contratto" di cui all'art. 33 della Convenzione di Montreal del 28 maggio 1999 sull'unificazione di alcune norme sul trasporto aereo internazionale. Tale Convenzione, infatti, deve trovare applicazione anche in caso di cancellazione, e non solo di ritardo del volo, con la conseguenza che nel caso esaminato – concernente la cancellazione di un volo Barcellona/Napoli, operato da Ryanair, a seguito dell'acquisto di biglietti on line da parte dei passeggeri italiani – *la giurisdizione sulla richiesta di compensazione andava radicata in Italia, sia "in applicazione del criterio del luogo di destinazione del viaggio, sia in applicazione del criterio del luogo ove è sito lo stabilimento del vettore che cura la conclusione del contratto" di cui al citato art. 33. In caso di acquisti online, infatti, in forza della sentenza n. 18257 del 2019, il luogo dello stabilimento del vettore che cura la conclusione del contratto, a causa del "disancoramento da qualsiasi riferimento spaziale", coincide con il domicilio degli acquirenti poiché in detto domicilio questi hanno saputo dell'accettazione della proposta formulata in via telematica e del pagamento dell'importo dei biglietti*.

Analogamente alla Convenzione di Bruxelles, *il Regolamento 1215/2012 troverà applicazione solo con riferimento alle materie civili e commerciali*, non estendendosi, oltre che alla *materia fiscale, doganale* e *amministrativa* (al pari del Reg. 44/2001), neanche alla *responsabilità dello Stato per atti o omissioni nell'esercizio di pubblici poteri*. Rimangono esclusi dall'ambito di applicazione del medesimo regolamento, oltre allo *stato e alla capacità delle persone fisiche*, al *regime patrimoniale tra coniugi*, ai *testamenti e le successioni*, ai *fallimenti, i concordati e le procedure affini*, alla *sicurezza sociale* e all'*arbitrato* (esclusi già dal Reg. 44/2001), altresì le *obbligazioni alimentari*, sia *inter vivos* che *mortis causa*.

In tema di **arbitrato**, giova menzionare **l'applicabilità della disciplina di cui alla Convenzione di New York del 1958**, le cui norme vengono espressamente dichiarate prevalenti su quelle del Regolamento (v. Considerando n. 12).

Sul punto, degna di nota risulta **la pubblicazione** nel 2020 **del Protocollo sulla Cybersecurity nell'Arbitrato Internazionale** ad opera dell'International *Council for Commercial Arbitration*, d'intesa con la *New York City Bar Association* e con l'*International Institute for Conflict Prevention and Resolution* (CPR). Si tratta infatti di un testo costituito da 14 principi, accompagnati da commenti esplicativi, al fine di fornire informazioni utili, anche procedurali, idonee a garantire la sicurezza negli arbitrati internazionali, con l'obiettivo di estenderne l'applicazione anche ai procedimenti arbitrali interni ed agli arbitrati tra Stati e investitori.

■ A3) I problemi interpretativi in punto di giurisdizione: le possibili interferenze tra la disciplina nazionale sulla class action e quella comunitaria sui contratti consumeristici.

A valle della ricostruzione della legislazione comunitaria in punto di giurisdizione transnazionale si colloca la problematica inerente le possibili interferenze tra la disciplina dettata dal legislatore nazionale in materia di competenza sulla *class action* a tutela dei consumatori (art. 140 *bis*, Codice del Consumo, così come sostituito dalla l. 23 luglio 2009, n. 99) e quella dettata dal legislatore comunitario in tema di competenza sui contratti conclusi dai consumatori (oggi **artt. 17 e ss., Regolamento 1215/2012**, ex artt. 15 e ss., Regolamento 44/2001, c.d. Bruxelles I).

Come efficacemente osservato (NOVELLI), infatti, le due normative non operano scelte uniformi rispetto all'individuazione del giudice competente a conoscere delle relative controversie. In particolare:

- mentre l'art. 140 *bis* del Codice del Consumo impone la proposizione dell'azione di classe esclusivamente *dinanzi al Tribunale ordinario del capoluogo della regione in cui ha sede l'impresa convenuta*;
- gli artt. **17 e ss. del Regolamento 1215/2012** fissano la competenza per qualsiasi azione del consumatore alternativamente, o *davanti ai giudici dello Stato membro nel cui territorio è domiciliata la controparte, o davanti ai giudici del luogo in cui è domiciliato il consumatore*.

Pare opportuno precisare che il problema interpretativo prospettato presenta un ambito di operatività ben definito.

- In primo luogo, può porsi solo con riferimento a **controversie di matrice consumeristica aventi carattere transnazionale** (ad es. sede dell'impresa, luogo di conclusione del contratto, o ulteriori elementi in collegamento con altro Stato membro): a tutte le liti a carattere esclusivamente interno, infatti, si applicherà il solo art. 140 *bis*, non potendo assumere rilevanza la disciplina di diritto processuale internazionale di cui al Reg. **1215/2012**.
- In secondo luogo, concerne le sole **azioni di classe ex art. 140 *bis* avanzate da consumatori "persone fisiche"**: la normativa comunitaria in materia di contratti dei consumatori, infatti, non si applica alle azioni proposte da persone giuridiche (anche se in qualità di contraente debole). Il legislatore comunitario, difatti, non riconosce a queste ultime la qualifica di *consumatore*, ma alle sole persone fisiche: alle domande qualificabili come azioni di classe avanzate da consumatori persone giuridiche (associazioni o comitati), pertanto, potrà applicarsi il solo art. 140 *bis*.

Appare evidente che **l'eventuale conflitto andrà risolto in favore della normativa comunitaria di riferimento**:
- *in primis*, perché trattasi di disciplina *di fonte regolamentare*, direttamente efficace negli Stati membri e sovraordinata rispetto a quella nazionale;
- *in secundis*, perché trattasi di disciplina *avente natura speciale* rispetto a quella interna, inerendo fattispecie connotate dall'elemento della transnazionalità.

SEZIONE II | LA GIURISDIZIONE INTERNAZIONALE DEL GIUDICE ITALIANO

B) I criteri di collegamento sussidiari.

Anche al di fuori delle ipotesi in cui sono in grado di operare i criteri c.d. *principali* sopra ricordati, è possibile affermare la sussistenza della giurisdizione del giudice italiano, avendo il legislatore previsto tutta una serie di *criteri sussidiari*. In particolare, ai sensi dell'*art. 4* della l. 218/1995, la giurisdizione internazionale del giudice italiano sussiste anche in caso di:

- *accettazione espressa delle parti* (art. 4, 1° comma, prima parte)
Basta, infatti, che le parti abbiano *convenzionalmente* accettato la giurisdizione italiana, e che tale accettazione sia *provata per iscritto* (Sez. U, Sentenza n. 21672 del 23/09/2013), perché il giudice italiano risulti competente rispetto alla controversia considerata. Non è invece necessaria la stipula di accordo scritto, essendo tale forma richiesta solo *ad probationem*.
Secondo la giurisprudenza, è sufficiente un mero accordo verbale che abbia ricevuto conferma scritta, anche solo unilaterale recettizia, o che sia stato riprodotto in un documento trasmesso da una parte e ricevuto dell'altra senza obiezioni (Corte di Giustizia n. 221184/1985; Cass., S.U., ordinanza n. 10312/2006).

- *accettazione tacita da parte del convenuto* (art. 4, 1° comma, seconda parte)
Poiché, ove questi compaia in un giudizio instaurato dinanzi all'autorità giudiziaria italiana, *senza eccepire il difetto di giurisdizione del giudice italiano nel primo atto difensivo* (*rectius*: comparsa di risposta), la relativa controversia rimarrà definitivamente in capo al giudice originariamente adito.
Trattandosi di criteri *sussidiari*, essi sono destinati ad operare solo *in via residuale*, ovvero nel caso in cui la giurisdizione italiana non sia già stata affermata alla luce dei criteri generali indicati dall'art. 3.

▶ LA GIURISPRUDENZA PIÙ SIGNIFICATIVA

LA PORTATA DELLA CLAUSOLA DI ACCETTAZIONE ESPRESSA
DELLA GIURISDIZIONE ITALIANA.

La giurisprudenza (Sez. Un. n. 1200/2000) ha tuttavia posto degli argini alla sfera d'autonomia delle parti, chiarendo come la clausola di accettazione espressa della giurisdizione italiana non possa rilevare solo con riferimento ad alcune delle controversie scaturenti dal contratto, dovendo necessariamente operare rispetto alla totalità delle stesse. In particolare, la Corte ha chiarito che: "*ai sensi dell'articolo 4 della legge n. 218 del 1995 sussiste la giurisdizione italiana nei confronti dello straniero allorquando nel contratto, da cui trae causa la lite, esista espressa clausola di accettazione della giurisdizione del giudice italiano, la cui portata non è circoscrivibile alle sole controversie anteriori alla sua stipulazione*".

Per valorizzare il libero estrinsecarsi della volontà delle parti in materia, il legislatore ha anche fissato una serie di limiti alla rilevabilità del **difetto di giurisdizione**. In particolare, ai sensi dell'**art. 11**:

- il difetto di giurisdizione **può rilevarsi**, in ogni stato e grado del processo, *solo su istanza del convenuto costituito, che non abbia espressamente o tacitamente accettato la giurisdizione italiana;*
- *il Giudice può invece rilevarla d'ufficio solo in casi tipizzati* (contumacia del convenuto; azione reale relativa a beni immobili situati all'estero; esclusione della giurisdizione italiana per effetto di norme internazionali).

Consente di affermare la giurisdizione internazionale del giudice italiano, a prescindere dall'operatività dei criteri generali di cui all'art. 3, anche l'**art. 6**, dettato in materia di **questioni preliminari**. Ai sensi di tale norma, infatti, il giudice italiano conosce *incidentalmente* di ogni questione necessaria alla decisione sulla domanda proposta, *anche ove non rientri nell'ambito della giurisdizione italiana*.

■ C) I criteri in materia cautelare.

In materia *cautelare*, ai sensi dell'*art.* **10** la giurisdizione italiana sussiste quando **il provvedimento deve essere eseguito in Italia** o **quando il giudice italiano ha giurisdizione nel merito**.
Al pari del pregresso sistema, regolato dall'abrogato art. 4, n. 3 del c.p.c., si è predisposta una disciplina *ad hoc* in materia cautelare. Non è, tuttavia, stata riprodotta, come ulteriore condizione per la sussistenza della giurisdizione del giudice italiano, la c.d. *reciprocità*. In particolare, ai sensi dell'abrogato art. 4, n. 4 del c.p.c., la giurisdizione italiana poteva affermarsi anche nella situazione inversa, ovvero ove il giudice straniero fosse competente a conoscere del merito delle domande proposte contro il cittadino italiano.
Tale scelta, strumentale all'ampliamento dell'operatività della giurisdizione italiana, era orientata ad una sorta di protezione, che lo Stato intendeva offrire ai cittadini contro la giurisdizione estera. Nel sistema attuale avrebbe, invece,

carattere anacronistico, per contrasto con i principi dell'apertura verso i valori esteri e di equivalenza degli stessi rispetto a quelli nazionali, propri della riforma.

Giova precisare come, dal 18 gennaio 2017, trovi applicazione anche **la disciplina di cui al Reg. 655/2014** che, per la facilitazione del recupero transfrontaliero dei crediti in materia civile e commerciale *nei rapporti tra Stati membri*, ha introdotto *la procedura per l'ordinanza europea di sequestro conservativo* (c.d. **OESC**), strumento cautelare di tutela *sovranazionale* del credito (v. *infra*, par. 6.C).

■ D) I criteri in materia di volontaria giurisdizione.

Anche in materia di *volontaria giurisdizione* il legislatore della riforma ha preferito predisporre una disciplina espressa. Ai sensi dell'*art. 9* della l. 218/1995, la giurisdizione italiana sussiste, *oltre che nei casi specificamente contemplati dalla presente legge e in quelli in cui è prevista la competenza per territorio di un giudice italiano,* **quando il provvedimento richiesto concerne un cittadino italiano o una persona residente in Italia,** o *quando esso riguarda situazioni o rapporti ai quali è applicabile la legge italiana*.

La necessità di una disciplina espressa è sorta per effetto della difficile applicabilità alla giurisdizione volontaria – non sempre connotata dalla presenza di due parti contrapposte, perché *non contenziosa* – dei criteri generali già fissati.

I criteri di cui all'art. 9 tendono ad estendere notevolmente l'ambito di operatività della giurisdizione italiana in materia di volontaria giurisdizione, a differenza di ciò che accade rispetto ad altre materie. La ragione di tale "**portata espansiva**" sta nell'esigenza di assicurare uno stretto coordinamento tra procedimento giurisdizionale e azione amministrativa negli ambiti della volontaria: tale sinergia è certamente più agevole, ove le due funzioni vengano esercitate da organi facenti parte del medesimo sistema giuridico.

■ E) I criteri in materia di matrimonio, potestà dei genitori, adozione e successioni.

Per ciò che concerne la giurisdizione internazionale in materia di *matrimonio* e *potestà dei genitori*, è necessario operare una distinzione:

> - *per gli Stati membri dell'UE*, opereranno i criteri di cui al **Regolamento CE 2201/2003**, che, *a decorrere dal 1 agosto 2022*, saranno sostituiti, eccezion fatta per la Danimarca, da quelli di cui al **Rego-**

lamento n. 1111/2019 (c.d. **Regolamento Europeo della Famiglia o Bruxelles II ter)**, il quale, in linea con il precedente, per le questioni in materia di divorzio, separazione personale dei coniugi e annullamento del matrimonio, afferma la giurisdizione dei giudici dello Stato membro di cui i coniugi sono entrambi cittadini, ovvero nel cui territorio si trova la residenza abituale dei coniugi, del convenuto, di uno dei coniugi (in caso di domanda congiunta), ovvero dello stesso attore. Non rientrano, invece, nell'ambito di operatività del Regolamento, rimanendo assoggettate ai criteri generali di cui alla legge di riforma, le questioni relative agli obblighi di mantenimento intrafamiliari. **Tra le principali novità introdotte dal Bruxelles II ter l'eliminazione del procedimento intermedio (c.d. exequatur) previsto dal regolamento n. 2201/2003 per le decisioni in materia di responsabilità genitoriale (art. 34 ss.), le quali ove rese in uno Stato membro (Stato d'origine) saranno riconosciute ed eseguite in un altro Stato membro (Stato richiesto) senza necessità di alcuna previa dichiarazione di esecutività e, in ogni caso, in ossequio alle norme di procedura nazionali in vigore in quest'ultimo.**

- *per gli altri Stati*, valgono i criteri fissati dagli *artt. 3* e *32* della l. 218/1995.

In materia di *adozione* opera l'*art. 40* della l. 218/1995, che fissa la giurisdizione italiana, ove l'adottante (o gli adottanti), o l'adottando, siano cittadini italiani o residenti in Italia, ovvero quando l'adottando, a prescindere dalla sua nazionalità o residenza abituale, sia un minore e versi in stato di abbandono in Italia.

Ai sensi dell'*art. 42*, la *protezione dei minori* è in ogni caso regolata (anche in punto di giurisdizione) dalla Convenzione dell'Aja del 1961: per effetto di tale richiamo, le disposizioni della Convezione avranno efficacia *erga omnes* (come già si è detto a proposito della Convenzione di Bruxelles, richiamata dall'art. 3).

Per ciò che concerne le *successioni*, l'*art. 50* della l. 218/1995 fissa la competenza in capo al giudice italiano ogniqualvolta il defunto sia cittadino italiano al momento della morte; la successione si sia aperta in Italia; la parte dei beni ereditari di maggiore consistenza economica sia situata in Italia; il convenuto sia domiciliato o residente in Italia o abbia accettato la giurisdizione italiana, salvo che la domanda sia relativa a beni immobili situati all'estero; la domanda riguardi beni situati in Italia.

Come recentemente chiarito della Suprema Corte (Cass., Sez. Un., sent. 15233, 12 luglio 2011), *si tratta di criteri alternativi e non cumulativi*, potendo la giurisdizione del giudice italiano affermarsi anche alla stregua di uno solo dei predetti criteri di collegamento (il caso deciso riguardava la successione di un cittadino italiano, con beni parzialmente all'estero: la Corte ha in quella sede sostenuto *la natura speciale, e quindi, prevalente, dell'art. 50, sull'art. 5, della l. 218*, che nega la giurisdizione italiana in caso di beni situati all'estero).
Sul punto pare opportuno ribadire che a seguito del **Regolamento UE 650/2012** in materia di successioni c.d. *transfrontaliere*, la competenza a decidere **sulle successioni infracomunitarie successive al 17 agosto 2015** spetterà agli *organi giurisdizionali dello Stato membro in cui il defunto aveva la residenza abituale al momento della morte*, con la conseguente semplificazione della eterogeneità dei criteri previsti dall'attuale assetto normativo.

▶ **LA GIURISPRUDENZA PIÙ SIGNIFICATIVA**

ACCERTAMENTO DELLA NULLITÀ DI ACCORDI TRANSATTIVI TRA COEREDI: CONSEGUENZE IN PUNTO DI GIURISDIZIONE.

La Suprema Corte (SS.UU. n. 25875/2008) ha messo in evidenza come la giurisdizione del giudice italiano in materia successoria ai sensi dell'art. 50 non è esclusa per il fatto che l'attore abbia chiesto l'accertamento della nullità o inefficacia di accordi transattivi intercorsi tra i coeredi in territorio estero, non potendo tale iniziativa determinare alcuna mutazione, né genetica né funzionale sulla natura ereditaria della causa.

3. La derogabilità della giurisdizione italiana.

La giurisdizione internazionale del giudice italiano nel previgente sistema di d.i.p. era derogabile entro limiti particolarmente ristretti.
In particolare, le parti potevano convenzionalmente rinunciare alla giurisdizione italiana a favore di giudici o arbitri stranieri solo nell'ambito di *procedimenti concernenti obbligazioni tra stranieri*, o *tra uno straniero e un italiano a sua volta né residente o né domiciliato in Italia*, ed esclusivamente *mediante accordi aventi forma scritta*. Alla base di tale sistema di limitazioni, l'idea secondo cui la giurisdizione costituisce espressione della sovranità dello Stato, con la conseguente preferenza da parte del legislatore della propria giurisdizione rispetto a quella straniera.

Con la riforma del 1995, pienamente coerente con i principi di apertura verso i valori stranieri e di equivalenza tra questi e quelli interni, tutte queste limitazioni sono venute radicalmente meno.
Della **derogabilità della giurisdizione italiana** si occupa l'*art. 4, 2° comma* della l. 218, il quale stabilisce che la giurisdizione italiana può essere convenzionalmente derogata a favore di un giudice straniero o di un arbitrato estero se:

- **la deroga è** *provata per iscritto* (forma *ad probationem*);
- e *la causa verte su diritti disponibili*.

Risulta evidente l'atteggiamento di maggiore apertura del legislatore verso l'esercizio della giurisdizione da parte di autorità straniere, anche ove, in base ai principi di cui all'art. 3, la controversia debba costituire oggetto di cognizione da parte del giudice italiano. In tale ottica, si è ritenuto non applicabile alle convenzioni di deroga della giurisdizione l'*art. 1341 c.c.* in materia di clausole vessatorie previste nelle condizioni generali di contratto: una diversa conclusione contrasterebbe con il principio di equivalenza tra giurisdizione italiana e straniera.

▶ LA GIURISPRUDENZA PIÙ SIGNIFICATIVA

LA PORTATA DELLE CLAUSOLE DI DEROGA DELLA GIURISDIZIONE ITALIANA EX ART. 4, 2° COMMA L. 218/1995.

In più occasioni la giurisprudenza si è pronunciata sulle clausole contrattuali aventi ad oggetto la deroga della giurisdizione italiana di cui all'art. 4, 2° comma della l. 218/1995, per la loro diffusione nel commercio internazionale.
Sulla **forma scritta**, si è ribadito il principio secondo cui essa non richiede l'uso di formule sacramentali e può risultare rispettata anche a mezzo del *mero scambio di corrispondenza tra le parti*, ovvero da un rinvio specifico nel contratto (Cass., Sez. Un. n. 1328/2000). Di recente è stata ritenuta ad essa equivalente *la condotta concludente delle parti*, purché si tratti di settori del commercio internazionale, in cui operino usi, che facciano ritenere tale comportamento idoneo a rivelare la volontà dei contraenti (Cass., Sez. Un., sent. n. 3568, 14 febbraio 2011). Da ultimo, si è tuttavia nuovamente affermata **l'inammissibilità di qualsiasi deroga ex art. 4, che non sia provata per iscritto** (Sez. Un., n. 21672/2013).
In tema di *disponibilità dei diritti*, si è di recente affermata **la non derogabilità ex art. 4 della giurisdizione italiana sullo scioglimento del matrimonio**, celebrato in Italia, tra cittadini italiani, ivi residenti. Si tratta, infatti, di materia rientrante nella giurisdizione italiana ai sensi degli artt. 3 e 32 della l. 218/1995, nonché degli

artt. 3 e 31 del Reg. 2201/2003, *non derogabile, perché vertente su diritti indisponibili, quale il regime giuridico applicabile ad uno status* (Cass. n. 5710/2014). Si è parimenti considerata inammissibile la deroga della giurisdizione italiana anche nelle ipotesi in cui la causa verta sui diritti indisponibili, nel cui ambito vanno annoverate oltre le cause attribuite alla competenza esclusiva dei giudici italiani, anche quelle di cui all'art. 806 cod. proc. civ. (**controversie arbitrabili**), nonché quelle di cui all'art. 808 cod. proc. civ., che, al secondo comma, prima parte, statuisce che *le controversie di cui all'art. 409 cod. proc, civ.* (**controversie individuali di lavoro**) *sono decise da arbitri, solo se ciò sia previsto nei contratti e accordi collettivi di lavoro purché ciò avvenga, a pena di nullità, senza pregiudizio della facoltà delle parti di adire l'autorità giudiziaria.* (Cass. S.U., n. 10219/2006).

L'art. **4, 3° comma** sancisce, infine, l'*inefficacia della deroga* ove *l'arbitro o il giudice estero convenzionalmente prescelti non possano conoscere della causa*. Con tale norma il legislatore ha voluto scongiurare il rischio che la controversia si ritrovi priva di un'autorità compente a decidere sulla stessa.

Giova precisare che tale limitazione era propria anche del sistema previgente, in cui parimenti si riteneva che la deroga dovesse consentire l'individuazione di un giudice effettivamente in grado di conoscere della controversia. Solo con la l. 218/1995, tuttavia, tale condizione di efficacia della deroga è stata definitivamente positivizzata. Di recente la Cassazione si è spinta oltre, ritenendo condizione di efficacia della deroga ai sensi dell'art. 4, 3° comma, anche *l'effettivo rispetto ad opera della giurisdizione estera indicata dei principi costituzionali e internazionali del giusto processo* (Cass., Sez. Un., sent. n. 9189/2012).

Della derogabilità della giurisdizione si occupa anche il legislatore comunitario nel **Regolamento UE 1215/2012**, con una disciplina innovativa rispetto a quella di cui al Regolamento CE 44/2001. Più nel dettaglio, ai sensi dell'*art. 25*, nella sua attuale formulazione, la derogabilità in via convenzionale della giurisdizione è ammissibile solo a mezzo di un patto: a) **concluso per iscritto o provato per iscritto**, b) *in una forma ammessa dalle pratiche che le parti hanno stabilito tra di loro*, c) *nel commercio internazionale, in una forma ammessa da un uso che le parti conoscevano o avrebbero dovuto conoscere*, perché diffuso e rispettato nel settore.
La deroga ai criteri di giurisdizione fissati dal Regolamento, inoltre, *non è ammessa per le domande di ripetizione dell'indebito*. Si tratta, infatti, di materia che resta esclusa dall'ambito dispositivo: non a caso, sul piano sostanziale, essa è disciplinata dall'art. 61 della l. 218/1995, relativo alle obbligazioni *ex lege* (Cass., Sez. Un., n. 7428/2009).

▶ LA GIURISPRUDENZA PIÙ SIGNIFICATIVA

L'EFFICACIA DEI PATTI SULLA GIURISDIZIONE IN CASO DI CESSIONE DEL CREDITO.

Le **Sezioni Unite con la sentenza n. 7736 del 7 aprile 2020** hanno da ultimo affermato che *In tema di giurisdizione, ai sensi dell'art. 23 del regolamento CE n. 44 del 2001* – oggi sostituito dal Regolamento 1215/2012 – *ed avuto riguardo ai principi elaborati dalla Corte di giustizia (sentenza del 27 gennaio 2000 in causa C-8/1998; sentenza del 20 aprile 2016 in causa C-366/2013),* **la clausola di proroga della giurisdizione, contenuta nel contratto da cui è sorto un credito oggetto di successiva cessione, continua ad essere efficace tra le parti originarie ed è applicabile anche al cessionario, il quale sia succeduto nella posizione del creditore cedente verso il debitore ceduto, atteso che quest'ultimo non può trovarsi, in virtù della cessione, in posizione diversa da quella che aveva rispetto al cedente;** *è tuttavia salva pattuizione con cui il ceduto, in sede di adesione alla cessione, abbia concordato con il cessionario di attribuire la competenza ad altra autorità giudiziaria, spettando, peraltro, la legittimazione a far valere l'inoperatività della clausola originaria al solo cessionario e non al ceduto, che può opporre al primo soltanto le eccezioni opponibili al cedente.*

4. La litispendenza internazionale.

La **litispendenza internazionale** coincide con *l'insieme delle ipotesi in cui, pur sussistendo la giurisdizione del giudice italiano rispetto alla controversia considerata, sia già stata instaurata dinanzi ad un giudice straniero una lite avente lo stesso oggetto*. Il problema che si pone concerne l'individuazione dei limiti entro cui tale circostanza possa incidere sull'instaurazione del processo in Italia.
Della disciplina della litispendenza internazionale si è occupato, non solo il *legislatore nazionale* (art. 7, l. 218/1995), ma anche il *legislatore sovranazionale* (si pensi alle norme in materia di cui alla Convenzione di Bruxelles del 1968, e a quelle di cui al **Regolamento UE 1215/2012**, ex Regolamento CE n. 44/2001).

■ A) La disciplina nazionale.

Il legislatore nazionale si occupa della litispendenza internazionale nell'*art. 7* della l. 218/1995, che reca una disciplina particolarmente articolata.
Nel sistema previgente, ai sensi dell'art. 3 c.p.c., la litispendenza internazionale (intesa come pendenza di un giudizio, avente lo stesso oggetto, dinanzi ad un giudice straniero) era considerata tendenzialmente irrilevante. Detto altrimenti,

la giurisdizione del giudice italiano non era esclusa dalla pendenza davanti a un giudice straniero della medesima causa, o di altra a questa connessa. Si trattava di una disciplina legislativa che, in piena conformità con la concezione introversa e nazionalistica della vita giuridica internazionale, finiva per sacrificare le fondamentali esigenze di economia processuale ed uniformità delle decisioni. Risulta evidente, infatti, che, per effetto della irrilevanza della pendenza di liti straniere identiche, o connesse, a quelle sottoposte alla cognizione del giudice italiano, era ampiamente possibile che si arrivasse allo svolgimento di due o più processi uguali dinanzi ad autorità diverse (una italiana, l'altra straniera), con l'eventualità di giudicati contraddittori o difformi. Per tali motivi il legislatore della riforma ha assunto una posizione diametralmente opposta.

A fondamento dell'intera normativa c'è il principio della *tendenziale rilevanza della litispendenza internazionale*. Ai sensi dell'art. 7, infatti, **la previa pendenza davanti ad un giudice straniero della medesima causa può escludere la giurisdizione italiana.** L'assolutezza dell'affermazione di principio è, tuttavia, solo apparente, essendo mitigata da diverse limitazioni normativamente previste.

- In primo luogo, *la litispendenza internazionale non può essere rilevata d'ufficio dal giudice,* ma può solo essere eccepita da una delle parti.

▸ LA GIURISPRUDENZA PIÙ SIGNIFICATIVA
LA RILEVABILITÀ D'UFFICIO DELLA LITISPENDENZA INTERNAZIONALE.

Sul punto pare opportuno precisare come la più recente giurisprudenza affermi di fatto l'opposto **principio della rilevabilità d'ufficio della litispendenza internazionale**. In particolare, la Cassazione ha da ultimo precisato come *il testo dell'art. 7 della legge n. 218/1995 deve essere interpretato, non nel senso che sia rimesso alle singole parti del giudizio il potere di rilevazione, ma piuttosto in quello per cui la litispendenza deve essere dichiarata dal giudice, quando l'esistenza dei relativi presupposti emerga dagli elementi offerti dalle parti* (Cass., Sez. Un., sent. n. 21108, 28 novembre 2012).

- In secondo luogo, si parla di litispendenza internazionale solo ove il procedimento pendente all'estero abbia, rispetto a quello in corso in Italia, *i requisiti dell'identità delle parti, dell'oggetto e del titolo.* È inoltre necessario che il giudice italiano ritenga che *il provvedimento giudiziario adottato al termine del processo dal giudice straniero possa produrre effetti nel territorio nazionale*. Tale analisi dovrà condursi, seppur in via del tutto incidentale, alla luce dei principi dettati in materia di riconoscibilità di sentenze e di atti stranieri dagli artt. 64 e 65 della l. 218/1995: ove essa dia esito positivo (in presenza degli ulteriori requisiti elencati) il giudice potrà disporre (**obbligatoriamente**: v. Sez. Un. 21108/2012) *la* **sospensione del processo, in attesa della definizione di quello instaurato all'estero**.

▶ LA GIURISPRUDENZA PIÙ SIGNIFICATIVA

LA NOZIONE "ATTENUATA" DI LITISPENDENZA INTERNAZIONALE.

Preme precisare come la litispendenza internazionale possa configurarsi anche in caso di procedimenti, con identità di parti, **le cui domande**, non pienamente coincidenti in punto di *petitum* immediato e di titolo specificamente fatto valere, **siano comunque dirette a perseguire identici risultati pratici**. Gli artt. 7 e 64, lett. e) della l. 218/1995, infatti, mirano ad evitare inutili duplicazioni di attività giudiziaria, nell'ottica di prevenire i conflitti tra giudicati: tali obiettivi verrebbero elusi, ove il giudizio nazionale e quello straniero possano comunque giungere a risultati pratici tra loro incompatibili (Cass., Sez. Un., sent. n. 21108/2012, con cui è stato respinto il ricorso avverso il decreto di sospensione del giudizio interno sulla decadenza della potestà genitoriale, motivato dall'anteriore pendenza in Brasile di un giudizio trai genitori sull'affidamento del minore).

Deve tuttavia mettersi in evidenza come recente giurisprudenza abbia escluso la configurabilità di un'ipotesi di litispendenza internazionale **ove la sentenza straniera di cui si chiede il riconoscimento sia di divorzio, e in Italia penda il giudizio sulla separazione**, atteso che trattasi di cause che differiscono, sia per *petitum*, che per *causa petendi* (Sez. I Civ., n. 24542/2016)

Risulta evidente *la* ***differenza di disciplina rispetto alla litispendenza c.d. interna***: ai sensi dell'art. 39 c.p.c., infatti, il giudice deve procedere alla *cancellazione della causa dal ruolo*, dopo aver dichiarato la litispendenza.

Qualora il giudizio all'estero non si concluda, o la relativa decisione non possa essere riconosciuta in Italia, è consentita la riassunzione del procedimento sospeso dinanzi al giudice italiano.

Deve ricordarsi inoltre che, in deroga ai principi generali operanti in materia di qualificazioni (v. Parte I, Sez. V), *la pendenza di una causa dinanzi al giudice straniero*, anche se si tratta di circostanza rilevante nell'ambito del nostro ordinamento, *dovrà valutarsi alla luce della legge dello Stato in cui il processo considerato di sta svolgendo*.

La giurisprudenza ha affrontato il problema concernente l'individuazione dei rimedi esperibili contro il provvedimento di rigetto dell'eccezione di litispendenza internazionale. In proposito è stato chiarito (Cass. Sez. Un. n. 12792/2005) come non sia utilizzabile lo strumento del *regolamento preventivo di giurisdizione*, non ponendosi alcun problema di giurisdizione in casi del genere. A ben guardare, infatti, un problema giurisdizione potrebbe sorgere solo successivamente al passaggio in giudicato della sentenza straniera, a seguito della pronuncia da parte del giudice italiano del proprio difetto di giurisdizione. Diversamente, contro l'ordinanza che di sospensione è esperibile il rimedio del *regolamento necessario di competenza*.

Nella stessa pronuncia si è, inoltre, chiarito che non può parlarsi di litispendenza internazionale ove il processo straniero di cui si tratta sia stato deciso con una **sentenza già passata in giudicato**. In tali casi, infatti, la parte interessata non dovrà esperire il rimedio del regolamento preventivo di giurisdizione, ma piuttosto agire per far accertare in Italia l'efficacia del giudicato straniero ai sensi degli artt. 64 e ss. della l. 218/1995.

▶ **LA GIURISPRUDENZA PIÙ SIGNIFICATIVA**

LITISPENDENZA INTERNAZIONALE: QUESTIONE DI GIURISDIZIONE O IPOTESI DI SOSPENSIONE NECESSARIA DEL GIUDIZIO.

Sulla qualificabilità della litispendenza internazionale in termini di autentica **questione di giurisdizione**, o di mera **ipotesi di sospensione necessaria del giudizio**, si è tuttavia registrato, nel corso degli anni, un vero e proprio *overruling* **nelle pronunce delle Sezioni Unite**, che:
- da un lato, hanno sostenuto che *avverso il provvedimento di sospensione per litispendenza internazionale l'unico rimedio esperibile è quello del regolamento necessario di competenza*, **non ponendosi alcuna questione di giurisdizione**, ma una mera ipotesi di sospensione necessaria (SS.UU. n. 1514/1998 e conformi);
- dall'altro, hanno affermato che *se è vero che in caso di litispendenza internazionale il giudice successivamente adito deve sospendere il processo fino a che quello previamente adito non abbia affermato la propria giurisdizione, è pur vero che in tal modo* **non si disciplina un'ipotesi di sospensione necessaria**, **ma una questione di giurisdizione**, *comportando un difetto temporaneo di quest'ultima, in quanto rivolta a privare il giudice successivamente adito della sua potestas iudicandi, sino a che non sia compiuto l'accertamento della competenza del giudice preventivamente adito* (v. Sez. Un., ordd. 12410 e 16862 del 2011).

Nel porsi il problema della individuazione del giudice competente a conoscere di un procedimento di separazione, vertente tra cittadini italiani, ivi residenti, promosso in Italia dal marito, nonostante la previa pendenza della causa dinanzi alle corti Svizzere (paese extra UE) per iniziativa della moglie, la Cassazione (v. Sez. VI, ord. n. 8619/2016) ha deciso di rimettere al Supremo Consesso l'ultima parola in punto di **natura giuridica della litispendenza internazionale**.
La questione è stata recentemente risolta dalle Sezioni Unite sulla falsariga del primo degli orientamenti riportati, affermando che *Il provvedimento di sospensione del giudizio a seguito del rilievo della ricorrenza di litispendenza internazionale non pone una questione di giurisdizione, essendo, viceversa, ammissibile il regolamento necessario di competenza, previsto dall'art. 42 c.p.c., quale rimedio offerto alla parte al fine di verificare la legittimità di un provvedimento che, incidendo sulla durata del processo, può pregiudicare la tutela del diritto fatto valere* (S.U., Sentenza n. 30877 del 22/12/2017).

B) La disciplina sovranazionale.

A livello sovranazionale, della litispendenza internazionale si occupano, sia *la normativa convenzionale*, che *quella di matrice comunitaria*. In entrambi i casi, si assiste ad una maggiore apertura verso la rilevanza del fenomeno, in omaggio ai principi fondamentali dell'*economia dei giudizi* e dell'*uniformità delle decisioni in ambito internazionale*.

> • Nel settore del *diritto convenzionale*, di notevole rilevanza è la normativa contenuta nella **Convenzione di Bruxelles del 1968**.

Tale convenzione, infatti, non si occupa solo della regolamentazione dei meccanismi e degli effetti del riconoscimento dell'efficacia delle sentenze straniere nella materia civile e commerciale, ma anche *del riparto della giurisdizione "internazionale"*, ovvero della distribuzione tra i giudici dei paesi contraenti della giurisdizione in ordine alle controversie caratterizzate da elementi di estraneità. L'obiettivo ultimo della normativa è la creazione di un sistema organico ed unitario, nell'ambito del quale *ogni controversia con elementi di estraneità trovi il proprio unico giudice*, con esclusione dell'interferenza di altre giurisdizioni nazionali. La rilevanza della litispendenza internazionale costituisce, quindi, uno dei principali strumenti utilizzati per il perseguimento di tale obiettivo.
Ai sensi dell'art. 21 della Convenzione, infatti, ove davanti a giudici di diversi paesi contraenti siano state proposte fra le stesse parti domande aventi il medesimo oggetto ed il medesimo titolo, **il giudizio deve essere sospeso d'ufficio**, finché non sia stata accertata la competenza del giudice preventivamen-

te adito; se la competenza del giudice preventivamente adito viene accertata, il giudice successivo dovrà, anche d'ufficio, dichiarare la propria incompetenza a favore del giudice preventivamente adito.

In prima battuta è necessario evidenziare come, ai sensi della Convenzione, la sospensione del procedimento per litispendenza internazionale *venga attivata d'ufficio*, e non su istanza di parte. Il dato di maggiore rilevanza, tuttavia, sta nella *nozione particolarmente lata di litispendenza internazionale* posta a fondamento della Convenzione. La normativa di riferimento è stata interpretata sempre in termini estensivi, fino ad enucleare una nozione di litispendenza del tutto autonoma da quella prevista e regolata dall'ordinamento dei singoli Stati. Ad esempio, perché vi sia identità di titolo, si è considerata sufficiente l'identità del rapporto giuridico fondamentale sul quale si radica la domanda; oppure ai fini della corrispondenza delle domande, si è ritenuto bastasse il medesimo scopo perseguito dall'attore.

- Nel settore del *diritto comunitario*, importanza di carattere essenziale assumono le disposizioni contenute sia nel **Regolamento 1215/2012**, ex Regolamento CE 44/2001, sulle decisioni in materia commerciale, che nel *Regolamento CE 2201/2003* sulle decisioni in materia matrimoniale e di potestà dei genitori sui figli di entrambi i coniugi, a decorrere dal 1 agosto 2022 sostituito dal Regolamento 1111/2019.

Il più rilevante tra i due è il Regolamento 1215/2012 che, in caso di **litispendenza internazionale** (instaurazione dinanzi a giudici di Paesi diversi di giudizi oggettivamente e soggettivamente identici), impone al giudice adito per secondo, al pari del Reg. 44/2001, **la** *sospensione d'ufficio* **del proprio procedimento**, in attesa della decisione del primo giudice in ordine alla propria competenza, per poi dichiararsi privo di giurisdizione in caso di esito positivo.

Due le innovazioni di maggiore rilevanza introdotte in materia dal Regolamento di nuovo conio:

- **la deroga al menzionato criterio della priorità temporale nel caso di foro scelto dalle parti**: in tale evenienza, qualunque autorità giurisdizionale di altro Stato membro (anche se anteriormente adita) dovrà in primo luogo, sospendere il procedimento, fino a quando l'autorità giurisdizionale adita sulla base dell'accordo dichiari di non essere competente ai sensi dell'accordo; in secondo

luogo, pronunciare la propria incompetenza a favore della prima, se in base all'accordo questa avrà accertato la propria competenza (art. 31);
- **la facoltatività della sospensione ove la litispendenza internazionale non sia *infracomunitaria*** e quindi, i *parallel proceedings* pendano tra uno Stato membro e uno Stato terzo, e non tra Stati membri.

Il legislatore comunitario ha disciplinato anche un'ipotesi di ***litispendenza internazionale per connessione***. Ai sensi dell'art. 30 del Regolamento 1215/2012, infatti, la sospensione è consentita al giudice successivamente adito anche quando il procedimento pendente dinanzi a lui, non è **identico** a quello sottoposto alle autorità giurisdizionali di altro Stato membro, ma solamente *connesso* a quest'ultimo, potendo, *a certe condizioni e su richiesta di parte*, persino dichiarare la propria incompetenza in favore dell'altro giudice. La *connessione tra cause*, ai sensi del citato art. 30, sussiste *ogniqualvolta i procedimenti considerati abbiano tra loro un legame così stretto da rendere opportuna una trattazione ed una decisione unitaria, al fine di evitare soluzioni tra di loro incompatibili.* Tale estensione del concetto di litispendenza, riferita anche alla connessione come da ultimo definita, ha comportato l'enucleazione a livello comunitario di una nozione di litispendenza internazionale di gran lunga differente rispetto a quella propria degli ordinamenti dei singoli stati membri. A questo proposito si è parlato di ***litispendenza comunitaria***, per distinguerla da quella propria del d.i.p. nazionale.

5. Il momento determinante per la giurisdizione.

Ai sensi dell'*art. 8* della l. 218/1995, *per la determinazione della giurisdizione italiana si applica l'art. 5 c.p.c.* A sua volta, tale norma stabilisce che *la giurisdizione e la competenza del giudice si determinano con riferimento allo stato di fatto esistente al momento della proposizione della domanda*, non potendo assumere rilevanza gli eventuali mutamenti successivi (***principio della perpetuatio iurisdictionis***). Le ragioni a fondamento di tale affermazione di principio stanno nelle esigenze di certezza ed economia processuale, che sarebbero del tutto frustrate, ove si consentisse un mutamento della giurisdizione per effetto di circostanze sopravvenute all'instaurazione del processo.

Il ***momento di proposizione della domanda*** coincide con quello in cui essa è portata a conoscenza dell'altra parte a mezzo della notificazione della citazione.

Con l'espressione *stato di fatto*, si vuole far riferimento a tutte le circostanze che possono assumere rilevanza ai fini della determinazione della giurisdizione del giudice italiano ai sensi dell'art. 3 della l. 218/1995, anche ove esse abbiano un contenuto intrinsecamente normativo (si pensi alla nozione di cittadinanza o di domicilio). Rimangono, invece, assoggettati ai principi fondamentali in materia di successione di leggi, i mutamenti delle norme sulla giurisdizione.

Giova precisare che, con la riforma del c.p.c. (v. l. n. 353/1990) il legislatore ha notevolmente ampliato l'ambito della *perpetuatio iurisdictionis* ex art. 5 c.p.c., prevedendo che *la giurisdizione* e la competenza si determinano in base allo stato di fatto e *alla legge vigente* al momento della proposizione della domanda.

Prima della riforma del sistema di d.i.p., si era posto il problema concernente la possibilità di affermare la giurisdizione del giudice italiano, anche in base a fatti *sopravvenuti* rispetto all'instaurazione del processo.

Parte della dottrina (VITTA) propendeva per la soluzione positiva, argomentando sulla base del pregresso assetto normativo. In effetti, se il legislatore stabilisce che il venire meno in un momento successivo alla proposizione della domanda dei presupposti su cui si fonda la giurisdizione italiana non comporta il venire meno della stessa, necessariamente deve ritenersi che la giurisdizione del giudice italiano possa sussistere anche ove i relativi presupposti sopravvengano rispetto all'instaurazione del processo.

Sul punto il legislatore ha preso posizione in termini positivi. Ai sensi dell'*art. 8, seconda parte* della l. 218/1995, infatti, la giurisdizione sussiste anche se i fatti e le norme che la determinano *sono sopravvenuti* all'instaurazione del processo.

6. L'immunità dalla giurisdizione italiana.

All'esito della trattazione inerente la giurisdizione internazionale del giudice italiano deve darsi atto dell'insieme delle ipotesi in cui, nonostante la sussistenza dei presupposti di cui all'art. 3 della l. 218/1995, il giudice italiano non possa comunque esercitare la propria attività giurisdizionale. Si tratta, più nel dettaglio, dei casi di *immunità dalla giurisdizione italiana*, di cui godono talune categorie di soggetti. In particolare, ci si riferisce a:

- **gli Stati stranieri** che, almeno per ciò che concerne gli atti che costituiscono diretta estrinsecazione della loro sovranità (c.d. *atti iure imperii*), sono radicalmente sottratti al sindacato da parte di qualsiasi autorità giurisdizionale straniera: uno Stato non può, nemmeno a mezzo dei propri giudici, sindacare l'esercizio del pubblico potere da parte di altro Stato. In tal senso milita anche il **Regolamento UE 1215/2012**, che esclude espressamente la materia della responsabilità dello Stato, per atti o omissioni nell'esercizio di pubblici poteri, dal proprio ambito di applicazione.

L'individuazione in concreto degli *atti iure imperii* (e quindi insindacabili in sede giurisdizionale), tuttavia, costituisce da sempre un'operazione ermeneutica tutt'altro che univoca. Non a caso in materia opera un'apposita convenzione internazionale (*Convenzione delle Nazioni Unite sulle immunità giurisdizionali degli Stati e dei loro beni*, stipulata a New York il 2 dicembre 2004, e ratificata dall'Italia con la l. n. 5/2013), che per esigenze di uniformità obbliga gli Stati aderenti ad uniformarsi alle decisioni in tema di immunità giurisdizionale emanate dalla Corte Internazionale di Giustizia.

▶ **LA GIURISPRUDENZA PIÙ SIGNIFICATIVA**

ATTI IURE IMPERII E TUTELA DEI DIRITTI UMANI: IL CASO DEI MARÒ ITALIANI IN INDIA.

Di notevole rilevanza la questione inerente la compatibilità del principio dell'immunità giurisdizionale degli Stati con quello della **tutela incondizionata dei diritti fondamentali dell'uomo**.
La giurisprudenza italiana, infatti, ha ritenuto sindacabili in sede giurisdizionale tutti gli atti concretizzantisi nella commissione di crimini internazionali, in nessun caso annoverabili nell'ambito della categoria dei c.d. *atti iure imperii*, in virtù del loro carattere internazionalmente illecito. In tale ottica, si è riconosciuta, sia l'ammissibilità di domande risarcitorie per i danni subiti a causa dell'occupazione tedesca durante la Seconda guerra mondiale (Sez. Un., sent. n. 5044, 11 marzo 2004), che l'efficacia nell'ordinamento italiano di sentenze emesse da giudici stranieri del medesimo tenore (Cass., Sez. Un., sent. n. 14199, 29 maggio 2008).
La Corte Internazionale di Giustizia, tuttavia, ha bocciato tale impostazione, met-

SEZIONE II | LA GIURISDIZIONE INTERNAZIONALE DEL GIUDICE ITALIANO

tendo in evidenza come anche gli atti costituenti crimini internazionali possano considerarsi a natura intrinsecamente imperativa: la portata illecita degli stessi, infatti, costituisce questione di merito, logicamente successiva a quella di rito, inerente il carattere *iure imperii* degli stessi. In altri termini, la natura criminosa di un atto non ne esclude il carattere imperativo, mentre il carattere imperativo, stante l'operatività del principio dell'immunità giurisdizionale degli Stati stranieri, ne preclude il sindacato sotto il profilo della liceità (Corte Internazionale di giustizia, *Jurisdictional Immunities of the State, Germany v. Italy*, sent. 3 febbraio 2012).

Il menzionato dibattito ha intersecato la nota vicenda dei due marò italiani (**c.d. caso Enrica Lexie**), accusati dell'omicidio di due pescatori indiani al largo delle coste dell'India nel febbraio del 2012: anche in tale ipotesi, infatti, si è posto il problema di riconoscere o meno natura imperativa all'attività posta in essere. In particolare, la tesi del carattere *iure imperii* della condotta, sostenuta dal Governo italiano, facendo leva sulla qualificazione dei marò quali *organi dello Stato operanti nel contrasto alla pirateria sotto bandiera italiana e in acque internazionali*, aveva come diretta conseguenza l'esclusione della sindacabilità in sede giurisdizionale (da parte dell'India) della vicenda. Tale posizione, tuttavia, è stata negata dalla Corte Suprema indiana che, con la sentenza 181/2013, ha affermato la sussistenza della propria giurisdizione.

Il Tribunale Arbitrale Internazionale, costituito *ad hoc* per dirimere la controversia ai sensi dell'annesso VII alla Convenzione sul diritto del mare, ha da ultimo (**dispositivo sentenza del 2/07/2020**) sposato la tesi italiana, riconoscendo che i due militari erano funzionari dello Stato nell'esercizio delle loro funzioni, e dunque beneficiari di un'autentica immunità dalla giurisdizione, con la conseguente preclusione all'India di esercitare la propria giurisdizione (anche penale) sulla fattispecie.

- *le organizzazioni internazionali* (ONU, CEE, FAO, NATO), pur dovendosi precisare che il maggiore o minore grado di esenzione rispetto alle giurisdizioni nazionali dei Paesi membri delle stesse dipende in ogni caso dalle norme che i relativi accordi o trattati istitutivi dettano in materia;
- *gli agenti diplomatici*, almeno con riferimento agli atti compiuti nell'esercizio delle proprie funzioni di rappresentanza. Risulta evidente che tali atti, essendo imputati allo Stato di riferimento, saranno esenti da qualsiasi sindacato per effetto dell'immunità giurisdizionale riconosciuta agli Stati esteri di cui si è detto in precedenza. Per ciò che concerne gli atti posti in essere al di fuori delle proprie funzioni, il diritto internazionale consuetudinario afferma comunque l'esenzione degli agenti diplomatici dalla giurisdizione dello Stato presso il quale sono accreditati per il tempo in cui tale accredito è riconosciuto. Pare opportuno precisare che anche tali privilegi si ritengono operanti esclusivamente con riferimento a quegli atti che sono strettamente connessi ai poteri sovrani dello

Stato (o dell'organizzazione internazionale) di cui fanno parte i soggetti di cui si tratta. Si è parlato in proposito di abbandono della tesi dell'immunità c.d. diffusa, per adottare una *concezione ristretta o relativa di immunità*.

▸ LA GIURISPRUDENZA PIÙ SIGNIFICATIVA
LA CONCEZIONE "RISTRETTA O RELATIVA" DI IMMUNITÀ.

In base a tale concezione restrittiva è stata da ultimo esclusa l'immunità giurisdizionale in favore del Registro Italiano Navale s.p.a., quale ente di certificazione della sicurezza per conto dello Stato di Panama, riconoscendo la giurisdizione del giudice italiano per l'azione civile di responsabilità intentata dai parenti delle vittime del disastro della nave Al Salam Boccaccio 98 verificatosi nel Mar Rosso, fra il 2 e il 3 febbraio 2006, con la morte di 1097 persone (**Sez. Un. Sentenza n. 28180 del 10/12/2020**). A fondamento della decisione, la considerazione secondo cui *le attività di classificazione e certificazione di navi non comportano un potere decisionale avulso dal quadro normativo, di fonte eminentemente internazionale, predefinito a garantire le condizioni di sicurezza in mare* e, dunque, non *costituiscono estrinsecazione della sovranità propria della potestà politica*, ovvero atti c.d. *iure imperii*).
Altrettanto di recente, però, la suddetta immunità è stata riconosciuta in favore dell'Ambasciata degli Emirati Arabi Uniti, negando la giurisdizione del giudice italiano sull'azione intentata da un dipendente della sede di Roma per differenze retributive e condotte vessatorie. In tale caso, nonostante la vicenda involgesse aspetti meramente patrimoniali, come tali esclusi dall'ambito di operatività del ***principio consuetudinario di diritto internazionale dell'immunità c.d. ristretta***, secondo cui possono sottrarsi alla giurisdizione le sole controversie che implichino *apprezzamenti, indagini o statuizioni che possano incidere o interferire sugli atti o comportamenti dello Stato estero che siano espressione dei suoi poteri sovrani di autorganizzazione*, la Suprema Corte ha concluso per l'insussistenza della giurisdizione italiana, **per aver le parti accettato e sottoscritto una deroga convenzionale a vantaggio dei giudici dello Stato degli Emirati Arabi Uniti, ai sensi dell'articolo 11, par. 2, lett. f, della Convenzione di New York del 2004 sull'immunità giurisdizionale degli Stati e dei loro beni, resa esecutiva con legge 14 gennaio 2013 n. 5**, ma non ancora in vigore, dovendo la derogabilità per iscritto della giurisdizione considerarsi *parte integrante del diritto consuetudinario internazionale, pur nella non immediata applicazione diretta di detta Convenzione* (**Sez. Un. Ord. n. 11129 del 10/06/2020**).

QUESTIONARIO

1. Quali sono i criteri di collegamento principali in materia di giurisdizione? **2.A.**
2. In quale ipotesi non si ha mai la giurisdizione italiana? **2.A.**

SEZIONE II | LA GIURISDIZIONE INTERNAZIONALE DEL GIUDICE ITALIANO

3. Quali sono i rapporti tra la Convenzione di Bruxelles e il Regolamento UE 1215/2012? **2.A.**
4. Quali criteri fissa il Regolamento UE 1215/2012 Bruxelles Ibis) in punto di giurisdizione? **2.A2.**
5. Quali problemi interpretativi ha posto la normativa comunitaria in punto di giurisdizione? **2.A3.**
6. Quali sono i criteri sussidiari in materia di giurisdizione? **2.B.**
7. Che forma può avere l'accettazione della giurisdizione italiana? **2.B.**
8. Su istanza di chi può essere rilevato il difetto di giurisdizione? **2.B.**
9. Quando il difetto di giurisdizione è rilevabile d'ufficio? **2.B.**
10. Cosa stabilisce il d.i.p. in materia di questioni preliminari? **2.B.**
11. Quali criteri operano per la determinazione della giurisdizione in materia di adozione? **2.E.**
12. In base a quali criteri si determina la giurisdizione in materia di successioni? **2.E.**
13. Come disciplina la giurisdizione sulle successioni il Regolamento UE 650/2012? **2.E.**
14. A quali condizioni può derogarsi alla giurisdizione italiana? **3.**
15. Può devolversi ad arbitri una controversia di lavoro? **3.**
16. Qual è la disciplina in materia di litispendenza internazionale? **4.A.**
17. Qual è la differenza rispetto alla disciplina in materia di litispendenza interna? **4.A.**
18. Quale forma di litispendenza rileva in ambito comunitario? **4.B.**
19. Qual è il momento determinante per la giurisdizione? **5.**
20. La giurisdizione italiana può affermarsi in base a fatti o norme sopravvenute? **5.**
21. Quali sono le ipotesi di immunità dalla giurisdizione italiana? **6.**

SEZIONE III – LA DISCIPLINA PROCESSUALE

SOMMARIO:
1. La legge regolatrice del processo. – **2.** I mezzi di prova.

1. La legge regolatrice del processo.

Il diritto processuale civile internazionale si occupa anche della *regolamentazione del processo che presenti elementi di estraneità*. Più nel dettaglio, il legislatore si pone il problema concernente l'individuazione *della legge applicabile alle vicende processuali che presentino punti di contatto con ordinamenti di altri paesi*.

■ **A) Caratteri generali.**

Con riferimento alla *legge regolatrice del processo*, il legislatore ha preso espressa posizione nell'ambito dell'*art. 12* della l. 218/1995, che impone *l'applicazione della legge italiana al processo che si svolge in Italia*. In sostanza, la norma fa applicazione del *principio della lex fori*, in virtù del quale *il processo deve essere regolato dalla legge dello Stato in cui si svolge*, senza che possa assumere rilevanza la natura interna, o meno, delle norme sostanziali che nell'ambito dello stesso vengono applicate.

Nel sistema previgente, ferma l'operatività della *lex fori*, agli attori stranieri si imponeva (art. 98 c.p.c.) il deposito di una somma a garanzia del pagamento delle spese processuali in caso di soccombenza (c.d. *cautio iudicatum solvi*). La *ratio* dell'imposizione stava nella difficoltà di ripetere coattivamente le relative somme nei confronti dei cittadini stranieri. Tale onere, tuttavia, è venuto radicalmente meno per effetto della declaratoria di incostituzionalità dell'art. 98 c.p.c., da parte della Corte Costituzionale (sent. n. 67/1960).

Risulta evidente che la legge così individuata dovrà trovare applicazione anche con riferimento ai c.d. *presupposti processuali*, per essi intendendosi l'insieme delle condizioni necessarie ai fini dell'instaurazione del rapporto processuale (si pensi alla giurisdizione, alla competenza, alla capacità, alla legittimazione processuale, etc.). Ad esempio, la capacità processuale, che coincide con l'attitudine di un soggetto ad essere parte di un rapporto di matrice processuale, nell'ordinamento italiano dovrà riconoscersi a tutti i soggetti, persone fisiche o giuridiche, nazionali o straniere, che siano dotati di capacità giuridica e di agire. Tale generalizzazione è imposta dall'art. 24 della Costituzione, che non tollererebbe esclusioni di sorta, pena una violazione del diritto di difesa.

Pare opportuno precisare, tuttavia, che l'accertamento della capacità giuridica e della capacità di agire (presupposti per il riconoscimento della capacità processuale) dovrà avvenire comunque *in base alla legge nazionale della parte*. Il contrasto con il principio secondo cui il processo è regolato dalla *lex fori* è soltanto apparente, poiché è proprio la legge italiana (art. 23 della l. 218/1995) ad imporre l'applicazione della legge nazionale del soggetto considerato.

▶ LA GIURISPRUDENZA PIÙ SIGNIFICATIVA
LA DISCIPLINA DELLA PROCURA ALLE LITI.

Costante risulta l'orientamento (v. da ultimo, Sez. I, n. 22559/2015), secondo cui ai sensi dell'art. 12, l. n. 218/1995, *la procura alle liti utilizzata in un giudizio che si svolge in Italia, anche se rilasciata all'estero, è disciplinata dalla legge processuale italiana, la quale, laddove consente l'utilizzazione di un atto pubblico o di una scrittura privata autenticata, rinvia al diritto sostanziale. In tali ipotesi la validità del mandato deve essere riscontrata, quanto alla forma, alla stregua della "lex loci", essendo in ogni caso indispensabile che dal tenore della procura siano desumibili gli elementi tipici dell'autenticazione, e cioè accertamento della identità del sottoscrittore e apposizione della firma in presenza del pubblico ufficiale* (Nel caso di specie la Suprema Corte ha confermato la sentenza di merito che aveva ritenuto invalida la procura rilasciata all'estero, poiché le relative sottoscrizioni erano state apposte prima dell'autenticazione da parte del notaio e in assenza di questi).
In termini si è da ultimo espressa la giurisprudenza, che ha negato la validità di una procura alle liti rilasciata in Germania ed autenticata da un notaio, limitatosi a dichiarare di riconoscere la sottoscrizione apposta non in sua presenza e di conoscere il legale rappresentante dell'ente che aveva rilasciato la procura (v. Cass., Sez. I, 21 giugno 2016, n. 12811).

La necessità che il processo avente carattere transazionale celebrato in Italia sia regolato dalla legge italiana non esclude la possibilità per il nostro legislatore di dettare una disciplina *ad hoc* con riferimento ad alcuni aspetti particolari dello stesso. Tali norme si collocano a pieno titolo nell'ambito di quella peculiare branca del diritto nazionale definita **diritto interno in materia internazionale** (v. Parte I, Sez. I), cui è riconducibile l'intero diritto processuale civile internazionale. Tra tali norme è possibile collocare:

- l'*art. 22, ultimo comma c.p.c.* concernente l'individuazione del giudice italiano competente a conoscere delle successioni aperte all'estero (ma per le quali sussiste, evidentemente, la giurisdizione italiana);
- l'*art. 142 c.p.c.* che disciplina espressamente il compimento di notifiche di atti giudiziari a persone non residenti o domiciliate in Italia.

Deve, tuttavia, precisarsi che le disposizioni di questo articolo troveranno applicazione *solo ove non sia possibile procedere alla notifica di cui si tratta secondo* le modalità previste *dalle convenzioni internazionali in materia* (tra cui la Convenzione dell'Aja del 1965) o *dalla normativa comunitaria* (Regolamento CE 1393/2007, in tema di notificazioni e comunicazioni, **destinato ad essere sostituito dal Regolamento CE 1784/2020, a decorrere dal 1° luglio 2022**);

- gli *artt. 163 bis* e *415 c.p.c.* relativi ai termini processuali *ad hoc* per le notificazioni estere
- l'*art. 204 c.p.c.* che regolamenta l'assunzione di prove all'estero per rogatoria.

L'unico limite derivante dall'applicazione della legge italiana al processo che si svolge in Italia coincide con ***l'impossibilità per lo straniero di esercitare azioni dirette ad ottenere l'emanazione di provvedimenti non contemplati nell'ambito del nostro sistema processuale***. Tale preclusione, secondo autorevole dottrina (VITTA), opera anche ove si tratti di azioni dirette alla tutela di quei diritti che, pur essendo sconosciuti al nostro sistema giuridico, sono espressamente previsti dalla legge straniera di riferimento, richiamata dalle norme di d.i.p. italiano competenti.

B) La disciplina delle notifiche internazionali.

La ***notifica*** coincide con l'*insieme delle attività strumentali a portare formalmente a conoscenza di una parte del processo l'esistenza di un atto cui tale parte abbia interesse.*

Si parla di *notifica internazionale* ogniqualvolta *tali attività debbano svolgersi in uno Stato diverso da quello di celebrazione del processo* (si pensi alla notifica ad un cittadino tedesco di un atto di citazione a giudizio dinanzi al giudice italiano).

In materia vige il ***principio della lex loci executionis***, in virtù del quale *le notifiche devono avvenire secondo le modalità previste e disciplinate dalla legge del luogo in cui devono essere eseguite*.

Appare evidente come tale principio sia in realtà una diretta estrinsecazione del *principio della lex fori*: se il processo deve essere regolato dalla legge dello Stato in cui si svolge, anche le notifiche (attività per definizione di matrice processuale) saranno assoggettate alla legge del luogo in cui dovranno essere effettuate (anche ove si tratti di luogo diverso da quello di svolgimento del processo in cui si inseriscono).

L'applicazione di tale principio deve, tuttavia, coordinarsi con la *struttura trifasica* delle notifiche internazionali. A ben guardare, infatti, per portare un atto processuale a conoscenza di un soggetto, che si trova in un paese diverso da quello in cui si svolge il giudizio, deve seguirsi un procedimento che si snoda attraverso tre diverse fasi. In particolare:

- la prima fase (c.d. dell'impulso) si svolge necessariamente nello Stato in cui è in corso il giudizio (c.d. *Stato a quo*);
- la seconda fase, che coincide con la trasmissione dell'atto da notificare, inevitabilmente coinvolge sia lo *Stato a quo*, sia lo Stato in cui risiede il soggetto cui la notifica è indirizzata (c.d. *Stato ad quem*);
- la terza fase, consistente nella consegna dell'atto in senso proprio, ovviamente si realizza esclusivamente nel territorio dello *Stato ad quem*.

Almeno con riferimento a quest'ultima fase (che rappresenta di certo quella in cui si concentra l'essenza stessa della notifica) dovrà trovare applicazione la legge dello Stato in cui essa andrà eseguita (*rectius*: *Stato ad quem*).

Il problema sorge ogniqualvolta la legge dello *Stato ad quem* disciplini l'attività di notifica secondo modalità che non contemplano requisiti considerati essenziali dalla normativa di riferimento dello *Stato a quo*: il coordinamento tra le due discipline costituisce passo fondamentale per rendere possibile il proseguimento del giudizio in corso.

Sul punto è intervenuto il legislatore con l'*art. 71, co. 3*, della l. 218/1995, che prevede (almeno con riferimento alle notifiche che devono eseguirsi in Italia) la possibilità che la notifica richiesta per un processo che si svolge all'estero possa essere effettuata con l'osservanza delle specifiche modalità richieste dall'autorità straniera, purché non incompatibili con i principi dell'ordinamento italiano. In sostanza, si fa applicazione in un ambito particolarmente specifico del *principio dell'ordine pubblico internazionale*.

Per ciò che concerne la possibilità che l'autorità italiana richieda lo svolgimento di un'attività di notifica secondo specifiche modalità, non previste dalla legge dello Stato in cui essa deve essere seguita, dovrà farsi riferimento alle norme di diritto processuale civile internazionale del sistema estero considerato: non si può, infatti, in base ad una norma italiana derogare ad una normativa straniera in materia di notificazioni, poiché si violerebbe il principio di sovranità dello Stato estero.

La materia delle notificazioni internazionali costituisce oggetto, non solo della **Convenzione dell'Aja del 15 novembre 1965 relativa alla notificazione e alla comunicazione all'estero degli atti giudiziari ed extragiudiziari in materia civile e commerciale**, ma anche di diversi regolamenti comunitari.

Il riferimento è al **Regolamento CE n. 1348/2000**, concernente la notificazione e comunicazione negli Stati membri degli atti giudiziari ed extragiudiziari in materia civile e commerciale, a sua volta sostituito dal *Regolamento CE n. 1393/2007*.

Obiettivi fondamentali di tale ultimo Regolamento sono la rapidità e l'efficacia delle notificazioni internazionali. A tale scopo, il legislatore comunitario ha sancito una serie di obblighi a carico dei soggetti coinvolti. In particolare:

- l'obbligo a carico dell'autorità richiedente la notifica di trasmettere l'atto insieme con un modello standard, che dovrà compilarsi nella lingua ufficiale o in una delle lingue ufficiali del luogo in cui avviene la trasmissione, o in un'altra lingua comunque ammessa dallo Stato richiesto;
- l'obbligo a carico dell'organo incaricato dell'attività di notifica di procedere alla notificazione, o alla comunicazione, degli atti entro al massimo un mese dalla data in cui la domanda perviene all'organo emittente;
- l'obbligo a carico dell'organo che riceve l'atto di informare per iscritto, con apposito modulo standard, il destinatario dell'atto del suo diritto di rifiutare di ricevere l'atto da notificare, o da comu-

nicare, qualora non sia redatto in una lingua compresa dal destinatario, o nella lingua ufficiale, o in una delle lingue ufficiali del luogo di notificazione, o di comunicazione.

Il suddetto Regolamento CE n. 1393/2007 sarà tuttavia sostituito, a decorrere dal 1° luglio 2022, dal Regolamento n. 1784/2020, relativo alla notificazione e alla comunicazione negli Stati membri degli atti giudiziari ed extragiudiziali in materia civile o commerciale. Tra le principali previsioni:

- la preminente trasmissibilità degli atti attraverso un sistema informatico decentrato sicuro e affidabile, basato su una soluzione interoperabile quale e-CODEX;
- l'eccezionalità della trasmissione *per via diplomatica o consolare* degli atti a scopo di notificazione o comunicazione agli organi riceventi e alle autorità centrali di un altro Stato, ferma la facoltà per ciascuno Stato di procedere direttamente, senza ricorrere a misure coercitive, tramite i propri agenti diplomatici o consolari, alla notificazione o alla comunicazione di atti giudiziari a persone residenti in un altro Stato membro;
- la possibilità generalizzata di notificare o comunicare atti giudiziari alle persone presenti in un altro Stato membro direttamente tramite posta, mediante lettera raccomandata con ricevuta di ritorno o mezzo equivalente.

2. I mezzi di prova.

Ulteriore problema concerne ***l'individuazione della legge applicabile ai mezzi di prova***. Più nel dettaglio, ci si chiede se anche i diversi mezzi di prova, utilizzabili in sede processuale, debbano essere regolati dalla legge del luogo in cui si svolge il processo cui ineriscono, in conformità con il principio della *lex loci executionis*. Diverse le opinioni prospettate in dottrina.
Secondo alcuni (PAU), la *lex fori* non potrebbe trovare applicazione ai mezzi di prova, dovendo questi essere assoggettati *alla legge del fatto che essi rappresentano* e che ne costituisce oggetto (ad es. la prova di un contratto dovrebbe essere assoggettata alla legge regolatrice del contratto stesso, individuata nel nostro sistema di d.i.p. dall'art. 57 della l. 218/1995). Alla base di tale orientamento, la considerazione secondo cui i mezzi di prova hanno natura intrinsecamente sostanziale, pur rilevando in ambito processuale.

Secondo un diverso orientamento del tutto maggioritario (LIEBMAN; MORELLI; VITTA), deve sostenersi la natura intrinsecamente processuale dei singoli mezzi di prova. Principale corollario applicativo di tale impostazione è *l'applicabilità agli stessi della medesima legge che regola il processo* (*rectius*: la *lex fori*), con il conseguente assoggettamento alle norme processuali italiane dei mezzi di prova assunti in Italia.

Per ragioni di completezza, pare opportuno precisare che secondo taluno (CAMPEIS) non tutti gli aspetti del fenomeno probatorio sono riconducibili all'ambito processuale: se, infatti, oggetto della prova, modalità della sua assunzione e criteri di valutazione delle risultanze probatorie sono questioni intrinsecamente processuali da assoggettare alla legge del foro, non altrettanto può dirsi con riferimento alle questioni inerenti l'onere della prova e l'ammissibilità della stessa rispetto al fatto da provare. Tali ultimi aspetti, difatti, avendo natura intrinsecamente sostanziale, dovrebbero essere assoggettati alla legge regolatrice del rapporto dedotto in giudizio.

Giova osservare come il richiamato dibattito risulti ormai risolto, quantomeno con riferimento *all'assunzione dei mezzi di prova disposti dal giudice straniero*, dall'**art. 69** della l. 218/1995, a mente del quale *deve trovare applicazione la legge italiana* (c.d. criterio della *lex fori*), pur essendo consentita l'osservanza *di quelle formalità espressamente richieste dall'autorità giudiziaria straniera, in quanto compatibili con i principi dell'ordinamento italiano*.

Anche la materia delle prove è stata da ultimo oggetto di un intervento di matrice comunitaria, risultando disciplinata dal **Regolamento n. 1783/2020, relativo alla cooperazione fra le autorità giudiziarie degli Stati membri nell'assunzione delle prove in materia civile o commerciale**, applicabile anch'esso **dal 1° luglio 2022**.

A fondamento della suddetta disciplina:

- l'applicabilità ai casi in cui l'autorità giudiziaria di uno Stato membro richiede: a) *che l'autorità giudiziaria competente di un altro Stato membro proceda all'assunzione delle prove*; ovvero b) *l'assunzione delle prove direttamente in un altro Stato membro*;
- *l'inammissibilità* in ogni caso *di richieste intese a ottenere prove che non siano destinate a essere utilizzate in procedimenti giudiziari già pendenti o previsti*;
- la trasmissibilità delle richieste *direttamente dall'autorità giudiziaria dinanzi alla quale il procedimento è pendente o previsto* («autorità giudiziaria richiedente»), *all'autorità giudiziaria competente di un altro Stato membro* («autorità giudiziaria richiesta»).

QUESTIONARIO

1. Quale legge disciplina lo svolgimento del processo? **1.A.**
2. Quale limite presenta la scelta di applicare la lex fori al processo? **1.A.**
3. Quale legge disciplina le notifiche internazionali? **1.B.**
4. Quale legge si applica ai mezzi di prova? **2.**
5. Quale legge disciplina l'assunzione di mezzi di prova disposti da giudici stranieri? **2.**

SEZIONE IV – EFFICACIA DELLE DECISIONI GIUDIZIARIE E DEGLI ATTI STRANIERI

SOMMARIO:
1. Il riconoscimento delle sentenze straniere. – **2.** Il riconoscimento degli atti stranieri. – **3.** Il riconoscimento delle sentenze canoniche di nullità del matrimonio concordatario. – **4.** Il riconoscimento delle sentenze arbitrali straniere. – **5.** L'arbitrato internazionale. – **6.** Gli istituti di matrice europea.

1. Il riconoscimento delle sentenze straniere.

In un sistema sempre più aperto ai valori ordinamentali stranieri assume importanza di carattere essenziale il *meccanismo di riconoscimento delle sentenze emanate all'estero*.
L'ordinamento italiano ha assunto in materia posizioni diverse nel corso del tempo: mentre il pregresso assetto normativo, frutto di una sorta di *"nazionalismo giuridico"*, considerava tale eventualità in termini molto restrittivi, il legislatore della riforma si è mosso nella direzione opposta, agevolando il riconoscimento in Italia dell'efficacia degli atti giurisdizionali stranieri.

Pare opportuno precisare che tale atteggiamento di apertura trova un precedente in sede comunitaria. Il riferimento è alla *Convenzione di Bruxelles del 1968*, sulla competenza giurisdizionale ed il riconoscimento e l'esecuzione delle decisioni giudiziarie straniere. Obiettivo principale di tale Convenzione è la creazione di una vera e propria *"giurisdizione europea"*, nell'ambito della quale tutte le decisioni abbiano il medesimo valore, sia formale, che sostanziale, nel territorio degli Stati contraenti. Diverse norme convenzionali sono state recepite nella l. 218/1995 in materia di riconoscimento dell'efficacia delle sentenze straniere.

■ **A) Il principio del riconoscimento automatico.**

La principale innovazione introdotta dalla legge 218/1995 è il *principio del riconoscimento automatico dell'efficacia delle decisioni giudiziarie straniere*. In particolare, il legislatore della riforma ha definitivamente espunto dall'ordinamento l'opposto principio secondo cui nessuna sentenza straniera può produrre effetti in Italia, se non dopo essere stata sottoposta a quel peculiare procedimento (la c.d. *delibazione*) previsto dall'art. 796 c.p.c. La necessità in ogni caso di tale procedimento, infatti, si porrebbe in contrasto con gli obiettivi di apertura ai valori stranieri e di equiparazione degli stessi a quelli nazionali posti a fondamento dell'intero intervento di riforma.

In realtà, la soluzione del riconoscimento automatico era già stata adottata, seppure con riferimento ai soli Stati contraenti, dalla Convenzione di Bruxelles del 1968. In più, anche il vecchio codice del 1865, in conformità con l'ideologia liberale di cui era espressione, si basava sul principio del riconoscimento automatico.

L'operatività del principio del riconoscimento automatico è, tuttavia, subordinata alla sussistenza di alcune condizioni. In particolare, l'*art. 64* della l. 218/1995 individua analiticamente *i requisiti in presenza dei quali la sentenza straniera è riconosciuta in Italia senza che sia necessario il ricorso ad alcun procedimento*.

Giova sin da ora osservare che *la giurisprudenza tende ad escludere l'operatività del principio del riconoscimento automatico in materia di adozione dei minori* (Cass. n. 6079/2006; nonché Cass. N. 19450/2011), in piena conformità con l'orientamento dottrinale secondo cui il complesso delle disposizioni che regolano l'adozione dei minori costituisce un sistema organico di *norme di applicazione necessaria* (v. Cap. II, Sez. IV, par. 2.B).

▶ **LA GIURISPRUDENZA PIÙ SIGNIFICATIVA**

L'OPERATIVITÀ DEL PRINCIPIO DEL RICONOSCIMENTO AUTOMATICO
IN MATERIA DI ADOZIONE DI MINORI E IN TEMA DI OBBLIGAZIONI ALIMENTARI.

Non mancano, tuttavia, decisioni in cui si è riconosciuta l'efficacia diretta nel nostro ordinamento anche di provvedimenti stranieri in materia di adozione. In particolare, è stata considerata pienamente efficace in Italia una sentenza di adozione legittimante emessa nei confronti di minori con cittadinanza italiana da parte di cittadino italiano e cittadina venezuelana tutti residenti all'estero (v. Trib. Min. di Roma, sent. 4 giugno 2009).
Deve però evidenziarsi come, anche da ultimo, sia stata ribadita l'inoperatività del sistema del riconoscimento automatico di cui alla l. n. 218/1995 in materia di adozione, affermando che **il riconoscimento delle sentenze di adozione può avve-**

nire esclusivamente in base alla disciplina dell'adozione internazionale regolata dalle procedure richiamate dagli artt. 29 e 36 della l. n. 184 del 1983 (come modificata dalla l. n. 476 del 1998, di ratifica ed attuazione della Convenzione dell'Aja del 29 maggio 1993), atteso che, in tale ipotesi, *non possono essere applicate le norme generali di d.i.p. sul riconoscimento dei provvedimenti stranieri, ma le disposizioni speciali in materia di adozione ex art. 41 comma 2, l. n. 218/95* (Sez. 6 - 1, Ordinanza n. 22220 del 22/09/2017).

Di recente, però, è stato espressamente affermato che **in materia di riconoscimento in Italia di una sentenza di adozione di minore straniero, pronunciata all'estero in favore di adottanti stranieri (nella specie cittadini brasiliani), benché uno dei due abbia acquisito dopo la pronuncia anche la cittadinanza e la residenza italiana, è competente la Corte d'Appello e non già il tribunale per i minorenni, non trovando applicazione la disciplina relativa all'adozione internazionale, bensì quella del diritto internazionale privato di cui all'art. 41, comma 1, della l. n. 218 del 1995,** atteso che *al comma 2, l'art. 41 fa salve le disposizioni delle leggi speciali in materia di adozione dei minori, in relazione alle quali sussiste la competenza del tribunale per i minorenni; e tali sono le disposizioni dettate dalla L. n. 184 del 1983, art. 29 e ss., le quali disciplinano la cosiddetta adozione internazionale, quando gli adottanti siano persone residenti in Italia, che soddisfino le condizioni previste dalla stessa L., art. 6, o cittadini italiani che abbiano la comune residenza in uno Stato estero da almeno due anni (art. 36, comma 4, richiamato dall'art. 29 bis, comma. 2), conformemente ai principi e secondo le direttive della Convenzione de l'Aia, resa esecutiva in Italia con L. n. 476 del 1998* (Sez. 6 - 1, Ordinanza n. 26882 del 26/11/2020).

Anche in punto di riconoscimento ed esecuzione delle sentenze straniere relative ad obbligazioni alimentari deve tuttavia ritenersi trovino applicazione, *prevalendo sulle regole generali di cui alla l. 218/1995,* le regole speciali fissate nella Convenzione dell'Aja del 2 ottobre 1973 (sostituita, *all'esito dell'entrata in vigore dei decreti attuativi della l. 76/2016,* dal *Regolamento n. 4/2009,* così come modificato dal Reg. 228/2015).

Ai sensi dell'art. 64, il riconoscimento automatico delle decisioni giudiziarie emesse all'estero è ammissibile quando:

a) *sia possibile qualificare il provvedimento straniero da riconoscere come sentenza;*

Si tratta di requisito non espressamente contemplato nell'art. 64 (e nemmeno nell'abrogato art. 797 c.p.c.). Si ritiene, tuttavia, che esso costituisca una condizione essenziale per l'operatività dello stesso principio del riconoscimento automatico. La qualificazione in termini di *sentenza* dovrà accertarsi alla luce, sia dell'ordinamento straniero, che della *lex fori,* seppure con una certa elasticità.

La giurisprudenza (Cass. n. 9247/2002) ha affermato che gli eventuali vizi della decisione, così come la mancanza di motivazione, non escludono di per sé il riconoscimento.

> b) *il giudice che l'ha pronunciata poteva conoscere della causa secondo i principi sulla competenza giurisdizionale propri dell'ordinamento italiano*;

È necessario, cioè, che il giudice dello Stato nel quale la sentenza è stata pronunciata possa considerarsi legittimato a conoscerne in base ai principi sulla competenza giurisdizionale propri del nostro ordinamento (art. 3, L. 218/1995), e non solo dell'ordinamento straniero.

> c) *l'atto introduttivo del giudizio è stato portato a conoscenza del convenuto in conformità a quanto previsto dalla legge del luogo dove si è svolto il processo e non sono stati violati i diritti essenziali della difesa*;

Tale requisito coincide, in sostanza, con la necessità che vi sia stata *integrità del contraddittorio*, anche se, come sottolineato da alcuni commentatori della riforma, il riferimento alla legge del luogo in cui si è svolto il processo riduce di non poco il sindacato del giudice italiano in materia.

Da ultimo, si è affermato che *non può assumere rilevanza ogni inosservanza delle disposizioni processuali dirette a garantire la partecipazione della parte al giudizio, ma solo l'inosservanza di quelle* **la cui violazione abbia determinato una concreta lesione del diritto di difesa rispetto all'intero processo** (Cass. n. 17519/2015).

In un'opposta prospettiva, però, è stata negata l'efficacia in Italia di una sentenza straniera resa all'esito di un giudizio, il cui atto introduttivo recava anomalie di notifica, quali la non decifrabilità della firma della destinataria e la non coincidenza tra la data di recezione e quella della relata, *nonostante il formale rispetto delle regole processuali dell'ordinamento straniero di riferimento* (Sez. 1, Sentenza n. 7582 del 26/03/2013).

> d) *le parti si sono costituite in giudizio secondo la legge del luogo dove si è svolto il processo o la contumacia è stata dichiarata in conformità a tale legge*;
>
> e) *essa è passata in giudicato secondo la legge del luogo in cui è stata pronunziata*;

> f) *essa non è contraria ad altra sentenza pronunziata da un giudice italiano passata in giudicato;*
> g) *non pende un processo davanti a un giudice italiano per il medesimo oggetto e fra le stesse parti, che abbia avuto inizio prima del processo straniero;*

Qui il legislatore accoglie un principio già sancito dalla Convenzione di Bruxelles del 1968: la litispendenza italiana blocca il riconoscimento di sentenze straniere, solo ove sia *anteriore* alla litispendenza all'estero. In sostanza, si vuole evitare che il riconoscimento della sentenza straniera venga bloccato dal soccombente all'estero mediante la strumentale instaurazione di analogo processo in Italia.

> h) *le sue disposizioni non producono effetti contrari all'ordine pubblico.*

L'attuale formulazione della norma (a differenza di quanto stabilito dall'abrogato art. 797 c.p.c.), fa espresso riferimento **agli effetti** che la decisione straniera produce, e non alle *norme estere* di cui essa ha fatto applicazione. Dovrà, quindi, valutarsi la conformità, o meno, ai principi fondamentali del nostro ordinamento dell'assetto di interessi in concreto predisposto dal giudice, e non della legge straniera di riferimento.

Pare opportuno precisare che **il concetto di ordine pubblico richiamato dalla disposizione è quello di** *matrice processuale* (v. Parte I, Sez. VI), operante nel settore del riconoscimento delle decisioni straniere, e non quello di *matrice sostanziale*, operante come limite al meccanismo del richiamo. In particolare, la nozione di ordine pubblico in questione comporta una valutazione *meno rigorosa* di quella richiesta in sede di applicazione della legge straniera, richiamata dalle norme di d.i.p. competenti. Si conferma, quindi, l'impostazione secondo cui l'ordine pubblico internazionale processuale ha una natura diversa da quella c.d. *sostanziale*, che opera, invece, come limite al richiamo del diritto straniero operato dal d.i.p.

▶ LA GIURISPRUDENZA PIÙ SIGNIFICATIVA

ORDINE PUBBLICO "PROCESSUALE" E RICONOSCIMENTO DI SENTENZE STRANIERE.

Sulla base di tali premesse, la giurisprudenza (Cass. n. 6978/2006) ha ritenuto pienamente conforme all'ordine pubblico di cui all'art. 64 sentenze straniere di

divorzio pronunciate senza alcuna pregressa separazione tra i coniugi (v. in termini Sez. 1, Ord. n. 12473 del 21/05/2018, citata nel Cap. II, Sez. III, par. 3).
In un altro caso (Cass., sez. I, sent. n. 1163, 17 gennaio 2013), si è riconosciuta efficacia anche a sentenze di condanna al pagamento di debiti di gioco legalmente esercitato emanate da giudici stranieri: il **gioco d'azzardo**, infatti, ha natura di attività del tutto lecita in altri sistemi ordinamentali, purché sottoposta agli opportuni controlli da parte degli organismi statuali competenti.

Nella medesima ottica, la Cassazione ha riformato l'ordinanza della Corte di Appello di Bari con cui era stata disposta, per contrarietà all'ordine pubblico, la cancellazione della trascrizione dai registri dello stato civile di una sentenza di divorzio (del genere rojee) pronunciata dalla Corte suprema di Teheran, quale istituto *che non si discosta dall'istituto del ripudio*. La Suprema Corte ha difatti cassato tale decisione, evidenziando come *il giudice nazionale nell'applicare l'articolo 64, comma 1, lett. g), della l. n. 218/95, deve esaminare se la decisione straniera produca "effetti" contrari al detto ordine pubblico*, accertando se nel corso del procedimento straniero siano stati violati i diritti essenziali della difesa, **sicché resta esclusa la possibilità di sottoporre il provvedimento straniero ad un sindacato di merito, valutando la correttezza della soluzione adottata alla luce dell'ordinamento straniero o di quello italiano**. La Corte barese, invece, ritenendo il carattere unilaterale ed arbitrario del divorzio iraniano sufficiente ad un'assimilazione dello stesso al ripudio, aveva finito per operare un (improprio) sindacato sul contenuto e non sugli effetti dell'atto (Sez. 1, Ordinanza n. 17170 del 14/08/2020).

Nella medesima ottica si sono da ultimo espresse le **Sezioni Unite** (v. **Sentenza n. 9006 del 31/03/2021**), che hanno ancora una volta ribadito come *in sede di riconoscimento dell'efficacia del provvedimento giurisdizionale estero,* **la verifica della compatibilità con i principi di ordine pubblico internazionale debba riguardare esclusivamente gli effetti che l'atto è destinato a produrre** *nel nostro ordinamento* **e non anche la conformità alla legge interna di quella straniera posta a base della decisione, né è consentito alcun sindacato sulla correttezza giuridica della soluzione adottata, essendo escluso il controllo contenutistico sul provvedimento di cui si chiede il riconoscimento*.

Tali requisiti, come è stato da taluni sottolineato, coincidono in gran parte con quelli richiesti dall'abrogato art. 797 c.p.c. Tuttavia, il mutamento di prospettiva rispetto al sistema pregresso è radicale: **ai sensi dell'art. 64 della l. 218/1995**, infatti, il controllo circa la sussistenza di tali condizioni ha carattere solo successivo ed eventuale, dovendo in prima battuta riconoscersi efficacia alle sentenze straniere.

■ B) Il controllo eventuale dell'autorità giudiziaria ordinaria.

Come già affermato in precedenza, *l'intervento dell'autorità giudiziaria italiana in materia di riconoscimento delle sentenze straniere ha carattere meramente successivo ed eventuale*. In particolare, ai sensi dell'*art. 67* della l. 218/1995, esso avrà luogo solo:

a) *in caso di contestazione del riconoscimento della sentenza straniera* da parte di chiunque vi abbia interesse (ad es. soccombente che neghi la sussistenza dei requisiti ex art. 64);
Sul punto la giurisprudenza ha da ultimo chiarito come *la legittimazione a richiedere l'accertamento dell'efficacia della decisione da eseguire possa spettare anche a soggetti diversi dalle parti originarie del processo in cui è stata emessa*: ai fini della relativa domanda, infatti, è sufficiente la titolarità di un **interesse effettivo e riconoscibile**. Sulla base di tali premesse è stata considerata ammissibile la domanda di accertamento proposta anche *dal cessionario del credito* riconosciuto dalla sentenza straniera da eseguire (Cass., Sez. I, sent. n. 220, 8 gennaio 2013).

b) *in caso di mancata ottemperanza alla sentenza straniera*, con conseguente necessità di procedere ad esecuzione forzata (al fine di attribuirle sentenza efficacia esecutiva).
Il procedimento di controllo che ne scaturisce si qualifica come **giudizio di accertamento** e, *alla luce delle modifiche apportate all'art. 67 dal D. Lgs. 1° settembre 2011, n. 150*, risulterà:
- *di competenza dell'autorità giudiziaria ordinaria*, e non più della Corte di Appello del luogo in cui la sentenza dovrà essere eseguita;
Pare opportuno precisare che l'impostazione prevalente, nonostante l'eliminazione del riferimento espresso ad opera del legislatore, indica comunque **la Corte di Appello del luogo di attuazione del provvedimento** quale giudice competente a conoscere delle relative controversie, ritenendo meramente ricognitiva *in parte qua* la riforma del 2011.
- *assoggettato alle forme del rito sommario di cognizione*, e non più a quelle proprie del rito ordinario.
In ciò, secondo dottrina e giurisprudenza maggioritarie, starebbe la reale portata della novella del 2011: *l'assoggettamento al rito sommario di cognizione dei procedimenti eventuali di delibazione delle sentenze straniere*.

▶ **LA GIURISPRUDENZA PIÙ SIGNIFICATIVA**

GIUDICE COMPETENTE ALL'ACCERTAMENTO OVE I BENI DA SOTTOPORRE AD ESECUZIONE NON SI TROVINO IN ITALIA.

La giurisprudenza (Cass. Sez. Un. 22663/2006; Cass., Sez. I, sent. n. 27338, 18 novembre 2008) ha chiarito come il giudizio di accertamento di una sentenza straniera rispetto alla quale sia necessario procedere ad esecuzione forzata spetti comunque alla Corte d'Appello ex art. 67 (oggi autorità giudiziaria ordinaria), anche ove manchino in Italia i beni da sottoporre ad esecuzione. Si tratta, a ben guardare, di una soluzione che, anche se strumentale ad assicurare una tutela immediata a beni che potrebbero trovarsi in veloce transito in Italia, di fatto impone una ricostruzione del giudizio dinanzi alla Corte d'Appello come mero giudizio di delibazione, in cui il giudice è chiamato esclusivamente ad accertare la sussistenza dei requisiti ex art. 64. A chiare lettere, infatti, la Cassazione afferma che *"la corte d'appello, attesa la natura ed i limiti di tale giudizio, deve limitarsi ad accertare, al fine di pronunciare il riconoscimento, la sussistenza dei soli requisiti per il riconoscimento automatico di cui all'art. 64 della legge citata, rimanendo estranea a tale giudizio, anche quale oggetto di accertamento solo incidentale, ogni altra questione in merito alla titolarità dei beni che l'attore intenda sottoporre ad esecuzione"*.

Deve, tuttavia, darsi atto della possibilità che al giudizio di accertamento proceda un *giudice diverso* da quello competente. Si tratta dell'insieme delle ipotesi in cui il riconoscimento della sentenza straniera non costituisce l'oggetto principale del giudizio, ma un suo aspetto incidentale. In tali casi, il riconoscimento in questione avrà efficacia solo nell'ambito del procedimento in corso (art. 67, 3° comma), e non *erga omnes* come di regola. Risulta evidente l'analogia con il *procedimento di delibazione c.d. incidentale* di cui all'abrogato art. 799 c.p.c.

A titolo esemplificativo, si pensi al caso del riconoscimento incidentale della sentenza straniera di divorzio nel giudizio instaurato per l'annullamento per mancanza dello stato libero del matrimonio contratto da uno dei divorziati.

Ciò di cui il legislatore non si è occupato nella normativa in materia di riconoscimento delle decisioni giudiziarie emesse all'estero è la *trascrizione, iscrizione o annotazione nei pubblici registri italiani delle sentenze straniere.*

Nel sistema pregresso, l'idoneità della sentenza a dar luogo ad iscrizioni o trascrizioni nei pubblici registri e l'efficacia esecutiva della stessa erano del tutto assimilate: ne conseguiva la necessità anche a tal fine del giudizio di delibazione.

La dottrina oggi maggioritaria (MOSCONI) include tra i provvedimenti stranieri non riconoscibili automaticamente quelli che necessitano di annotazione, iscrizione e trascrizione nei pubblici registri italiani, mettendo in evidenza come la legge di riforma all'art. 67 distingua apertamente il profilo dell'esecuzione da quello dell'attuazione dei provvedimenti stranieri.

C) Il riconoscimento automatico nella Convenzione di Bruxelles.

La disciplina del riconoscimento dell'efficacia delle sentenze straniere nel

nostro ordinamento è stata oggetto di diverse convenzioni internazionali, cui l'Italia ha aderito nel corso degli anni.
Si pensi alla Convenzione dell'Aja, del 1° marzo 1954, o alla Convenzione Italia-Gran Bretagna, resa esecutiva con legge 12 dicembre 1973, n. 1043.
Importanza di carattere essenziale in materia assume la **Convenzione di Bruxelles del 27 settembre 1968**, resa esecutiva in Italia con legge 21 giugno 1971, n. 804.
Come specificato in precedenza, tale Convenzione contempla un vero e proprio sistema di **giurisdizione europea**, basato sul principio di riconoscimento automatico delle decisioni giudiziarie adottate dai giudici degli Stati contraenti (art. 26, Conv.). Obiettivo principale della normativa convenzionale è garantire la più ampia circolazione degli atti giuridici e dell'organizzazione della disciplina dei rapporti tra i Paesi aderenti. Ne consegue che nei relativi territori *i provvedimenti giurisdizionali produrranno effetti senza necessità di alcuna delibazione o forma analoghe di controllo.* Solo in caso di contestazione si prevede l'attivazione di un meccanismo giudiziario di verifica, notevolmente semplificato rispetto alle forme della delibazione ordinaria.
Pare opportuno precisare che l'operatività del principio del riconoscimento automatico di cui alla Convenzione di Bruxelles del 1968 *non ha efficacia assoluta.* In particolare, esso non è in grado di operare rispetto *alle decisioni giudiziarie che vertono su materie specifiche, come le questioni di stato e capacità delle persone, il regime patrimoniale coniugale, le successioni e il fallimento.*

D) Il riconoscimento automatico nel diritto europeo.

Del riconoscimento dell'efficacia in Italia delle sentenze straniere si è occupato anche il legislatore comunitario.
Una disciplina dettagliata della materia è contenuta nel **Regolamento CE 44/2001**, concernente la competenza giurisdizionale, il riconoscimento e l'esecuzione delle decisioni in materia civile e commerciale.
Tale normativa, tuttavia, è stata integralmente sostituita da quella di cui al **Regolamento UE 1215/2012**, avente il medesimo oggetto e applicabile in tutti gli Stati membri a partire dal 10 gennaio 2015.

D1) La disciplina abrogata: il Regolamento CE 44/2001, c.d. Bruxelles I.

Per ciò che concerne il **Regolamento CE 44/2001**, queste le caratteristiche essenziali.

SEZIONE IV | EFFICACIA DELLE DECISIONI GIUDIZIARIE E DEGLI ATTI STRANIERI

In piena conformità con quanto già stabilito dalla Convenzione di Bruxelles del 1968 (art. 26), anche in ambito comunitario viene sancito il principio del **riconoscimento internazionale automatico** delle decisioni giudiziarie adottate dai giudici di uno degli Stati membri. Più nel dettaglio, a livello europeo tale principio è ulteriormente valorizzato dalla progressiva uniformazione delle normative processuali e dalla tendenziale equivalenza tra le giurisdizioni.

Della *definizione di decisione giudiziaria* si occupava l'art. 32 del Regolamento, intendendo per essa qualsiasi decisione emessa da un giudice di uno Stato membro, a prescindere dalla denominazione usata nell'ordinamento di origine.

Tali decisioni erano considerate *direttamente efficaci nel territorio dei singoli Stati membri, senza che fosse necessario alcun procedimento delibazione*. Solo in caso di contestazione poteva, su richiesta della parte interessata, attivarsi un procedimento di verifica in via giudiziaria della sentenza. Alla verifica, ove richiesta in via incidentale in altro giudizio, poteva procedere qualsiasi giudice di uno dei Paesi aderenti.

I *limiti al riconoscimento delle decisioni giudiziarie* erano indicati nell'art. 34 del Regolamento, che imponeva – tra l'altro – *la conformità all'ordine pubblico, il rispetto dei principi del contraddittorio e del diritto alla difesa, della litispendenza internazionale e del passaggio in giudicato delle decisioni*.

L'esecuzione delle decisioni, dichiarate esecutive nello Stato di provenienza, presupponeva poi **la declaratoria di esecutività, su istanza della parte interessata, dell'autorità competente dello Stato di destinazione**, a sua volta territorialmente individuata nel domicilio della controparte o nel luogo dell'esecuzione stessa.

All'*esecuzione coattiva della decisione straniera in Italia* provvedeva infine la Corte d'Appello competente per territorio: in tale sede il Regolamento adottava una soluzione coincidente con quella di cui all'art. 67 della legge di riforma nella sua pregressa formulazione (l'attuale, infatti, si riferisce *"all'autorità giudiziaria ordinaria"* senza ulteriori specificazioni).

■ D2) La disciplina attuale: il Regolamento UE 1215/2012, c.d. Bruxelles Ibis.

Per ciò che concerne il *Regolamento UE 1215/2012*, diverse le innovazioni introdotte, oltre quelle di cui si è ampiamente detto nel corso della trattazione.

- Sotto il profilo **definitorio** (art. 2), si considerano *decisioni giudiziarie suscettibili di riconoscimento ed esecuzione* anche quelle relative alla determinazione delle spese giudiziali da parte del cancelliere, nonché i provvedimenti provvisori e cautelari emessi *inaudita altera parte* dall'autorità giurisdizionale competente, purché notificati o comunicati al convenuto prima dell'esecuzione.
- In materia di **riconoscimento**, si ribadisce il principio del *riconoscimento automatico* (art. 36), **non dovendo la decisione emessa in uno Stato membro essere sottoposta ad alcuna procedura ai fini del riconoscimento** negli altri Stati.

Si consente altresì alla parte interessata, *a prescindere da qualunque contestazione in merito* (condizione per converso richiesta dal Regolamento 44/2001), di conseguire una decisione attestante l'assenza di motivi di diniego al riconoscimento, controbilanciando così la facoltà concessa alla controparte di attivare un'autonoma procedura per il relativo diniego.
Sul punto, ai motivi già indicati nel Regolamento 44/2001, riscritti rispetto all'originaria formulazione, si aggiungono: i) *il contrasto con le disposizioni in tema di assicurazione, consumo e lavoro*, nella misura in cui il contraente dell'assicurazione, l'assicurato, il beneficiario di un contratto di assicurazione, la parte lesa, il consumatore o il lavoratore sia il convenuto; ii) *il contrasto con le disposizioni in tema di competenza esclusiva su diritti reali immobiliari e contratti di locazione di immobili, validità della costituzione, nullità o scioglimento delle società, validità delle trascrizioni e iscrizioni nei pubblici registri*, nonché *registrazione e validità di brevetti, marchi, disegni e modelli e di altri diritti analoghi* (art. 45).

- In materia di **esecuzione delle decisioni**, da ultimo, *si abolisce il principio della necessità dell'exequatur* (art. 39), sancendosi l'esecutività della decisione emessa in uno Stato membro e dal medesimo dichiarata esecutiva anche negli altri Stati membri, *senza bisogno di una apposita dichiarazione di esecutività da parte delle dello Stato di destinazione*. In tale prospettiva, si consente anche l'emissione dei provvedimenti cautelari previsti nello Stato membro richiesto sulla base della medesima decisione, ammettendo – su istanza della parte contro cui è chiesta l'esecuzione – una sospensione dell'esecutività della stessa, ove sospesa nello Stato membro d'origine.

Ad ulteriore tutela della parte contro cui è chiesta l'esecuzione è prevista l'attivazione, su istanza della medesima, di un procedimento volto alla declaratoria di uno dei motivi ostativi all'esecuzione di cui all'art. 45, istituendo un chiaro parallelismo con quanto previsto in tema di diniego del riconoscimento.

A garanzia della stabilità del *decisum* si sancisce altresì l'inammissibilità di un riesame nel merito della decisione di cui si chiede il riconoscimento o l'esecuzione da parte dello Stato richiesto.

Pare opportuno precisare come ai sensi dell'art. 66 del Regolamento, *la soppressione del procedimento di exequatur riguarderà solo le decisioni che siano state rese all'esito di procedimenti promossi successivamente al 10 gennaio 2015*, le decisioni pronunciate dopo tale data, ma all'esito di procedimenti anteriormente promossi, dovendo eseguirsi alla stregua del previgente sistema delineato dal regolamento n. 44/2001.

2. Il riconoscimento degli atti stranieri.

Ulteriore problema, strettamente connesso a quello del riconoscimento delle decisioni giudiziarie straniere, attiene all'*efficacia degli atti giuridici stranieri nel nostro ordinamento*. Più nel dettaglio, ci si chiede entro che limiti il giudice italiano, nell'ambito di processi connotati da elementi di internazionalità, possa riconoscere efficacia agli atti giuridici stranieri rilevanti ai fini della decisione.

Si pensi al caso in cui venga in rilievo l'atto di riconoscimento della paternità naturale, effettuato all'estero, dal padre, nell'ambito del processo instaurato in Italia, inerente l'obbligazione alimentare, di cui sia creditore il figlio.

■ A) La tipologia degli atti stranieri rilevanti.

In materia non può tuttavia adottarsi una soluzione univoca, dovendo distinguersi *a seconda della natura dell'atto straniero* preso in considerazione. In particolare:
- ove si tratti di **atti legislativi stranieri** (cioè di norme straniere), essi saranno riconosciuti ed applicati nel nostro ordinamento, nei limiti in cui vengano richiamati dal sistema di diritto internazionale privato vigente;
- ove si tratti di **provvedimenti stranieri** (diversi dalle sentenze di cui all'art. 64).

Secondo autorevole dottrina (CAMPEIS), i medesimi dovrebbero considerarsi, quantomeno in linea di principio, del tutto irrilevanti nel nostro ordinamento.

Pare opportuno precisare, però, come in alcuni settori sia lo stesso legislatore ad attribuire rilevanza a provvedimenti stranieri: si pensi al Codice della Strada, che riconosce, a talune condizioni, l'efficacia dell'autorizzazione alla guida di autoveicoli rilasciata all'estero.
In più, molto spesso è lo stesso rinvio al diritto straniero operato dalle norme di d.i.p. a imporre il riconoscimento di provvedimenti stranieri: si pensi agli atti amministrativi necessari alla dichiarazione di cittadinanza, nascita, morte, etc.

B) Il c.d. riconoscimento semplificato ex artt. 65 e 66.

Il legislatore della riforma si è espressamente occupato del problema negli *artt. 65 e 66* della l. 218/1995, operando una distinzione tra:

- *provvedimenti stranieri relativi alla capacità delle persone, nonché all'esistenza di rapporti di famiglia o di diritti della personalità* (art. 65),
- e *provvedimenti stranieri di giurisdizione volontaria* (art. 66).

In particolare, all'art. **65** stabilisce che **i provvedimenti stranieri relativi alla capacità delle persone, all'esistenza di rapporti di famiglia o di diritti della personalità**, hanno effetto in Italia, purché siano: a) *non contrari all'ordine pubblico*; b) *emessi nel rispetto dei diritti essenziali della difesa*; e c) *promananti dalle autorità dello Stato la cui legge è richiamata dalle norme di conflitto vigenti o comunque efficaci nell'ordinamento di tale Stato*.
All'art. 66, invece, stabilisce che **i provvedimenti stranieri di volontaria giurisdizione** sono riconosciuti, *senza la necessità di alcun procedimento,* ove: a) *siano rispettate le condizioni di cui all'art. 65*; e b) *anche se pronunziati da un'autorità che sia competente in base a criteri corrispondenti a quelli propri dell'ordinamento italiano.*
Evidente risulta, pertanto, il **minor rigore della disciplina in esame rispetto a quella dettata in tema di riconoscimento delle sentenze straniere** (art. 64): minore è il numero dei requisiti richiesti e, nel caso della volontaria giurisdizione, basta la provenienza dell'atto anche dall'autorità competente in base alla sola legge italiana.
Si è pertanto perciò di **riconoscimento semplificato**, essendo l'efficacia dei

provvedimenti stranieri in tema di capacità, famiglia, diritti della personalità e volontaria giurisdizione, subordinata alla mera *non contrarietà all'ordine pubblico, al rispetto dei diritti essenziali di difesa e alla competenza dell'autorità emittente.*

▸ **LA GIURISPRUDENZA PIÙ SIGNIFICATIVA**

IL RAPPORTO DI COMPLEMENTARITÀ TRA GLI ARTT. 64, 65 E 66 DELLA L. 218/1995.

La giurisprudenza ha di recente evidenziato come **tra le norme di cui agli artt. 64, 65 e 66 della l. 218/1995 e, quindi, tra le ipotesi di riconoscimento nelle stesse disciplinate, debba configurarsi un rapporto di autentica complementarità.**
Più nel dettaglio, la Suprema Corte ha chiarito che *la disciplina del riconoscimento delle sentenze straniere in Italia, di cui all'art. 64 della legge n. 218 del 1995, non ha delineato un trattamento esclusivo e "differenziato" delle controversie in tema di rapporti di famiglia, riconducendole obbligatoriamente nell'ambito operativo della disciplina di cui all'art. 65, ma ha descritto, con l'art. 64, un meccanismo di riconoscimento di ordine generale (riservato in sé alle sole sentenze), valido per tutti i tipi di controversie, comprese perciò anche quelle in tema di rapporti di famiglia [...] Rispetto ad un tale modello operativo di ordine generale, la legge ha affidato poi all'art. 65 la predisposizione di un meccanismo complementare più agile di riconoscimento – allargato, di per sé e questa volta, alla più generale categoria dei "provvedimenti" – riservato all'esclusivo ambito delle materie della capacità delle persone, dei rapporti di famiglia o dei diritti della personalità – il quale, nel richiedere il concorso dei soli presupposti della "non contrarietà all'ordine pubblico" e dell'avvenuto "rispetto dei diritti essenziali della difesa", esige tuttavia il requisito aggiuntivo per cui i "provvedimenti" in questione siano stati assunti dalle autorità dello Stato la cui legge sia quella richiamata dalle norme di conflitto* (sez. I Civile, sentenza 17 luglio 2013, n. 17463).

Nell'ottica di tale *riconoscimento semplificato* è stata, ad esempio, riconosciuta l'efficacia in un provvedimento di separazione consensuale pronunciato da un giudice venezuelano, nonostante (trattandosi di provvedimento di volontaria giurisdizione) la sua inidoneità a passare in giudicato (Cass. n. 20464/2005).

L'atteggiamento *largheggiante* della giurisprudenza nell'applicazione della norma, tuttavia, è stato fortemente criticato, perché foriero di un'eccessiva apertura verso i valori giuridici stranieri. In particolare, si è detto che i giudici italiani, anche in sede verifica del rispetto delle condizioni richieste dalla norma a seguito di opposizione, tendono a riconoscere con troppa facilità l'efficacia di provvedimenti stranieri nel nostro ordinamento.

Ad esempio, è stata criticata la decisione (Cass. n. 22093/2009) con cui è stata considerata efficace in Italia la sentenza di una Corte tedesca che, convalidando la separazione tra moglie italiana e marito tedesco, ha affidato entrambi i figli esclusivamente al padre, negando finanche il diritto di visita alla madre, senza che emergessero dalla motivazione particolari ragioni a sostegno della decisione. Palese in questo caso la incompatibilità con l'ordine pubblico internazionale italiano, essendo la materia della tutela dei minori fondata su principi difficilmente raccordabili con una soluzione di tal fatta.

Non è mancato chi, tuttavia, ha ritenuto tale apertura della giurisprudenza una mera conseguenza delle diverse caratteristiche che l'ordine pubblico processuale assume rispetto a quello sostanziale (v. Part. I, Sez. VI).

TI RICORDI CHE...

La diversità delle valutazioni richieste al giudice in materia di delibazione di atti e sentenze straniere rispetto a quelle concernenti l'applicazione diretta delle leggi straniere ha indotto la giurisprudenza a coniare il concetto di *ordine pubblico internazionale processuale* (di cui agli artt. 64 e 65), per distinguerlo da quello di *ordine pubblico internazionale sostanziale* (di cui all'art. 16)?

3. Il riconoscimento delle sentenze canoniche di nullità del matrimonio concordatario.

Il legislatore della riforma non ha espressamente disciplinato *il riconoscimento delle sentenze canoniche di nullità del matrimonio concordatario*. La mancanza di una disciplina espressa pone *il problema dell'identificazione della natura dei rapporti tra gli artt. 64 e 65 della l. 218/1995, e la normativa in materia di riconoscimento delle sentenze canoniche di nullità del matrimonio concordatario, di cui all'Accordo di Villa Madama del 1984 tra l'Italia e la Santa Sede.*

La questione deve oggi risolversi alla luce del disposto dell'*art. 2* della l. 218/1995.

Tale norma, come è noto, fa salve (con prevalenza sulla normativa di nuovo conio), le disposizioni delle convenzioni internazionali delle quali l'Italia è parte.

Alla luce di tale assetto normativo, stante la indubbia natura di convenzione

internazionale dell'Accordo di Villa Madama del 1984 (trattandosi di accordo intervenuto tra l'Italia e la Santa Sede, entrambi soggetti dotati di personalità giuridica internazionale), dovrebbe affermarsi *la prevalenza della normativa in esso contenuta, inerente il riconoscimento delle sentenze canoniche di nullità del matrimonio concordatario, sugli artt. 64 e 65 della l. 218/1995.*
In particolare, l'art. 8 dell'Accordo stabilisce espressamente che «*le sentenze di nullità del matrimonio pronunciate dai tribunali ecclesiastici, che siano munite del decreto di esecutività del superiore organo ecclesiastico di controllo sono, su domanda delle parti o di una di esse, dichiarate efficaci nella Repubblica italiana con sentenza della Corte d'Appello competente*». Ne consegue ***l'impossibilità di riferire alle sentenze in questione il principio del riconoscimento automatico di cui alla legge di riforma***, con la conseguente necessità dell'attivazione di un procedimento ad hoc per consentire alle stesse di produrre effetti nel nostro ordinamento. Principale corollario di tale impostazione è *la reviviscenza del vecchio procedimento di delibazione previsto nel codice di procedura civile.*
In conclusione, ancora oggi *la dichiarazione di efficacia nell'ordinamento italiano delle sentenze di nullità di un matrimonio concordatario emesse da un Tribunale ecclesiastico, resta subordinata all'accertamento dei requisiti fissati dal previgente art. 797 c.p.c.*
Tale lettura dell'assetto normativo vigente è stata confermata dalla Suprema Corte (Cass. n. 17595/2003; Cass. n. 10796/2006, Cass. n. 11416/2014), che ha escluso l'efficacia abrogativa, «*in parte qua*», del nuovo sistema italiano di d.i.p.

▶ LA GIURISPRUDENZA PIÙ SIGNIFICATIVA

IL RICONOSCIMENTO DELL'EFFICACIA DELLE SENTENZE ECCLESIASTICHE DI NULLITÀ MATRIMONIALE.

In materia di riconoscimento dell'efficacia delle sentenze ecclesiastiche di nullità matrimoniale assume importanza essenziale la pronuncia delle *Sezioni Unite n. 19809/2008*. In tale sede, la Suprema Corte ha chiarito alcuni principi fondamentali, che pare opportuno riportare.
In primo luogo, **si è considerata del tutto cessata**, a partire dalla revisione del concordato del 1984, **la riserva di giurisdizione in favore dei tribunali ecclesiastici in tema di nullità del matrimonio canonico trascritto**. Tale presa di posizione è degna di nota, poiché si pone in aperto contrasto con quanto sostenuto dalla Corte Costituzionale negli anni precedenti (v. Corte Cost. sent. n. 421/93).
In secondo luogo, **si è ribadita la prevalenza della normativa pattizia sull'in-

sieme delle diposizioni contenute nella legge di riforma del d.i.p., con la conseguente necessità del procedimento di delibazione dinanzi alla Corte d'Appello previsto dagli abrogati artt. 796 e 797 c.p.c. **per il riconoscimento delle sentenze ecclesiastiche**. In sostanza, si è ammessa l'operatività in *regime di ultrattività* delle citate norme del c.p.c.: esse troveranno applicazione nonostante l'avvenuta abrogazione.

Infine, **si è chiarito come non tutte le pronunce di nullità del matrimonio concordatario possano essere riconosciute nel nostro ordinamento**. Il diritto canonico, infatti, qualifica come *vizi del consenso* (e quindi cause di invalidità del matrimonio), tutta una serie di anomalie dell'iter formativo del volere che nell'ordinamento italiano verrebbero inquadrate come *meri motivi* (attinenti esclusivamente al foro interno). In particolare, si è ritenuta non efficace, perché in contrasto con l'ordine pubblico internazionale, la sentenza ecclesiastica che aveva pronunciato la caducazione del matrimonio per effetto dell'errore soggettivo in cui era incorso uno dei coniugi, a causa del dolo dell'altro, che aveva negato una relazione prematrimoniale con un'altra persona: tale circostanza, infatti, non potrebbe assurgere a vero e proprio vizio del volere nel nostro ordinamento. Del pari si è esclusa (Cass. n. 10211/2010; Cass., Sez. I, sent. n. 3378, 5 marzo 2012) la possibilità di dichiarare esecutiva la sentenza ecclesiastica di nullità del matrimonio per divergenza tra volontà effettiva e ciò che è stato dichiarato al momento della celebrazione (c.d. *esclusione dei bona matrimonii*), ove tale divergenza non sia stata manifestata all'altro coniuge, o non sia da questi effettivamente conosciuta, o conoscibile, utilizzando la diligenza dovuta. *È necessario, infatti, che sussista un'ipotesi di vizio del volere in conformità con quanto stabilito nel nostro ordinamento ai fini della delibazione, pena la non compatibilità della pronuncia di nullità ecclesiastica con l'ordine pubblico internazionale*.

Da ultimo giova segnalare il contrasto registratosi proprio in tema di delibabilità delle sentenze canoniche di nullità dei matrimoni per esclusione dei c.d. *bona matrimonii*, in caso di successiva convivenza tra i coniugi.

All'orientamento contrario, secondo cui la convivenza dei coniugi, quantomeno di lunga durata, *deve considerarsi espressione della volontà degli stessi di accettare il rapporto che ne è conseguito*, con la conseguente non delibabilità della sentenza che ne dichiari la nullità (v. Cass. n. 1343/2011; nonché Cass. 9844/2012), si è infatti contrapposto quello favorevole al riconoscimento (Cass. n. 8926/2012), secondo cui *la successiva convivenza, non espressiva delle norme fondamentali che disciplinano l'istituto, non osta alla delibazione della sentenza di nullità pronunciata*.

Sul punto, si sono di recente pronunciate le Sezioni Unite, affermando che **La convivenza "come coniugi", quale elemento essenziale del "matrimonio-rapporto", ove protrattasi per almeno tre anni dalla celebrazione del matrimonio concordatario, integra una situazione giuridica di "ordine pubblico italiano", la cui inderogabile tutela trova fondamento nei principi supremi di sovranità e di laicità dello Stato**, già affermato dalla Corte costituzionale con le sentenze n. 18 del 1982 e n. 203 del 1989, **ostativa alla dichiarazione di efficacia della sentenza di nullità pronunciata dal tribunale ecclesiastico per qualsiasi vizio genetico del "matrimonio-atto"**. (Sez. U, n. 16379 del 17/07/2014).

SEZIONE IV | EFFICACIA DELLE DECISIONI GIUDIZIARIE E DEGLI ATTI STRANIERI

Sotto il profilo processuale, la Cassazione ha avuto modo di chiarire che **la convivenza "come coniugi" per almeno tre anni**, quale condizione ostativa alla delibabilità (e dunque all'efficacia) nell'ordinamento italiano della sentenza di nullità del matrimonio concordatario, **costituisce eccezione che nell'ambito del procedimento di delibazione risulta sollevabile dal convenuto solo entro i termini decadenziali di cui all'art. 166 c.p.c.**, atteso che tale procedimento, se intentato da uno solo dei coniugi, è soggetto al rito ordinario e non camerale (v. Sez. 1, Sentenza n. 8028 del 22/04/2020).

Le Sezioni Unite (v. Sentenza n. 9004 del 31/03/2021) hanno da ultimo risolto il contrasto registratosi in ordine agli effetti sul giudizio di divorzio della dichiarazione, con sentenza ecclesiastica successivamente delibata dalla corte di appello (con sentenza passata in giudicato), della nullità del matrimonio medesimo.

Secondo un primo orientamento, infatti, il riconoscimento dell'efficacia della sentenza ecclesiastica di nullità del matrimonio religioso, intervenuto dopo il passaggio in giudicato della pronuncia di cessazione degli effetti civili del medesimo matrimonio, non avrebbe impedito in nessun caso la prosecuzione del giudizio di divorzio ai fini della decisione in ordine alla domanda di assegno divorzile (cfr. Cass., Sez. I, 23/01/2019, n. 1882).

Secondo altro e tradizionale orientamento, invece, tale riconoscimento avrebbe impedito la prosecuzione del giudizio, travolgendo la stessa sentenza di divorzio, solo se in ordine a quest'ultima non fosse ancora intervenuta la formazione del giudicato (cfr. Cass., Sez. I, 7/10/2019, n. 24933; 4/06/2010, n. 13625; 4/02/2010, n. 2600; 25/06/2003, n. 10055).

La Suprema Corte (v. citata sentenza delle SS.UU.) è intervenuta in chiave risolutiva sul punto, affermando il seguente principio di diritto: **in tema di divorzio, il riconoscimento dell'efficacia della sentenza ecclesiastica di nullità del matrimonio religioso, intervenuto dopo il passaggio in giudicato della pronuncia di cessazione degli effetti civili,** ma prima che sia divenuta definitiva la successiva decisione in ordine alle relative conseguenze economiche, non comporta la cessazione della materia del contendere in quest'ultimo giudizio, il quale può dunque proseguire ai fini dell'accertamento della spettanza e della liquidazione dell'assegno divorzile.

La maggior parte della dottrina ha messo in evidenza come la sopravvivenza del procedimento di delibazione con esclusivo riferimento alle sentenze dei Tribunali ecclesiastici finisca per realizzare una palese disparità di trattamento (in senso sfavorevole) tra questi tribunali e le altre autorità giudiziarie straniere. L'unico modo per ovviare a tale incongruità del sistema, tuttavia, rimane un intervento di aggiornamento dell'Accordo del 1984.

La giurisprudenza, tuttavia, appare aver mitigato di propria iniziativa gli effetti di tale disparità, elaborando la distinzione tra incompatibilità assolute e relative con l'ordine pubblico italiano delle sentenze ecclesiastiche di nullità matrimoniale, riservando alle sole incompatibilità assolute l'esito negativo del giudizio di delibazione (Sez. Un. n. 19809/2008).

4. Il riconoscimento delle sentenze arbitrali straniere.

L'*arbitrato* costituisce *un modulo alternativo alla giurisdizione per la risoluzione delle controversie*. Più nel dettaglio, attraverso lo stesso le parti affidano la risoluzione della controversia tra loro intercorrente a persone terze di loro fiducia.
Il ricorso a tale strumento è aumentato nel corso degli anni per diversi motivi. In particolare, si ritiene che le principali ragioni stiano: da un lato, nelle inevitabili lungaggini connesse al funzionamento della giustizia ordinaria; dall'altro, nella inadeguata preparazione tecnica, che spesso l'autorità giudiziaria presenta rispetto a controversie inerenti settori, dotati di un elevato tasso di specificità. Accanto a tali motivazioni, potrebbe farsi riferimento anche al minor costo che le procedure arbitrali comportano, e alla maggiore discrezione che le caratterizza.

Il frequente ricorso all'arbitrato ha posto la necessità di predisporre meccanismi di riconoscimento delle relative decisioni, particolarmente snelli e fruibili. Il legislatore è intervenuto sul punto disciplinando il riconoscimento e l'esecuzione dei lodi stranieri negli **artt. 839 e 849 c.p.c.**
Il sistema predisposto costituisce diretta attuazione della **Convenzione di New York del 1958** sulle sentenze arbitrali, e ricorda quello previsto dalla Convenzione di Bruxelles del 1968 in relazione alle sentenze giurisdizionali. Obiettivo fondamentale della Convezione era quello di evitare che i singoli Stati aderenti prevedessero per il riconoscimento delle sentenze arbitrali straniere delle condizioni più rigorose di quelle operanti per le sentenze arbitrali nazionali.
In effetti anche nel nostro ordinamento, mentre i lodi interni acquistavano efficacia esecutiva con il mero deposito in Pretura, quelli stranieri dovevano essere sottoposti ad un procedimento di delibazione analogo a quello previsto per le sentenze giurisdizionali. Tale disparità di trattamento è stata del tutto superata attraverso la predisposizione di questo nuovo meccanismo di riconoscimento, che prevede la declaratoria dell'efficacia del lodo straniero in assenza di contraddittorio (cioè *inaudita altera parte*), previa verifica da parte del Tribunale in composizione monocratica dei requisiti ex art. 839 c.p.c.
Su opposizione della parte interessata, da proporre entro trenta giorni dalla notifica del decreto di accoglimento, è possibile procedere all'accertamento della sussistenza di taluna delle condizioni di cui all'art. 840 c.p.c., che impediscono il riconoscimento o l'esecuzione del lodo straniero. Il relativo giudizio si svolgerà dinanzi alla Corte d'Appello competente per territorio. Ovviamente, l'opposizione può essere proposta anche dalla parte che vede

respinta la propria richiesta di concessione unilaterale del provvedimento che dichiara l'efficacia del lodo straniero di cui si stratta.

▸ **LA GIURISPRUDENZA PIÙ SIGNIFICATIVA**

AMMISSIBILITÀ DI UN'AZIONE DI ACCERTAMENTO IN NEGATIVO DEI REQUISITI DI RICONOSCIMENTO DEI LODI STRANIERI.

La giurisprudenza (Cass. n. 8163/2000) ha ritenuto inammissibile l'azione di accertamento negativo della sussistenza dei requisiti per il riconoscimento dei lodi arbitrali stranieri, mettendo in evidenza come: *"l'ammissibilità dell'azione di accertamento negativo come strumento generale e atipico di tutela preventiva trova un limite allorquando, in relazione ad una certa materia e ad un determinato ordine di interessi, è previsto, come nel caso del giudizio di delibazione, uno specifico e tipico strumento di tutela, ancorato a condizioni e presupposti peculiari, rispetto ai quali la ipotizzata forma di tutela preventiva, "sub specie" di accertamento negativo, potrebbe implicare, per la sua atipicità, non solo un discostamento dal modello processuale, ma anche la elusione degli specifici parametri di giudizio imposti dalla legge. Ne consegue che correttamente la corte d'appello, cui spetta la cognizione dell'azione di accertamento della insussistenza delle condizioni per il riconoscimento in Italia del lodo straniero – azione collocabile nel modello legale del tipico giudizio di delibazione, sia pure proposta "in negativo" –, dichiara inammissibile detta azione, in quanto diretta a precludere alla controparte di utilizzare gli specifici strumenti processuali previsti dagli artt. 839 e 840 cod. proc. civ.".*

5. L'arbitrato internazionale.

Si parla di **arbitrato internazionale** (o arbitrato commerciale internazionale) *ogniqualvolta il procedimento arbitrale abbia ad oggetto una controversia che presenti elementi di transnazionalità.* Detto altrimenti, nell'arbitrato internazionale la controversia deferita agli arbitri deve essere tale da non potersi ricondurre ad un unico ordinamento giuridico, ma deve essere caratterizzata da punti di contatto con più ordinamenti.

Appare evidente che tale forma di arbitrato si distingue, sia da quello **interno** (di cui agli artt. 806 e ss. c.p.c.), che da quello **straniero** (il cui riconoscimento è disciplinato dagli artt. 839 e 840 c.p.c.). In entrambi i casi, infatti, si tratta di *procedure arbitrali a carattere nazionale*: il primo tutto italiano, il secondo tutto straniero. Ciò che manca è **la transnazionalità**, tipica dell'arbitrato internazionale.

Nel pregresso sistema normativo, unico riferimento all'arbitrato internazionale era l'*art. 832 c.p.c.*, che qualificava *"internazionale"* la procedura arbitrale avente ad oggetto un rapporto, le cui prestazioni dovessero eseguirsi prevalentemente all'estero, o che coinvolgesse una parte avente la propria residenza o sede effettiva all'estero. Tale disposizione, tuttavia, è venuta meno per effetto della riforma del 2006, che ha soppresso tutte le norme interne in materia di arbitrato internazionale. Il principale obiettivo di tale abrogazione era quello di assicurare l'applicazione delle medesime regole a qualsiasi procedimento arbitrale svolto in Italia, a prescindere dagli elementi di estraneità che potesse presentare.

Nonostante tale indubbia volontà legislativa, non può non tenersi conto delle peculiarità che la figura dell'arbitrato internazionale presenta rispetto alle forme *nazionali* di arbitrato (sia interno che estero). In particolare:

- le ragioni che inducono le parti a ricorrere alla procedura arbitrale internazionale possono essere diverse da quelle alla base delle procedure arbitrali nazionali;

La maggior parte delle volte, infatti, non è l'esigenza di evitare le lungaggini connesse all'esercizio della giurisdizione ordinaria che portano i soggetti interessati a rivolgersi a persone di propria fiducia; ma più che altro la necessità che le proprie controversie vengano decise da soggetti dotati di quel grado di capacità tecnica non sempre riscontrabile negli organi giurisdizionali del proprio Paese. Non deve dimenticarsi che spesso le questioni ineriscono settori propri del commercio internazionale, in cui vigono usi e norme del tutto peculiari e di origine internazionale, non sempre conosciute o conoscibili dai giudici nazionali, anche per le difficoltà strettamente connesse alla lingua in cui sono redatte.

- la natura transnazionale delle controversie rende più intensa l'esigenza di imparzialità nella decisione da parte dei soggetti chiamati ad esprimersi.

Non può, infatti, trascurarsi la possibilità che l'affidamento della controversia ad un giudice nazionale possa indurre quest'ultimo, nonostante le garanzie di indipendenza, ad una qualche forma di favoreggiamento della parte del proprio Paese in danno dell'altra.

Proprio per questi motivi, si ritiene ancora vigente, nonostante la riforma del 2006, la normativa in materia di arbitrato commerciale internazionale di cui alla **Convenzione di Ginevra del 1961**.

In particolare, tale Convenzione attribuisce rilievo centrale alla libertà delle parti nella *regolamentazione della procedura*, riconoscendo alle stesse la facoltà o di disciplinarla direttamente o di richiamare un regolamento arbitrale esterno (art. IV), sempre nel rispetto del contraddittorio e dell'uguaglianza delle parti (art. IX).

Alla stessa maniera, per ciò che concerne *la determinazione delle norme sostanziali applicabili alla controversia*, assume rilevanza essenziale la volontà delle parti. Del resto, l'assenza di una *lex fori* in senso tecnico (non è tale il diritto della sede dell'arbitrato, né quello nazionale degli arbitri) non poteva che tradursi in una prevalenza all'autonomia privata. La scelta della legge applicabile può essere espressa o tacita, e può avere ad oggetto, sia la legge nazionale delle parti, che quella di un ordinamento terzo, o una normativa *anazionale* (ad es. *lex mercatoria*). In caso di mancata indicazione della normativa di riferimento, spetterà agli arbitri l'individuazione delle norme ritenute più appropriate (art. VII), potendo decidere la controversia anche secondo equità (art. VII).

Pare opportuno precisare che, essendo del tutto espunta la pregressa normativa in materia di arbitrato internazionale per effetto della riforma del 2006, i principi da ultimo richiamati troveranno applicazione nei confronti di tutti gli arbitrati pronunciati in Italia, presentino o meno elementi di estraneità.

6. Gli istituti di matrice europea.

Il legislatore comunitario si è nel corso degli anni mostrato particolarmente interessato alla materia processuale. In particolare, diversi sono gli istituti di matrice europea operanti in ambito giurisdizionale, tra cui importanza di carattere essenziale assumono il **titolo esecutivo europeo** e il *procedimento europeo per le controversie di modesta entità* (c.d. *small claims*).

■ A) Il titolo esecutivo europeo per i crediti non contestati.

Il *titolo esecutivo europeo per i crediti non contestati* (c.d. **TEE**) costituisce *uno strumento che consente la libera circolazione delle decisioni giudiziarie, delle transazioni giudiziarie e degli atti pubblici relativi a crediti non contestati in tutti gli Stati membri, senza che siano necessari, nello Stato dell'esecuzione, procedimenti intermedi per il suo riconoscimento e per la sua esecuzione*. In altri termini, si tratta di un istituto preordinato alla sollecita soddi-

sfazione delle pretese creditorie, in grado operare nell'ambito dell'intero territorio dell'UE.
La normativa di riferimento è contenuta nel **Regolamento CE 805/2004** (entrato in vigore il 21 ottobre 2005), che ha come principale obiettivo la agevolazione della circolazione delle decisioni in materia di rapporti civili e commerciali.
Sotto il profilo dell'*ambito di operatività*, il TEE costituisce uno strumento suscettibile di un utilizzo particolarmente ampio, potendo riferirsi, non solo alle decisioni giudiziarie, ma anche alle transazioni giudiziarie e agli atti pubblici concernenti rapporti commerciali, e, più in generale, a tutti gli atti che consentono l'accertamento, o il riconoscimento, di un credito in forma ufficiale e in contraddittorio tra le parti.
Per ciò che concerne *le modalità attraverso cui opera*, in base all'art. 5 del Regolamento, ogni atto certificabile come titolo esecutivo europeo nello Stato d'origine potrà essere portato ad esecuzione in qualunque altro Stato membro, senza alcuna ulteriore dichiarazione d'esecutività da parte delle autorità competenti, e con esclusione da parte dei soggetti controinteressati della possibilità di opporsi al riconoscimento (come invece avviene nella delibazione).
I *requisiti necessari alla qualificazione dell'atto come titolo esecutivo europeo* sono indicati dall'art. del Regolamento. In particolare, è necessario che il credito non sia stato contestato dal debitore; che la decisione, anche se non definitiva, sia dotata di efficacia esecutiva; che il procedimento giudiziario all'esito del quale è stata emessa la decisione si sia svolto in conformità dei principi del contraddittorio e della difesa.
La *verifica circa la sussistenza di tali requisiti* spetterà al giudice dello Stato in cui l'atto è stato adottato. A tal fine, il legislatore ha predisposto uno stampato standard allegato allo stesso Regolamento.
Risulta evidente come il TEE si collochi a pieno titolo nel processo di **creazione di uno spazio giuridico europeo unico e organico**, in piena coerenza con le finalità del Trattato di Lisbona.
Importanza di carattere essenziale nel settore dell'armonizzazione della procedura civile europea assume anche il *procedimento di ingiunzione di pagamento europeo* di cui al **Regolamento CE 1896/2006**.
Tale procedimento si applica alle sole **controversie c.d. transfrontaliere**, che coincidono con quelle in cui almeno una delle parti ha residenza o domicilio abituale in uno Stato membro diverso da quello del giudice adito.
I *crediti suscettibili di ingiunzione* sono solo quelli inerenti la materia civile e commerciale, essendo esclusi dall'ambito di operatività dell'istituto, quelli

di natura tributaria e amministrativa, nonché quelli in materia di famiglia, successioni, e di responsabilità dello Stato per gli atti adottati *iure imperii*.
Competente a conoscere della domanda di ingiunzione di pagamento europea è **il giudice determinato secondo le norme di cui al Regolamento 1215/2012**. La stessa, per facilitarne la comprensione, è presentata mediante la compilazione di un modulo standard allegato al Regolamento.
Non vi è necessità di *assistenza legale*, né per presentazione della domanda, né per la proposizione dell'opposizione alla stessa. Tuttavia, l'assistenza potrebbe essere richiesta nel susseguente giudizio di opposizione, che rimane regolato dalle norme procedurali dello Stato di riferimento.
Sotto il *profilo probatorio*, al ricorrente non è richiesta la presentazione delle prove documentali, ma solo una descrizione delle stesse. Contestualmente, però, l'art. 7 impone l'allegazione alla domanda di una dichiarazione in coscienza e fede attestante la verità delle informazioni fornite all'autorità giudiziaria competente. Le conseguenze delle eventuali falsità non sono oggetto di espressa disciplina in sede comunitaria, rimanendo assoggettate alla normativa vigente in materia nell'ambito dei singoli ordinamenti nazionali.
Il giudice deve verificare la fondatezza della domanda e la presenza dei requisiti richiesti dal Regolamento. In caso di esito positivo dovrà pronunciare, non oltre 30 gg. dalla presentazione della domanda, l'ingiunzione di pagamento europea. L'eventuale **opposizione** dovrà proporsi dinanzi al medesimo giudice **entro 30 gg. dalla notifica dell'ingiunzione**, e sempre a mezzo di un modulo standard allegato al Regolamento. Alcun onere di precisazione delle motivazioni è posto a carico dell'opponente; sarà solo nel successivo giudizio di opposizione, da svolgersi secondo le modalità procedurali dello Stato di riferimento, che si deciderà nel merito la controversia. È tuttavia consentito al creditore di dichiarare nella domanda di ingiunzione la propria contrarietà al passaggio al rito ordinario: in tale caso l'opposizione del debitore comporterà l'estinzione dell'intero procedimento.
In caso di mancata opposizione, il giudice dichiarerà esecutiva l'ingiunzione di pagamento europea attraverso l'utilizzo di un apposito modulo standard allegato al Regolamento. Al fine di evitare che il debitore vada inconsapevolmente incontro alla formazione di un titolo esecutivo a suo carico, il legislatore comunitario disciplina con particolare rigore le modalità di notifica della domanda: si prevede, ad esempio, che contestualmente alla domanda venga notificato al debitore anche il modulo per la proposizione dell'opposizione.
Sotto il profilo *dell'efficacia dell'atto*, è ovvio che l'ingiunzione, una volta dichiarata esecutiva, potrà essere eseguita in tutti gli altri Stati membri senza che sia necessaria nessuna ulteriore dichiarazione di esecutività da parte delle

autorità competenti e senza possibilità di opporsi al suo riconoscimento (salve alcune ipotesi eccezionali di riesame del provvedimento di ingiunzione).

B) Il procedimento europeo per le controversie di modesta entità.

Il legislatore europeo si è, altresì, preoccupato di predisporre un procedimento *ad hoc* per la risoluzione delle controversie a carattere transfrontaliero di *limitato valore economico*. Più nel dettaglio, con il **Regolamento CE 861/2007** si è predisposta a vantaggio dei cittadini dell'Unione Europea una procedura particolarmente snella e a basso costo, qualificata *procedimento europeo per le controversie di modesta entità*. Ai sensi dell'art. 2, possono qualificarsi "di modesta entità *"tutte le controversie transfrontaliere il cui valore non superi i 2000 euro"*.

Giova sul punto precisare come, per effetto delle modifiche da ultimo apportate dal **Regolamento n. 2421/2015, in vigore dal 14 luglio 2017, la soglia delle controversie in questione risulta innalzata a 5000 euro**, con invito agli Stati alla diffusione della procedura per l'abbattimento dei costi processuali.

L'*ambito di operatività del procedimento* in questione è limitato alle sole controversie in materia civile e commerciale.

Sotto il profilo della *forma*, i principali atti del procedimento devono compiersi da parte del giudice e delle parti sulla base di una serie di moduli predisposti *ex lege*, al fine di garantire la massima semplificazione e celerità del procedimento. L'udienza di trattazione è solo eventuale (su richiesta delle parti o considerata necessaria dal giudice) e *l'intera procedura si svolge esclusivamente per iscritto*. I termini previsti hanno spesso carattere perentorio e sono tutti particolarmente brevi, al fine di assicurare una sollecita definizione della controversia che, in ogni caso, non può avvenire oltre il termine di 30 gg. dall'ultimo atto di parte.

Per ciò che concerne *l'assistenza legale*, essa, anche se consentita, non è obbligatoria. In ogni caso, pur operando il principio della soccombenza, non è consentito al giudice di liquidare spese superflue o sproporzionate rispetto al valore della controversia: evidente l'intenzione di realizzare un contenimento dei costi processuali.

In materia di *assunzione delle prove*, ovviamente, si consente al giudice, nell'esercizio della propria discrezionalità, di stabilire quali mezzi di prova siano realmente necessari ed indispensabili per la decisione, con la massima libertà anche rispetto al metodo di assunzione degli stessi.

Il *riconoscimento e l'esecuzione negli altri Stati membri della sentenza pro-

nunciata dal giudice avviene in forma sostanzialmente automatica, senza bisogno di procedere all'attivazione di alcun procedimento nello Stato richiesto ed anche, seppure entro limiti ben precisi, a prescindere dall'eventuale impugnazione proposta nel Paese in cui è stata emessa. L'esecutività della decisione può essere esclusa solo su richiesta della parte interessata, nel caso in cui sia riscontrabile un contrasto con altra sentenza pronunciata anteriormente da un giudice di uno Stato membro, o quando la parte esecutata abbia informato le autorità dello Stato d'esecuzione dell'impugnazione *medio tempore* proposta. In quest'ultimo caso, però, la sospensione dell'esecuzione potrebbe essere subordinata dal giudice al versamento di una cauzione o all'adozione di altri provvedimenti di matrice conservativa.

Tutti gli altri aspetti non espressamente disciplinati dal Regolamento in questione troveranno la propria regolamentazione nella disciplina processuale della *lex fori*.

C) L'Ordinanza Europea di Sequestro Conservativo sui conti bancari.

Nell'ottica di facilitare il recupero transfrontaliero dei crediti in materia civile e commerciale si pone invece *la procedura per l'ordinanza europea di sequestro conservativo* (c.d. **OESC**), da ultimo introdotta con il **Regolamento n. 655/2014**, in vigore negli Stati membri **a partire dal 18 gennaio 2017**. Obiettivo della normativa è l'introduzione di uno strumento cautelare, quale il sequestro, che rafforzi la tutela del credito in ambito sovranazionale, a mezzo dell'apposizione di un vincolo sulle somme detenute dal debitore, o in suo nome, su conti bancari accesi presso uno Stato membro, con la conseguente preclusione di movimentazioni in danno del creditore, fino alla concorrenza dell'importo indicato.

L'OESC è per espressa disposizione di legge ottenibile solo nei **casi c.d. *transnazionali***, coincidenti con l'insieme delle *ipotesi in cui il conto bancario o i conti bancari su cui si intende effettuare il sequestro sono tenuti in uno Stato membro diverso: o da quello ove si propone la domanda, o da quello di domicilio del creditore* (art. 3). Non è tuttavia escluso il ricorso ai provvedimenti di sequestro conservativo previsti dal diritto nazionale, rispetto ai quali l'ordinanza europea si pone in rapporto di mera **alternatività** (v. art. 1).

Esulano dall'ambito di applicazione dell'istituto *la materia fiscale, doganale ed amministrativa; la responsabilità dello Stato per l'esercizio di pubblici poteri;* nonché – tra gli altri – *i diritti patrimoniali di matrice coniugale, successoria, concorsuale e arbitrale* (v. art. 2).

Quanto alle *ipotesi di azionabilità del rimedio*, il Regolamento chiarisce come l'OESC possa chiedersi: sia anteriormente, che nel corso della causa instaurata in uno Stato membro verso il debitore, oltre che all'esito dell'ottenimento, sempre in uno Stato membro, di una decisione o transazione giudiziaria, o di un atto pubblico statuente l'obbligo di pagamento del debitore (art. 5).

In punto di **giurisdizione**, sarà competente: nel primo caso, *l'autorità giudiziaria cui spetta la cognizione del merito della causa* in base ai criteri ordinariamente applicabili; nel secondo caso, *quella dello Stato membro in cui è stata emessa la decisione (o l'atto) a fondamento del credito* (art. 6).

Quanto alle *condizioni per l'emissione*, similmente a quanto previsto nel nostro ordinamento in tema di *fumus boni iuris* e *periculum in mora*, *il creditore deve presentare prove sufficienti per convincere l'autorità dell'urgente necessità della misura, dovendo dimostrare che sussiste il concreto rischio che, in mancanza, l'esecuzione del credito sarà compromessa o resa più difficile*, ferma la necessità, *in caso di richiesta anteriore alla causa o avanzata in corso di giudizio*, di fornire altrettanti elementi in punto di **verosimile fondatezza della pretesa azionata**.

Sotto il **profilo procedurale**, preme in questa sede sottolineare come sia espressamente previsto che il debitore non sia informato della domanda, né sia sentito anteriormente all'emissione dell'ordinanza (art. 11), trattandosi di **procedimento da svolgersi** *inaudita altera parte*, dovendo però il creditore fornire idonea garanzia, ogniqualvolta agisca prima di aver ottenuto una decisione e/o atto di riconoscimento del proprio credito (v. art. 12).

Di notevole rilevanza è il **potere riconosciuto all'autorità giudiziaria** competente di rivolgersi all'autorità designata secondo il diritto nazionale (c.d. *autorità di informazione*) per **ottenere informazioni sui conti bancari del debitore** (codice IBAN, BIC, ecc.), *con il correlato obbligo per ciascuno Stato membro di disciplinare dei metodi per l'ottenimento dei dati richiesti* (v. art. 14). Evidente risulta la connessione con il **tema della protezione dei dati personali**, la richiesta di informazioni alle banche involgendo direttamente il c.d. *segreto bancario*.

A tale problematica risponde l'art. 47, a mente del quale *i dati personali ottenuti, trattati o trasmessi nel quadro del presente regolamento sono adeguati, pertinenti e non eccessivi rispetto al fine per il quale sono stati ottenuti, trattati o trasmessi, e possono essere utilizzati soltanto per tale fine*, essendo altresì previsto un periodo oltre il quale le autorità competenti (eccetto quelle giudiziarie nell'esercizio delle funzioni) non possono conservare tali dati.

A garanzia della concreta efficacia dell'istituto viene altresì previsto che l'*OESC su conti bancari*, emessa conformemente al regolamento, *sia riconosciuta negli altri Stati membri e sia esecutiva senza alcuna procedura speciale o dichiarazione di esecutività* (art. 22), qualunque procedimento di *exequatur* mostrandosi incompatibile con gli effetti cautelari dell'ordinanza stessa.

Il regolamento (capo 4), infine, disciplina anche i mezzi di ricorso di cui dispone il debitore avverso il provvedimento e la sua esecuzione, elencando, in particolare, i motivi di revoca e modifica dell'ordinanza, ovvero di limitazione e cessazione della relativa esecuzione, unitamente alle condizioni, procedure e termini del ricorso.

Al di là dei dubbi che la descritta disciplina, probabilmente improntata ad un eccessivo *favor creditoris*, sembra aver suscitato, non può negarsi l'importanza rivestita dall'OESC nel perseguimento degli obiettivi di efficacia ed efficienza del recupero transfrontaliero dei crediti nell'Unione europea.

QUESTIONARIO

1. A quali condizioni ai sensi della legge 218/1995 opera il principio del riconoscimento automatico? **1.A.**
2. Perché il controllo dell'autorità giudiziaria è solo eventuale? **1.B.**
3. La Convenzione di Bruxelles impone il riconoscimento automatico? **1.C.**
4. Quali normative europee disciplinano il riconoscimento automatico delle decisioni giudiziarie? **1.D.**
5. Quali sono le caratteristiche del Regolamento 44/2001 Bruxelles I) in materia di riconoscimento delle decisioni giudiziarie? **1.D1.**
6. Quali sono le innovazioni previste dal Regolamento 1215/2012 Bruxelles.Ibis) in materia di riconoscimento delle decisioni giudiziarie? **1.D2.**
7. Come è regolato il riconoscimento degli atti stranieri dalla l. 218/1995? **2.B.**
8. Come è regolato il riconoscimento delle sentenze canoniche di nullità del matrimonio nell'attuale sistema di d.i.p.? **3.**
9. Quali principi regolano il riconoscimento dei lodi arbitrali stranieri? **4.**
10. Quali sono le principali caratteristiche dell'arbitrato internazionale? **5.**
11. Cosa si intende per TEE? **6.A.**
12. Esiste un procedimento ingiuntivo europeo? **6.B.**
13. Quali sono le caratteristiche e finalità dell'OESC? **6.C.**

MAPPA CONCETTUALE
DIRITTO PROCESSUALE CIVILE INTERNAZIONALE

Diritto processuale civile internazionale

Nozione
Per diritto **processuale civile internazionale**, si intende il complesso delle norme che regolano lo svolgimento del processo civile ove questo coinvolga persone, fatti, atti o provvedimenti che presentano punti di contatto con ordinamenti giuridici diversi da quello in cui esso si tiene.

Rapporti con il diritto internazionale privato
- Il **diritto processuale civile internazionale** (al pari del *diritto interno in materia internazionale* di cui costituisce estrinsecazione) ha ad oggetto la regolamentazione **"in via diretta"** di fattispecie che presentano elementi di estraneità.
- Il **diritto internazionale privato** si occupa della regolamentazione **"in via indiretta"** di fattispecie che presentano elementi di estraneità.

SEZIONE IV | EFFICACIA DELLE DECISIONI GIUDIZIARIE E DEGLI ATTI STRANIERI

Giurisdizione internazionale del giudice italiano

Nozione
Per **giurisdizione internazionale del giudice italiano**, si intende il potere dell'autorità giudiziaria italiana di decidere in ordine a controversie che presentano elementi di estraneità.

Ambito della giurisdizione
Ai sensi dell'**art. 3 della l. 218/1995**, la giurisdizione italiana sussiste:
- ove il convenuto sia domiciliato o residente in Italia, o ivi abbia un rappresentante che sia autorizzato a stare in giudizio a norma dell'art. 77 Cod. Proc. Civ.
- nei casi previsti dalla Convenzione di Bruxelles del 1968 (**ora Regolamento 1215/2012** sull'esecuzione delle decisioni in materia civile e commerciale) anche ove il convenuto non sia domiciliato o residente in uno degli Stati contraenti;
- nei casi in cui le parti l'abbiano convenzionalmente accettata (e ci sia prova scritta di tale accettazione) oppure quando il convenuto non eccepisca il difetto di giurisdizione nel primo atto difensivo;
- nei casi di volontaria giurisdizione quando il relativo provvedimento riguardi: un cittadino italiano, una persona residente in Italia, o situazioni e rapporti cui sia applicabile la legge italiana;
- quando si tratti di un provvedimento cautelare da eseguire in Italia o il giudice italiano abbia giurisdizione nel merito.
- nonché in tutti gli altri casi in cui la sussistenza della giurisdizione italiana è prevista dalla legge.

Derogabilità della giurisdizione
- Ai sensi dell'**art. 4, 2° comma l. 218/1995**, la giurisdizione italiana può essere convenzionalmente derogata se la deroga è **provata per iscritto** (forma *ad probationem*) e **la causa verte su diritti disponibili**.
- Ai sensi dell'**art. 4, 3° comma l. 218/1995** la deroga è priva di effetto ove l'arbitro o il giudice estero convenzionalmente prescelti **non possano conoscere della causa**.

La litispendenza internazionale
Coincide con l'insieme delle ipotesi in cui, **pur sussistendo la giurisdizione del giudice italiano** rispetto alla controversia considerata, **sia già stata instaurata dinanzi ad un giudice straniero una lite avente lo stesso oggetto**.
- Ai sensi della disciplina nazionale (**art. 7 l 218/1995**) *può* determinare la sospensione del giudizio innanzi al giudice italiano, qualora questi ritenga che il provvedimento straniero possa produrre effetti nel nostro ordinamento.
- Ai sensi della disciplina sovranazionale (**Convenzione Bruxelles 1968 - Regolamento CE 1215/2012**) il giudice successivamente adito, sospeso d'ufficio il procedimento, *deve* dichiarare la propria incompetenza a favore di quello investito per primo

CAPITOLO III | PARTE PROCESSUALE

Disciplina processuale

La legge regolatrice del processo
Ai sensi dell'**art. 12 l. 218/1995** si applica **la legge italiana al processo che si svolge in Italia** (principio della *lex fori*)

Il principio del riconoscimento automatico
Ai sensi dell'**art. 64 l. 218/1995** le sentenze straniere sono considerate **automaticamente efficaci nel nostro ordinamento**, non essendo necessario alcun procedimento per consentire alle stesse di produrre i propri effetti.

Efficacia delle decisioni giudiziarie straniere

I mezzi di prova (artt. 69 e 70)
In assenza di riferimenti normativi espressi l'orientamento del tutto maggioritario sostiene **l'applicabilità della medesima legge che regola il processo** (la *lex fori*).

Condizioni di operatività del principio del riconoscimento automatico
L'operatività del principio del riconoscimento automatico è, tuttavia, subordinata alla sussistenza di alcune condizioni. In particolare, ai sensi dell'**art. 64** è necessario:
- sia possibile qualificare il provvedimento straniero da riconoscere come sentenza;
- il giudice che l'ha pronunciata poteva conoscere della causa secondo i principi sulla competenza giurisdizionale propri dell'ordinamento italiano;
- l'atto introduttivo del giudizio è stato portato a conoscenza del convenuto in conformità a quanto previsto dalla legge del luogo dove si è svolto il processo e non sono stati violati i diritti essenziali della difesa;
- le parti si sono costituite in giudizio secondo la legge del luogo dove si è svolto il processo o la contumacia è stata dichiarata in conformità a tale legge;
- essa è passata in giudicato secondo la legge del luogo in cui è stata pronunciata;
- essa non è contraria ad altra sentenza pronunziata da un giudice italiano passata in giudicato;
- non pende un processo davanti a un giudice italiano per il medesimo oggetto e fra le stesse parti, che abbia avuto inizio prima del processo straniero.

Il controllo eventuale dell'autorità giudiziaria ordinaria
Ai sensi dell'**art. 67 l. 218/1995**, l'intervento dell'autorità giudiziaria italiana in materia di riconoscimento delle sentenze straniere **ha carattere meramente successivo ed eventuale**. Esso coincide con lo svolgersi di un peculiare procedimento (c.d. **di delibazione**) secondo le forme proprie del rito sommario di cognizione.

Ipotesi in cui deve attuarsi il controllo eventuale dell'autorità giudiziaria ordinaria
Il procedimento di delibazione avrà luogo solo:
- **in caso di contestazione del riconoscimento della sentenza straniera** da parte di chiunque vi abbia interesse (ad es. soccombente che neghi la sussistenza dei requisiti ex art. 64);
- **in caso di mancata ottemperanza alla sentenza straniera**, con conseguente necessità di procedere ad esecuzione forzata (al fine di attribuirle sentenza ef-

APPENDICE LEGISLATIVA

L. 31 maggio 1995, n. 218
Riforma del sistema italiano di diritto internazionale privato

TITOLO I
DISPOSIZIONI GENERALI

Art. 1 Oggetto della legge
1. La presente legge determina l'ambito della giurisdizione italiana, pone i criteri per l'individuazione del diritto applicabile e disciplina l'efficacia delle sentenze e degli atti stranieri.

Art. 2 Convenzioni internazionali
1. Le disposizioni della presente legge non pregiudicano l'applicazione delle convenzioni internazionali in vigore per l'Italia.
2. Nell'interpretazione di tali convenzioni si terrà conto del loro carattere internazionale e dell'esigenza della loro applicazione uniforme.

TITOLO II
GIURISDIZIONE ITALIANA

Art. 3 Ambito della giurisdizione
1. La giurisdizione italiana sussiste quando il convenuto è domiciliato o residente in Italia o vi ha un rappresentante che sia autorizzato a stare in giudizio a norma dell'art. 77 Cod. Proc. Civ. e negli altri casi in cui è prevista dalla legge.
2. La giurisdizione sussiste inoltre in base ai criteri stabiliti dalle Sezioni 2, 3 e 4 del Titolo II della Convenzione concernente la competenza giurisdizionale e l'esecuzione delle decisioni in materia civile e commerciale e protocollo, firmati a Bruxelles il 27 settembre 1968, resi esecutivi con la L. 21 giugno 1971, n. 804, e successive modificazioni in vigore per l'Italia, anche allorché il convenuto non sia domiciliato nel territorio di uno Stato contraente, quando si tratti di una delle materie comprese nel campo di applicazione della Convenzione. Rispetto alle altre materie la giurisdizione sussiste anche in base ai criteri stabiliti per la competenza per territorio.

Art. 4 Accettazione e deroga della giurisdizione
1. Quando non vi sia giurisdizione in base all'art. 3, essa nondimeno sussiste se le parti l'abbiano convenzionalmente accettata e tale accettazione sia provata per iscritto, ovvero il convenuto compaia nel processo senza eccepire il difetto di giurisdizione nel primo atto difensivo.
2. La giurisdizione italiana può essere convenzionalmente derogata a favore di un giudice straniero o di un arbitrato estero se la deroga è provata per iscritto e la causa verte su diritti disponibili.
3. La deroga è inefficace se il giudice o gli arbitri indicati declinano la giurisdizione o comunque non possono conoscere della causa.

Art. 5 Azioni reali relative ad immobili siti all'estero
1. La giurisdizione italiana non sussiste rispetto ad azioni reali aventi ad oggetto beni immobili situati all'estero.

Art. 6 Questioni preliminari
1. Il giudice italiano conosce, incidentalmente, le questioni che non rientrano nella giurisdizione italiana e la cui soluzione è necessaria per decidere sulla domanda proposta.

Art. 7 Pendenza di un processo straniero
1. Quando, nel corso del giudizio, sia eccepita la previa pendenza tra le stesse parti di domanda avente il medesimo oggetto e il medesimo titolo dinanzi a un giudice straniero, il giudice italiano, se ritiene che il provvedimento straniero possa produrre effetto per l'ordinamento italiano, sospende il giudizio.

Se il giudice straniero declina la propria giurisdizione o se il provvedimento straniero non è riconosciuto nell'ordinamento italiano, il giudizio in Italia prosegue, previa riassunzione ad istanza della parte interessata.
2. La pendenza della causa innanzi al giudice straniero si determina secondo la legge dello Stato in cui il processo si svolge.
3. Nel caso di pregiudizialità di una causa straniera, il giudice italiano può sospendere il processo se ritiene che il provvedimento straniero possa produrre effetti per l'ordinamento italiano.

Art. 8 Momento determinante della giurisdizione
1. Per la determinazione della giurisdizione italiana si applica l'art. 5 Cod. Proc. Civ. Tuttavia, la giurisdizione sussiste se i fatti e le norme che la determinano sopravvengono nel corso del processo.

Art. 9 Giurisdizione volontaria
1. In materia di giurisdizione volontaria, la giurisdizione sussiste, oltre che nei casi specificamente contemplati dalla presente legge e in quelli in cui è prevista la competenza per territorio di un giudice italiano quando il provvedimento richiesto concerne un cittadino italiano o una persona residente in Italia o quando esso riguarda situazioni o rapporti ai quali è applicabile la legge italiana.

Art. 10 Materia cautelare
1. In materia cautelare, la giurisdizione italiana sussiste quando il provvedimento deve essere eseguito in Italia o quando il giudice italiano ha giurisdizione nel merito.

Art. 11 Rilevabilità del difetto di giurisdizione
1. Il difetto di giurisdizione può essere rilevato, in qualunque stato e grado del processo, soltanto dal convenuto costituito che non abbia espressamente o tacitamente accettato la giurisdizione italiana. È rilevato dal giudice d'ufficio, sempre in qualunque stato e grado del processo, se il convenuto è contumace, se ricorre l'ipotesi di cui all'art. 5, ovvero se la giurisdizione italiana è esclusa per effetto di una norma internazionale.

Art. 12 Legge regolatrice del processo
1. Il processo civile che si svolge in Italia è regolato dalla legge italiana.

TITOLO III
DIRITTO APPLICABILE

CAPO I
Disposizioni generali

Art. 13 Rinvio
1. Quando negli articoli successivi è richiamata la legge straniera, si tiene conto del rinvio operato dal diritto internazionale privato straniero alla legge di un altro Stato:
a) se il diritto di tale Stato accetta il rinvio;
b) se si tratta di rinvio alla legge italiana.
2. L'applicazione del comma 1 è tuttavia esclusa:
a) nei casi in cui le disposizioni della presente legge rendono applicabile la legge straniera sulla base della scelta effettuata in tal senso dalle parti interessate;
b) riguardo alle disposizioni concernenti la forma degli atti;
c) in relazione alle disposizioni del Capo XI del presente Titolo.
3. Nei casi di cui agli artt. 33, 34 e 35 si tiene conto del rinvio soltanto se esso conduce all'applicazione di una legge che consente lo stabilimento della filiazione.
4. Quando la presente legge dichiara in ogni caso applicabile una convenzione internazionale si segue sempre, in materia di rinvio, la soluzione adottata dalla convenzione.

Art. 14 Conoscenza della legge straniera applicabile
1. L'accertamento della legge straniera è compiuto d'ufficio dal giudice. A tal fine questi può avvalersi, oltre che degli strumenti indicati dalle convenzioni internazionali, di informazioni acquisite per il tramite del Ministero di grazia e giustizia; può altresì interpellare esperti o istituzioni specializzate.
2. Qualora il giudice non riesca ad accertare la

legge straniera indicata, neanche con l'aiuto delle parti, applica la legge richiamata mediante altri criteri di collegamento eventualmente previsti per la medesima ipotesi normativa. In mancanza si applica la legge italiana.

Art. 15 Interpretazione e applicazione della legge straniera
1. La legge straniera è applicata secondo i propri criteri di interpretazione e di applicazione nel tempo.

Art. 16 Ordine pubblico
1. La legge straniera non è applicata se i suoi effetti sono contrari all'ordine pubblico.
2. In tal caso si applica la legge richiamata mediante altri criteri di collegamento eventualmente previsti per la medesima ipotesi normativa. In mancanza si applica la legge italiana.

Art. 17 Norme di applicazione necessaria
1. È fatta salva la prevalenza sulle disposizioni che seguono delle norme italiane che, in considerazione del loro oggetto e del loro scopo, debbono essere applicate nonostante il richiamo alla legge straniera.

Art. 18 Ordinamenti plurilegislativi
1. Se nell'ordinamento dello Stato richiamato dalle disposizioni della presente legge coesistono più sistemi normativi a base territoriale o personale, la legge applicabile si determina secondo i criteri utilizzati da quell'ordinamento.
2. Se tali criteri non possono essere individuati, si applica il sistema normativo con il quale il caso di specie presenta il collegamento più stretto.

Art. 19 Apolidi, rifugiati e persone con più cittadinanze
1. Nei casi in cui le disposizioni della presente legge richiamano la legge nazionale di una persona, se questa è apolide o rifugiata si applica la legge dello Stato del domicilio, o in mancanza, la legge dello Stato di residenza.
2. Se la persona ha più cittadinanze, si applica la legge di quello tra gli Stati di appartenenza con il quale essa ha il collegamento più stretto.

Se tra le cittadinanze vi è quella italiana, questa prevale.

CAPO II
Capacità e diritti delle persone fisiche

Art. 20 Capacità giuridica delle persone fisiche
1. La capacità giuridica delle persone fisiche è regolata dalla loro legge nazionale. Le condizioni speciali di capacità, prescritte dalla legge regolatrice di un rapporto, sono disciplinate dalla stessa legge.

Art. 21 Commorienza
1. Quando occorre stabilire la sopravvivenza di una persona ad un'altra e non consta quale di esse sia morta prima, il momento della morte si accerta in base alla legge regolatrice del rapporto rispetto al quale l'accertamento rileva.

Art. 22 Scomparsa, assenza e morte presunta
1. I presupposti e gli effetti della scomparsa, dell'assenza e della morte presunta di una persona sono regolati dalla sua ultima legge nazionale.
2. Sussiste la giurisdizione italiana per le materie di cui al comma 1:
a) se l'ultima legge nazionale della persona era quella italiana;
b) se l'ultima residenza della persona era in Italia;
c) se l'accertamento della scomparsa, dell'assenza o della morte presunta può produrre effetti giuridici nell'ordinamento italiano.

Art. 23 Capacità di agire delle persone fisiche
1. La capacità di agire delle persone fisiche è regolata dalla loro legge nazionale. Tuttavia, quando la legge regolatrice di un atto prescrive condizioni speciali di capacità di agire, queste sono regolate dalla stessa legge.
2. In relazione a contratti tra persone che si trovano nello stesso Stato, la persona considerata capace dalla legge dello Stato in cui il contratto è concluso può invocare l'incapacità derivante dalla propria legge nazionale solo se

l'altra parte contraente, al momento della conclusione del contratto, era a conoscenza di tale incapacità o l'ha ignorata per sua colpa.
3. In relazione agli atti unilaterali, la persona considerata capace dalla legge dello Stato in cui l'atto è compiuto può invocare l'incapacità derivante dalla propria legge nazionale soltanto se ciò non rechi pregiudizio a soggetti che senza loro colpa hanno fatto affidamento sulla capacità dell'autore dell'atto.
4. Le limitazioni di cui ai commi 2 e 3 non si applicano agli atti relativi a rapporti di famiglia e di successione per causa di morte, né agli atti relativi a diritti reali su immobili situati in uno Stato diverso da quello in cui l'atto è compiuto.

Art. 24 Diritti della personalità
1. L'esistenza ed il contenuto dei diritti della personalità sono regolati dalla legge nazionale del soggetto; tuttavia, i diritti che derivano da un rapporto di famiglia sono regolati dalla legge applicabile a tale rapporto.
2. Le conseguenze della violazione dei diritti di cui al comma 1 sono regolate dalla legge applicabile alla responsabilità per fatti illeciti.

CAPO III
Persone giuridiche

Art. 25 Società ed altri enti
l. Le società, le associazioni, le fondazioni ed ogni altro ente, pubblico o privato, anche se privo di natura associativa, sono disciplinati dalla legge dello Stato nel cui territorio è stato perfezionato il procedimento di costituzione. Si applica, tuttavia, la legge italiana se la sede dell'amministrazione è situata in Italia, ovvero se in Italia si trova l'oggetto principale di tali enti.
2. In particolare sono disciplinati dalla legge regolatrice dell'ente:
a) la natura giuridica;
b) la denominazione o ragione sociale;
c) la costituzione, la trasformazione e l'estinzione;
d) la capacità;
e) la formazione, i poteri e le modalità di funzionamento degli organi;
f) la rappresentanza dell'ente;
g) le modalità di acquisto e di perdita della qualità di associato o socio nonché i diritti e gli obblighi inerenti a tale qualità;
h) la responsabilità per le obbligazioni dell'ente;
i) le conseguenze delle violazioni della legge o dell'atto costitutivo.
3. I trasferimenti della sede statutaria in altro Stato e le fusioni di enti con sede in Stati diversi hanno efficacia soltanto se posti in essere conformemente alle leggi di detti Stati interessati.

CAPO IV
Rapporti di famiglia

Art. 26 Promessa di matrimonio
1. La promessa di matrimonio e le conseguenze della sua violazione sono regolate dalla legge nazionale comune dei nubendi o, in mancanza, dalla legge italiana.

Art. 27 Condizioni per contrarre matrimonio
1. La capacità matrimoniale e le altre condizioni per contrarre matrimonio sono regolate dalla legge nazionale di ciascun nubendo al momento del matrimonio. Resta salvo lo stato libero che uno dei nubendi abbia acquistato per effetto di un giudicato italiano o riconosciuto in Italia.

Art. 28 Forma del matrimonio
1. Il matrimonio è valido, quanto alla forma, se è considerato tale dalla legge del luogo di celebrazione o dalla legge nazionale di almeno uno dei coniugi al momento della celebrazione o dalla legge dello Stato di comune residenza in tale momento.

Art. 29 Rapporti personali tra coniugi
1. I rapporti personali tra coniugi sono regolati dalla legge nazionale comune.
2. I rapporti personali tra coniugi aventi diverse cittadinanze o più cittadinanze comuni sono regolati dalla legge dello Stato nel quale la vita matrimoniale è prevalentemente localizzata.

Art. 30 Rapporti patrimoniali tra coniugi
1. I rapporti patrimoniali tra coniugi sono regolati dalla legge applicabile ai loro rapporti personali. I coniugi possono tuttavia convenire per iscritto che i loro rapporti patrimoniali sono regolati dalla legge dello Stato di cui almeno uno di essi è cittadino o nel quale almeno uno di essi risiede.
2. L'accordo dei coniugi sul diritto applicabile è valido se è considerato tale dalla legge scelta o da quella del luogo in cui l'accordo è stato stipulato.
3. Il regime dei rapporti patrimoniali fra coniugi regolato da una legge straniera è opponibile ai terzi solo se questi ne abbiano avuto conoscenza o lo abbiano ignorato per loro colpa. Relativamente ai diritti reali su beni immobili, l'opponibilità è limitata ai casi in cui siano state rispettate le forme di pubblicità prescritte dalla legge dello Stato in cui i beni si trovano.

Art. 30-bis. Contratti di convivenza[1]
1. Ai contratti di convivenza si applica la legge nazionale comune dei contraenti. Ai contraenti di diversa cittadinanza si applica la legge del luogo in cui la convivenza è prevalentemente localizzata.
2. Sono fatte salve le norme nazionali, europee ed internazionali che regolano il caso di cittadinanza plurima.

[1] Articolo inserito dall'art. 1, comma 64, della legge 26 maggio 2016, n. 76.

Art. 31 Separazione personale e scioglimento del matrimonio[1]
1. La separazione personale e lo scioglimento del matrimonio sono regolati dalla legge designata dal regolamento n. 2010/1259/UE del Consiglio del 20 dicembre 2010 relativo ad una cooperazione rafforzata nel settore della legge applicabile al divorzio e alla separazione personale, e successive modificazioni.
2. Le parti possono designare di comune accordo la legge applicabile, ai sensi dell'articolo 5 del regolamento, mediante scrittura privata. La designazione può avvenire anche nel corso del procedimento, sino alla conclusione dell'udienza di prima comparizione delle parti, anche con dichiarazione resa a verbale dai coniugi, personalmente o a mezzo di un procuratore speciale.

[1] Articolo così modificato dall'art. 29, comma 2, del d.lgs. n. 149/2022, applicabile ai procedimenti instaurati successivamente al 28 febbraio 2023.

Art. 32 Giurisdizione in materia di nullità, annullamento, separazione personale e scioglimento del matrimonio
1. In materia di nullità e di annullamento del matrimonio, di separazione personale e di scioglimento del matrimonio, la giurisdizione italiana sussiste, oltre che nei casi previsti dall'art. 3, anche quando uno dei coniugi è *cittadino* italiano o il matrimonio e stato celebrato in Italia.

Art. 32-bis Matrimonio contratto all'estero da cittadini italiani dello stesso sesso [1]
1. Il matrimonio contratto all'estero da cittadini italiani con persona dello stesso sesso produce gli effetti dell'unione civile regolata dalla legge italiana.

[1] Articolo inserito dall'art. 1, comma 1, lett. a), del decreto legislativo 19 gennaio 2017, n. 7

Art. 32-ter Unione civile tra persone maggiorenni dello stesso sesso[1]
1. La capacità e le altre condizioni per costituire unione civile sono regolate dalla legge nazionale di ciascuna parte al momento della costituzione dell'unione civile. Se la legge applicabile non ammette l'unione civile tra persone maggiorenni dello stesso sesso si applica la legge italiana. Le disposizioni di cui all'articolo 1, comma 4, della legge 20 maggio 2016, n. 76, sono di applicazione necessaria.
2. Ai fini del nulla osta di cui all'articolo 116, primo comma, del codice civile, non rilevano gli impedimenti relativi al sesso delle parti. Qualora la produzione del nulla osta sia preclusa in ragione del mancato riconoscimento, secondo la legge dello Stato di cui lo straniero è cittadino, dell'unione civile tra persone dello

stesso sesso o di analogo istituto, il nulla osta è sostituito da un certificato o altro atto comunque idoneo ad attestare la libertà di stato, ovvero da dichiarazione sostitutiva ai sensi del decreto del Presidente della Repubblica 28 dicembre 2000, n. 445. Resta salva la libertà di stato accertata o acquisita per effetto di un giudicato italiano o riconosciuto in Italia.
3. L'unione civile è valida, quanto alla forma, se è considerata tale dalla legge del luogo di costituzione o dalla legge nazionale di almeno una delle parti o dalla legge dello Stato di comune residenza al momento della costituzione.
4. I rapporti personali e patrimoniali tra le parti sono regolati dalla legge dello Stato davanti alle cui autorità l'unione è stata costituita. A richiesta di una delle parti il giudice può disporre l'applicazione della legge dello Stato nel quale la vita comune è prevalentemente localizzata. Le parti possono convenire per iscritto che i loro rapporti patrimoniali sono regolati dalla legge dello
Stato di cui almeno una di esse è cittadina o nel quale almeno una di esse risiede.
5. Alle obbligazioni alimentari si applica l'articolo 45.

[1] Articolo inserito dall'art. 1, comma 1, lett. a), del decreto legislativo 19 gennaio 2017, n. 7

Art. 32-*quater*. Scioglimento dell'unione civile[1]
1. In materia di scioglimento dell'unione civile la giurisdizione italiana sussiste, oltre che nei casi previsti dagli articoli 3 e 9, anche quando una delle parti è cittadina italiana o l'unione è stata costituita in Italia. I medesimi titoli di giurisdizione si applicano anche in materia di nullità o di annullamento dell'unione civile.
2. Lo scioglimento dell'unione civile è regolato dalla legge applicabile al divorzio in conformità al regolamento n. 1259/2010/UE del Consiglio del 20 dicembre 2010 relativo ad una cooperazione rafforzata nel settore della legge applicabile al divorzio e alla separazione personale.

[1] Articolo inserito dall'art. 1, comma 1, lett. a), del decreto legislativo 19 gennaio 2017, n. 7

Art. 32-quinquies. Unione civile costituita all'estero tra cittadini italiani dello stesso sesso[1]
1. L'unione civile, o altro istituto analogo costituiti all'estero tra cittadini italiani dello stesso sesso abitualmente residenti in Italia produce gli effetti dell'unione civile regolata dalla legge italiana.

[1] Articolo inserito dall'art. 1, comma 1, lett. a), del decreto legislativo 19 gennaio 2017, n. 7

Art. 33 Filiazione[1]
1. Lo stato di figlio è determinato dalla legge nazionale del figlio o, se più favorevole, dalla legge dello Stato di cui uno dei genitori è cittadino, al momento della nascita.
2. La legge individuata ai sensi del comma 1 regola i presupposti e gli effetti dell'accertamento e della contestazione dello stato di figlio; qualora la legge così individuata non permetta l'accertamento o la contestazione dello stato di figlio si applica la legge italiana.
3. Lo stato di figlio, acquisito in base alla legge nazionale di uno dei genitori, non può essere contestato che alla stregua di tale legge; se tale legge non consente la contestazione si applica la legge italiana.
4. Sono di applicazione necessaria le norme del diritto italiano che sanciscono l'unicità dello stato di figlio.

[1] Articolo così sostituito dall'art. 101, d.lgs. 28 dicembre 2013, n. 154.

Art. 34 Legittimazione[1]
1. La legittimazione per susseguente matrimonio è regolata dalla legge nazionale del figlio nel momento in cui essa avviene o dalla legge nazionale di uno dei genitori nel medesimo momento.
2 Negli altri casi, la legittimazione è regolata dalla legge dello Stato di cui e cittadino, al momento della domanda, il genitore nei cui confronti il figlio viene legittimato. Per la legittimazione destinata ad avere effetto dopo la

morte del genitore legittimante, si tiene conto della sua cittadinanza al momento della morte.]

[1] Articolo abrogato ai sensi dell'art. 106, comma 1, lett. c) del d.lgs. 28 dicembre 2013, n. 154.

Art. 35[1] Riconoscimento di figlio [naturale]
1.[2] Le condizioni per il riconoscimento del figlio sono regolate dalla legge nazionale del figlio al momento della nascita, o se più favorevole, dalla legge nazionale del soggetto che fa il riconoscimento, nel momento in cui questo avviene; se tali leggi non prevedono il riconoscimento si applica la legge italiana.
2. La capacità del genitore di fare il riconoscimento è regolata dalla sua legge nazionale.
3. La forma del riconoscimento è regolata dalla legge dello Stato in cui esso e fatto o da quella che ne disciplina la sostanza.

[1] La parola "naturale" è stata soppressa dall'art. 101, d.lgs. 28 dicembre 2013, n. 154.
[2] Comma così sostituito dall'art. 101, d.lgs. 28 dicembre 2013, n. 154.

Art. 36 Rapporti tra genitori e figli
1. I rapporti personali e patrimoniali tra genitori e figli, compresa la responsabilità genitoriale[1], sono regolati dalla legge nazionale del figlio.

[1] Le parole "potestà dei genitori" sono state soppresse e così sostituite dall'art. 101, d.lgs. 28 dicembre 2013, n. 154.

Art. 36 bis[1]
1. Nonostante il richiamo ad altra legge, si applicano in ogni caso le norme del diritto italiano che:
a) attribuiscono ad entrambi i genitori la responsabilità genitoriale;
b) stabiliscono il dovere di entrambi i genitori di provvedere al mantenimento del figlio;
c) attribuiscono al giudice il potere di adottare provvedimenti limitativi o ablativi della responsabilità genitoriale in presenza di condotte pregiudizievoli per il figlio.

[1] Articolo inserito dall'art. 101, d.lgs. 28 dicembre 2013, n. 154.

Art. 37 Giurisdizione in materia di filiazione
1. In materia di filiazione e di rapporti personali fra genitori e figli la giurisdizione italiana sussiste, oltre che nei casi previsti rispettivamente da gli artt. 3 e 9, anche quando uno dei genitori o il figlio è cittadino italiano o risiede in Italia.

CAPO V
Adozione

Art. 38 Adozione
1. I presupposti, la costituzione e la revoca dell'adozione sono regolati dal diritto nazionale dell'adottante o degli adottanti se comune o, in mancanza, dal diritto dello Stato nel quale gli adottanti sono entrambi residenti, ovvero da quello dello Stato nel quale la loro vita matrimoniale è prevalentemente localizzata, al momento dell'adozione. Tuttavia, si applica il diritto italiano quando è richiesta al giudice italiano l'adozione di un minore, idonea ad attribuirgli lo stato di figlio [legittimo][1].
2. È in ogni caso salva l'applicazione della legge nazionale dell'adottando maggiorenne per la disciplina dei consensi che essa eventualmente richieda.

[1] La parola "legittimo" è stata soppressa dall'art. 101, d.lgs. 28 dicembre 2013, n. 154.

Art. 39 Rapporti fra adottato e famiglia adottiva
1. I rapporti personali e patrimoniali fra l'adottato e l'adottante o gli adottanti ed i parenti di questi sono regolati dal diritto nazionale dell'adottante o degli adottanti se comune o, in mancanza, dal diritto dello Stato nel quale gli adottanti sono entrambi residenti ovvero da quello dello Stato nel quale la loro vita matrimoniale è prevalentemente localizzata.

Art. 40 Giurisdizione in materia di adozione

1. I giudici italiani hanno giurisdizione in materia di adozione allorché:
a) gli adottanti o uno di essi o l'adottando sono cittadini italiani ovvero stranieri residenti in Italia;
b) l'adottando è un minore in stato di abbandono in Italia.
2 In materia di rapporti personali o patrimoniali fra l'adottato e l'adottante o gli adottanti ed i parenti di questi i giudici italiani hanno giurisdizione, oltre che nelle ipotesi previste dall'art. 3, ogni qualvolta l'adozione si è costituita in base al diritto italiano.

Art. 41 Riconoscimento dei provvedimenti stranieri in materia di adozione

1. I provvedimenti stranieri in materia di adozione sono riconoscibili in Italia ai sensi degli artt. 64, 65 e 66.
2. Restano ferme le disposizioni delle leggi speciali in materia di adozione dei minori.

CAPO VI
Protezione degli incapaci e obblighi alimentari

Art. 42 Giurisdizione e legge applicabile in materia di protezione dei minori

1. La protezione dei minori è in ogni caso regolata dalla Convenzione dell'Aja del 5 ottobre 1961, sulla competenza delle autorità e sulla legge applicabile in materia di protezione dei minori, resa esecutiva con la L. 24 ottobre 1980, n. 742.
2. Le disposizioni della Convenzione si applicano anche alle persone considerate minori soltanto dalla loro legge nazionale, nonché alle persone la cui residenza abituale non si trova in uno degli Stati contraenti.

Art. 43 Protezione dei maggiori d'età

1. I presupposti e gli effetti delle misure di protezione degli incapaci maggiori di età, nonché i rapporti fra l'incapace e chi ne ha la cura, sono regolati dalla legge nazionale dell'incapace. Tuttavia, per proteggere in via provvisoria e urgente la persona o i beni dell'incapace, il giudice italiano può adottare le misure previste dalla legge italiana.

Art. 44 Giurisdizione in materia di protezione dei maggiori d'età

l. La giurisdizione italiana in materia di misure di protezione degli incapaci maggiori di età sussiste, oltre che nei casi previsti dagli artt. 3 e 9, anche quando esse si rendono necessarie per proteggere, in via provvisoria e urgente, la persona o i beni dell'incapace che si trovino in Italia.
2. Quando in base all'art. 66 nell'ordinamento italiano si producono gli effetti di un provvedimento straniero in materia di capacità di uno straniero, la giurisdizione italiana sussiste per pronunciare i provvedimenti modificativi o integrativi eventualmente necessari.

Art. 45 Obbligazioni alimentari nella famiglia[1]

1. Le obbligazioni alimentari nella famiglia sono regolate dalla legge designata dal regolamento 2009/4/CE del Consiglio del 18 dicembre 2008 relativo alla competenza, alla legge applicabile, al riconoscimento e all'esecuzione delle decisioni alla cooperazione in materia di obbligazioni alimentari, e successive modificazioni.

[1] Articolo così sostituito dall'art. 1, comma 1, lett. b) del decreto legislativo 19 gennaio 2017, n.7. Si riporta il testo precedente: *1. Le obbligazioni alimentari nella famiglia sono in ogni caso regolate dalla Convenzione dell'Aja del 2 ottobre 1973 sulla legge applicabile alle obbligazioni alimentari, resa esecutiva con la L. 24 ottobre 1980, n. 745.*

CAPO VII
Successioni

Art. 46 Successione per causa di morte

1. La successione per causa di morte è regolata dalla legge nazionale del soggetto della cui eredità si tratta, al momento della morte.
2. Il soggetto della cui eredità si tratta può sottoporre, con dichiarazione espressa in forma testamentaria, l'intera successione alla legge

dello Stato in cui risiede. La scelta non ha effetto se al momento della morte il dichiarante non risiedeva più in tale Stato. Nell'ipotesi di successione di un cittadino italiano, la scelta non pregiudica i diritti che la legge italiana attribuisce ai legittimari residenti in Italia al momento della morte della persona della cui successione si tratta.
3. La divisione ereditaria è regolata dalla legge applicabile alla successione, salvo che i condividenti, d'accordo fra loro, abbiano designato la legge del luogo d'apertura della successione o del luogo ove si trovano uno o più beni ereditari.

Art. 47 Capacità di testare
1. La capacità di disporre per testamento, di modificarlo o di revocarlo è regolata dalla legge nazionale del disponente al momento del testamento, della modifica o della revoca.

Art. 48 Forma del testamento
1. Il testamento è valido, quanto alla forma, se è considerato tale dalla legge dello Stato nel quale il testatore ha disposto, ovvero dalla legge dello Stato di cui il testatore, al momento del testamento o della morte, era cittadino o dalla legge dello Stato in cui aveva il domicilio o la residenza.

Art. 49 Successione dello Stato
1. Quando la legge applicabile alla successione, in mancanza di successibili, non attribuisce la successione allo Stato, i beni ereditari esistenti in Italia sono devoluti allo Stato italiano.

Art. 50 Giurisdizione in materia successoria
l. In materia successoria la giurisdizione italiana sussiste:
a) se il defunto era cittadino italiano al momento della morte;
b) se la successione si è aperta in Italia;
c) se la parte dei beni ereditari di maggiore consistenza economica è situata in Italia;
d) se il convenuto è domiciliato o residente in Italia o ha accettato la giurisdizione italiana, salvo che la domanda sia relativa a beni immobili situati all'estero;

e) se la domanda concerne beni situati in Italia.

CAPO VIII
Diritti reali

Art. 51 Possesso e diritti reali
1. Il possesso, la proprietà e gli altri diritti reali sui beni mobili ed immobili sono regolati dalla legge dello Stato in cui i beni si trovano.
2. La stessa legge ne regola l'acquisto e la perdita, salvo che in materia successoria e nei casi in cui l'attribuzione di un diritto reale dipenda da un rapporto di famiglia o da un contratto.

Art. 52 Diritti reali su beni in transito
1. I diritti reali su beni in transito sono regolati dalla legge del luogo di destinazione.

Art. 53 Usucapione di beni mobili
1. L'usucapione di beni mobili e regolata dalla legge dello Stato in cui il bene si trova al compimento del termine prescritto.

Art. 54 Diritti su beni immateriali
1. I diritti su beni immateriali sono regolati dalla legge dello Stato di utilizzazione.

Art. 55 Pubblicità degli atti relativi ai diritti reali
1. La pubblicità degli atti di costituzione, trasferimento ed estinzione dei diritti reali è regolata dalla legge dello Stato in cui il bene si trova al momento dell'atto.

CAPO IX
Donazioni

Art. 56 Donazioni
1. Le donazioni sono regolate dalla legge nazionale del donante al momento della donazione.
2. Il donante può, con dichiarazione espressa contestuale alla donazione, sottoporre la donazione stessa alla legge dello Stato in cui egli risiede.
3. La donazione è valida, quanto alla forma, se è considerata tale dalla legge che ne regola

la sostanza oppure dalla legge dello Stato nel quale l'atto è compiuto.

CAPO X
Obbligazioni contrattuali

Art. 57 Obbligazioni contrattuali
l. Le obbligazioni contrattuali sono in ogni caso regolate dalla Convenzione di Roma del 19 giugno 1980 sulla legge applicabile alle obbligazioni contrattuali resa esecutiva con la L. 18 dicembre 1984, n. 975, senza pregiudizio delle altre convenzioni internazionali, in quanto applicabili.

CAPO XI
Obbligazioni non contrattuali

Art. 58 Promessa unilaterale
1. La promessa unilaterale è regolata dalla legge dello Stato in cui viene manifestata.

Art. 59 Titoli di credito
1. La cambiale, il vaglia cambiario e l'assegno sono in ogni caso regolati dalle disposizioni contenute nelle Convenzioni di Ginevra del 7 giugno 1930, sui conflitti di legge in materia di cambiale e di vaglia cambiario, di cui al R.D.L. 25 agosto 1932, n. 1130, convertito dalla L. 22 dicembre 1932, n. 1946, c del 19 marzo 1931, sui conflitti di legge in materia di assegni bancari, di cui al R.D.L. 24 agosto 1933, n. 1077, convertito dalla L. 4 gennaio 1934, n. 61.
2. Tali disposizioni si applicano anche alle obbligazioni assunte fuori dei territori degli Stati contraenti o allorché esse designino la legge di uno Stato non contraente.
3. Gli altri titoli di credito sono regolati dalla legge dello Stato il cui titolo è stato emesso. Tuttavia, le obbligazioni diverse da quella principale sono regolate dalla legge dello Stato in cui ciascuna è stata assunta.

Art. 60 Rappresentanza volontaria
1. La rappresentanza volontaria è regolata dalla legge dello Stato in cui il rappresentante ha la propria sede d'affari sempre che egli agisca a titolo professionale e che tale sede sia conosciuta o conoscibile dal terzo. In assenza di tali condizioni si applica la legge dello Stato in cui il rappresentante esercita in via principale i suoi poteri nel caso concreto.
2. L'atto di conferimento dei poteri di rappresentanza è valido, quanto alla forma, se considerato tale dalla legge che ne regola la sostanza oppure dalla legge dello Stato in cui e posto in essere.

Art. 61 Obbligazioni nascenti dalla legge
1. La gestione di affari altrui, l'arricchimento senza causa, il pagamento dell'indebito e le altre obbligazioni legali, non diversamente regolate dalla presente legge, sono sottoposti alla legge dello Stato in cui si è verificato il fatto da cui deriva l'obbligazione.

Art. 62 Responsabilità per fatto illecito
1. La responsabilità per fatto illecito è regolata dalla legge dello Stato in cui si è verificato l'evento. Tuttavia, il danneggiato può chiedere l'applicazione della legge dello Stato in cui si è verificato il fatto che ha causato il danno.
2. Qualora il fatto illecito coinvolga soltanto cittadini di un medesimo Stato in esso residenti, si applica la legge di tale Stato.

Art. 63 Responsabilità extracontrattuale per danno da prodotto
1. La responsabilità per danno da prodotto è regolata, a scelta del danneggiato, dalla legge dello Stato in cui si trova il domicilio o l'amministrazione del produttore, oppure da quella dello Stato in cui il prodotto è stato acquistato, a meno che il produttore provi che il prodotto vi è stato immesso in commercio senza il suo consenso.

TITOLO IV
EFFICACIA DI SENTENZE
ED ATTI STRANIERI

Art. 64 Riconoscimento di sentenze straniere
1. La sentenza straniera è riconosciuta in Italia senza che sia necessario il ricorso ad alcun procedimento quando:

a) il giudice che l'ha pronunciata poteva conoscere della causa secondo i principi sulla competenza giurisdizionale propri dell'ordinamento italiano;
b) l'atto introduttivo del giudizio è stato portato a conoscenza del convenuto in conformità a quanto previsto dalla legge del luogo dove si è svolto il processo e non sono stati violati i diritti essenziali della difesa;
c) le parti si sono costituite in giudizio secondo la legge del luogo dove si è svolto il processo o la contumacia è stata dichiarata in conformità a tale legge;
d) essa è passata in giudicato secondo la legge del luogo in cui è stata pronunciata;
e) essa non è contraria ad altra sentenza pronunziata da un giudice italiano passata in giudicato;
f) non pende un processo davanti a un giudice italiano per il medesimo oggetto e fra le stesse parti, che abbia avuto inizio prima del processo straniero;
g) le sue disposizioni non producono effetti contrari all'ordine pubblico.

Art. 65 Riconoscimento di provvedimenti stranieri
1. Hanno effetto in Italia i provvedimenti stranieri relativi alla capacità delle persone nonché all'esistenza di rapporti di famiglia o di diritti della personalità quando essi sono stati pronunciati dalle autorità dello Stato la cui legge è richiamata dalle norme della presente legge o producono effetti nell'ordinamento di quello Stato, anche se pronunciati da autorità di altro Stato, purché non siano contrari all'ordine pubblico e siano stati rispettati i diritti essenziali della difesa.

Art. 66 Riconoscimento di provvedimenti stranieri di giurisdizione volontaria
1. I provvedimenti stranieri di volontaria giurisdizione sono riconosciuti senza che sia necessario il ricorso ad alcun procedimento, sempre che siano rispettate le condizioni di cui all'art. 65, in quanto applicabili, quando sono pronunziati dalle autorità dello Stato la cui legge è richiamata dalle disposizioni della presente legge, o producono effetti nell'ordinamento di quello Stato ancorché emanati da autorità di altro Stato, ovvero sono pronunciati da un'autorità che sia competente in base a criteri corrispondenti a quelli propri dell'ordinamento italiano.

Art. 67 Attuazione di sentenze e provvedimenti stranieri di giurisdizione volontaria e contestazione del riconoscimento
1. In caso di mancata ottemperanza o di contestazione del riconoscimento della sentenza straniera o del provvedimento straniero di volontaria giurisdizione, ovvero quando sia necessario procedere ad esecuzione forzata, chiunque vi abbia interesse può chiedere all'autorità giudiziaria ordinaria[1] l'accertamento dei requisiti del riconoscimento.
1 bis. Le controversie di cui al comma 1 sono disciplinate dall'articolo 30 del decreto legislativo 1° settembre 2011, n. 150[2].
2. La sentenza straniera o il provvedimento straniero di volontaria giurisdizione, unitamente al provvedimento che accoglie la domanda di cui al comma 1, costituiscono titolo per l'attuazione e l'esecuzione forzata.
3. Se la contestazione ha luogo nel corso di un processo, il giudice adito pronuncia con efficacia limitata al giudizio.

[1] Le parole "alla Corte d'Appello del luogo di attuazione" sono state così sostituite dall'art. 34, comma 38, lett. a), Decreto Legislativo 1° settembre 2011, n. 150.
[2] Comma inserito dall'art. 34, comma 38, lett. a), Decreto Legislativo 1° settembre 2011, n. 150.

Art. 68 Attuazione ed esecuzione di atti pubblici ricevuti all'estero
1. Le norme di cui all'art. 67 si applicano anche rispetto all'attuazione e all'esecuzione forzata in Italia di atti pubblici ricevuti in uno Stato estero e ivi muniti di forza esecutiva.

Art. 69 Assunzione di mezzi di prova disposti da giudici stranieri
1. Le sentenze e i provvedimenti di giudici stranieri riguardanti esami di testimoni, accertamenti tecnici, giuramenti, interrogatori o

altri mezzi di prova da assumersi nella Repubblica sono resi esecutivi con decreto della Corte d'Appello del luogo in cui si deve procedere a tali atti.
2. Se l'assunzione dei mezzi di prova è chiesta dalla parte interessata, l'istanza è proposta alla Corte mediante ricorso, al quale deve essere unita copia autentica della sentenza o del provvedimento che ha ordinato gli atti chiesti. Se l'assunzione è domandata dallo stesso giudice, la richiesta deve essere trasmessa in via diplomatica.
3. La Corte delibera in camera di consiglio e, qualora autorizzi l'assunzione, rimette gli atti al giudice competente.
4. Può disporsi l'assunzione di mezzi di prova o l'espletamento di altri atti istruttori non previsti dall'ordinamento italiano sempreché essi non contrastino con i princìpi dell'ordinamento stesso.
5. L'assunzione o l'espletamento richiesti sono disciplinati dalla legge italiana. Tuttavia, si osservano le forme espressamente richieste dal l'autorità giudiziaria straniera in quanto compatibili con i principi dell'ordinamento italiano.

Art. 70 Esecuzione richiesta in via diplomatica
1. Se la richiesta per l'assunzione di mezzi di prova o di atti di istruzione è fatta in via diplomatica e la parte interessata non ha costituito un procuratore che ne promuova l'assunzione, i provvedimenti necessari per questa sono pronunciati d'ufficio dal giudice procedente e le notificazioni sono fatte a cura del cancelliere.

Art. 71 Notificazione di atti di autorità straniere
1. La notificazione di citazioni a comparire davanti ad autorità straniere o di altri atti provenienti da uno Stato estero è autorizzata dal pubblico ministero presso il tribunale nella cui giurisdizione la notificazione si deve eseguire.
2. La notificazione richiesta in via diplomatica è eseguita, a cura del pubblico ministero, da un ufficiale giudiziario da lui richiesto.
3. La notificazione avviene secondo le modalità previste dalla legge italiana. Tuttavia, si osservano le modalità richieste dall'autorità straniera in quanto compatibili con i princìpi dell'ordinamento italiano. In ogni caso l'atto può essere consegnato, da chi procede alla notificazione, al destinatario che lo accetti volontariamente.

TITOLO V
DISPOSIZIONI TRANSITORIE

Art. 72 Disposizioni transitorie
1. La presente legge si applica in tutti i giudizi iniziati dopo la data della sua entrata in vigore, fatta salva l'applicabilità alle situazioni esaurite prima di tale data delle previgenti norme di diritto internazionale privato.
2. I giudizi pendenti sono decisi dal giudice italiano se i fatti e le norme che determinano la giurisdizione sopravvengono nel corso del processo.

Art. 73 Abrogazione di norme incompatibili
1. Sono abrogati gli articoli dal 17 al 31 delle disposizioni sulla legge in generale premesse al codice civile, nonché gli articoli 2505 e 2509 del codice civile e gli articoli 2, 3, 4 e 37, secondo comma, del codice di procedura civile; gli articoli dal 796 all'805 del codice di procedura civile sono abrogati a far data dal 31 dicembre 1996.

Art. 74 Entrata in vigore
1. La presente legge entra in vigore novanta giorni dopo la sua pubblicazione nella Gazzetta Ufficiale della Repubblica italiana.

Codice della navigazione
Articoli estratti

Art. 4 Navi e aeromobili italiani in località non soggette alla sovranità di alcuno Stato
Le navi italiane in alto mare e gli aeromobili italiani in luogo o spazio non soggetto alla sovranità di alcuno Stato sono considerati come territorio italiano.

Art. 5 Legge regolatrice degli atti compiuti a bordo di navi e di aeromobili in navigazione
Gli atti ed i Fatti compiuti a bordo di una nave o di un aeromobile nel corso della navigazione in Luogo o spazio soggetto. Alla sovranità di uno Stato estero sono regolati dalla legge nazionale della nave o dell'aeromobile in tutti i casi nei quali, secondo le disposizioni sull'applicazione delle leggi in generale, dovrebbe applicarsi la legge del luogo dove l'atto è compiuto o il fatto è avvenuto.
La disposizione del comma precedente si applica agli atti ed ai fatti compiuti a bordo di una nave o di un aeromobile di nazionalità estera nel corso della navigazione in luogo o spazio soggetto alla sovranità dello Stato italiano, sotto condizione di reciprocità da parte dello Stato al quale la nave o l'aeromobile appartiene.

Art. 6 Legge regolatrice dei diritti reali e di garanzia su navi ed aeromobili
La proprietà, gli altri diritti reali e i diritti di garanzia sulle navi e sugli aeromobili, nonché le forme di pubblicità degli atti di costituzione, trasmissione Ed estinzione di tali diritti, sono regolati dalla legge nazionale della nave o dell'aeromobile.

Art. 7 Legge regolatrice della responsabilità dell'armatore e dell'esercente
La responsabilità dell'armatore della nave e dell'esercente dell'aeromobile per atti o fatti dell'equipaggio è regolata dalla legge nazionale della nave o dell'aeromobile.
La stessa legge regola i limiti legali del debito complessivo o della responsabilità dell'arma-tore o dell'esercente anche per le obbligazioni da loro personalmente assunte.

Art. 8 Legge regolatrice dei poteri e dei doveri del comandante
I poteri, i doveri e le attribuzioni del comandante della nave o dell'aeromobile sono regolati dalla legge nazionale della nave o dell'aeromobile.

Art. 9 Legge regolatrice del contratto di lavoro
I contratti di lavoro della gente del mare, del personale navigante della navigazione interna e del personale di volo sono regolati dalla legge nazionale della nave o dell'aeromobile, salva, se la nave o l'aeromobile è di nazionalità straniera, la diversa volontà delle parti.

Art. 10 Legge regolatrice dei contratti di utilizzazione di navi e aeromobili
I contratti di locazione, di noleggio, di trasporto sono regolati dalla legge nazionale della nave o dell'aeromobile, salva la diversa volontà delle parti.

Art. 11 Legge regolatrice della contribuzione alle avarie comuni
La contribuzione alle avarie comuni è regolata dalla legge nazionale della Nave dell'aeromobile.

Art. 12 Legge regolatrice delle obbligazioni derivanti da urto di navi o di aeromobili
Le obbligazioni derivanti da urto di navi o di aeromobili in alto mare o in altro luogo o spazio non soggetto alla sovranità di alcuno Stato sono regolate dalla legge nazionale delle navi o degli aeromobili, se è comune; altrimenti dalla legge italiana.

Art. 13 Legge regolatrice delle obbligazioni derivanti da assistenza, salvataggio e ricupero
Le obbligazioni derivanti da assistenza, salva-

taggio e ricupero compiuti in alto mare sono regolate dalla legge nazionale della nave o dell'aeromobile che ha prestato il soccorso o compiuto il ricupero.
La stessa legge regola la ripartizione del compenso per assistenza, salvataggio e ricupero Fra l'armatore o l'esercente e l'equipaggio.

Art. 14 Competenza giurisdizionale
Oltre che nei casi previsti dall'articolo 4 del codice di procedura civile, le domande riguardanti urto di navi o di aeromobili ovvero assistenza, salvataggio o ricupero in alto mare o in altro luogo o spazio non soggetto alla sovranità di alcuno Stato possono proporsi avanti i giudici della Repubblica, se la nave o l'aeromobile che ha cagionato l'urto o che è stato assistito o salvato, ovvero le persone salvate o le cose salvate o ricuperate si trovano nella Repubblica.

L. 20 maggio 2016, n. 76
Regolamentazione delle unioni civili tra persone dello stesso sesso e disciplina delle convivenze - (estratto)

Art. 1
1. La presente legge istituisce l'unione civile tra persone dello stesso sesso quale specifica formazione sociale ai sensi degli articoli 2 e 3 della Costituzione e reca la disciplina delle convivenze di fatto.
2. Due persone maggiorenni dello stesso sesso costituiscono un'unione civile mediante dichiarazione di fronte all'ufficiale di stato civile ed alla presenza di due testimoni.
3. L'ufficiale di stato civile provvede alla registrazione degli atti di unione civile tra persone dello stesso sesso nell'archivio dello stato civile.
4. Sono cause impeditive per la costituzione dell'unione civile tra persone dello stesso sesso:
a) la sussistenza, per una delle parti, di un vincolo matrimoniale o di un'unione civile tra persone dello stesso sesso;
b) l'interdizione di una delle parti per infermità di mente; se l'istanza d'interdizione è soltanto promossa, il pubblico ministero può chiedere che si sospenda la costituzione dell'unione civile; in tal caso il procedimento non può aver luogo finché la sentenza che ha pronunziato sull'istanza non sia passata in giudicato;
c) la sussistenza tra le parti dei rapporti di cui all'articolo 87, primo comma, del codice civile; non possono altresì contrarre unione civile tra persone dello stesso sesso lo zio e il nipote e la zia e la nipote; si applicano le disposizioni di cui al medesimo articolo 87;
d) la condanna definitiva di un contraente per omicidio consumato o tentato nei confronti di chi sia coniugato o unito civilmente con l'altra parte; se è stato disposto soltanto rinvio a giudizio ovvero sentenza di condanna di primo o secondo grado ovvero una misura cautelare la costituzione dell'unione civile tra persone dello stesso sesso è sospesa sino a quando non è pronunziata sentenza di proscioglimento.
5. La sussistenza di una delle cause impeditive di cui al comma 4 comporta la nullità dell'unione civile tra persone dello stesso sesso. All'unione civile tra persone dello stesso sesso si applicano gli articoli 65 e 68, nonché le disposizioni di cui agli articoli 119, 120, 123, 125, 126, 127, 128, 129 e 129-*bis* del codice civile.
6. L'unione civile costituita in violazione di una delle cause impeditive di cui al comma 4, ovvero in violazione dell'articolo 68 del codice civile, può essere impugnata da ciascuna delle parti dell'unione civile, dagli ascendenti prossimi, dal pubblico ministero e da tutti coloro che abbiano per impugnarla un interesse legittimo e attuale. L'unione civile costituita

da una parte durante l'assenza dell'altra non può essere impugnata finché dura l'assenza.
7. L'unione civile può essere impugnata dalla parte il cui consenso è stato estorto con violenza o determinato da timore di eccezionale gravità determinato da cause esterne alla parte stessa. Può essere altresì impugnata dalla parte il cui consenso è stato dato per effetto di errore sull'identità della persona o di errore essenziale su qualità personali dell'altra parte. L'azione non può essere proposta se vi è stata coabitazione per un anno dopo che è cessata la violenza o le cause che hanno determinato il timore ovvero sia stato scoperto l'errore. L'errore sulle qualità personali è essenziale qualora, tenute presenti le condizioni dell'altra parte, si accerti che la stessa non avrebbe prestato il suo consenso se le avesse esattamente conosciute e purché l'errore riguardi:
a) l'esistenza di una malattia fisica o psichica, tale da impedire lo svolgimento della vita comune;
b) le circostanze di cui all'articolo 122, terzo comma, numeri 2), 3) e 4), del codice civile.
8. La parte può in qualunque tempo impugnare il matrimonio o l'unione civile dell'altra parte. Se si oppone la nullità della prima unione civile, tale questione deve essere preventivamente giudicata.
9. L'unione civile tra persone dello stesso sesso è certificata dal relativo documento attestante la costituzione dell'unione, che deve contenere i dati anagrafici delle parti, l'indicazione del loro regime patrimoniale e della loro residenza, oltre ai dati anagrafici e alla residenza dei testimoni.
10. Mediante dichiarazione all'ufficiale di stato civile le parti possono stabilire di assumere, per la durata dell'unione civile tra persone dello stesso sesso, un cognome comune scegliendolo tra i loro cognomi. La parte può anteporre o posporre al cognome comune il proprio cognome, se diverso, facendone dichiarazione all'ufficiale di stato civile.
11. Con la costituzione dell'unione civile tra persone dello stesso sesso le parti acquistano gli stessi diritti e assumono i medesimi doveri; dall'unione civile deriva l'obbligo reciproco all'assistenza morale e materiale e alla coabitazione. Entrambe le parti sono tenute, ciascuna in relazione alle proprie sostanze e alla propria capacità di lavoro professionale e casalingo, a contribuire ai bisogni comuni.
12. Le parti concordano tra loro l'indirizzo della vita familiare e fissano la residenza comune; a ciascuna delle parti spetta il potere di attuare l'indirizzo concordato.
13. Il regime patrimoniale dell'unione civile tra persone dello stesso sesso, in mancanza di diversa convenzione patrimoniale, è costituito dalla comunione dei beni. In materia di forma, modifica, simulazione e capacità per la stipula delle convenzioni patrimoniali si applicano gli articoli 162, 163, 164 e 166 del codice civile. Le parti non possono derogare né ai diritti né ai doveri previsti dalla legge per effetto dell'unione civile. Si applicano le disposizioni di cui alle sezioni II, III, IV, V e VI del capo VI del titolo VI del libro primo del codice civile.
14. Quando la condotta della parte dell'unione civile è causa di grave pregiudizio all'integrità fisica o morale ovvero alla libertà dell'altra parte, il giudice, su istanza di parte, può adottare con decreto uno o più dei provvedimenti di cui all'articolo 342-ter del codice civile.
15. Nella scelta dell'amministratore di sostegno il giudice tutelare preferisce, ove possibile, la parte dell'unione civile tra persone dello stesso sesso. L'interdizione o l'inabilitazione possono essere promosse anche dalla parte dell'unione civile, la quale può presentare istanza di revoca quando ne cessa la causa.
16. La violenza è causa di annullamento del contratto anche quando il male minacciato riguarda la persona o i beni dell'altra parte dell'unione civile costituita dal contraente o da un discendente o ascendente di lui.
17. In caso di morte del prestatore di lavoro, le indennità indicate dagli articoli 2118 e 2120 del codice civile devono corrispondersi anche alla parte dell'unione civile.
18. La prescrizione rimane sospesa tra le parti dell'unione civile.
19. All'unione civile tra persone dello stesso sesso si applicano le disposizioni di cui al titolo XIII del libro primo del codice civile, nonché gli articoli 116, primo comma, 146,

2647, 2653, primo comma, numero 4), e 2659 del codice civile.

20. Al solo fine di assicurare l'effettività della tutela dei diritti e il pieno adempimento degli obblighi derivanti dall'unione civile tra persone dello stesso sesso, le disposizioni che si riferiscono al matrimonio e le disposizioni contenenti le parole «coniuge», «coniugi» o termini equivalenti, ovunque ricorrono nelle leggi, negli atti aventi forza di legge, nei regolamenti nonché negli atti amministrativi e nei contratti collettivi, si applicano anche ad ognuna delle parti dell'unione civile tra persone dello stesso sesso. La disposizione di cui al periodo precedente non si applica alle norme del codice civile non richiamate espressamente nella presente legge, nonché alle disposizioni di cui alla legge 4 maggio 1983, n. 184. Resta fermo quanto previsto e consentito in materia di adozione dalle norme vigenti.

21. Alle parti dell'unione civile tra persone dello stesso sesso si applicano le disposizioni previste dal capo III e dal capo X del titolo I, dal titolo II e dal capo II e dal capo V-bis del titolo IV del libro secondo del codice civile.

22. La morte o la dichiarazione di morte presunta di una delle parti dell'unione civile ne determina lo scioglimento.

23. L'unione civile si scioglie altresì nei casi previsti dall'articolo 3, numero 1) e numero 2), lettere a), c), d) ed e), della legge 1° dicembre 1970, n. 898.

24. L'unione civile si scioglie, inoltre, quando le parti hanno manifestato anche disgiuntamente la volontà di scioglimento dinanzi all'ufficiale dello stato civile. In tale caso la domanda di scioglimento dell'unione civile è proposta decorsi tre mesi dalla data della manifestazione di volontà di scioglimento dell'unione.

25. Si applicano, in quanto compatibili, gli articoli 4, 5, primo comma, e dal quinto all'undicesimo comma, 8, 9, 9-bis, 10, 12-bis, 12-ter, 12-quater, 12-quinquies e 12-sexies della legge 1° dicembre 1970, n. 898, nonché le disposizioni di cui al Titolo II del libro quarto del codice di procedura civile ed agli articoli 6 e 12 del decreto-legge 12 settembre 2014, n. 132, convertito, con modificazioni, dalla legge 10 novembre 2014, n. 162.

26. La sentenza di rettificazione di attribuzione di sesso determina lo scioglimento dell'unione civile tra persone dello stesso sesso.

27. Alla rettificazione anagrafica di sesso, ove i coniugi abbiano manifestato la volontà di non sciogliere il matrimonio o di non cessarne gli effetti civili, consegue l'automatica instaurazione dell'unione civile tra persone dello stesso sesso.

28. Fatte salve le disposizioni di cui alla presente legge, il Governo è delegato ad adottare, entro sei mesi dalla data di entrata in vigore della presente legge, uno o più decreti legislativi in materia di unione civile tra persone dello stesso sesso nel rispetto dei seguenti principi e criteri direttivi:
a) adeguamento alle previsioni della presente legge delle disposizioni dell'ordinamento dello stato civile in materia di iscrizioni, trascrizioni e annotazioni;
b) modifica e riordino delle norme in materia di diritto internazionale privato, prevedendo l'applicazione della disciplina dell'unione civile tra persone dello stesso sesso regolata dalle leggi italiane alle coppie formate da persone dello stesso sesso che abbiano contratto all'estero matrimonio, unione civile o altro istituto analogo;
c) modificazioni ed integrazioni normative per il necessario coordinamento con la presente legge delle disposizioni contenute nelle leggi, negli atti aventi forza di legge, nei regolamenti e nei decreti.

29. I decreti legislativi di cui al comma 28 sono adottati su proposta del Ministro della giustizia, di concerto con il Ministro dell'interno, il Ministro del lavoro e delle politiche sociali e il Ministro degli affari esteri e della cooperazione internazionale.

30. Ciascuno schema di decreto legislativo di cui al comma 28, a seguito della deliberazione del Consiglio dei ministri, è trasmesso alla Camera dei deputati e al Senato della Repubblica perché su di esso siano espressi, entro sessanta giorni dalla trasmissione, i pareri delle Commissioni parlamentari competenti per materia. Decorso tale termine il decreto può essere comunque adottato, anche in mancanza dei pareri. Qualora il termine per

l'espressione dei pareri parlamentari scada nei trenta giorni che precedono la scadenza del termine previsto dal comma 28, quest'ultimo termine è prorogato di tre mesi. Il Governo, qualora non intenda conformarsi ai pareri parlamentari, trasmette nuovamente i testi alle Camere con le sue osservazioni e con eventuali modificazioni, corredati dei necessari elementi integrativi di informazione e motivazione. I pareri definitivi delle Commissioni competenti per materia sono espressi entro il termine di dieci giorni dalla data della nuova trasmissione. Decorso tale termine, i decreti possono essere comunque adottati.

31. Entro due anni dalla data di entrata in vigore di ciascun decreto legislativo adottato ai sensi del comma 28, il Governo può adottare disposizioni integrative e correttive del decreto medesimo, nel rispetto dei principi e criteri direttivi di cui al citato comma 28, con la procedura prevista nei commi 29 e 30.

32. All'articolo 86 del codice civile, dopo le parole: «da un matrimonio» sono inserite le seguenti: «o da un'unione civile tra persone dello stesso sesso».

33. All'articolo 124 del codice civile, dopo le parole: «impugnare il matrimonio» sono inserite le seguenti: «o l'unione civile tra persone dello stesso sesso».

34. Con decreto del Presidente del Consiglio dei ministri, su proposta del Ministro dell'interno, da emanare entro trenta giorni dalla data di entrata in vigore della presente legge, sono stabilite le disposizioni transitorie necessarie per la tenuta dei registri nell'archivio dello stato civile nelle more dell'entrata in vigore dei decreti legislativi adottati ai sensi del comma 28, lettera a).

35. Le disposizioni di cui ai commi da 1 a 34 acquistano efficacia a decorrere dalla data di entrata in vigore della presente legge.

36. Ai fini delle disposizioni di cui ai commi da 37 a 67 si intendono per «conviventi di fatto» due persone maggiorenni unite stabilmente da legami affettivi di coppia e di reciproca assistenza morale e materiale, non vincolate da rapporti di parentela, affinità o adozione, da matrimonio o da un'unione civile.

37. Ferma restando la sussistenza dei presupposti di cui al comma 36, per l'accertamento della stabile convivenza si fa riferimento alla dichiarazione anagrafica di cui all'articolo 4 e alla lettera b) del comma 1 dell'articolo 13 del regolamento di cui al decreto del Presidente della Repubblica 30 maggio 1989, n. 223.

38. I conviventi di fatto hanno gli stessi diritti spettanti al coniuge nei casi previsti dall'ordinamento penitenziario.

39. In caso di malattia o di ricovero, i conviventi di fatto hanno diritto reciproco di visita, di assistenza nonché di accesso alle informazioni personali, secondo le regole di organizzazione delle strutture ospedaliere o di assistenza pubbliche, private o convenzionate, previste per i coniugi e i familiari.

40. Ciascun convivente di fatto può designare l'altro quale suo rappresentante con poteri pieni o limitati:
a) in caso di malattia che comporta incapacità di intendere e di volere, per le decisioni in materia di salute;
b) in caso di morte, per quanto riguarda la donazione di organi, le modalità di trattamento del corpo e le celebrazioni funerarie.

41. La designazione di cui al comma 40 è effettuata in forma scritta e autografa oppure, in caso di impossibilità di redigerla, alla presenza di un testimone.

42. Salvo quanto previsto dall'articolo 337-sexies del codice civile, in caso di morte del proprietario della casa di comune residenza il convivente di fatto superstite ha diritto di continuare ad abitare nella stessa per due anni o per un periodo pari alla convivenza se superiore a due anni e comunque non oltre i cinque anni. Ove nella stessa coabitino figli minori o figli disabili del convivente superstite, il medesimo ha diritto di continuare ad abitare nella casa di comune residenza per un periodo non inferiore a tre anni.

43. Il diritto di cui al comma 42 viene meno nel caso in cui il convivente superstite cessi di abitare stabilmente nella casa di comune residenza o in caso di matrimonio, di unione civile o di nuova convivenza di fatto.

44. Nei casi di morte del conduttore o di suo recesso dal contratto di locazione della casa di

comune residenza, il convivente di fatto ha facoltà di succedergli nel contratto.
45. Nel caso in cui l'appartenenza ad un nucleo familiare costituisca titolo o causa di preferenza nelle graduatorie per l'assegnazione di alloggi di edilizia popolare, di tale titolo o causa di preferenza possono godere, a parità di condizioni, i conviventi di fatto.
46. Nella sezione VI del capo VI del titolo VI del libro primo del codice civile, dopo l'articolo 230-bis è aggiunto il seguente: «Art. 230-ter (Diritti del convivente). - Al convivente di fatto che presti stabilmente la propria opera all'interno dell'impresa dell'altro convivente spetta una partecipazione agli utili dell'impresa familiare ed ai beni acquistati con essi nonché agli incrementi dell'azienda, anche in ordine all'avviamento, commisurata al lavoro prestato. Il diritto di partecipazione non spetta qualora tra i conviventi esista un rapporto di società o di lavoro subordinato».
47. All'articolo 712, secondo comma, del codice di procedura civile, dopo le parole: «del coniuge» sono inserite le seguenti: «o del convivente di fatto».
48. Il convivente di fatto può essere nominato tutore, curatore o amministratore di sostegno, qualora l'altra parte sia dichiarata interdetta o inabilitata ai sensi delle norme vigenti ovvero ricorrano i presupposti di cui all'articolo 404 del codice civile.
49. In caso di decesso del convivente di fatto, derivante da fatto illecito di un terzo, nell'individuazione del danno risarcibile alla parte superstite si applicano i medesimi criteri individuati per il risarcimento del danno al coniuge superstite.
50. I conviventi di fatto possono disciplinare i rapporti patrimoniali relativi alla loro vita in comune con la sottoscrizione di un contratto di convivenza.
51. Il contratto di cui al comma 50, le sue modifiche e la sua risoluzione sono redatti in forma scritta, a pena di nullità, contatto pubblico o scrittura privata con sottoscrizione autenticata da un notaio o da un avvocato che ne attestano la conformità alle norme imperative e all'ordine pubblico.
52. Ai fini dell'opponibilità ai terzi, il professionista che ha ricevuto l'atto in forma pubblica o che ne ha autenticato la sottoscrizione ai sensi del comma 51 deve provvedere entro i successivi dieci giorni a trasmetterne copia al comune di residenza dei conviventi per l'iscrizione all'anagrafe ai sensi degli articoli 5 e 7 del regolamento di cui al decreto del Presidente della Repubblica 30 maggio 1989, n. 223.
53. Il contratto di cui al comma 50 reca l'indicazione dell'indirizzo indicato da ciascuna parte al quale sono effettuate le comunicazioni inerenti al contratto medesimo. Il contratto può contenere:
a) l'indicazione della residenza;
b) le modalità di contribuzione alle necessità della vita in comune, in relazione alle sostanze di ciascuno e alla capacità di lavoro professionale o casalingo;
c) il regime patrimoniale della comunione dei beni, di cui alla sezione III del capo VI del titolo VI del libro primo del codice civile.
54. Il regime patrimoniale scelto nel contratto di convivenza può essere modificato in qualunque momento nel corso della convivenza con le modalità di cui al comma 51.
55. Il trattamento dei dati personali contenuti nelle certificazioni anagrafiche deve avvenire conformemente alla normativa prevista dal codice in materia di protezione dei dati personali, di cui al decreto legislativo 30 giugno 2003, n. 196, garantendo il rispetto della dignità degli appartenenti al contratto di convivenza. I dati personali contenuti nelle certificazioni anagrafiche non possono costituire elemento di discriminazione a carico delle parti del contratto di convivenza.
56. Il contratto di convivenza non può essere sottoposto a termine o condizione. Nel caso in cui le parti inseriscano termini o condizioni, questi si hanno per non apposti.
57. Il contratto di convivenza è affetto da nullità insanabile che può essere fatta valere da chiunque vi abbia interesse se concluso:
a) in presenza di un vincolo matrimoniale, di un'unione civile o di un altro contratto di convivenza;
b) in violazione del comma 36;
c) da persona minore di età;
d) da persona interdetta giudizialmente;

e) in caso di condanna per il delitto di cui all'articolo 88 del codice civile.
58. Gli effetti del contratto di convivenza restano sospesi in pendenza del procedimento di interdizione giudiziale o nel caso di rinvio a giudizio o di misura cautelare disposti per il delitto di cui all'articolo 88 del codice civile, fino a quando non sia pronunciata sentenza di proscioglimento.
59. Il contratto di convivenza si risolve per:
a) accordo delle parti;
b) recesso unilaterale;
c) matrimonio o unione civile tra i conviventi o tra un convivente ed altra persona;
d) morte di uno dei contraenti.
60. La risoluzione del contratto di convivenza per accordo delle parti o per recesso unilaterale deve essere redatta nelle forme di cui al comma 51. Qualora il contratto di convivenza preveda, a norma del comma 53, lettera c), il regime patrimoniale della comunione dei beni, la sua risoluzione determina lo scioglimento della comunione medesima e si applicano, in quanto compatibili, le disposizioni di cui alla sezione III del capo VI del titolo VI del libro primo del codice civile. Resta in ogni caso ferma la competenza del notaio per gli atti di trasferimento di diritti reali immobiliari, comunque, discendenti dal contratto di convivenza.
61. Nel caso di recesso unilaterale da un contratto di convivenza il professionista che riceve o che autentica l'atto è tenuto, oltre che agli adempimenti di cui al comma 52, a notificarne copia all'altro contraente all'indirizzo risultante dal contratto. Nel caso in cui la casa familiare sia nella disponibilità esclusiva del recedente, la dichiarazione di recesso, a pena di nullità, deve contenere il termine, non inferiore a novanta giorni, concesso al convivente per lasciare l'abitazione.

62. Nel caso di cui alla lettera c) del comma 59, il contraente che ha contratto matrimonio o unione civile deve notificare all'altro contraente, nonché al professionista che ha ricevuto o autenticato il contratto di convivenza, l'estratto di matrimonio o di unione civile.
63. Nel caso di cui alla lettera d) del comma 59, il contraente superstite o gli eredi del contraente deceduto devono notificare al professionista che ha ricevuto o autenticato il contratto di convivenza l'estratto dell'atto di morte affinché provveda ad annotare a margine del contratto di convivenza l'avvenuta risoluzione del contratto e a notificarlo all'anagrafe del comune di residenza.
64. Dopo l'articolo 30 della legge 31 maggio 1995, n. 218, è inserito il seguente: «Art. 30-bis (Contratti di convivenza). -
1. Ai contratti di convivenza si applica la legge nazionale comune dei contraenti. Ai contraenti di diversa cittadinanza si applica la legge del luogo in cui la convivenza è prevalentemente localizzata.
2. Sono fatte salve le norme nazionali, europee ed internazionali che regolano il caso di cittadinanza plurima».
65. In caso di cessazione della convivenza di fatto, il giudice stabilisce il diritto del convivente di ricevere dall'altro convivente e gli alimenti qualora versi in stato di bisogno e non sia in grado di provvedere al proprio mantenimento. In tali casi, gli alimenti sono assegnati per un periodo proporzionale alla durata della convivenza e nella misura determinata ai sensi dell'articolo 438, secondo comma, del codice civile. Ai fini della determinazione dell'ordine degli obbligati ai sensi dell'articolo 433 del codice civile, l'obbligo alimentare del convivente di cui al presente comma è adempiuto con precedenza sui fratelli e sorelle. [...]

INDICE ANALITICO

A

Adattamento, Cap. I, Sez. IV, par. 2.C4
Adozione, Cap. II, Sez. IV
- nel diritto italiano, par. 1
- internazionale, par. 2
- in casi particolari, par. 3
- *step child adoption*, par. 3.B

Arbitrato internazionale, Cap. III, Sez. IV, par. 5
Assenza, Cap. II, Sez. I, par. 4
Atti
- costitutivi, modificativi o estintivi di diritti reali, Cap. II, Sez. VII, parr. 5 e 6
- stranieri (riconoscimento in giudizio), Cap. III, Sez. IV, par. 2

Autocollegamento, Cap. I, Sez. I, par. 4

B

Beni immateriali
- diritti reali su, Cap. II, Sez. VII, par. 4

C

Capacità delle persone
- fisiche, Cap. II, Sez. I, par. 3
- giuridiche, Cap. II, Sez. II, par. 1

Celebrazione del matrimonio, Cap. II, Sez. III, par. 1.C
Cittadinanza, Cap. II, Sez. I, par. 2
Commorienza, Cap. II, Sez. I, par. 4
Comunitarizzazione del d.i.p., Cap. I, Sez. III, par. 3.B
Concezione

- bilaterale delle norme di d.i.p., Cap. I, Sez. I, par. 4.C
- unilaterale delle norme di d.i.p., Cap. I, Sez. I, parr. 4.A e 4B

Concorso di criteri di collegamento,
- successivo, Cap. I, Sez. V, par. 3.D1
- alternativo, Cap. I, Sez. V, par. 3.D1
- cumulativo, Cap. I, Sez. V, par. 3.D1
- misto, Cap. I, Sez. V, par. 3.D1

Consuetudine (o prassi), Cap. I, Sez. III, par. 2.B
Convenzione di Bruxelles, Cap. III, Sez. II, par. 2.A1
Convenzione di Roma, Cap. II, Sez. IX par. 1.A
Convivenza di fatto, Cap. II, Sez. III, par. 6
Costituzionalità della norma straniera, Cap. I, Sez. VI, par. 5
Criteri di collegamento,
- nozione, Cap. I, Sez. V, par. 3.A
- concorso di, Cap. I, Sez. V, par. 3.D1
- di fatto e giuridici, Cap. I, Sez. V, par. 3.C
- fissi e variabili, Cap. I, Sez. V, par. 3.C
- soggettivi e oggettivi, Cap. I, Sez. V, par. 3.C

D

Delibazione procedimento di, Cap. III, Sez. IV, par. 1.A
Diritti della personalità, Cap. II, Sez. I, par. 6
Diritti reali, Cap. II, Sez. VII,
- atti costitutivi, modificativi o estintivi di, Cap. II, Sez. VII, par. 5

INDICE ANALITICO

- sui beni immateriali, Cap. II, Sez. VII, par. 4
- sui beni in transito, Cap. II, Sez. VII, par. 2

Diritto internazionale privato
- carattere interno delle norme di, Cap. I, Sez. I, par. 1.A
- convenzionale, Cap. I, Sez. I, par. 2.B
- dell'Unione Europea, Cap. I, Sez. I, par. 2.C
- discipline affini, Cap. I, Sez. I, par. 3
- evoluzione storica, Cap. I, Sez. II
- fonti del, Cap. I, Sez. III
- funzione delle norme di, Cap. I, Sez. I, par. 4
- materiale, Cap. I, Sez. IV, par. 1.E
- nozione, Cap. I, Sez. I, par. 1
- oggetto, Cap. I, Sez. I, par. 1
- origine e fondamento, Cap. I, Sez., II par. 1
- sistema italiano, Cap. I, Sez. II, parr. 3 e 4

Diritto processuale civile internazionale
- natura e funzione, Cap. III, Sez. I, par. 1
- rapporti con il d.i.p., Cap. III, Sez. I, par. 2

Diritto straniero richiamato
- natura del, Cap. I, Sez. IV, par. 2
- mancata individuazione del, Cap. I, Sez. IV, par. 2.C2

Disciplina processuale internazionale, Cap. III, Sez. III

Divorzio, Cap. II, Sez. III, par. 3.B

Donazioni, Cap. II, Sez. VIII

E

E-commerce, Cap. II, Sez. IX, par. 3

Elementi di estraneità, Cap. I, Sez. V, par. 1.B

F

Famiglia
- di fatto, Cap. II, Sez. III, par. 6
- rapporti di, Cap. II, Sez. III

Filiazione
- da fecondazione artificiale, Cap. II, Sez. III, par. 4.C
- da coppie omosessuali, Cap. II, Sez. III, par. 4.C
- disciplina originaria, Cap. II, Sez. III, par. 4.A
- riforma della, Cap. II, Sez. III, par. 4.B

Fonti del d.i.p.
- nazionali, Cap. I, Sez. III, par. 2
- sovranazionali, Cap. I, Sez. III, par. 3
- prassi (o consuetudine), Cap. I, Sez. III, par. 2B

Forum shopping, Cap. II, Sez. X, par. 8

Funzione delle norme di diritto internazionale privato, Cap. I, Sez. I, par. 4
- bilaterale, Cap. I, Sez. I, par. 4.C
- unilaterale, Cap. I, Sez. I, par. 4.A e 4.B

G

Giudizio di accertamento dell'autorità giudiziaria ordinaria, Cap. III, Sez. IV, par. 1.B

Giurisdizione internazionale del giudice italiano, Cap. III, Sez. II
- criteri di collegamento, Cap. III, Sez. II, par. 2.A

- derogabilità della, Cap. III, Sez. II, par. 3
- immunità dalla, Cap. III, Sez. II, par. 6
- momento determinante della, Cap. III, Sez. II, par. 5

Giurisdizione volontaria, v. Volontaria Giurisdizione

I

Incapaci
- istituti a protezione degli, Cap. II, Sez. V
- minori, Cap. II, Sez. V, par. 1

Incostituzionalità della norma straniera, Cap. I, Sez. VI, par. 5

Incoterms, Cap. I, Sez. III, par. 4.B

Interpretazione della norma straniera, Cap. I, Sez. IV, par. 2.C5

L

Lavoro
- rapporti di, Cap. II, Sez. IX, par.2.C

Legge di riforma del sistema italiano di diritto internazionale privato, Cap. I, Sez. II, par. 4

Lex mercatoria, Cap. I, Sez. III,
- ambito di operatività, Cap. I, Sez. III, par. 4.B
- natura giuridica, Cap. I, Sez. III, par. 4.C
- nozione, Cap. I, Sez. III, par. 4.A
- rapporti con il d.i.p. vigente, Cap. I, Sez. III, par. 4.D

Litispendenza internazionale
- la disciplina nazionale, Cap. III, Sez. II, par. 4.A
- la disciplina sovranazionale, Cap. III, Sez. II, par. 4.B

Litispendenza nell'ambito dell'Unione Europea, Cap. III, Sez. II, par. 4.B

M

Mancata individuazione della norma straniera, Cap. I, Sez. IV, par. 2.C2

Maternità surrogata, Cap. II, Sez. III, par. 4.C

Matrimonio, Cap. II, Sez. III, par. 1
- celebrazione e forma del, Cap. II, Sez. III, par. 1.C
- concordatario, Cap. II, Sez. III, par. 1.D
- divorzio, Cap. II, Sez. III, par. 3.B
- presupposti, Cap. II, Sez. III, par. 1.B
- pubblicazioni, Cap. II, Sez. III, par. 1.C
- rapporti derivanti dal, Cap. II, Sez. III, par. 2
- rapporti non patrimoniali, Cap. II, Sez. III, par. 2.A
- rapporti patrimoniali, Cap. II, Sez. III, par. 2.B
- requisiti (o condizioni per il), Cap. II, Sez. III, par. 1.B
- separazione, Cap. II, Sez. III, par. 3.A
- sponsali (o promessa di), Cap. II, Sez. III, par. 1.A
- telematico, Cap. II, Sez. III, par. 1.C
- tra persone dello stesso sesso, Cap. II, Sez. III, par. 1.B1
- trascrizione matrimonio estero, Cap. II, Sez. III, par. 1.E
- trascrivibilità matrimonio tra persone dello stesso sesso, Cap. II, Sez. III, par. 1.E2

INDICE ANALITICO

- giurisdizione in materia di nullità e annullamento del, Cap. II, Sez. III, par. 1.F

Mezzi di prova, Cap. III, Sez. III, par. 2

Mezzi di trasporto
- diritti reali su, Cap. II, Sez. VII, par. 2

Morte presunta, Cap. II, Sez. I, par. 4

N

Negozi (o promesse) unilaterali, Cap. II, Sez. X, par. 2

Norma straniera
- applicazione, Cap. I, Sez. IV, par. 2.C5
- interpretazione, Cap. I, Sez. IV, par. 2.C5
- costituzionalità, Cap. I, Sez. VI, par. 5

Norme di applicazione necessaria, Cap. I, Sez. VI, par. 2
- casistica, Cap. I, Sez. VI, par. 2.C
- nella filiazione, Cap. I, Sez. VI, par. 2.C1
- e diritto comunitario, Cap. I, Sez. VI, par. 2.D

Norme di d.i.p.
- carattere interno, Cap. I, Sez. I, par. 1.A
- funzionamento delle, Cap. I, Sez. V
- struttura delle, Cap. I, Sez. V

Norme di diritto internazionale privato materiale, Cap. I, Sez. I, par. 3.B

Notifiche internazionali, Cap. III, Sez. III, par. 1.B

O

Obbligazioni

- alimentari nella famiglia, Cap. II, Sez. III, par. 5
- contrattuali, Cap. II, Sez. IX
- da fatto illecito, Cap. II, Sez. X, par. 6
- da fatto lecito, Cap. II, Sez. X, par. 5
- *ex lege*, Cap. II, Sez. X, par. 5
- non contrattuali, Cap. II, Sez. X, par. 1

Ordinamenti stranieri plurilegislativi, Cap. I, Sez. IV, par. 2.C3

Ordinanza Europea di Sequestro Conservativo sui Conti Bancari (c.d. **OESC**), Cap. III, Sez. IV, par. 6.C

Ordine pubblico internazionale, Cap. I, Sez. VI, par. 3
- caratteristiche, Cap. I, Sez. VI, par. 3.C
- distinzione da quello interno, Cap. I, Sez. VI, par. 3.B
- funzionamento, Cap. I, Sez. VI, par. 3.D
- nozione, Cap. I, Sez. VI, par. 3.A

Ordine pubblico internazionale nella delibazione, Cap. I, Sez. VI, par. 3.D3

P

Patti successori, Cap. II, Sez. VI, par. 3.D
- in ambito comunitario, Cap. II. Sez. VI, par. 5.B1

Perpetuatio iurisdictionis, Cap. III, Sez. III, par. 5

Persone
- capacità delle persone fisiche, Cap. II, Sez. I, par. 3
- capacità delle persone giuridiche, Cap. II, Sez. II, par. 1

- commorienza, Cap. II, Sez. I, par. 4
- giuridiche, Cap. II, Sez. II,
- scomparsa, assenza, morte presunta, Cap. II, Sez. I, par. 4
- stato delle persone fisiche, Cap. II, Sez. I, par. 1
- stato delle persone giuridiche, Cap. II, Sez. II, par. 1

Prassi (o consuetudine), Cap. I, Sez. III, par. 2.B

Procedure d'insolvenza, Cap. II, Sez. II, par. 2.C e 2.D

Protezione degli incapaci, Cap. II, Sez., V

Provvedimenti cautelari, Cap. III, Sez. II, par. 2.C

Pubblicazioni matrimoniali, Cap. II, Sez. III, par. 1.C

Q

Qualificazione
- il problema delle, Cap. I, Sez. V, par. 2
- doppia, Cap. I, Sez. V, par. 2.B4
- nel diritto internazionale privato convenzionale, Cap. I, Sez. V, par. 2.C
- nel diritto internazionale privato dell'Unione Europea, Cap. I, Sez. V, par. 2.D

R

Rapporti derivanti dal matrimonio
- non patrimoniali, Cap. II, Sez. III, par. 2.A
- patrimoniali, Cap. II, Sez. III, par. 2.B

Rappresentanza, Cap. II, Sez. X, par. 4

Rapporti di lavoro, Cap. II, Sez. IX, par. 2.C

Reciprocità
- condizione di, Cap. I, Sez. VI, par. 4

Richiamo, v. Rinvio

Riconoscimento,
- automatico principio del, Cap. III, Sez. IV, par. 1.A
- nel Regolamento 44/2001, Cap. III, Sez. IV, par. 1.D1
- nel Regolamento 1215/2012, Cap. III, Sez. IV, par. 1.D2
- degli atti stranieri, Cap. III, Sez. IV, par. 2
- delle sentenze straniere, Cap. III, Sez. IV, par. 1
- delle sentenze arbitrali, Cap. III, Sez. IV, par. 4
- delle sentenze canoniche, Cap. III, Sez. IV, par. 3
- delle sentenze di divorzio, Cap. II, Sez. III, par. 3.D

Rinvio,
- di produzione, Cap. I, Sez. IV, par. 2.A3
- fenomeno del, Cap. I, Sez. IV
- oltre e indietro, Cap. I, Sez. IV, par. 2.D

S

Scomparsa, Cap. II, Sez. I, par. 4

Sentenze straniere
- riconoscimento, Cap. III, Sez. IV, par. 1

Separazione, Cap. II, Sez. III, par. 3.A

Società,
- contratto di, Cap. II, Sez. II, par. 2
- disciplina applicabile, Cap. II, Sez. II, par. 2.A
- vicende, Cap. II, Sez. II, par. 2.B

INDICE ANALITICO

Sponsali (o promessa di matrimonio), Cap. II, Sez. III, par. 1.A
Stato delle persone,
- fisiche, Cap. II, Sez. I, par. 3
- giuridiche, Cap. II, Sez. II, par. 1
Successioni, Cap. II, Sez. VI
- disciplina europea, Cap. II, Sez. VI, par. 5

T

Testamento internazionale, Cap. II, Sez. VI, par. 2.C
Titoli di credito, Cap. II, Sez. X., par. 3
Titolo esecutivo europeo (c.d. TTE), Cap. III, Sez. IV, par. 6.A
Trascrizione del matrimonio estero, Cap. II, Sez. III, par. 1.E

Trasporto internazionale, Cap. II, Sez. IX, par. 2.B
Trust, Cap. II, Sez. IX, par. 4

U

Unidroit, Cap. I, Sez. I, par. 2.B
Unioni civili, Cap. II, Sez. III, par. 7

V

Vendita internazionale, Cap. II, Sez. IX, par. 2.A
Volontaria giurisdizione,
- giurisdizione, Cap. III, Sez. II, par. 2.D
- riconoscimento atti, Cap. III, Sez. IV, par. 2.B

NOTE

NOTE

NOTE

NOTE

NOTE

NOTE

NOTE

NOTE

Completa la tua preparazione con la ns

ESTENSIONE ONLINE

Per accedere al servizio, segui le seguenti istruzioni

1. Registrati **gratuitamente, scegliendo una tua user e una tua password** su **shop.enneditore.it** nell'area

my Account

2. Entra nella sezione "**La mialibreria**" e attiva il tuo volume inserendo la seguente password nel **campo** ATTIVA PASSWORD

CBDUSJ89

Se vuoi puoi consultare tutti i **contenuti EXTRA** connessi al volume anche sulla nostra **APP**

N-EXT

N·E
N-EXT

Scaricandola gratuitamente dal PlayStore o AppleStore potrai avere tutto sempre con te sul tuo smartphone